JN425649

제언－동일본대지진

동일본대지진과 핵재난 14 — 도쿄대학 리포트

제언—동일본대지진
지속 가능한 부흥을 위하여

이토 시게루 · 오쿠노 마사히로
오니시 다카시 · 하나자키 마사하루 편

고려대학교 일본연구센터
〈포스트 3 · 11과 인간: 재난과 안전, 그리고 동아시아 연구팀〉 옮김
김영근 · 송완범 · 김효진 · 가나즈 히데미 · 전성곤
김태경 · 김유영 · 김선희 · 김태현 · 송혜경 · 정유경

고려대학교출판부
KOREA UNIVERSITY PRESS

東日本大震災 復興への提言
Higashi-nihon Daishinsai Fukko e no Teigen

Copyright © 2011 Development Bank of Japan Inc. Research Institute of Capital Formation

Korean translation copyright © 2013 Korea University Press

Korean translation rights arranged with University of Tokyo Press
through Japan UNI Agency, Inc., Tokyo and Korea Copyright Center, Inc., Seoul

이 책의 한국어판 저작권은 (주)한국저작권센터(KCC)를 통해 저작권자와의 독점 계약에 의한
고려대학교출판부에 있습니다.

제언-3·11동일본대지진

일본은 물론 전 세계에 크나큰 충격을 주었던 '3·11동일본대지진(東日本大震災)'이 발생한 지 벌써 2년이 되어 간다. 주지하다시피 2011년 3월 11일 오후 2시 46분 일본 열도 동북부의 미야기(宮城) 현의 먼 바다에서 발생한 매그니튜드 9.0의 대지진과 거대 쓰나미로 말미암아 약 2만 명의 고귀한 생명이 죽거나 실종됐고, 건물의 파괴와 인프라 붕괴 등 피해액은 20조 엔을 상회하고 있다. 지진과 쓰나미 피해에 그치지 않고 후쿠시마(福島) 현의 제1원자력발전소의 제1·2·3호기가 전원 상실에 의해 핵연료가 녹아 내려 원자로가 파괴되고, 그 결과 방사선 물질이 바다와 공기 중으로 유출되는 피해상황까지 발생하였다.

3·11동일본대진재 이후 지금까지의 일본의 위기관리 시스템은 일본 사회에 적합한 것인지를 분석하려는 다양한 노력이 있었으며, 지난 2년 동안 일본 정부가 취한 조치들이 올바른 것이었는가에 대한 문제제기도 많았다. 그렇지만 이에 관한 한국에서의 논의는 일본의 피해상황과 복구상황(검증) 및 부흥정책의 소개에 그치고 있는 것이 현실이다. 이 책이야말로 축적된 재해연구의 탁월성과 해외 발신이라는 측면에서 기존 재해연구의 한계(공백)를 극복하고 있다고 평가할 수 있다. 이 책의 서문에

의하면, 2011년 3월 하순에 대지진에 대한 제언을 모집하고, 이를 토대로 출판을 위한 기획회의가 4월 중순에 열렸으며, 책이 출간된 것은 6월 말이었다. 이것은 일본 사회가 미증유의 대재난에 대해 얼마나 준비가 잘 되어 있는가를, 또한 발 빠르게 대응책을 내놓을 수 있는 방재선진국으로서의 면모를 여실히 보여 준다.

한편 인문한국(HK)지원사업을 수행하고 있는 고려대학교 일본연구센터는 3·11동일본대지진 발생 3일 후인 2011년 3월 14일 6인의 연구자들이 모여 일본의 대지진이 향후 일본 사회의 변화와 그로 말미암은 동아시아적 범주에 관한 논의가 필요한 것에 의견을 같이 하고 '재난과 안전, 동아시아' 연구팀이 발족되었다. 그로부터 매주 혹은 격주로 일본 매스컴상의 전반에 걸쳐 3·11의 의미를 추적해 나갔다. 그 과정에서 팀이 확장되고 팀의 명칭이 '포스트3·11과 인간-재난과 안전, 그리고 동아시아' 연구팀으로 바뀌게 된다. 특히 일본의 대재해가 일본 국내 문제만이 아니라 동아시아를 아우르는 초국가적 재난이며, 세계 여러 나라가 지속적으로 관심을 가지고 해결해 나가야 할 사안이라는 점에 주목하였다. 3·11 이후 구성된 본 어젠다 연구팀은 번역을 통해 재난과 안전관리라고 하는 시각에서 동일본대지진에 관한 일본의 다양한 연구결과물을 국내에 소개하고 국제협력 방안을 모색하는 과정이야말로 일본 연구자로서의 사명이라고 생각하기에 이르렀다. 대지진 발생 직후부터 정치, 경제, 역사, 문화, 방재, 경관, 문학, 어학 등 광범위한 분야에 관심을 극대화 한 연구자들이 모여 3·11에 관해 논의를 거듭해 왔다.

그 과정에서 '포스트 3·11과 인간: 재난과 안전, 그리고 동아시아' 연구팀은 먼저 '재난대국'이자 '안전대국'인 일본의 재난과 부흥에 관한 인식과 경험을 '3·11동일본대지진'의 '교훈' '검증' '제언'의 3단계로 소개하고자 했다. 무엇보다도 재해연구에 관한 선행연구 고찰 및 정보의 축적을 위한 중요한 과정으로서 이 책을 포함한 시리즈 번역작업을 결심한 중요한 계기라 할 수 있다. 이 성과물들이 《일본대지진의 교훈》(2012년 3월)과 《검증—3·11동일본대지진》(2012년 5월)으로 이미 출판되었고, 3단계 작업이 바로 '제언'에 해당하는 《제언—동일본대지진》이다. 전자는 다케나카 헤이조(竹中平蔵)와 후나바시 요이치(船橋洋一)의 공동편저로, 후자는 간사이(関西)대학의 사회안전학부(社会安全学部)가 엮은 것이다.

'재난과 안전에 관한 학제적·융복합적 연구'라는 공동의 문제의식과 연구과정에서 번역출판하게 된 《일본 대재해의 교훈》, 《검증—3·11동일본대지진》, 《제언—동일본대지진》(원제: 東日本大震災 復興への提言)이라는 세 권의 책(검증-교훈-제언) 중에서, 이 책은 상정 외의 "동일본대진재는 일본의 경제사회가 지극히 취약한 기반 위에 성립되어 있었다는 점을 백일하에 드러낸 미증유의 문제(과제)를 해결하는 방안을 제시하고 있다. 가치관의 근간을 흔들 정도의 충격에 휩싸인 가운데 일본은 무엇을 해야 할 것인가, 어떻게 대처해야 하는가?"라는 문제의식에서 출발해, 경제학, 도시론, 산업론 등의 분야에서 활약하고 있는 제일선의 지식인 50명이 해답을 제시(제언)하려는 의도에서 집필된 것이다. 말하자면 이 책 《제언—동일본대지진》은 3·11 이후(災後) 일본의 지속 가능한 경제사회 구축(復興)을 위해 내려진 처방전(提言集)이라 할 수 있다.

대재해의 교훈과 검증과정에서 간과하고 있는 실천과학으로서의 재해 문제에 관해 보완(제언)하고 있는 이 책은 '일본정책투자은행설비투자연구소(日本政策投資銀行設備投資研究所)' 구성원들이 일본이 처한 미증유의 대재해를 극복하고, 일본이 지속 가능한 경제사회의 구축을 위해서는 무엇을 해야 할 것인가에 관해 미래지향적인 답을 제시하고 있다. 이 책에서는 구체적인 이론을 바탕으로 한 아카데믹한 제언이나, 정부의 입장에서 추진되는 부흥구상회의에서 나올 법한 제언에 그치지 않는다. 이 책이 비록 경제와 사회 분야에 치우친 제언이라 다소 편협하다 할 수는 있다. 그럼에도 불구하고 일본의 부흥을 향한 다소 긴급히 작성된 제언이라는 점과 아직까지도 이 책을 뛰어넘을 만한 '부흥 청사진'은 제시되고 있지 못한 점을 감안한다면 충분한 가치를 지녔다고 확신한다. 복합적 연쇄위기라 할 수 있는 3·11동일본대지진으로부터의 복구와 부흥, 일본의 재생을 계획하기에 충분한 역작으로 보인다. 특히 이 책은 다양한 제언을 통해 "3·11대재난 이후 일본은 어떠한 변화를 맞고 있는가? 또한 어떠한 사회를 지향하는가?"라는 질의에 쉽게 답하고 있다고 평가할 수 있다. 실제 이 책에 거론된 다수의 제언이 일본의 정책결정 과정에 검토되어 정책 입안에 활용되었다(한국어판 서문 참조).

일본이 대지진 피해를 복구하고 일본 재생 혹은 일본 재건(부흥)을 지향한다는 중요한 전환기적 기로에서 50인이 공통으로 제시하는 키워드는 '사회적 공통자본으로서의 커뮤니티'이다. 이 책에서 필자들은 일본이 직면한 복합위기를 극복하고 부흥을 완수하기 위한 제언으로 '제1부 지역 재생', '제2부 일본 경제의 과제', '제3부 부흥을 향한 일본 사회'로 나누어 분석·제언하고 있다. 3·11동일본대지진을 둘러싼 일본의 저명한 학자와 연구자들의 의견은 다종다양하다. 이 책의 50인이 표명하고 있는 과제 해결을 위한 접근 방법(제언) 역시 다양하다. 그중 몇 사람의 논자에 의해 공통으로 제시되고 있는 관점이나 견해를 집약하여 9가지 제언으로 열거하면 다음과 같다.

1)지역사회 중심의 부흥정책 수립, 2)지역 간 연대 방안 모색과 협력 거버넌스의 구축, 3)부흥을 위한 사회변혁(Soft Change), 4)부흥 과정에의 민간부문 활력과 시장 메커니즘의 활용, 5)전력부족 대책 마련, 6)다양한 채널의 미시금융(micro-financing) 방안 마련, 7)부흥을 위한 정보와 통계

정비, 8)산업혁신, 현장력, 기업가 능력 배양, 9)재난 리스크 관리 능력의 배양 등이다.

이 책을 통해 지금까지 미미했던 한국에서의 재해에 관한 논의가 일본 국내의 피해 상황과 복구, 부흥정책 및 대재난 대처과정 분석 등, 다양한 각도에서 진행(축적)되어 온 연구(결과물)의 소개로 한국 전문가들은 물론 일반 시민들이 대재난을 이해하고 대응하는 데에 크게 도움이 될 것이라 생각된다. 이 번역서가 선구적으로 재난과 안전이라는 의제(agenda)에 착안하여, 언론·미디어에서 간접적으로 전달된 정보가 아닌 일본 현장전문가들의 분석과 견해(제언)를 직접 국내에 소개하고 데이터를 구축·제공하고자 한다는 점은 자부할 수 있다. 특히 '인문·사회과학적 연구성과의 중개 역할을 수행하는 정보 제공'이라는 관점에서도 의미 있는 작업이라 할 수 있겠다. 재해 연구의 당위성을 '3·11의 검증 및 제언'을 통해 깨닫게 해 준 이 책이 부디 포스트 3·11과 인간이라는 시점에서 일본의 복구와 부흥을 제대로 이해하고 나아가 한국에 주는 시사점을 자각하는 데 도움이 되었으면 하는 바람이다. 동시에 일본의 3·11대재해를 통해 지대한 관심을 보이고 있는 연구자들은 물론이거니와 일반 독자들에게도 향후 안전하고 안심할 수 있는 사회 구현이라는 측면에 조금이나마 유익하기를 기원하며, 이 책과 아울러 동일본대지진 2주기를 맞아 동아시아 재해연구의 성과 발신과 국제협력 모색을 위해 기획된 국제학술대회(고려대학교 일본연구센터 주최: 2013년 3월 9일) 및 와세다(早稲田)대학의 재해 관련 연구총서 12권(동일본대지진과 핵재난 와세다 리포트 시리즈) 및 학습원여자(学習院女子)대학의 관련 서적(《동일본대지진 부흥과 지적 하모니》)이 순차적으로 널리 읽혀지기를 바란다. 나아가 재해 연구의 진화 과정을 고려대학교 일본연구센터의 재난과 안전 관련 시리즈물을 통해 지속적으로 확인해 나감으로써 학문적 발전과 사회적

소통의 계기가 되었으면 한다.

마지막으로 이 책은 기 출간된《일본 대재해의 교훈》,《검증 3·11동일본대지진(検証:東日本大震災)》을 지원해 준 일본국제교류기금의 심포지엄 및 번역출판 조성비 지원을 받아 출판되었음을 밝혀 둔다. 아직까지는 다소 생소하고 연구의 중요성에 대해 공감대가 형성되어 있지 않은 척박한 연구조성 상황하에서도 선뜻 지원을 마다하지 않으신 안도 히로야스(安藤裕康) 일본국제교류기금 이사장과 지원 당시의 혼다 오사무(本田修) 소장님 및 현재 고지마 히로유키(小島寛之) 일본국제교류기금 서울문화센터 소장님께 감사드린다. 또한 3·11동일본대지진을 계기로 재난과 안전연구팀을 발족하고 일본의 교훈·검증·제언이라는 어젠다를 한국에 소개할 필요성에 대해 공감하고 지속적인 연구회 개최 및 번역서 출판에 공을 들인 고려대 일본연구센터의 송완범 HK교수, 옮긴이들의 파일들을 통합하고 출판사와의 연락에 수고를 아끼지 않은 고려대 일본연구센터의 전성곤 HK연구교수, 처음부터 끝까지 전체 글을 꼼꼼히 읽고 교정해 준 고려대 대학원의 최가형 학생(중일어문학과 박사과정)께 감사의 마음을 전한다.

고려대학교 일본연구센터에서
역자들을 대표하여
2013년 4월 김영근

한국어판 서문

2011년 3월 11일 14시 46분 미야기(宮城) 현 앞바다에서 발생한 지진은 매그니튜드 9.0에 달하는, 일본 주변에서 관측된 지진 중 사상 최대의 규모였다. 3·11동일본대지진이 발생한 지 약 2년이 지난 지금, 지진으로 인한 사망자 및 실종자 수는 18,000명 이상이며, 파괴 및 반파된 건물은 총 40만 호이고, 또한 피재민은 약 30만 명에 달하고 있다. 쓰나미 피해 지역에는 지금도 그 흔적이 고스란히 남아 있으며, 원전 문제로 인한 에너지 관련 이슈는 일본의 경제사회에서 우선순위 최상위의 중장기 과제 중 하나가 되었다.

동일본대지진이 발생한 지 약 4개월도 채 안 된 2011년 6월 말에 이 책의 일본어판이 간행되었다. 학자 및 연구자로 구성된 50명에 달하는 필자들은 지식인으로서의 사명감을 가지고 단기간 내에 훌륭한 원고를 집필(제언)하였으며, 도쿄대학출판회(東京大学出版会) 소속 직원이 밤낮을 가리지 않고 작업을 계속한 끝에 책을 출판해 낼 수 있었다. 집필진에는 이론경제학, 경제정책론, 도시론, 지역경제론, 환경론, 금융론, 경영학 등 다양한 분야의 전문가들이 포함되어 있다.

이 책의 주된 내용은 첫째, 재해지역을 어떻게 재생시킬 것인가? 둘째, 지진 발생에 의해 표면화된 일본 경제의 과제를 어떻게 극복할 것인가? 셋째, 지진으로부터의 부흥 과정에서 일본 사회가 중장기적으로 어떻게 변화해 나갈 것인가에 관해 총 세 가지의 주요 관점에 입각하여 제언하고 있다. 이 책에 담은 제언 중에서는 실제 정책결정 과정에 검토되어 정책 입안에 활용된 것도 다수 있다.

이 책《제언—동일본대지진》(원제: 東日本大震災 復興への提言)의 한국어판을 고려대학교출판부에서 출판할 수 있게 되어 매우 기쁘고 영광스럽게 생각한다. 주지하다시피 한국과 일본이 속해 있는 동아시아 지역은 지진, 쓰나미, 태풍 등의 자연재해가 자주 발생하는 지역이다. 이 책이 동일본대지진 발생과 복구·재생 프로세스에서 주지해야 할 다양한 교훈을 헛되이 하지 않고, 일본은 물론이거니와 주변국인 한국의 다음 세대에게 전할 수 있는 하나의 매개체가 되기를 기원한다. 더불어 동아시아 지역의 방재의식 고양에 조금이나마 공헌할 수 있기를 간절히 바라며, 한국에서 널리 읽혀지기를 희망한다.

2013년 2월
편집자 일동

서문

2011년 3월 11일 오후 2시 46분경에 발생한 미야기(宮城) 현 먼 바다를 진원으로 하는 매그니튜드 9.0의 거대 지진은 거대 쓰나미를 동반하여 사망자와 행방불명자를 합해 총 2만 5천 명에 달하는 미증유의 인적 피해가 발생했다. 미야기 현과 이와테(岩手) 현의 연안부에서는 마을이나 집락 전체가 괴멸되었으며, 생활기반을 잃은 주민들의 기약 없는 피난소 생활이 이어졌으며, 그 숫자는 전 피해지역을 합해 약 14만 명에 달했다.

동일본대지진의 피해에 대해서는 아직 그 전모가 파악되지 않았으나, 심각한 수준의 후쿠시마(福島) 제1원자력발전소 사고도 아직 수습 계획이 세워지지 않은 상태인데다가 향후에도 더욱 광범위한 2차, 3차 피해가 올 우려가 있다. 단기적으로는 주택과 기업설비, 라이프라인,[1] 항만과 같은 인프라 등 거액의 물적 자산이 상실됨으로써 나타나는 생산활동의 저하, 소비 억제 등 경제적인 악영향이 예측된다. 이에 더해 전력부족 문제 등은 경제의 도미노적 파급효과로 인해 앞으로 일본 경제가 입게 될 타격은 더더욱 커질 것으로 추정된다.

우리들은 이번 미증유의 대지진으로 일본이 직면한 위기 상황을 인식하고 당면의 복구과정으로부터 중장기적인 복구과정에 이르기까지

1 일본에서는 주로 에너지 시설, 물 공급 시설, 교통시설, 정보시설 등을 뜻하며, 생활에 필수적인 인프라 설비를 말한다. 현대사회에서는 전기, 가스, 수도 등의 공공 설비와 전화, 인터넷 등의 통신설비, 운송 시스템 및 철도 등 사람들이 일상생활을 하는 데 있어 필수적인 제반 시설을 뜻한다 — 역자 주.

각종 중대한 과제에 관한 제언을 기획하였다. 그리고 3월 하순, 일본경제투자은행설비연구소와 협력하여 다양한 형태로 지진 관련 경제학, 도시론, 산업론 등의 여러 분야 지식인들께 제언을 촉탁한 바 있는데, 많은 분들로부터 찬동과 협력을 얻었다. 제언을 해 주시고 그 외에 많은 도움을 주신 여러 분들께 머리 숙여 감사드린다.

원고를 집필해 주신 분들께는 이번 대지진의 부흥에 관한 문제의식을 통해 평소 관심과 연구에 기초하여 자유로운 시각에서의 제언을 부탁드렸다. 모든 분들의 원고를 종합하여 이 책 전체적으로 보자면, 채택된 주제들이 광범위하고 각각의 제언이 모두 통일적인 접근 혹은 이념에 바탕을 두고 있지 않을지도 모른다. 논쟁적인 테마도 많고 집필자마다 각기 다른 주장이 전개되는 경우도 있다. 그러나 학문적이고 자유로운 전통의 설비투자연구소 설립 이념에 맞춰 다양한 입장의 집필자로부터 받은 원고를 그대로 게재하는 것을 목표로 하였다. 독자 여러분께는 지진 이후의 부흥이라고 하는 커다란 테마에 대해 다면적인 시점에서의 접근을 중시한 이 책의 특징을 이해하면서 읽어 주길 바란다. 또한 이 책이 피재지역뿐만 아니라 일본 경제의 부흥과 재구축에 조금이나마 공헌할 수 있다면 다행이다.

책의 출판과 관련하여 재단법인 도쿄대학출판회와 첫 회의가 이루어진 것은 지진 발생으로부터 약 1개월 후인 4월 중순이었다. 첫 회의에서 바로 출판을 결정하고 신속하게 작업을 진행해 준 도쿄대학출판회의 구로다 다쿠야(黑田拓也) 씨, 사와하타 루이(澤畑塁) 씨, 오야 무네키(大矢宗樹) 씨께 깊이 감사드린다.

마지막으로 집필자를 대표하여 이번 대지진으로 인해 목숨을 잃은 많은 분들의 명복을 빈다. 또한 피난생활을 하고 있는 분들께도 진심으로 위로의 말씀을 전한다. 지원의 손길이 피재지에 전해져 하루 빨리 생활이 재건될 수 있도록 기도드린다. 후쿠시마 원자력발전소 현장에서 밤낮으로 목숨을 걸고 활동하고 계신 분들께도 깊이 감사드린다.

이 책에 게재된 내용이나 의견 등은 모두 집필자 개개인에 의한 것으로, 일본경제투자은행설비연구소 및 각 집필자가 소속된 조직의 견해와는 무관함을 미리 언급하여 둔다.

2011년 5월
편자 일동

차례

제2부 일본 경제의 과제

제3부 부흥과 일본 사회

서론

이토 시게루伊藤滋 · 오쿠노 마사히로奧野正覺
오니시 다카시大西隆 · 하나자키 마사하루花崎正靖

동일본대지진 부흥을 위한 제언과 그 논점

이번 미증유 대지진의 시작은 2011년 3월 11일 오후2시 46분에 산리쿠(三陸) 먼 바다 심저(북위 38도6분, 동경 142도52분, 깊이 24킬로미터)에서 발생한 매그니튜드 9.0의 초대형 지진이다. 미야기(宮城) 현 구리하라(栗原) 시에서 진도 7을 기록한 것을 기점으로 진도 6강 및 6약을 기록한 지역은 이와테(岩手), 미야기, 후쿠시마(福島), 도치기(栃木), 군마(群馬)현, 이바라기(茨城), 치바(千葉), 사이타마(埼玉) 현까지 미치고, 또 5강 및 5약을 기록한 지역은 아오모리(青森), 아키타(秋田), 야마가타(山形), 니이가타(新潟), 나가노(長野) 현, 도쿄(東京) 도, 가나가와(神奈川), 야마나시(山梨), 시즈오카(静岡) 현 등에 이르기까지 일본 열도의 약 3분의 2에 해당하는 광범위한 지역에 영향을 미쳤다.

그 직후에는 일본 사상 최대 규모의 초대형 쓰나미가 태평양 연안을 휩쓸고 산리쿠 해안의 연안부에 있는 다수 행정구역을 괴멸시켰으며, 아오모리 현에서 치바 현에 이르는 넓은 연안에 거대한 피해가 발생했다. 나아가 지진과 쓰나미의 직격탄을 맞은 도쿄전력 후쿠시마 제1원자력발전소에서는 원자로가 자동 정지되었는데, 외부 전력공급 파괴로 인해 냉각기능을 완전히 상실했으며, 연료봉의 온도가 과도하게 상승하여 용융하고, 대량의 방사능 물질이 외부로 날아가 흩어지는 긴급상황이 발생했다. 그 결과 주변 지역의 대기와 토양 및 해양이 방사능에 오염된 것을 기점으로 주변 주민이 피난하거나 옥내 대피를 할 수밖에 없게 되는 등 심각한 상황이 발생하였다. 후쿠시마 제1원자력발전소 사고 등으로 도쿄전력 관내에서는 전력공급이 큰 폭으로 떨어지고 전력부족을 어떻게 극복하는가에 대한 해답이 산업계와 국민생활로부터 요구되고 있다.

이처럼 동일본대지진은 동일본 전역에 미증유의 인적, 물적 피해를 입혔을 뿐 아니라, 해당 피해지역은 물론, 일본 전체의 경제, 산업, 금융, 사회, 국민생활에 심각한 문제로 대두되고 있다. 그러한 의미에서 이번 대지진은 성숙 단계에 진입하여 자칫 안정된 것처럼 보이던 일본 경제사회의 근간을 뒤흔드는 충격을 주었다고 할 수 있다.

우리들은 이러한 극심한 상황이 이어지고 있는 가운데 과연 무엇을 할 수 있을 것인가 하는 문제의식하에 재난 부흥에 대한 제언집 정리를 단기간에 기획하여 3월 하순, 일본경제투자은행설비연구소와 관계 깊은 연구자들과 지식인 여러분들에게 원고를 의뢰했다. 그 결과 많은 분들이 우리의 취지에 찬성하여 단기간에 원고를 집필해 주었고, 그 원고와 설비투자연구소 연구원들의 원고를 종합하여 이 책을 간행하였다.

이 책에서는 이번 대지진이 초래한 다양한 문제에 대해 각 집필자의 전공 분야와 관심 사항에 대해서 견해와 제언을 솔직하게 표명하고 있다. 그것들을 각 분야별로 정리하면 다음과 같다.

1. 지역 재생에 관한 제언

(1) 피해지역의 복구

- 피해지역 주민과의 대화의 중요성(玄田, 大堀)

- 페어링 지원[1](石川, 細田, 前田)
- 지속적인 장기 지원(細田)
- 광역행정구역(道州制)을 지향하는 동북주 구상(西)

(2) 피해지역의 부흥촌 구상

- 농촌의 도시계획, 방재촌 만들기, 자급/자립형 사회 구상(伊藤)
- 지역주민과 이재민이 주도하는 부흥, 부흥촌을 만들기 위한 회사의 설립(大西)
- 일상생활의 재개가 이루어지지 않은 상태에서의 에코타운[2] 구상은 잘못된 구상(間宮)
- 재해지에 에코타운 건설(內山)
- 지역자원과 특성을 살린 '커뮤니티'의 복구(風見)
- 인구감소 경향이 적용된 소규모 도시 조성(藻谷)

(3) 피해지역의 산업, 금융, 사회 인프라 구상

- 하드한 사회자본과 소프트한 사회자본의 조합으로서의 사회 공공 인프라의 중요성(宮川公男)
- 부흥에 있어서는 '제조업'과 '현장력'이 중요(藤本)
- 유형자본과 무형의 관계 특수자본이 상실되어, 그것들이 재축적되기까지는 장시간이 필요(宮川大介)

2. 일본 경제가 안고 있는 과제에 관한 제언

(1) 마이크로 경제 및 경제 일반

- 정부 개입의 최소화와 소득분배의 평등화(大瀧)
- '창조적 파괴' 효과가 기대되는 시책이 필요(塩路)
- 장기적 경제활동으로의 회복은 각지의 피해경험을 활용하면 다소 시간은

1 광범위한 피재지역의 특정 시정촌(市町村)과 일본 전국의 특정 현이 짝을 지어, 지원하는 대상지를 명확히 하는 방법을 뜻함. 이로 인해 각기 지역마다 다른 피재지 실정에 맞추어 밀도 높은 지원이 가능하다 — 역자 주(이하 역주 표기 생략).

2 일본 통산성(현 경제산업성) 및 후생성(현 환경성 소속)에 의해 1997년에 창설되었으며 환경, 재활용산업 육성과 지역 부흥을 연결시킨 산업이다. 환경산업 진흥을 통한 지역개발, 자연순환형 사회구축을 위한 산업, 공공부문, 소비자를 포함한 종합환경순화형 시스템 구축, 폐기물의 배출 감량, 자원의 유효한 활용 등을 목적으로 마련되었다.

걸리나 혁신을 이룰 수 있음(宮川努)

- 더 이상 소극적이 아닌, 적극적 경제 활성화를 통한 세수 증대(小川)

(2) 전력부족에의 대책

- 전력부족 대책에 대응하는 금융 시스템의 도입(金本)
- 전력사용 피크 시의 요금인상(山崎, 金本, 福田)
- 요금인상과 증수(增水)분에 있어서 소비자에의 균등 환원(川西)
- 전기세 징수와 세수를 통한 피해지 부흥(中里)

(3) 금융

- PFI[3] 및 인프라 펀드로 민간자금 촉진(柳川)
- 금융기관 설립과 함께 펀드를 통한 중장기 자금 공급(植杉)
- 기업재건 구상에 '표준 전략' 도입 및 신규사업에의 자금 제공(鯉渕)
- 마이크로 금융[4]의 활용(花崎, 前田)

(4) 산업

- 서플라이 체인의 붕괴라는 리스크의 현재화(柳沼)
- 산업의 신진대사를 촉진시키고, 기업가 능력을 양성하고 활용할 것(柳沼)
- 전기사업의 향후 처리에는 신중한 배려가 필요(山内)

(5) 부흥자금

- 부흥연대재정, 부흥채권 발행(大西)
- 한시적 증세(소득세에 소비세)(堀内)
- 재난특별국채를 재원으로 하는 부흥기금(奥野)
- 외화 기준 국채(黒沢)
- 부흥증세의 목적 강화, 어린이수당과 농가 소득보상제도재원의 전용(轉用)(福田)
- GDP 연동국채(竹田, 矢島, 打田)

(6) 내수 리스크에 대한 대응책

- 내수 리스크 관리의 실패(金本, 貝塚)

---

3 Private Finance Initiative의 약자. 도로, 철도 등의 건설과 운영, 유지관리, 사업자금의 도입 등의 전 과정을 건설회사 등 민간기업에 맡기는 새로운 사회간접자본 구축방식으로서 1992년에 영국에서 시작되었다.

4 담보나 신용이 없어 제도권 금융을 이용하기 어려운 저소득층에게 창업 및 운영자금·시설개선자금 등을 지원해 주는 소액대출사업을 말한다.

- 재난 증권의 기능과 한계(小田)
- 지진보험의 활용과 그 유의점(安藤)

(7) 정보의 중요성

- 정보를 다루는 직업 전문가로서 회계사들의 부흥상황에의 투입(八田)
- 안전과 안심 사회 구축을 위한 공적 통계의 의의(乾)
- 피재 리스크를 가시화하기 위한 재해 계산체계의 모색(野村)
- 원전 문제 발생 시의 정보 투명화의 중요성(中村)

(8) 시장 메커니즘의 활용

- 피난민에 재택 증빙 지급(山崎)
- 위험지역의 토지 소유자에게 양도가 가능한 개발권 공여(山崎)
- 피재지역에 경제특구제도 도입(山崎)

3. 부흥과 일본 사회

(1) 부흥의 청사진

- 쓰나미와 원전사고로부터 얻은 교훈의 활용(淺子)
- 불안하지 않은 사회를 지향하는 국가 건설(寺西)
- 인재, 자금, 지혜를 이끌어 내는 데 있어 민간이 중심이 되는 부흥 시스템 구상(堀内, 柳川)
- 과거 국토계획의 미흡함을 인식하고 새로운 계획을 수립할 것(薄井)
- 새로운 국가 전략으로서의 '국가적 내성(지속 가능성)'[5]을 모색할 것(神藤)
- 면재(免災)[6] 구조의 나라를 지향할 것(藻谷)

(2) 사회의 변혁

- 지역 간 수평 네트워크의 중요성(岡部, 前田)
- 물건 소비를 반으로 줄이는 사회로(岡部)
- 과도한 기득권익의 제거(奥野)
- 소규모, 지방, 소프트, 내수를 중시하는 시스템(關)

---

5 인간 사회의 환경, 경제, 사회적 양상의 연속성에 관련된 체계적 개념으로 지역의 이웃에서부터 지구 전체에까지 영향을 미치는 것을 말한다. 경제학의 '지속 가능한 성장'은 장기간 지속되는 실제 이익과 생산의 증가를 뜻한다.

6 재난에도 끄떡없는.

- 교육, 고용, 휴가 등의 소프트 면에서의 개혁으로 일본 재생을(大野)

(3) 극도로 편재된 지역 구상의 위험성

- 수도권 기능의 분산(貝塚)
- 지역 분산형 경제구조(福田)

저명한 학자와 연구자들의 의견은 다양하며 이 책에서 표명하고 있는 제언이라도 주제나 과제 해결을 위한 접근방법은 다양하다. 그러나 이 책에 수록된 의견이나 제언은 모두 중요한 논점과 함의를 포함하고 있음에는 틀림없다.

다양한 제언으로부터 몇몇 글쓴이에 의해 공통적으로 제시되고 있는 논점이나 의견을 집약하여 아홉 가지 제언으로 열거하면 다음과 같다.

(1) 피재지역의 부흥은 해당 지역을 중심으로 이재민과 지역 주민들의 의사가 적극적으로 반영되어야 한다.

(2) 지역 간 연대와 페어링 지원 등 세심한 조합이 효과적이다.

(3) 성공적인 부흥을 위해서는 소프트 면에서의 사회변혁이 필요하다.

(4) 부흥 과정에서 중앙정부의 직접적 관여는 최소한으로 한하고, 민간의 활력과 시장 메커니즘을 활용해야 한다.

(5) 전력부족 대책으로서는 우선적으로 사용요금을 인하해야 한다.

(6) 마이크로 금융에서는 PFI, 펀드, 마이크로 파이낸스 등 다양한 채널이 필요하다.

(7) 피재 상황을 파악하고, 부흥에 적용시키기 위한 정보와 통계 정비를 갖추어야 한다.

(8) 이번 대재난을 '창조적 파괴'와 연결시키기 위해서는 산업 혁신, 현장력, 기업가의 능력이 중요하다.

(9) 재난 리스크 관리 실패로부터 얻은 교훈을 장래에 활용해야 한다.

일본은 태평양전쟁 패전 이후 1950년대부터 60년대에 걸쳐 고도성장을 경험하고, 경제적으로 세계 선진국들과 어깨를 나란히 하게 되었지만, 1973년의 오일쇼크를 거쳐 저성장 경제로의 이행이 불가피하게 되었다. 그 후에도 외수 의존, 과도한 재정지출, 단기적으로 버블경제[7]로 인한 성장의 과실을 향수할 수 있는 시기이기도 했다. 그러나 외수 의존에 의한 성장은 대외 마찰을, 과도한 재정지출은 구조적인 재정위기를, 또 80년대 말의 버블은 그것이 붕괴 후에 심각한 금융위기를 야기해 그때마다 일본 경제사회는 성장을 필요로 하는 조정이 이루어졌다. 또한, 같은 시기에 저출산과 인구고령화가 심화되고, 글로벌한 환경문제를 비롯해 기타 제약도 점차 강해졌다.

동일본대지진은 이처럼 일본 경제사회의 구조적 문제로 인해 고통받는 폐색감이 더욱 뚜렷해지고 있는 상황에서 발생했다. 피해지역에서의 상상을 초월하는 참상과, 그에 더불어 원전문제 발생으로 인한 심각한 리스크 요인 등을 고려하면, 현재 상황은 일본이 일찍이 경험한 적이 없는 위기 국면을 맞이했다고 할 수 있다. 또한 그 대응책도 일본이 발전 단계를 이미 마치고, 성숙 단계에 도달하고 있기 때문에 더욱더 극심한 상황에 놓여 있다고 할 수 있다.

다양한 리스크 요인에 대해 적절한 경영이 이루어지지 않으면, 일본은 몰락의 길을 걸을 수밖에 없을 것이다. 그렇지만 최근 일본 경제사회에서 각종 제도피로[8]와 끊이지 않는 악순환이 연쇄되는 등 바람직하지 못한 이력효과(어떤 시스템이나 현상이 환경의 변동에도 불구하고 그것에 저항하여 종전의 상태를 계속 유지하는 것. 이력현상이라고도 한다)로써 정체와 혼

7 부동산과 주식을 비롯한 시가 자산의 자산 가격이 투기로 인해 실물경제의 경제성장 이상의 수준으로 급등하여 투기로 인해 지탱되어야 하는 시장이 투기로 인해 모두 지탱되지 않는 경제상태를 말함. 일본은 1980년대에 세계 2위의 경제대국으로까지 성장하였으나 1990년대 초반 버블경제가 붕괴한 이후 2001년 말까지 '잃어버린 시대'로 불리는 장기 불황을 경험하게 되었다.

8 제도가 운용되고 있는 중 사회현상이 변화하여 제도의 목적과 실정이 일치하지 않는 상황을 말함.

란이 증폭되었다고 한다면, 이번 대재난으로 인한 위기 상황은 그러한 나쁜 연쇄를 끊을 수 있는 기회라고 생각할 수도 있다.

난제가 산적해 있는 것은 극명한 사실이지만, 산·관·학 및 피해지역의 지자체 연계를 통해 이재민과 국민의 관심을 항상 염두에 두며, 지역사회의 부흥과 일본 경제사회 재건을 목표로 한 장래의 비전을 단기간 내에 작성하고 실현을 위해 움직이기 시작해야 할 것이다.

이 책에 수록된 많은 집필자들의 제언이 그러한 방향 설정에 조금이라도 도움이 되기를 바라면서 이 책을 간행한다.

— 2011년 4월 25일

1부

지역 재생

가자미 쇼조風見正三
(지역계획·커뮤니티 비즈니스)

지역 자원의 경영에 따른 도호쿠 재생을 위한 제언

사회적 공통자본으로서의 커뮤니티 재흥

1. 대지진과 원전사고를 극복하기 위해서

2011년 3월 11일에 발생한 동일본 대지진으로 인해 현재 일본은 국가 수준의 위기에 처해 있다. 일본의 도호쿠(東北) 지방과 간토(関東) 지방에서의 대지진은 수많은 지역주민들의 귀중한 생명을 앗아갔으며, 지금도 수많은 행방불명자를 찾기 위한 수색작업이 진행 중에 있다. 도호쿠 지방의 중심 도시인 센다이(仙台) 시는 격진을 맞고 도시의 라이프라인을 상실하였다. 센난(仙南) 지역의 연안부와 산리쿠(三陸) 앞바다의 어촌은 거대한 쓰나미로 인해 순식간에 도시의 기억이 사라질 정도의 대참사를 겪었다.

게다가 대지진에 의해 발생한 원전사고로 인해 후쿠시마(福島) 현을 중심으로 한 도호쿠 지방은 위기에 그대로 노출되었다. 때문에 피난이 불가피했던 주민들뿐 아니라 도호쿠 지방과 일본 전국구 주민들이 반복되는 여진과 원전사고의 동향을 주시하며 불안한 나날을 보내야 했다.

이러한 거대한 피해를 낳은 대지진과 원전사고를 극복하기 위해 일본인들이 나아가야 할 길은 어디에 있는 것일까. 지금이야말로 피재지 사람들과 합심하여 진지하게 의논해야 할 때이다. 그리고 이제까지의 도시계획과 산업구조, 에너지 정책과 라이프스타일, 사회 인프라와 커뮤니티 등을 총점검하여 지속 가능한 미래를 향한 개혁의 길을 모색해야 한다.

2. 20세기 문명관을 넘어서

대지진과 원전사고가 발생하였을 때에 우리가 제일 먼저 생각해야 하는 중요한 명제는 인간이 어떻게 자연과 함께 더불어 살아가고, 과학기술을 관리하는가이다. 20세기는 과학기술이 발전한 시대이며 고도의 과학기술을 적용한 대도시가 급속도로 성장하고, 그에 따라 그것을 지탱하는 에너지와 전력 수요도 함께 증대해 왔다. 그러나 이러한 고도 경제성장에 뒤따른 버블경제의 붕괴 및 심각한 환경오염 문제와 혼란스런 경제 상황을 조감할 때 우리는 이러한 20세기적 문명에 의해 진정한 풍요로움을 손에 넣었다고 말할 수 있을 것인가? 경제발전만이 풍요로움을 나타내는 것일까? 지금 우리는 진지하게 생각해 볼 필요가 있다. 대도시의 급격한 성장을 지탱하기 위해 필요한 대규모 전력공급이 이번 원전사고의 발생 원인이 된 것은 아닐까? 그리고 그 배경에는 집적 이익[1]을 추구하여 수도권 집중형 도시 만들기를 추진하는 과정에서 경제성만을 중시한 기업활동과 정책결정에 있어서 왜곡이 있지는 않았을까? 우리는 다시 한 번 자숙하는 마음으로 자문자답해 볼 필요가 있다.

20세기는 '도시의 시대'라 불린다. 도시라고 하는 시스템이 과학기술에 의존하며 거대화되고 경제를 최우선시한 도시계획이 초래한 폐해는 크다. 일본은 에도(江戶) 시대까지 거슬러 올라갈 필요도 없이 최근까지만 해도 자연과 공생하는, 그러한 지속 가능한 라이프스타일을 유지

1 산업 입지론에 있어서 공업이 특정 장소에 집중하는 현상을 집적이라고 하며, 이러한 공업들이 생산활동을 통하여 발생하는 이익을 집적 이익이라고 한다. 동일 업종이나 연계성이 큰 공업이 한 장소에 집중하는 경우와 서로 다른 여러 업종의 공업이 대도시에 집적하는 경우에 발생한다.

해 온 나라였다. 삼림과 바다 문화를 존중하고 자연의 은혜에 감사하며 대지와 함께 살아온 것이다. 현 시점에서 필요한 것은 자연과 융합된 형태의 과거의 라이프스타일을 회상하는 것에 그치지 않고 그것으로부터 창출되는 인간적인 풍요로움과 환경적 지속 가능성, 그리고 행복과 안심의 정의(定議)에 대해 재평가하고 미래를 향한 지속 가능한 라이프스타일로서 다시 인식하는 것이다.

도호쿠는 풍성한 숲과 바다에 의해 유지되어 온 지역이며 이번 대지진과 원전사고는 순식간에 아름다운 국토를 무참하게 바꾸어 버렸다. 지금 중요한 것은 옛부터 전해 내려오는 전통 생활양식을 정서적 회고주의 차원에서 회상하는 것이 아닌, 지속 가능한 미래의 라이프스타일로 계승해 가는 것이다. 그리고 20세기적 문명관을 넘어 지구환경 시대에 걸맞은 '우리의 공통의 미래(Our Common Future)'를 어떻게 실현할 수 있느냐가 문제시되고 있다.

"Our Common Future"는 1987년 WCED(환경과 개발에 관한 세계 위원회)가 보고한 개념이다. 그것은 '지속 가능한 발전(Sustainable Development)'이라는 개념을 '미래 세대가 자신들의 수요를 충족시키는 능력을 손실받지 않게끔 지금의 세대가 수요를 충족시켜 가는 발전'으로 정의하고 있다. 즉, 지속 가능성이라고 하는 것은 '세대 간의 공생'을 의미하는 것이며 지구상에 축적된 에너지를 고갈시키거나 미래 세대에 악영향을 끼치는 부(負)의 유산을 전해서는 안 된다는 것이다. 미래 세대가 계속해서 이 세상을 살아갈 수 있도록 하기 위해 자연환경과 문화환경을 계승해 나가야 할 책임이 우리에게 있는 것이다.

21세기식 효율성, 경제성 중시, 그리고 과학기술을 맹신하지 않고 자연으로부터 지혜를 배우고, 경제적 가치만으로 표현될 수 없는 문화적 풍요로움, 슬로우한 생활습관, 양자택일적 기술을 중시하면서 서로를 지탱할 수 있는 경제사회를 재구축해야 한다. 일본은 복 받은 자연환경을 가지고 있음에도 불구하고 지진과 태풍의 습격이 잦은 나라이다. 이는 피할 수 없는 자연환경이며, 그것에 과학기술로 대항하는 한편 자연과 공생하는 양자택일의 사회자본 정비와 라이프스타일을 구축하기 위한 검토가 무엇보다 시급한 과제이다.

이번과 같은 대지진과 쓰나미에 대비하기 위해 우리는 어떠한 안전대책을 취해야 할 것인가. 협소한 국토의 지진국에서 원전을 보유하는 리스크는 어떠한 것일까. 과학기술은 만능이 아니다. 인간의 지혜로 다스릴 수 있는 범위를 초월한 자연재해에 대한 인간사회의 대비는 너무나도 역부족이다. 이번 대지진과 원전사고를 계기로 이러한 일본의 자연환경의 특성이 충분히 고려되어야 한다. 그리고 그 이점을 최대한 활용하여 자연의 위협으로부터 여유 있게 벗어날 수 있는 방법론 모색과, 고도한 과학기술에만 의존하지 않는 슬로우한 사회 시스템 구축이 요구된다.

대지진과 원전사고로부터의 안전한 사회기반 속에서 사람들이 안심하고 풍요로운 자연문화가 육성된 지속 가능한 사회를 구축해 나가기 위해서는 다음 4가지 관점을 견지할 것이 요구된다.

1) 지역적 특성을 활용한 사회 인프라 구축

이번 대지진으로 인해 일본 사회는 지금까지 당연하다고 생각해 온 사회의 안전과 안심이 눈 깜짝할 사이에 무너질 수 있다는 것을 절감하였다. 대지진으로 피재를 당한 많은 사람들의 희생을 헛되이 하지 않기 위해서라도 우리 사회의 시스템을 재점검해 볼 필요가 있다. 이번 대지진과 원전사고에 입각한 지속 가능한 지역 조성과 산업 창조, 양자택일 에너지로의 정책 전환을 진행해야 할 것이다.

이를 위해 첫 번째로 중요한 점은, 지역적 특성을 살린 사회 인프라를 지역이 주체가 되어 창조해 나가는 것이다. 도호쿠 지방은 '일본의 식량 저장고'라고 불려 왔으나, 이러한 중요 기능을 가진 지역의 안전관리가 적절하게 이루어져 왔는지는 다시 한 번 돌이켜 보아야 한다. 도호쿠는 양질의 천연 항구와 넓은 대지, 풍부한 수자원과 삼림자원 등 풍족한 자연환경이 일구어 준 여러 지역자원을 보유하고 있다. 농림수산성은 풍부한 지역자원에 의해 형성된 지역산업의 한 예이다.

그리고 이러한 지역산업을 지키고 발전시켜 온 밑바탕에는 그 지역의 자연과 공생해 온 안정된 커뮤니티를 들 수 있다. 안정된 식산업이 안정된 커뮤니티로 인해 유지, 보존되어 온 것이다.

긴 세월 동안 이렇게 자연환경과 공생하며 그 지역 고유의 역사와 문화를 발전시켜 왔으며 안전과 리스크를 흡수하고, 지역의 자립성을 향상시켜 지역 발전을 이룩해 왔다. 우리는 그러한 자연적 특성을 충분히 이해하고 자연을 억압하는 것이 아니라 자연을 경외시 함으로써 자연과 공생할 수 있는 지역 조성과 생활방식을 선택할 수 있도록 다시금 인식하여야 한다.

사이타마(埼玉) 현 히다카(日高) 시에 있는 긴차쿠다(巾着田)는 자연과 공생하는 사회 인프라의 모습을 잘 보여 주는 예이다. 긴차쿠다는 지형이 복주머니(긴차쿠)와 비슷하다 하여 그 이름이 붙여졌는데, 특유의 크고 구불구불한 고마가와(高麗川)의 지형을 살려 수력을 이용한 수전 개발이 진행된 지역이다. 이 고장은 가와하라다(川原田)라고도 불리워지며, 가을에는 만주사화가 화려하게 꽃피고, 자연과 조화를 이룬 아름다운 농촌의 풍경을 뽐낸다. 긴차쿠다는 홍수 등의 자연재해를 튼튼한 제방으로써 막는 것이 아니라 일부러 긴차쿠다에 가두어 강과의 공생을 도모하며 지연산업으로 농업을 활성화하고, 아름다운 농촌의 모습을 유지해 왔다. 즉, 자연으로부터의 위협을 과학기술로서 봉쇄하는 것이 아니라 여유롭게 수용함으로써 농업을 유지하고 홍수와 함께 살아 온 지역이라 할 수 있다.

이렇듯 자연 공생형 사회 인프라는 긴차쿠다 외에도 일본 각지에 수없이 많이 있으나, 그것에 대한 사회, 경제, 환경적 가치는 충분히 평가받지 못하고 있다. 지금이야말로 '자연과 함께 살아가는 사회 인프라'를 다시 인식하고 그 가치를 재검토해야 할 시점이다. 도호쿠 재생 과정에서 지속 가능한 지역 조성 과정에서도 이러한 지역 환경의 특성에 입각한 생태적 지역 전략이 중요하다.

그러한 사회배경에서는 '에콜로지컬 플래닝(Ecological Planning)'이라는 방법이 매우 유용하다. '에콜로지컬 플래닝'은 펜실베니아 대학의 이안 맥하그 교수가 개발한 지역환경전략을 뜻하는데, 지역의 다양한 환경적인 특성을 과학적으로 인식하고 그 특성을 살린 전략을 주민들이 주체가 되어 수립하는 것이다. 향후 지속 가능한 지역 조성에 있어서도 지역 자연을 충분히 이해하고, 그것을 억압하는 것이 아니라 리스크도 충분히 고려하면서 자연과의 완만한 관계 속에서 공생해 나가기 위한 양자택일의 사회 인프라 실현이 중요한 열쇠가 될 것이다.

도호쿠의 재생은 자연환경의 과학적인 분석과 그것을 존중하는 생태적 지역계획에서 출발해야 한다. 그렇게 함으로써 자연과 함께 살아온 도호쿠 특유의 발전을 이룩할 수 있으며 미래의 도호쿠의 비전 기반을 다질 수 있다.

2) 지역이 주체가 된 지속 가능한 식생활과 에너지 구성

지속 가능한 도호쿠의 재생을 위해 두 번째로 중요한 점은, 어떠한 식생활과 에너지를 선택하느냐이다. 이번 대지진과 원전사고에 직면해 우리는 물과 식량, 에너지가 차단된 생활이 얼마나 불안한 것인지 절감할 수 있었다. 이전까지 물과 식량, 에너지는 지역 내에서 해결해 왔으나, 생산지와 소비지가 분리되어야 한다는 것이 이번 재해를 통해 극명하게 드러났다. 그러나 농업의 대규모화와 도시 집중화로 인해 생산지와 소비지가 멀어지고, 생산자와 소비자도 보이지 않는 관계가 되었다. 또한 농산물 세계화로 인해 식량의 자급률이 저하되고 식생활의 안전과 안정성은 급속히 무너졌다.

에너지 부문에서도 우리는 원자력발전에 대해서 너무나 무관심해온 것을 반성해야 할 것이다. 즉 우리 자신의 라이프스타일이 에너지 정책과 원자력발전에 얼마나 관련이 깊은 것인지를 인식해야 할 것이다. 대도시의 전력수요를 해결하기 위해 대규모 발전 시설이 지방에 증설되었다는 사실을 인식할 필요가 있다. 이번 원전사고도 그러한 배경이 뿌리에 있다는 것을 잊어서는 안 된다. 그러나 여기서도 생각해 보아야 할 것은 이러한 전력과 에너지 공급에 대해 입지 지역을 포함한 국민 전체가 주체가 된 사회적 합의 형성이 충분히 이루어져 왔는가 하는 것이다.

충분한 과학적 지식이 기초가 되어 합의 형성이 이루어진 후에 그 지역의 적절한 에너지를 주체적으로 선택하는 시스템이 구축되어 있었다면 주민들과 국민들은 과연 원전을 희망하였을까? 이번 원전사고에 있어서도 지역 에너지에 대해 지역 스스로가 책임지는 것이 전제가 되었다면 도쿄 주민들도 더 안전한 에너지를 선택하지 않을까? 물론 모든 에너지를 지역 내에서 생산하는 것은 어려울지도 모르나 지역이 자신의 책임에 있어서 안전한 에너지를 선택해야 한다는 책임과 의무가 있다면 자신의 안전을 내걸고 리스크가 높은 에너지를 선택하지는 않을 것이다. 에너지 선택 과정에 있어서 NIMBY(Not In My Back Yard)현상[2]이 일어나

2 '내 뒷마당에서는 안 된다(Not In My Backyard)'는 영어의 약자. 즉 장애인 시설이나 쓰레기 처리장, 화장장, 교도소와 같이 지역 주민들이 싫어할 시설이나 땅값이 떨어질 우려가 있는 시설들이 자신이 살고 있는 지역에 들어서는 것을 강력하게 반대하는 시민들의 행동을 말한다.

서는 안 된다.

이제부터 에너지는 지역의 주체적 선택에 의해 공급되어야 하며, 그것이 미래의 안전한 사회를 창조해 나가는 데 있어 중요한 요소가 될 것이다. 실제로 '홋카이도(北海道) 그린 펀드'[3]와 나가노(長野) 현 이이다(飯田) 시의 '태양 에너지 펀드'[4]와 같이 지역 주체로 자연 에너지를 공급하는 사례를 많이 찾아볼 수 있게 되었다. 이렇듯 지역이 해당 지역에서 사용해야 할 에너지를 주체적으로 선택하고 그 편익과 리스크를 인식한 후 책임의식을 갖고 생활하는 것이 중요하다.

식생활에 있어서도 동일하게 지역의 식량을 가능한 한 그 지역에서 생산, 소비하는 시스템을 유지하는 것이 가능해지면 생산자와 소비자 사이에 투명한 신뢰관계가 형성되어 지역 주민들이 주체적으로 농업을 지지하는 사회가 구축될 것이다. 물론 이것은 지역 내에서의 자급자족을 의미하는 것이 아니라 지역의 자급률을 향상시킨 후, 그 지역에서 생산 가능한 잉여 식량을 타 지역과의 보완관계에 의해 서로 주고받음으로서 상생관계를 구축해 나가는 것을 의미한다.

지역이 주체가 되어 식생활과 에너지 생산, 소비를 행하는 것은 그것에 대한 경의와 이해를 높임과 동시에 태양광, 풍력, 수력, 지열, 바이오매스[5] 등의 지역 특성을 살린 깨끗하고 안전한 에너지를 주체적으로 선

3 석유, 석탄과 같은 화석연료를 대체할 수 있는 태양광과 풍력 등 자연으로부터의 에너지를 사용한 차세대 에너지 사업에 투자하는 차세대 펀드.

4 재생 가능한 에너지로서 기대되고 있는 태양광 발전 추진을 위한 자금조달 수단이다. 윤택한 민간자금을 태양광 발전 시스템 개발에 사용하는 것이 그 목적이다.

5 '바이오매스'란 광합성에 의하여 생성되는 다양한 조류(藻類) 및 식물 자원, 즉 나무, 풀, 농작물의 가지, 잎, 뿌리, 열매 등을 일컫는다. 근래에는 이보다 광범위한 의미로 모든 산업활동에서 발생하는 유기성 폐자원, 예를 들면 톱밥, 볏짚 등과 같은 농·임업 부산물, 하수 슬러지(sludge)를 포함하는 각종 유기성 산업 슬러지, 음식 및 농수산 시장에서 발생하는 쓰레기, 축산 분뇨 등을 모두 바이오매스 자원이라고 한다.

택하고 경제성과 리스크를 인식한 지속 가능한 라이프스타일을 획득하는 과정으로 연결된다.

3) SEA에 의한 사회적 합의 형성 과정의 구축

지속 가능한 도호쿠의 재생을 위한 세 번째 열쇠는 사회적 합의 형성 과정의 구축이다. 현재 나라와 지자체의 환경정보 공개 및 원전입지 평가 등에 대해 여러 의견과 의문이 쏟아져 나오고 있다. 이는 우리 생활을 지지하는 사회 인프라의 안전이 어떻게 평가되어져 왔는가에 대한 의문으로부터 출발하는 것이다. 일본은 환경영향평가법 제정이 선진국 중에서도 느린 편이며, 정책, 계획 레벨에서 적용되는 '전략적 환경평가(SEA : Strategic Environmental Assessment)'[6]는 아직 불충분한 상황이다.

지속 가능한 사회를 실현하기 위해서는 우선 우리를 둘러싸고 있는 여러 사회자본 정비에 대한 적절한 환경영향평가와 그를 위한 사회적 합의 형성 과정의 구축이 필요하다. SEA는 정책 레벨에서 다원적이고 환경적인 영향에 대한 평가를 행하는 것으로, 지역사회에 큰 영향을 주는 정책과 제도 등에 적용되는 것이다.

특히 대규모 사회자본 정비에 대해서는 그 근거가 되는 정책 레벨에서 영향 평가를 실행하는 것이 중요하다. 그리고 그 근간이 되는 것은 정확한 정보공개와 민주적 합의 형성에 있으며 지역이 정책과 계획을 충분히 이해한 후, 의사결정에 참여하여 가장 적절하다고 생각되는 정책과 계획 선택을 이끌어 내는 과정이다.

이번 원전사고에 있어서도 입지 선정에 대한 환경영향평가를 충분히

---

6 정책 결정, 상위계획 결정과 사업의 의지결정 단계, 적지(適地)선정 단계에서 실시되는 환경평가를 말한다. Strategic Environmental Assessment의 각 머리 글자를 따서 'SEA'로 표기하는 경우도 많다.

실행하고 주민들에 대한 정보공개를 철저히 하고 다양한 리스크 분석에 기초한 안전대책이 실행되었다면 피해를 최소화할 수 있었을 것이다. 많은 환경재해는 충분한 리스크 평가와 적절한 정보공개가 철저하게 이루어지지 않은 것으로부터 일어나는 경우가 많다. 과학적인 정보에 입각한 투명한 합의 형성이 무엇보다도 중요하다.

지역이 지속 가능한 미래를 선택하기 위해서는 다양한 사회자본 정비에 대해 '투명성', '과학성', '민주성'을 존중한 의사결정 과정을 철저히 하여 지역적 합의에 의해 선택할 수 있는 것이 필수 불가결하다. 지역의 미래를 결정하는 중요한 사회자본 정비는 기업과 나라, 지자체의 행정에 맡길 것이 아니라, 여러 전문가들의 의견을 참고로 하여 지역 주민들이 충분한 정보를 통하여 주체적으로 결정하는 과정을 형성하는 것이 매우 중요하다.

4) 지역자원 경영의 관점에 의한 도호쿠 재생
— 사회적 공통자본으로서의 커뮤니티 재건

지속 가능한 사회를 구축해 나가기 위한 네 번째 견지할 관점은 지역의 다양한 자원을 최대한으로 활용하면서 지역의 특성에 적합한 전략적 지역경영을 실현하는 '지역자원경영'의 접근 방법에 대한 제언이다.

도호쿠는 조몬(縄文) 시대 이후의 역사적 유물, 산과 바다 등 풍부한 자연환경, 자연을 활성화한 농림수산성, 전통 공예 및 축제 등의 문화자원 등 다채로운 지역자원을 보유하고 있다.

그러나 지역자원이라고 하면 지역의 자연과 사사불각(寺社仏閣), 토산품과 축제 등의 점재된 요소를 가리키는 경우가 많았다. 도호쿠도 풍부한 자원에 둘러싸여 있으나 그것을 지역의 공유재산으로서 다른 자원과 연결시키면서 지역의 총력전으로 활용하는 방안은 충분하지 못했다.

이번 대지진에서 그 '점'이 더욱 고립성을 높여 존재 자체가 위기에 처한 것이다. 그러나 피해복구에 성공한 '점'을 활용하면서 동시에 상실한 '점'을 '선'에서 '면'으로 발전시켜 지역의 기억과 정체성을 재구축하는 작업이 필요하다.

즉 빼앗긴 '지점'을 '지역'의 시점에서 재건함과 동시에 지역의 총체적 가치관에서 각각의 자원을 재평가하고 장기간에 걸친 시나리오 및 경영자원으로서 자리매김하는 것이 중요하다. 그러한 방식으로 접근하기 위해 열쇠가 되는 것이 지역의 기반이 되는 '커뮤니티'의 재건이다.

대지진 시 산리쿠 앞바다의 어촌에서는 커뮤니티의 기반이 되는 촌락 전체가 상실된 지역이 많이 있었으나, 피재된 상황하에서도 커뮤니티의 재건을 목표로 서로 위로를 주고받으며 의지하는 모습도 다수 보였다. 피난 시에도 서로의 안부를 걱정하고 피난을 돕는 모습도 많이 보였다. 이렇듯 대지진에 직면해 피재지와 피난소 생활의 힘든 상황을 견딜 수 있는 한 가지 요소는 장기간 육성되어 온 커뮤니티의 유대이다.

이렇게 대지진으로 인해 파괴된 촌락을 재생하기 위해서는 이때까지 주민들 간을 연결해 온 사회적 축적인 '커뮤니티'를 '사회적 공통자본(Social Common Capital)'으로 다시 인식하고 그 재건을 위해 힘써야 한다.

우사와(2012)는 '사회적 공통자본'이라고 하는 것은 한 국가 내지는 특정 지역에 살고 있는 모든 사람들이 풍요로운 경제생활을 영위하고 뛰어난 문화를 전개하고 인간미가 넘치는 사회를 지속적, 안정적으로 유지하는 것을 가능하게 하는 자연환경과 사회적 장치를 의미한다고 설명한다. 또한 그것은 '산, 숲, 강, 바다, 흙, 대기 등의 자연환경과 길, 다리, 철도, 항구, 상하수도, 전력과 가스, 우편 통신 등의 사회적 인프라, 그리고 교육, 의료, 금융, 사법, 행정, 출판, 저널리즘, 문화 등으로부터 구성되는 것'이라고 말한다. 또한 자연환경에 대하여 '각 나라와 지역 주민들이

긴 역사를 통해 성스러운 것으로서 소중하게 지키고, 다음 세대로 계속 전해 가는 것'이라고 설명하고 있다.

이렇듯 사회적 공통자본이라는 것은 장시간에 걸쳐 그 지역에서 형성, 유지해 온 문화, 경제, 사회, 환경자본을 미래에 전달하기 위한 사회적 조치이며 그 근간에 있는 것은 풍요로운 자연환경, 그리고 그 위에 이룩해 온 사회 인프라와 그것들을 미래에 계승하기 위한 제도에 의한 자본인 것이다. 그리고 그것에는 지역이 그들 자본을 주체적으로 경영하기 위해 기반이 되는 '사회적 공통자본으로서의 커뮤니티'가 필수적이다. 이 커뮤니티가 지역의 운영조직이 되어 여러 지역자원을 전략적으로 경영해 나가는 것이 지속 가능한 지역 재생의 열쇠가 되는 것이다.

3. 새로운 미래를 위한 지역 차원의 직접적인 선택 필요

지속 가능한 사회의 실현은 사회적 공통자본의 관점에서 여러 지역자원을 활용하고 지역의 주체적인 선택에 의해 '우리가 공통된 미래'를 획득해 나감으로써 가능해진다.

이번 대지진과 원전사고를 통해 우리 자신의 건강, 깨끗한 물과 식량, 맑은 공기와 대지를 지키기 위해서는 국민 스스로가 도시, 국토, 환경계획, 에너지 등의 정책 분야에 대해 주체적으로 의사결정에 관여하는 것이 중요하다는 것을 알게 되었다.

도호쿠가 큰 시련을 맞이하게 되는 것은 오히려 이제부터이다. 그러나 대지진 속에서 풍부한 역사와 함께 이룩해 온 '커뮤니티의 재건'이 가능하다면 다시 여러 산업이 재생될 수 있을 것이다. 그리고 그러한 산업들이 지역의 풍요로운 자연환경과 역사문화를 계승함으로써 지역의 미래를 주체적으로 선택하는 원동력이 될 것이다.

자신이 사는 지역에 어떠한 사회자본 정비가 필요한가에 대해 진지하게 생각하고, 신뢰할 수 있는 전문가의 조언을 받으면서 의사결정에 정확하게 반영해 나가는 것이 중요하다. 그 과정에서 SEA와 같은 민주적인 합의 형성 시스템과 지역 주체의 경영 시스템 실현이 중요해질 것이다. 그렇게 하기 위해서는 국민도 변화가 필요하다.

이번 미증유의 위기를 겪으며 국민 모두가 각자의 라이프스타일을 뒤돌아보고 여태까지의 대량생산, 대량소비, 대량폐기의 라이프스타일에서 벗어나 식생활, 에너지에 대해 주체적으로 의사표현을 하는 것이 중요하다. 또한 국가와 지자체도 지금까지와 같이 성장만을 추구하는 국토정책과 도시정책에서 21세기에 부응하는 지속 가능한 사회를 실현해 나가는 정책 전환을 본격적으로 시작해야 한다.

이번 대지진과 원전사고를 극복하고 많은 사람들이 새로운 사회로의 발걸음을 한 발 더 내딛고 진정한 풍요로움을 손에 넣을 수 있는 지속 가능한 사회를 실현하기 위해 지금이야말로 지역이 나서서 직접 미래를 선택해야 하는 시점이다.

— 2011년 4월 18일

참고문헌

우사와 히로부미(2000),《사회적 공통자본》, 이와나미신서.

우사와 히로부미(2011),〈특별기고 — 간(管) 정권이 지향하는 것과 그 배경〉,《농업협동조합신문》 2011년 2월 14일.

우사와 히로부미·시게키 아이이치로 편(1994),《사회적 공통자본: 커먼즈와 도시》, 도쿄대학출판회.

가자미 쇼산·야마구치 코헤(2009),《커뮤니티 비즈니스 입문: 지역시민의 사회적 사업》, 학예출판사.

하라시나 유키히코(2011),《환경평가란 무엇인가: 대응에서 전략으로》, 이와나미신서.

World Comissions on Environment and Development(1987), *Our Common Future*, Oxford University Press.

모타니 코스케藻谷浩介
(지역진흥)

지진부흥과 향후 일본의 전략

이번 지진의 충격을 패전 시에 빗대어 표현하는 이들이 종종 있다. 확실히 시대의 전환점으로 인식되는 참사라는 점에서 공통점을 찾을 수 있다. 그러나 인구 급증기였던 '전후'와 인구 감소기인 '진재 후'의 차이에는 유의할 필요가 있다.

1. 생산연령인구[1] 반감 시대의 새로운 원리

전후 반세기에 일본의 생산연령인구(15-64세)는 두 배로 증가하였다. 지반이 약한 저습지와 정기적으로 쓰나미의 습격을 받는 지구(地區)까지 도시개발구역으로 포함하지 않으면 계속 늘어나는 인구를 전부 수용할 수 없었다. 또한 계속 늘어나는 현역 세대에게 수출산업을 중심으로 한 업무를 배당함으로써 내수 확대로 이어지고 그것이 또한 대량 고용을 창출하는 호순환을 달성할 수 있는 시대였다. 고객이 증가할 것을 전제로 한 대량생산을 통해 비용 절감을 하고, 박리다매(薄利多賣)를 통한 성

1 경제활동인구라고도 하며 만 15세 이상 인구 중 조사대상 주간 동안 상품이나 서비스를 생산하기 위하여 실제로 수입이 있는 일을 한 취업자와, 구직활동을 하였으나 일자리를 구하지 못한 실업자를 말한다. 즉 취업자 수와 실업자 수를 더하면 경제활동인구가 된다.

장의 방정식을 전 일본 사회에 보급한 시기였다.

그러나 지금부터 반세기 이후에는 생산연령인구의 반감이라고 하는 시계의 역회전이 예견되고 있다. 단괴(團塊)세대[2]와 그 자녀 세대가 계속 65세를 넘기고 있기 때문이다. 그래도 유럽이라면 최대국이라는 정도의 인구 규모는 유지할 수 있으나 경제력을 유지하기 위해서는 지금까지와는 다른 차원의 역구상의 궁리가 필요하다. 즉 'GDP 총액' 확대에서 '1인당 GDP'의 유지 및 확대로, '대량생산 판매에 의한 가격하락 경쟁'에서 '브랜드 가치 상승에 의한 가격상승 경쟁'으로, 그리고 '개발지구의 확대'에서 '재해에 강한 곳의 재응집'이라는 전환을 뜻한다. 인구증가에 걸맞지 않게 상승해 온 지가(地價)가 이번에는 장기적으로 하락이 계속되고 있는 중이다. 나라 시대의 간전영년사재법(墾田永年私財法) 이래로 '토지 소유권 절대주의'도 '토지 소유와 사용의 분리'라고 하는 큰 흐름에 떠밀려 가게 될 것이다. 그것을 지탱하는 것이 바로 관민 구별 시대에서 민과 공의 일부를 담당하는 '공민 연계' 시대로의 전환이다.

이번 피해의 대부분의 피재지역은 타 지역에 한 발 앞서 피재 전부터 급속한 인구 감소를 경험하고 있었다. 그러한 지역 도시를 부흥시키기 위해서는 일본 전체가 향후 추구해야 할 미래를 제시해야 한다. 바야흐로 수도권 이하의 대도시 지역에서도 총인구가 증가하는 표면적 데이터와는 다르게 생산연령인구 감소는 진행 중에 있다. 일본인 모두가 이러한 장대한 수확을 자신의 것으로서 받아들이고 함께 기획해 일본이 나아가야 할 미래를 발견해야 한다.

---

2 일본에서 제1차 베이비 붐이 일어난 시기에 태어난 세대, 혹은 제2차 세계대전 직후에 태어난 세대를 일컬으며, 공통된 문화와 사상을 가진다.

2. 지역 특성에 부응하는 복구를

총론에서 공통적으로 밝히고 있듯이 이번 피재지역은 그 지역적 범위가 거대하였고 피해 상황은 모두 제각각이었다. 일본정책투자은행 지역부흥 그룹의 추계에 따르면 이번 진재에 의한 설비 피해는 총 16조 엔 이상으로 나타났으나 내륙부에서의 피해율이 2-5%였던 것에 비해, 쓰나미의 직격탄을 맞은 연안부의 피해율은 7%에서 46%까지로 그 차이가 어마어마하다. 쓰나미 피재지역에서도 이시노마키(石巻) 이북의 산리쿠 연안과 히가시마쓰시마(東松島) 이남의 해안 평원에서는 지역 특성이 전혀 다르므로 주의가 필요하다. 이 글의 집필 시점에서 아직 실상이 파악되지 않고 있는 원전 주변 지역에 대한 문제는 그것들과 또 다른 성격의 문제이므로 면밀히 조사해야 할 것이다.

쓰나미 피재지역의 복구에 있어서는 향후 인구감소 문제에 주시하여 이번 피해에 있어 건물이 전괴되지 않은 구역에 거주 기능을 축소, 집중시킴으로써 야간에 쓰나미가 다시 들이닥쳐도 안심할 수 있는 생활환경을 자손들에게 물려주어야 한다. 평지의 풍부한 해안 평야에서 안전한 농지를, 그리고 산리쿠 연안에서는 구릉부의 이미 개발된 땅 및 습지 깊숙한 곳에 있는 주택지와 농지를 지자체가 매입하여 거주 공간으로 하고 침수된 부분에 있었던 집터와 교환하여 주는 것을 실시해야 한다. 또한 지자체와 주민들이 합심하여 설립한 도시 조성 회사가 침수된 토지와 침수되지 않고 주거 가능한 지역을 일괄하여 일정 기간 땅을 빌린 다음, 침수된 땅의 소유주들에게 침수되지 않은 부분의 토지를 빌려주고, 임대료는 임차비용에 의해 상쇄되게끔 한다. 즉 토지 소유와 이용의 분리를 적용하여 금전 수수(收受) 내지는 안전한 생활공간을 제공하는 구상이 요구된다.

거주 공간 이상으로 중요한 것이 고용의 복구이다. 산리쿠 연안은 쿠릴 해류와 북상 고지의 활엽수림과 영양소가 풍부한 세계 최대 수산자원이 복구의 지렛대 역할을 할 것이다. 진재의 잔해처리 작업과 어선, 양식설비에의 재투자, 어항시설과 수산가공 설비 등의 집약, 합리화를 동반하는 재정비와 그 외 필수 사항들이 방대한 규모로 산재되어 있다. 이러한 것들은 세계에 있는 모든 고급 중화요리집과 초밥집의 매출 증가와 관계되는 것이므로 반드시 재생시켜야 한다. 어획량이 아직 적은 재건 시기에는 얼마나 희소가치가 있는 상품을 팔고, 브랜드 가치를 높임으로써 고부가가치 상품을 확대 실현할 수 있느냐가 예전 이상의 고용 흡수력을 실현할 수 있는 열쇠로 작용할 것이다.

해안 평야로부터는 재해로 인한 모래와 염분을 제거하여 우량 농지를 재생하는 작업이 필요하나 이 또한 장기간의 작업이 필요하다. 이 지역들이 센다이(仙台) 시 근처에 위치하고 있는 것이 불행 중 다행이다. 예를 들어 고베(神戸) 시는 진재를 극복하고 의료산업과 국제관광의 핵심 도시로 다시금 개발되었다. 센다이에서는 세계에서 가장 진재에 강한 도시라는 간판을 통해 새로운 핵심 기능을 획득함으로써 피재지 경제의 견인 역할을 해 주었으면 한다.

3. 목표는 '면재(免災)' 시스템의 나라

진재 후 일본의 부흥과 번영을 지탱해야 하는 것은 컬래머티 프루프(calamity proof: 어떤 천재지변이 와도 피해를 최소화할 수 있고 아무 일도 없었던 것처럼 복구할 수 있는 국가)라는 국제적인 브랜드이다. 다시 말해 면진(免震: 지진에도 끄떡없는) 시스템의 건축물에 더해 '면재' 시스템의 나라라고 할 수 있을 것이다. 이번 진재에서는 진도 6 이상의 강진에 노출된 광대한 지역구에서 쓰나미 이외의 지진으로 인한 인명피해는 거의 없었다. 이는 도호쿠 지방이 과거 재해로부터의 교훈을 활용하여 건물 내진성을 강화해 온 성과이다. 한편 이번 진재는 내륙부를 중심으로 한 공장의 피해로 인해 서플라이 체인이 마비되어 세계 경제에까지 영향을 미쳤다. 신속한 복구를 위해 최선의 노력이 기울여지고 있는데, 이번 복구를 통해 얻게 되는 교훈은 향후 다른 산업지대의 피재 등에 활용해야 할 것이다.

'면재' 시스템의 나라라고 하는 브랜드의 완성은 장래 수도권 직하지진에서 관동-동해-남동해-남해 지진의 발생까지 사회 시스템(경제, 공공 시스템)의 재검토를 통해 실제로 지진이 발생했을 때 그 유효성을 세계에 널리 알릴 수 있을지가 관건이다. 그를 위해 관민은 지혜를 짜내야 하며 자금을 아껴서는 안 된다. 이번 피재지역은 향후 복구를 통해 '면재' 시스템의 국가 구축을 위한 가장 선진화된 지역으로서 일본 전국의 모델이 되어야 할 장소라 할 수 있다.

— 2011년 5월 12일

오니시 다카시大西隆
(도시·지역 계획론)

이재민·재난지역 주도에 의한 자립 부흥과 전국으로부터의 연대 지원

1. 쓰나미 재해

지진, 쓰나미, 원전 파괴가 겹친 동일본대지진은 피해 규모 및 앞으로 미칠 심각한 영향으로 볼 때 이는 그야말로 미증유의 것이었다. 이번 지진과 쓰나미로 인적·물적 피해를 입은 아오모리(青森) 현으로부터 치바(千葉) 현에 이르기까지, 그중에서도 특히 괴멸적인 타격을 입은 이와테(岩手) 현과 미야기(宮城) 현의 취락과 시 중심부의 참상, 그리고 후쿠시마 제1원자력발전소로부터 방출된 대량의 방사성 물질, 방사선 유출·확산으로 어쩔 수 없이 퇴거와 피난을 하게 된 원전 주변 지역의 활동 정지라는 심각한 사태를 들 수 있다. 더욱이 후쿠시마(福島) 현 연안부 일부 지역은 이러한 재해가 겹쳐져 재난지역의 정리는 물론, 쓰나미 재해로 행방불명이 된 사람들에 대한 수색도 채 끝나지 않은 상태로 이중고를 겪고 있다. 덧붙여 필자가 현지에서 들은 바로는 진도 7의 흔들림이 관측된 지역(미야기 현 구리하라(栗原) 시)이 있기는 하나, 지진으로 인한 흔들림 그 자체가 일으킨 건물 붕괴 등의 피해는 그다지 많지 않았던 듯하다. 따라서 지진으로 인한 피해는 대부분 이와테 현에서 후쿠시마 현에 이르는 넓은 범위의 관측점에서 7-8m, 해안부에서 15m 이상에 달한 거대 쓰나미로 인한 것, 그리고 원전 파괴로 인한 것이다.

처음 방문한 재난지역은 이와테 현 가마이시(釜石) 시였다. 하나마키(花巻) 방면에서 도노(遠野) 경유로 시내에 들어가 해안선에 가까이 가면, JR 가마이시 역이 있는 갓시가와(甲子川) 강 서쪽으로 약간 언덕진 지역까지는 언뜻 보면 괜찮은 듯하나(자세히 보면 마루 높이에 이르는 침수와 건물 일부 파괴 등 지진 피해가 있다), 강 다리를 건너 조금만 내려다보면 광경은 완전히 달라진다. 주요 도로인 현도(懸道)를 따라 있는 상점가는 하나같이 1층 부분이 무너져 옆 건물에 기댄 채로 간신히 서 있었다. 건물이 완전히 파괴되어 분해된 곳도 많이 있고, 남아 있는 건물 벽을 보자 어른 키 두 배 되는 위치에 쓰나미 흔적이 남아 있었다. 이후 오쓰치(大槌), 오후나토(大船渡), 리쿠젠다카타(陸前高田), 게센누마(気仙沼), 미나미산리쿠(南三陸), 이시마키(石巻), 센다이(仙台), 더 나아가 후쿠시마 현 내 피해 현장을 방문했는데 건물 형체가 남아 있는 곳은 사정이 좋은 편으로, 취락과 시가지가 완전히 파괴되었거나 엄청난 수량의 배가 육상에 올라온 채로 있거나, 철근 콘크리트(RC) 구조 3층 건물 옥상에 목조 주택 잔해가 얹혀 있거나 하는 식으로 정말로 상상 이상의 광경이 펼쳐져 있었다.

재해 현장을 머릿속 깊이 기억하려고 애쓰며 여러 취락을 방문하면서, 일정 고도 이하의 건물과 구조물에 쓰나미가 끼친 엄청난 피해를 보며 인간의 무력함은 커져만 갔다. 되돌아보면 기록이 비교적 확실한 메이지 이후만 보더라도, 이 지역에는 메이지 산리쿠(明治三陸) 지진 쓰나미(1896년), 쇼와 산리쿠(昭和三陸) 지진 쓰나미(1933년), 칠레 지진 쓰나미(1960년), 그리고 이번 동일본대지진까지 110여 년 사이에 무려 네 번에 이르는 거대 쓰나미가 발생했다. 덧붙여 메이지 이전에는 조간(貞観) 지진 쓰나미(869년), 게이초(慶長) 지진 쓰나미(1611년) 등의 기록이 있으며, 규모가 작은 것까지 포함시키면 몇십 회에 이르는 쓰나미 피해를 입은 셈이 된다. 원전 피해 없이 쓰나미 재해만을 입은 지역에서는 이미 사망자·행방불명인의 수용·수색이 일단락되어 본격적인 복구·부흥활동이 시작되고 있다. 그러나 복구·부흥에 있어 쓰나미 재해는 다른 지진재해와는 달리 커다란 문제가 있다. 쓰나미가 피해를 끼친 일정 고도 이하의 토지 혹은 원래 이용을 안 하는 토지로 피해는 없었으나 침수가 된 지역에서는 또다시 같은 피해를 입지 않을까 하는 우려가 있어 그 거대한 파괴 에너지로부터 피해를 입지 않을 높은 지역에 주거와 자산을 이동시킬 필요가 생기는 것이다. 이번 쓰나미 규모 그 이상을 상정한 안전한 장소로 마을 이동하기, 즉 원상복구 이상의 부흥계획이 필요하다. 물론 직하형 지진에도 대비해 활단층을 피하는 등 구조물 입지를 바꿀 필요가 있으나 이는 통상적으로 한정된 지역에서만 필요한 것이다. 이번 쓰나미처럼 해안을 따라 500km에 달하는 지역에서 사망자가 발생한 재해에서는 원상복구 이상의 부흥책으로 마을 입지 선정을 검토해야 한다. 이는 쓰나미 재해에 동반되는 과제라 할 것이다. 따라서 이 글에서는 주로 이와테 현, 미야기 현을 비롯한 쓰나미 재해지의 부흥에 초점을 맞춰 이에 대한 기본적인 생각을 말하고자 한다.

2. 부흥의 기본 방침

1) 안전하고 안심할 수 있는 장소에 아름답고 살기 편하며 환경을 고려한 마을을 만든다

쓰나미로 피해를 입은 지역은 쓰나미 위험지대이므로 되도록 같은 장소에 다시 촌락을 짓지 말고 높은 곳으로 이전하는 것이 바람직하다. 이러한 생각은 고지(高地) 이동이라고 하며, 메이지 산리쿠 지진 쓰나미 이래로 이 지역에서도 실시되었다. 그중에는 이와테 현 오후나토 시 요시하마(吉浜)처럼 메이지 산리쿠 지진 쓰나미 때에 괴멸적인 피해를 입어 이후 고지 이동을 실시한 덕에 이번에는 건물 피해를 거의 입지 않은 예도 있다. 그러나 한편으로는 메이지 산리쿠 지진 쓰나미 후에 고지 이동을 계획했었으나 결국 원래 있던 자리로 돌아가 이번에 괴멸적인 피해를 입은 지구도 있다. 문헌자료 등에 의하면 고지 이동으로 이번에 피해를 면할 수 있었던 곳은 이와테 현 야마다마치(山田町) 후나코시(舟越), 가마이시 시 도니홍고(唐丹本郷), 오후나토 시 시라하마(白浜) 및 요시하마 등 극히 제한된 일부 지구에 불과하다. 또한 이 중에도 고지 이동이 가능했던 것은 촌락 일부에 그쳐 저지대에 들어서 있던 건물이 커다란 피해를 입은 경우도 있다. 이와 같이 지금까지의 경험으로 보아 고지 이동이란 말로는 쉽지만 실제로는 어려운 방책이다. 하지만 쓰나미로부터 안전을 확보하기 위해서는 이 방법을 기본으로 할 수밖에 없음을 이 지역의 오랜 경험이 말해 준다. 따라서 이번 부흥 과정에서는 고지대로 옮기는 것 말고도 촌락 가까이 약간의 대규모 택지를 조성하여 다양한 대체안을 계획에 반영하여, 거주하는 주민 스스로가 검토하여 결정할 수 있도록 함이 필요하다. 조직적으로 고지대 이전이 이루어진 쇼와 산리쿠 지진 쓰나미 때에 비교하면, 지금은 토목 시공기술이 발달하고 자동차도 보급되었으므로 이러한 변화에 맞는 더욱 폭넓은 선택지 중 앞으로 주거할 지구를 결정할 수 있다. 경우에 따라서는 직장이 있는 항구 부근으로 통근하는 라이프스타일을 받아들일 수도 있을 것이다.

덧붙여 말하면 리쿠젠다카타 시, 미나미 산리쿠 초 등 수천 명 이상이 살던 시가지가 파괴된 지역에서는 더욱 대규모의 고지 이동이 요구되므로 적절한 지구 선정, 고지 개발 기술의 개척 등을 적극적으로 실시하여 이재민들에게 선택지를 제시해야 할 것이다. 아무튼 촌락 입지는, 수천 년에 걸쳐 평상시 평화롭게 지내오다, 그러다 어느 한순간 쓰나미가 몰려와 다시금 진가를 알게 된다. 따라서 평상시에도 충분히 쾌적하고 살기 편안한 조건이 방재와 더불어 양립해야 할 키워드가 된다.

한편 인공물로써 쓰나미에 대항하려는 시도도 이루어져 왔다. 쓰나미 방파제, 방조제 등은 모두 이번 쓰나미에 파괴되거나 아무 도움이 되지 못했다. 이를 두고 소기의 효과는 얻지 못했다고 하나, 그 존재에 의해 쓰나미의 높이와 강도를 감소시켜 피해를 경감시켰다는 지적도 있다. 때문에 인공물이 어떠한 경우에 어느 정도의 효과를 발휘했는가의 검증은 중요하다. 하지만 가마이시 시 중심부 보호를 위해 만든 방파제의 경우는 1,200억 엔에 달하는 거액을 들여 건설한 것이었는데 결국 파괴되고 말았다. 그 비용을 다른 형태로 쓰나미 대책에 이용한다면(예를 들어 건물의 중층화 및 RC화, 고지 이동 등) 상당한 대체 사업이 가능할 것이다. 향후 무엇이 가장 유효한 대책인지 유연한 발상을 해 갈 필요가 있다.

더욱이 수십 년에 한 번 오는 쓰나미 말고는 늘 아름다운 산리쿠 해안 풍경과 잘 어울리는 모습으로 마을 부흥이 이루어져야 할 것이며, 또한 저탄소 에너지 안정 공급 등 현재적인 과제에도 답해야 함은 물론이다.

2) 사회와 경제 부흥을 꾀하며, 지역경제 부흥이 물적 부흥을 주도하는 시스템을 만든다

쓰나미는 인명과 구조물뿐만 아니라 지역 경제활동이나 지역사회 그 자체에도 괴멸적인 타격을 가져왔다. 농지는 물에 잠겼고 어선은 육지로 올라오거나 망가졌으며, 양식 시설은 파괴되고 공장들도 괴멸적인 피해를 입은 곳이 적지 않다. 재난지역에서 현재 통상적인 생산활동이 이루어지고 있는 사업소는 극히 일부이며, 되도록 빨리 생산활동을 재개하여 고용을 창출하는 것이 긴급한 과제이다. 그러나 주력 산업인 수산업, 농업, 제조업 등이 재개되는 데는 일정한 시간을 필요로 함으로 당분간은 잔해 제거, 인프라 정비, 생산설비 복구 등 생산활동 복구에 관련된 사업을 이재민 스스로가 행함으로써 고용을 창출하고 지역에 정착해 가며 부흥할 수 있는 구조를 정비해 갈 필요가 있다.

또 상업인도 이 고장 생산물을 전국 주요 도시에서 판매하는 가게(예를 들어 연대가게)를 운영하는 등 적극적인 부흥활동을 생각해 볼 수 있을 것이다. 또한 재난지역에 공장이나 사업소를 세워 고용기회를 제공하도록 전국 기업에 협력을 구하는 것도 중요하다. 이러한 활동을 통해 지역경제가 움직이기 시작하면 부흥사업 전체에도 탄력이 붙을 것이다.

이미 실시되고 있듯이 인근 주민들이 되도록 생활을 함께 하는 식으로 피난생활에서도 지역사회와 연계해 가는 것이 지역 전체 부흥에 있어 불가결한 일이다. 다만 동일 지역 거주자라도 서로 피난소가 달라지는 경우가 있으므로 정기적인 촌락통신을 발행하거나 모임을 갖는 등 여러 방법으로 커뮤니케이션을 밀접하게 할 수 있는 방법을 고안해야 할 것이다.

3) 지역 주민의 참가와 주도에 의한 부흥

한신·아와지(阪神淡路) 대지진, 니가타 현 추에쓰(中越) 지진, 니가타 현 추에쓰오키(中越沖) 지진 등 최근의 대규모 진재에 있어 그 부흥 과정을 이재민이 주도한다는 사고의 중요성이 지적되고 있다. 도쿄의 종합건설회사가 인프라 부흥을 담당하고 외부 건설업자가 주택을 건설하며, 그 동안 이재민이 가설주택에서 기다린다는 패턴은 기다리는 시간을 늘릴 뿐으로 부흥을 촉진하는 데 도움이 되지 않는다는 것이다. 앞에서 이야기한 경제활동의 부흥에는 이재민이 부흥사업을 담당한다는 의미가 포함되어 있다. 여러 분야에 걸친 부흥계획 입안과 실시의 전 과정에 이재민의 관여가 중요하며, 이를 위해서는 전문 지식이나 경험이 부족하더라도 학습과 훈련을 통해 이재민 주도하는 것을 관철해 나가야 한다. 물론 재난지역의 힘만으로는 부흥의 모든 작업을 완성할 수 없는 것도 사실이기 때문에 경제적, 물적, 인적 지원은 정부를 비롯한 전국으로부터 이루어져야 한다. 그리고 부흥사업의 중심에는 이재민 스스로가 존재하지 않으면 안 될 것이다.

3. 부흥의 구체적 방책

1) 부흥마을재건회사

이와 같은 방침하에 진행되는 부흥사업의 구체적인 방책 중 주요한 것에 한해 말하고자 한다. 이재민 주도의 부흥을 담당하는 조직으로서 '부흥마을재건회사'를 피해지역 지자체별로 설립한다. 그 기능은 잔해 철거·분리수거·재활용과 처분, 마을 부흥, 산업 부흥, 인프라 부흥, 생산물 판매 등 다양하다. 이재민은 유급 사원으로서 각각의 본업이 되살아나 궤도에 오르기까지 부흥마을재건회사에 고용되어 부흥에 관여한다. 부흥마을재건회사는 이재민 주도를 명확히 하기 위해 수장(首長)을 사장으로 하여 국가와 현으로부터 응원부대를 받아들이고, 각 고장의 민간기업, NPO 등 여러 사람들을 받아들인다. 당면 주요 과제는 정부 등이 발주자가 되는 복구사업을 수주하고 실행하는 일이다. 동시에 마을 재건에 필요한 계획을 만든다. 지자체 행정은 일상 업무를 처리해 가기 위해 부흥마을재건회사와는 별도로 존재하며, 양자는 수장과 사장을 통해 밀접한 연계를 맺는다.

부흥에 필요한 기간이 얼마나 되는지 알기 위해서는 다소 시간이 필요하나, 아마도 앞으로 5년 전후가 집중적으로 부흥에 전념하는 기간이 될 것이다. 이 기간을 부흥마을재건회사의 존속 기간으로 하여 속해 있던 직원들은 되살아난 본래의 직장으로 차례로 복귀함을 기본으로 한다.

이와 동시에 부흥마을재건회사는 다음 단계로서 상점가 되살리기,

복지 서비스, 지역 물산 개척 등의 분야에서 자립적인 활동을 하여 지역 주도 부흥의 리더 역할을 맡아 가야 할 것이다.

2) 부흥사업의 재원

대재해로부터의 부흥에는 민관의 상당한 자금이 필요하다. 특히 인프라 등 복구·부흥 과정에는 공적자금이 투입될 필요가 있다. 그 재원은 부흥사업의 정확한 견적에 맞추어 검토되어져야 하나, 먼저 생각해야 할 것은 연대의 정신에 기반한 부흥연대재정이다. 즉 이미 집행된 금년도 예산에서 재난지역이 아닌 곳에서는 5-20%를 절약하여(지출명목별로 지정) 재난지역의 부흥에 충당한다. 예를 들어 5년 계획으로 완성을 상정하고 있는 도로가 있다면 6년 계획으로 바꾸어 금년도 배분 예산의 20%를 재난지역으로 돌린다. 국가 예산 중 인건비로 돌리는 20% 삭감이 너무 크다면 10% 정도로 해 둘 수도 있을 것이다. 여하간 전국이 재난지역을 위해 집중부흥기간인 수년간은 절약하고 부흥을 지원하는 체제를 공적자금 집행을 통해 마련하는 것이 필요하다.

다음으로 생각해야 할 것은 부흥채권 발행이다. 부흥에 의해 생기는 새로운 마을, 인프라는 미래 세대도 이용할 수 있는 것이므로, 그 비용 일부를 미래에 대한 책무의 형태로서 미래 세대에게 맡기는 것은 합리적이다. 하지만 운 나쁘게도 일본 재정은 극히 거액의 부채를 안고 있으므로 신규 국채 발행은 되도록 억제하고, 앞에서 이야기한 부흥연대재정에 의한 재정 자금을 만들어 내는 것이 중요하다.

이러한 재난지역·이재민을 위한 재정 기금의 일부는 저리융자 제도를 마련하기 위해 이용되어져야 한다. 생산 재개 전망이 세워짐에 따라 기업 자금 수요도 생겨나므로 산업활동 활성화를 위해 적극적으로 재난지역을 위한 저이자 융자를 준비할 필요가 있다.

절약에 의해 생겨나는 재난지역 부흥 재원이 충분하지 않다면, 기간을 한정한 증세에 의해 자금을 확보할 수도 있을 것이다. 증세 조치를 취하는 경우에는 당연히 부흥사업의 전체 틀을 제시하고 기간을 한정하여 국민의 이해와 양해를 얻지 않으면 안 된다.

3) 부흥마을재건계획

좁은 의미에서 부흥마을재건계획, 즉 고지 이동에 적합한 지구 선정, 조성, 토지 이용·시설 배치, 주택과 각종 시설의 입지 등의 계획이 부흥의 중요한 한 축을 이루고 있음은 말할 나위가 없다.

고지 이동은 적합한 지구 선정이 가장 중요하다. 원래 있던 지역에서 그리 멀지 않고, 저지대에 남게 되는 농지, 항구 등을 다니는 데에 편리한가, 초중학교와 병원 등에 대한 접근은 용이한가 등이 이재민이 고지 이동을 결심하는 중요한 요인이 될 것이다. 이상적으로는 마을 전체를 고지대로 이동시키는 것이다. 만일 불가능하다면 주택 등 체재 시간이 긴 시설을 고지대로 이동시켜 안전성을 높이는 것이 차선책이 된다. 고지 이동에는 상정 재해(예상되는 쓰나미 높이)를 정하는 것이 꼭 필요하다. 그때는 이번 쓰나미 레벨에 더욱 여유를 두어 미래에 대한 대비가 필요할 것이다. 또한 적합한 지구 선정에 있어, 바다가 보이는 언덕, 남향 등도 중요한 조건이 된다.

고지 이동에 따른 안전한 마을 혹은 고도가 충분히 확보되지 않은 경우에라도 쓰나미로부터 도망갈 수 있는 시설이 가장 필요하다. 따라서 마을 근처에는 충분한 높이와 견고한 지반을 갖춘 피난장소를 마련하고, 더 높은 위치에 또 다른 피난장소를 마련하는 중층적인 피난 구조로 만들어야 할 것이다.

피난장소로 가는 경로를 명확히 하기 위해, 간선도로를 피난 도로로 만드는 것이 유효하다. 피난에 자가용이 이용될 경우를 상정하여, 그 도로는 자가용이든 도보든 충분히 도망칠 수 있는 구조가 요구된다. 자가용에 의한 피난이 널리 이루어진 것은 자가용 보급 시대에 발생한 이번 쓰나미의 특징으로 앞으로 이 경향은 계속되리라 생각되므로, 피난도로는 이에 대응해 만들어야 한다.

주택에 관해서는 고지대 입지가 원칙이 되나, 항구는 물론 어업 관련 시설, 수산물 가공장, 농지 등은 해안가 저지대에 다시 만들어야 할 가능성이 있다. 한편 이번 거대 쓰나미 재해를 통해 얻은 중요한 교훈은 방파제나 방조제 등 사람의 힘으로는 대재해를 막을 수 없다는 것이므로, 이러한 저지대는 방파제나 방조제를 다시 만든다고 해도 재해가 다시 일어날 수 있는 지역으로 인식되어야 한다. 따라서 건물을 거주용으로는 하지 말아야 하며, 거주용으로 하는 경우에는 견고한 구조로 만들되 쓰나미가 오는 높이 이하로는 거주 공간을 만들지 말 것 등의 조건이 따라야 한다. 또한 업무용 구조물이라도 가까이에 견고한 구조와 충분한 높이를 갖춘 쓰나미 피난 빌딩이 있어 쓰나미 발생 시에 안전을 확보하는 것이 건설의 조건이 된다.

이와 같이 거대 재해에 대해서는 방파제나 방조제 등 사람의 힘으로 막을 수 있다는 생각을 버리고, 방재 시설로 피해를 감쇄시키는 한편 안전을 확보한다는 발상이 꼭 필요하다. 역사적으로 쇼와 산리쿠 지진 쓰나미 때까지는 고지대로 이동하는 것을 근본 대책으로 생각했었으나, 그 후 방파제나 방조제로 쓰나미 재해를 막을 수 있다는 사고방식이 대두한 것이었다. 그리하여 언제부터인지 방조제를 만들면 그 안에 살아도 안전하다는 풍조가 퍼져 많은 지역에서 저지대에도 다시 집이 늘어났다. 이러한 전철을 밟지 않기 위해 거대 쓰나미에 관해서는 방재가 아닌 재해 감소가 인간이 할 수 있는 일이며, 위험한 장소에는 거주하지 않음을 마을 재건의 원칙으로 하는 인식을 대대로 이어갈 필요가 있다.

4. 후쿠시마 현 원전 피난지역의 부흥과 수도권의 전력부족

후쿠시마 제1원자력발전소 주변 지역은 이 글의 집필 시점에서 아직 재해 수습이 끝나지 않았다. 빠른 수습이 당면한 가장 중요한 문제임은 물론이나, 하지만 방사능 오염이 진행되었다면 수습이 이루어지더라도 바로 거주지로 돌아가 생활을 재개함은 불가능하리라 생각된다. 따라서 후쿠시마 현 내의 원전 재해지역의 부흥은 방사능이 미치는 건강 피해를 막는다는 관점에서의 면밀한 측정과 정보공개 및 의학적인 견지로부터의 판단을 우선적으로 행하지 않으면 안 된다. 더욱이 농업, 낙농, 어업 생산물이 어느 시점에서 무해하게 되는가, 시장에서의 평가를 회복 가능한지도 걱정되는 점이다. 따라서 이 지역의 부흥은 원래 거주지의 통상적인 생활이 불가능한 기간이 상당히 길어질 확률을 감안해 이러한 기간 동안 어떻게 생활해 나갈 것인가를 고려한 부흥계획이 되어야 한다. 만일 이 기간 동안의 생활·생산활동에 대한 보상이 거액을 필요로 한다면 원인 제공자인 도쿄전력은 송배전망 등 자산 일부를 매각하고 자금을 조달하여 배상하는 등의 조치도 생각해야 할 것이다.

마지막으로 도쿄전력 공급 구역의 상당 기간에 걸친 전력부족은 수도의 행정, 기업활동, 공장 기능 전반을 전국으로 분산시킬 것을 더욱 필요로 한다. 원전 재해 추이를 지켜보며 빠른 단계에서 이러한 주제를 논의함은 중요하다. 물론 이 주제는 재난지역의 부흥과는 약간 성질을 달리 하므로, 부흥 문제와의 혼동을 피하고 논의가 흐트러지지 않도록 하는 배려가 필요하다. 그리고 당연하지만 원전 존재 그 자체에 대한 물음이 가장 중요한 주제 중 하나임을 잊어서는 안 될 것이다.

— 2011년 4월 11일

마미야 요스케間宮陽介
(경제사상)

대진재 이후 몇 가지 생각과 작은 제언

텔레비전 화면으로 비쳐지는 재난지역의 황량한 풍경을 보고 있자니, 피폭 후의 히로시마, 나가사키를 보고 있는 듯해 말할 수 없는 슬픔을 느낀다. 아주 조금 전까지도 사람들은 평상시와 다를 바 없이 평범하게 생활하고 있던 것이다. 이러한 일상을 매그니튜드 9 규모의 지진과 거대 쓰나미와 방사능 오염이 순식간에 부숴 버려, 수많은 사람들이 생활 터전을 떠나 사방으로 흩어질 수밖에 없었다. 휑하니 넓은 체육관 피난소는 몸이 떨릴 정도로 춥고, 이렇게 칸막이도 없는 큰 공간에서는 주체하기 힘든 슬픔마저도 자신의 것으로 만들 수 없을 것이다. 모포를 둘러쓰고 폐허 위에 선 소녀, 잔해 더미를 파헤쳐 가족의 흔적을 찾으려고 애쓰는 사람들. 이러한 사람들을 보노라면 텔레비전에 출연해 방사능의 안전성을 득의양양하게 설명하는 원자력 전문가의 무신경함에 커다란 분노를 느끼게 된다. 인터넷을 통해 해외로부터, 또한 아시아 여러 나라로부터도 '힘내라 일본' '일본은 반드시 다시 일어선다, 일본은 강한 나라다'라는 격려의 메시지가 전달되어 훈훈한 마음이 되었으나, 일본 텔레비전에서 24시간 내내 일본인의 입을 통해 '일본은 강한 나라다'라고 선전해 대는 모습에서는 내셔널리즘의 악취가 날 정도로 이제 그만했으면 하는 마음이다.

이 책에 재건·부흥에 관한 제언을 해 달라는 요청이었나, 나로서는 재건의 조감도를 제시한다는 것이 너무나도 버거운 일이다. 어떠한 제언을 하더라도 그것은 탁상공론에 지나지 않을 것이다. 말할 수 있는 것이 있다면, 그것은 '이렇게 해야 한다'가 아닌 '이렇게 해서는 안 된다'라는 부정형의 형태가 될 것이다. 이제부터 강조하는 부분은 '이렇게 해서는 안 된다'에서 나온 소극적 제언에 지나지 않는다.

1. 대학의 사명

국립대학이 법인화된 이후, 국가의 교육·연구에 대한 개입이 점차 강화되고 있다. 대학의 '자유화'라는 명분하에 교육·연구의 '부자유화'가 진행되고 있는 것이다. 강의는 반기 15회, 한 번이라도 휴강해서는 안 된다는 지시가 문부과학성에서 내려온 것이 2년 전이다. 학점 인정에 관한 법령을 명분으로 내세운 지시인데, 이는 학생에게도 마찬가지로 적용된다. 즉 학생은 한 번이라도 결석해서는 안 된다는 것이다. 그런데 얼마 지나지 않아 자원봉사활동에 참여한 학생의 학점은 인정하라는 새로운 지시가 내려왔다. 자원봉사활동을 한 학생에게 여름 집중강의를 듣게 하는 거라면 그럴 수도 있다. 하지만 문부과학성은 강의에 출석하지 않은 학생에게도 학점을 인정하라는 것이다. 방침에 일관성이 없을 뿐더러 한낱 지시 하나로 대학을 이러지도 저러지도 못하게 할 정도로 대학 통제가 진행되고 있다.

더욱 심각한 것은 잔소리는 하나 자금 지원은 못하겠다고 하는 자세이다. 돈이 지원되지 않으므로 필요한 연구자금은 외부에서 들여와야 한다. 과학연구비 내지는 COE 프로그램과 같이 국가에서 주어지는 경우도 있으나, 이러한 자금을 획득하기 위해서는 국가에 의한 심사를 통과해야 한다. 국가 시책과 정면으로 대립하는 연구에 자금이 지원되는 일은 없을 것이다. 그렇다면 기업으로부터 지원을 받아야 한다는 얘기인데, 기업의 의향에 맞지 않는 연구에 자금을 대줄 만큼 기업은 통이 크지 않다. 국가 자금이건 기업 자금이건 대학이 필요로 하는 자금은 대가성 자금이 되기 쉽다.

이러한 대가성 자금에 사로잡힌 것이 대학의 원자력 연구이다. 에너지의 원자력화를 추진하는 정부는 거액의 자금을 대학에 투입하여, 공학 계열, 의학 계열 원자력 관련 학과·강좌를 신설함과 동시에 정부 안팎에 여러 기관과 위원회를 설치했다. 이리하여 산관학(産官學) 복합체, 말하자면 원자력 마을이 형성되어 간 것이다. 국립대학이 법인화되자 산관학 결탁은 더욱 강화되어 기부 강좌를 설치하는 등 산관학 결합은 자금뿐만 아니라 인적인 면에까지 영향을 미치고 있다.

원자력처럼 문제가 많은 기술에 관해서는 필요성, 공로와 죄과, 혹은 사고 가능성을 다각적으로 살펴보는 것이 특히 필요하다. 원자력을 추진하는 세력에 대해 비판하는 세력의 존재는 필요하며, 더욱이 이들에게는 동등하게 논의할 수 있는 지위가 보장되어야 한다. 그러나 원자력 연구에 대한 비판자는 대학을 떠나게 되거나, 혹여 대학에 남더라도 대다수가 조교수보다 위로는 올라가지 못한 채로 있다.

국립대학 법인화라는 '자유화' 정책은 실로 교묘한 대학 통제용 정책이었다. 국가에서 주어지는 자금(경쟁적 자금!)의 콩고물이라도 얻어 먹으려면 국가의 지시를 따르지 않을 수 없다. 무시하면 징벌적인 자금 회수가 이루어진다. 기업 자금을 획득하려면 기업 의향에 맞추지 않을 수 없다. 경쟁적 자금, 대학의 평가, 이러한 것들은 국가와 기업에 의한 대학 통제의 교묘한 수단이다. 지금 내가 소속되어 있는 대학에서는 요전에 교양과정 개조안이라는 것이 제시되었는데, 그 어휘나 구성은 중고등학교의 학습지도 요령을 떠올리게 한다. 교양과목을 진·선·미 세 개의 군으로 분할하는 것이 요점으로, 선에 관한 과목군은 행복·정의·공정함을 배우는 것을 목적으로 한다고 되어 있다. 행복·정의·공정함이란 단어는 중고등학교 학습지도 요령의 키워드이다.

'support, but not control'(지원은 하나, 간섭은 하지 않는다) 이는 영국 대학 지원의 기본적인 방침으로 다른 나라들의 과학 조성 모델이 된 것이다. 일본 대학 정책은 이것과는 정반대이다. 지원은 적게 하고 간섭은 많이 한다. 일본의 이러한 방식은 원자력 연구뿐만 아니라 다른 연구에도 편견을 갖게 하며 더 나아가서는 대학의 사회적 사명을 해치게 될 것이다. 국가 정책이나 기업의 의향을 대학교육 연구로 직결시키지 말 것. 영국의 대학보조위원회와 같은 학내외 단체에 자금을 일단 전부 돌리고, 거기에서 다시 자금을 재분배할 것. 이와 같은 방책을 마련하지 않는다면 대학은 산관학 복합체에 먹혀 버리고 말 것이다.

2. 지역 재생의 이념

진재 후, 간 나오토(菅直人) 수상이 발표한 지역재생구상, 즉 에코타운 구상에도 위화감을 느꼈다. "산을 깎아 고지대에 주거를 두고, 해안 근처의 수산업 회사, 항구까지 출퇴근한다." "식물과 바이오매스(biomass)를 이용한 지역난방 완비 에코타운을 만들어 복지도시로서의 성격을 갖게 한다." 수상은 "멋진 도호쿠 지방, 일본을 만든다는 꿈을 가진 부흥계획을 추진한다. 세계에서 유일한 모델이 될 새로운 마을 재건을 목표로 하고 싶다"라고 하나, 수상 머릿속에 이재민 한 사람 한 사람의 얼굴이 있기나 한 걸까. 피난소를 전전한 끝에 에코타운이라는 마지막 피난소로 이송되는 그런 가능성은 없는 것일까.

이번 대진재는 가옥, 공장, 항구뿐만 아니라 마을 전체를 소멸시켰다. 혹여 집은 남아 있어도 방사능의 영향으로 농업이나 축산업을 재개할 전망이 서지 않는다. 가족의 역사, 마을의 역사가 끊어져 버리고 만 것이다. 피난처에서 생활하고 있는 사람들이 입을 모아 이야기하는 '빨리 집에 돌아가고 싶다'는 그저 가옥으로서의 집에 돌아가고 싶다는 것이 아니라 끊어져 버린 생활의 역사를 회복하고 싶다는 것이 아닐까.

에코타운 구상에서는 사람들의 이러한 바람이 완전히 무시되어 있으며, 관동대지진 이후 도쿄 부흥계획을 떠올리게 하는 지역 재편성에 주안점이 놓여 있다. 마을을 지형의 높고 낮음에 따라 분할하여, 고지대에는 주거와 농지, 저지대에는 공업과 어업을 배치하고, 농업은 집약화하여 농업생산법인으로의 참여를 독려해 도호쿠 지방을 새로운 식량 공급 기지로 만든다고 한다. 이 부흥계획에는 잃어버린 생활을 되찾는다는 시점이 결여되어 있으며, 대진재를 기회로 지방을 확 바꾼다는 의도만이 눈에 띈다.

예전에 나고야 시가 전후에 건설한 대규모 시영주택 재건축 계획을 추진했을 때, '태양과 공기와 초록'으로 대변되는 르 코르뷔지에풍의 고층 주택 안에 반대하여, 주민들이 크리스토퍼 알렉산더를 초청하여 대항 안을 만들려고 한 일이 있다. 현지를 방문한 알렉산더가 각 집을 돌아다니며 재건축 때 무엇을 남기고 싶은지를 주민들에게 묻던 것이 인상적이었다. 한 주민은 정원의 나무를 남기고 싶다고 했다. 자신이 어렸을 때 심은 것으로 가족의 추억이 오롯이 담겨 있다고 하며, 이 나무 옆에서 함께 찍은 한 장의 가족사진을 보여 주었다.

고(故) 도야마 다다시(外山義) 교토대 교수가 주장하고 실천한 개인실 형태 고령자 시설의 경우도 그러하다. 고령자는 외롭다, 여럿이 함께 쓰는 방이라면 말 상대도 있고 외롭지 않을 것이다. 이것이 공무원이나 정치가의 뇌리를 지배하고 있는 통념이다. 하지만 도야마가 조사한 바로는 이러한 공동실에서는 서로 간의 이야기가 늘기는커녕, 그들은 하루 대부분의 시간을 방에서 보내며 실내에서는 서로 등을 돌린 채 누워 있다는 것이다. 즉 그들은 등을 돌림으로써 눈에는 보이지 않는 벽, 자신만의 공간을 만들려고 하는 것이다.

고령자는 시설에 들어와 여러 '낙차'를 경험한다. 이제까지 생활했던 자그마한 공간에서 시설이라는 큰 공간으로 이동하는 데서 발생하는 공간의 낙차. 지금까지의 생활 리듬과 시설의 정해진 생활 리듬 간에 발생하는 시간의 낙차. 가족 및 지역에서 담당하고 있던 능동적인 역할이 피보호자라는 수동적인 역할, 더 나아가 역할 상실로 변하는 역할상의 낙차. 시설에 들어오는 고령자는 이중삼중의 낙차를 경험하고, 낙차가 만드는 단절 속에서 생활하게 되어 이러한 것들이 그들의 생명력을 위축시켜 버리고 만다. 여기에서 도야마는 개인실(個室, 개(個)가 지켜지는 공간)을 중심으로 '여러 명의 개(個)가 공유 가능한 공간', '소규모 그룹 단위', '시설 전체', 더 나아가 시설과 지역사회가 공유 가능한 공간으로라는 식으로 공간을 점층적인 것으로 만들어 간다.

나는 도야마가 설계한 특별 양로시설을 견학한 적이 있는데, 거기에는 '시설'이라는 차가운 느낌 없이 시설 자체가 하나의 마을과 같은 분위기를 느끼게 해 주었다. 실내에는 지금껏 사용하던 가구가 놓이고, 벽에는 예전 모습을 알 수 있는 사진과 그림이 붙어 있었다. 도야마에 따르면, 이러한 물건들은 "입주자의 과거 생활 또는 인생의 반영이거나, 개인적인 취향 또는 인격의 표출이거나, 더 나아가서는 타자와의 관계 구축을 위한 계기가 되거나 하는"(《자택(自宅)이 아닌 재택(在宅)》, 의학서원) 것들이다.

농림·어업을 중심으로 한 재난지역의 부흥은 오스만의 파리 개조, 고토 신페이(後藤新平)의 도쿄 부흥과는 다르며, 하물며 히틀러나 무솔리니의 베를린, 로마 개조와도 다르다. 지역 부흥은 생활 부흥이며, 생활 부흥을 이루어 내기 위해서는 알렉산더 또는 도야마가 했듯이, 생활자의 목소리에 귀를 기울이지 않으면 안 된다. 재해에 강한 마을 만들기는 생활이라는 시점이 결여되면 새로운 피난소 만들기에 지나지 않게 된다.

— 2011년 4월 21일

우치야마 가쓰히사內山勝久
(환경 경제·경영)

부흥 과정에 환경마을 구상을 도입하자

사회적 공통자본에 의한 어프로치

1. 재난지역 특징을 반영한 부흥책의 필요성

보도에 따르면, 이재민에 대한 긴급 필요물자 지원은 궤도에 올랐다고 한다. 인터넷 활용 등 전국 각지에서 지원을 위한 네트워크가 형성되었고, 시민 차원에서 다양한 지혜가 발휘되는 등 행정의 역할을 보완했다. 이렇게 '유대'의 중요성을 분명히 한 것은 특기해야 할 점이다.

이재민의 불안을 완화하기 위해서는 주거와 고용의 확보가 필요하다. 생활물자를 얻는 방법을 마련함으로써 미래를 위한 전망이 열리는 것이다. 필요충분한 가설주택 건설과 전력·수도 등의 라이프라인 복구로 시작되는 산업기반 회복 및 기업의 조업 재개가 요구된다. 하지만 쓰나미에 의해 침수피해를 입은 지역에서는 가설주택 건설지 확보도 어렵고, 괴멸적인 피해를 입은 지역에서는 라이프라인 복구도 전망이 서 있지 않다. 잔해물 철거에는 상당한 시간이 필요할지도 모른다. 지금은 조금씩이라도 해 나갈 수밖에 없는 상황이며, 더 많은 건설기계와 노동력을 투입할 방안 마련을 서둘러야 할 것이다. 내륙부 등 상대적으로 피해가 적었던 지역에서는 전력과 도로의 복구와 더불어 기업활동이 일부 재개되었지만 진재를 이유로 한 해고 및 파견계약 해지도 적지 않으며, 앞으로 해결해야 할 과제는 산적해 있다.

이재민의 주거와 고용이 확보된 다음 단계는 부흥을 향한 본격적인 움직임일 것이다. 다만 연안부 재난지역에서의 고용 확보는 현실적으로 곤란한 점도 있어 고용 창출과 부흥의 동시진행이 요구될 것이다.

부흥 프로세스는 이러한 재난지역의 특징과 실상을 고려해야 한다. 특히 피해가 컸던 아오모리, 이와테, 미야기, 후쿠시마, 이바라기의 특징을 열거하면 다음과 같다. (1) 인구 감소율이 크다. (2) 노령인구 비율이 높다. (3) 생산연령인구 비율이 낮다. (4) 현(縣) 내 총생산에서 제1차 산업이 차지하는 비중이 크다. (5) 자동차와 전자기기의 부품을 제조하는 현지 중소기업이 많다.

이번 부흥은 21세기 일본의 마을 만들기 방식을 규정할 가능성이 있다. 바람직한 부흥 또는 마을 만들기를 위해서는 확고한 비전이 필요하며, 사회적 공통자본이라는 사고는 비전 구축에 유용한 힌트를 제공하리라 생각된다.

여기서부터는 우자와 히로후미(宇沢弘文) 《사회적 공통자본》(이와나미신서, 2000)에 의거하여 몇 가지 힌트를 찾아보고자 한다.[1]

2. 사회적 공통자본으로서의 농어촌

후쿠시마 제1원자력발전소 사고 이외에 이번 진재에서 특징적인 점은 거대 쓰나미로 인한 광범위한 지역에 걸친 피해이다. 이로 인해 연안부 지자체가 괴멸상태가 되었다.

피해지역은 농어업이 활발하던 지역으로 쌀, 야채, 축산물 생산이

1 사회적 공통자본에 대한 상세한 내용은 위의 책, 또는 이 책 제3부의 우쓰이 미쓰히로(薄井充裕), 〈신국토계획을—사회적 공통자본의 시점에서〉를 참조할 것 — 저자 주.

많을뿐더러, 오야시오(親潮) 해류와 구로시오(黑潮) 해류가 만나는 풍부한 어장을 배경으로 국내 유수의 양륙량을 자랑하는 항구도 적지 않다. 양식도 활발하다. 하지만 어업 관계자 가운데에는 이번 피해가 너무 커서 어업을 단념하려는 사람들도 있다고 한다.

농어업의 기본적 특징은 자연과 공존하며 생산활동이 이루어진다는 점이다. 기본적으로 자연조건을 크게 바꾸는 일이 없으므로, 자연환경 보존을 꾀할 수 있다. 농어업은 사람들의 생존에 관련된 기초 물자를 생산한다는 점에서 중요할 뿐만 아니라, 자연환경 보존에 도움이 되는 등 사회 안정화에 기본적인 역할을 행한다고 생각되며 사회적 공통자본으로서의 요소가 발견된다.

전후 농업 정책에서는 농업을 공업과 비슷한 성격을 가진 것으로 생각하여 효율성을 추구했다. 이로 인해 농업이 크게 발전하고 농가 소득이 큰 폭으로 향상되었으므로 정책은 중요한 역할을 수행했다고도 평가할 수 있다. 공업 생산 과정에서는 규모의 경제성이 지배적이다. 농어업에서도 어느 정도 규모의 경제는 인정되나 그렇다고 공업과 직접 비교할 수는 없다. 또한 농어업의 생산성은 공업과는 달리 기후 등 자연조건에 좌우되는 일이 많고, 예기치 못한 가격변동이 일어나기 쉽다. 따라서 농어업에 효율성 기준을 적용함은 공업과 달리 오히려 폐해를 일으킬 수 있다. 실제로 농어업과 공업의 격차는 확대되어 농어촌에서 청년 노동력이 공업 부문 및 도시로 유출되고, 농어촌의 공동체 기능은 쇠퇴하여 농어업 유지가 곤란해지고 있는 현실이다. 이번 진재는 그와 같은 지역에 일어났다.

쓰나미에 의한 재난지역 부흥에 있어 농어업 문제는 산업으로서 접근할 것이 아니라, 일하는 사람들을 포함한 농촌·어촌이라는 개념으로 생각할 필요가 있다. 경제적 관점에서뿐만 아니라, 사회적 문화적 관점에서도 안정적인 발전을 계속하기 위해서는 사회적 공통자본으로서 농촌·어촌 규모를 어느 정도 안정적인 수준으로 유지할 필요가 있다.

그러기 위해서는 젊은층이 농어촌에 정주하여 농어업에 종사하도록 하는 요인을 만들어 줄 필요가 있다. 농어업 생산기반 정비뿐만 아니라 학교, 병원, 문화시설, 공공 교통기관 등을 전반적으로 정비하고 농촌·어촌을 매력적인 하나의 사회적 공통자본으로 형성해 갈 필요가 있다.

3. 사회적 공통자본으로서의 도시

사회적 공통자본으로서의 도시란 어느 한정된 지역에 많은 사람들이 거주하고 일하며 생계를 이어가기 위한 소득을 얻는 장소인 동시에, 많은 사람들이 서로 밀접한 관계를 맺음으로써 문화를 창조·유지해 가는 장소이다. 또한 도시는 인프라 등 사회적 공통자본의 집합체이기도 하다.

농어업에 종사하는 젊은층을 증가시키려면 지역에 농어업의 생산기반 정비 및 공공시설뿐만 아니라, 마을에 도시 기능을 부여해 도시 문화에 접할 기회를 확보하는 것이 필요하게 된다. 다양한 특성을 가진 사람들이 상호 교류함으로써 활성화를 기대할 수 있다.

4. 에코시티 요소 도입

재난지역의 인구 대다수가 고령자이다. 가족과 자산을 잃어버린 사람이라도 태어나고 자란 마을, 이웃과 친구가 있는 정든 고향을 떠나는 일은 쉬운 일이 아니며, 보도에 따르면 타 지역으로의 이주를 희망하는 이재민은 그다지 많지 않은 것 같다. 이러한 이재민의 희망을 존중하자면, 괴멸적인 피해를 입은 재난지역에 대해 명확한 비전을 가지고 되살리는 것이 바람직하다.

이 글에서 제안하고자 하는 것은 부흥사업으로서 재난지역에 에코

시티를 구축하여 마을 재건 모델로 삼고자 함이다. 유사한 제언이 여럿에게 나오고 있으며, 이는 추진할 만한 가치가 있다고 생각된다.

이제까지의 고찰에서 유추할 수 있듯이, 재난지역에 요구되는 것은 농어업을 중심으로 한 산업기능과 방재기능을 갖추며, 저출산·고령화에 대비한 마을 만들기일 것이다. 더 나아가 21세기 마을 만들기의 모범이 되기 위해서는 사회적 공통자본으로서의 환경을 배려한 선진적인 것일 필요가 있다.

콤팩트 시티라는 발상을 도입함으로써 에너지 절약형이 되는 동시에 주변부에 농지나 삼림 등 녹지를 배치하거나, 혹은 항구를 정비할 수도 있을 것이다. 또한 자동차에 지나치게 의존할 필요가 없게 돼 고령자들에게도 안심이다. 주민 상호 간의 커뮤니케이션이 유지되며 연대감을 실감할 수 있는 매력적인 마을로 만든다. 더 나아가 내진성 건물 고층부는 쓰나미 피난장소로 기능하도록 하여 피난 이동거리와 시간을 단축시킬 수도 있을 것이다.

재생 가능 에너지 이용률을 높이고 전력 계통도 최적화하며 저탄소화를 추진한다. 에너지 수요 전부를 재생 가능 에너지로 대체하는 것은 현시점에서는 불가능하나, 재생 가능 에너지 이용의 선구적인 역할을 했으면 한다. 더불어 21세기 주역이 될 만한 환경산업 진흥을 꾀한다. 전기자동차 및 공공교통기관 도입 외에 재활용을 철저히 해 폐기물 제로를 목표로 하는 것도 가능하다. 도호쿠 지방은 원래 자동차·전자기기 부품 공급에 있어 커다란 역할을 해 온 지역이며, 잠재력은 충분히 있다고 여겨진다.

실현 가능성을 비롯한 과제도 많다. 토지권리 관계 조정은 특히 어려울 것이다. 방재대책으로서 인공 지반을 이용한 마을 만들기 등에 대한 제안도 있으나, 마을 뒷산 등 풍부한 자연을 어느 정도까지 인공물로 바꾸지는 논의의 여지가 있으며, 양자 간의 균형도 요구된다. 중요한 것은 실제로 거주할 사람들이 살기 편안하고, 방문하는 사람들에게 매력적으로 다가오는 마을을 조성하는 것이다. 때문에 행정과 입안자에 의해 일방적으로 계획이 진행되어서는 안 될 것이다. 세계 각지에서 볼 수 있듯이 마을 재건은 전문가의 견해에 더하여 지역 주민의 의사와 참여가 반드시 필요하다.

이번 마을 재건에는 실험적인 요소가 많이 포함된 시도가 뒤따를 것인데, 일본의 최첨단 기술을 이용한 해외 환경 인프라 투자사업·수출사업에 착수한 기업들도 이미 다수 존재하므로 그 노하우를 재난지역 부흥에도 꼭 써 주기를 바란다.

더욱이 금후 50-100년 사이에 다시 비슷한 규모의 거대 재해가 발생할 가능성도 없지 않다. 이번 재해를 통해 제방 등의 구조물만으로는 거대 쓰나미를 막을 수 없다는 사실을 깨달았다. 인프라 정비도 중요하나 철저한 방재교육 등 소프트적인 측면도 충실히 할 필요가 있다. 또한 이렇게 환경을 고려한 새로운 형태의 농어촌 형성이라는 비전의 완성을 위해서는 기존 틀을 벗어난 법제도 등이 필요할 것이다.

— 2011년 4월 10일

겐다 유지玄田有史(노동경제학)
오호리 겐大堀研(지역사회학)

신속한 부흥을 돕는 세심한 대화

부흥에는 여러 국면이 존재한다. 진재 발생 직후 2주 동안을 재해 대책으로 분주했던 시청 등의 담당자는 '전쟁 상태'라고 표현했다. 이는 '인명 구출이나 안부 확인, 피난장소 및 필수품 확보를 위해 여하간 바쁘게 뛰어다닌다'고 하는 그야말로 긴급도가 극히 높은 '제1국면'이었다.

긴급 국면을 거쳐 얼마간 평온함을 되찾기 시작했던 4월 2일부터 3일에 걸쳐 두 필자는 재난지역 중 한 곳인 이와테 현 가마이시 시로 향했다. 가마이시는 우리가 참가해 온 희망학(希望學) 프로젝트의 조사대상 지역으로 이미 몇 차례나 방문했던 곳이다. 이번 재난 후 새로이 느낀 점을 반영하여 금후 부흥 국면에서 필요한 사항을 제언해 보고자 한다.〔희망학에 관해서는 도쿄대출판부에서 2009년에 간행된《희망학》(전4권)을 참조〕.

1. 제1국면

가마이시 시를 방문할 때 우리가 주로 이용한 교통편은 철도였다. 도쿄역에서 도호쿠 신간센을 타고 신하나마키에서 하차하여 가마이시선(線)으로 갈아 탄다. 도쿄에서 가마이시까지 통상 4시간 반이 채 걸리지 않는다. 이번에는 하네다에서 출발하여 이와테 하나마키 공항에 도착하는 임시 항공편을 이용했다. 비행시간은 1시간이 채 안 되었으며, 하나마키 공항부터 가마이시까지는 자동차로 약 2시간 소요되었다.

차로 가마이시 시내로 진입하면서 처음 마주한 풍경은 늘 보던 모습 그대로였다. 달라진 점은 극심한 도로정체였다. 지형의 특성상 간선도로가 하나 있고, 뒷길도 한정되어 있다. 다행히 '구경꾼'이나 '유람'이 목적인 자동차는 거의 없어 보였다.

가마이시 시가지로 가서 먼저 이와테 현 연안광역진흥국을 방문했다. 한바탕 소란이 지나간 후라서 그런지 직원과 시민들에게서는 차분함이 느껴졌다. 직원 분에게 소란은 없었는지 물어보니 처음엔 석유가 부족한 데서 오는 초조감으로 일부 주유소에서 폭력까지 발생하기도 했으나 현재는 그런 문제는 보이지 않는다고 했다. 철도 복구가 당분간 어려운 지역은 이동수단이 자동차로 한정될 수밖에 없어 이후 안정적인 석유 공급이 필수적이다.

역 앞에 설치된 가마이시 시 재해대책본부를 찾아갔다. 현 진흥국에서도 그랬지만 재해대책본부가 들어 있는, 평상시에는 관광상품 전시관으로 쓰이던 '시 플라자' 1층에는 수많은 종이 정보가 붙어 있었다. 이와는 별도로 안부 여부와 피난 상황에 관한 요약정보도 책자로 만들어져 놓여 있었다.

재해 후 1개월간의 제1국면에서 가장 중요했던 것은 생존자의 피난처를 시급히 확보하는 일, 그리고 사망자 유해를 하루라도 빨리 발견하여 가족 곁으로 돌려보내는 일이었다. 올해 3월은 예년 이상으로 추워 물과 식료품에 더해 방한용품 확보가 생존과 직결되어 있었다. 4월 2일 시점에서 시내에는 63군데에 피난소가 설치되었으며 4,030명이 피난생활을 계속하고 있었다. 가장 규모가 큰 피난소 중 하나인 가마이시 초등학교에서는 700명 이상에 달하는 피난민이 발을 쭉 뻗지 못할 정도로 혼잡스런 생활을 할 수밖에 없는 상황이었다. 어느 정도 평정을 되찾은 지금, 피난소에 있던 이재민 대다수는 시 안팎으로 이주했다. 새로운 과제로서 재택(在宅) 피난을 하고 있는 사람들에 대한 정보, 물자 부족과 건강상태에 관한 조속한 파악이 요구된다.

우리가 방문한 4월 초에는 신분이 확인된 유해의 화장식이 시작되었다. 다수의 유해를 안치할 만한 곳을 찾고, 가족 및 친구들과 대면하는 충분한 시간을 만들었으며, 부족한 연료가 확보될 때까지 시청 담당자는 그야말로 잠잘 틈도 없이 분주히 움직였다. 그럼에도 아직 600명 이상에 달하는 이가 행방불명인 채로 있다(4월 2일 현재 640명). 마음 편히 지낼 수 있는 날은 아직도 멀다.

이후의 부흥을 생각하는 데 있어 모든 지역에서의 '진혼'은 결코 경시되어서는 아니 될 것이다. 부흥계획에도 어떠한 형태로든 사망자에 대한 진혼의 마음을 반영한 마을 만들기가 요구된다.

2. 제2국면

물자 공급도 일부를 제외하고 안정을 찾았으며, 피난소 생활에도 평온함이 돌아왔고, 사망자에 대한 화장도 이루어지고 있다. 그러나 문제는 여전히 산적해 있다. 4월부터 5월에 걸친 제2국면의 과제는 재해로 파손된 건물 등의 잔해물 철거이며, 그에 따른 거주 및 토지 소유를 둘러싼 문제에 대한 적절한 대응이다.

4월 초 시점에서 주요 도로상의 잔해는 대부분 철거되었다. 문제는 광범위한 지역에 걸쳐 피해를 입은 사유지의 복구였다. 원래대로라면 사유지 내에 파괴된 건물과 잔해는 그 소유자의 책임하에 철거가 이루어져야 할 것이다. 그러나 이번 재해는 개인이 대응하기에는 불가능한 경우도 많이 있다. 더욱이 소유자 본인이 사망했거나 행방을 알 수 없는 등

특정할 수 없는 경우도 적지 않다. 소유자의 승낙 없이 철거 작업을 국가가 할 수밖에 없는 경우도 있으므로 신중한 법 정비도 필요하다.

정부는 3월 25일에 우선 '도호쿠 지방 태평양연안 지진으로 인한 손괴 가옥의 철거 등에 관한 지침'을 발표했다. 철거를 위해 사유지에 들어가는 것 외에도 잔해 상태의 가옥과 쓸려간 가옥, 사용 불능이라고 판단되는 자동차와 선박 등에 대한 철거 인정 등이 그 내용이다. 또한 귀금속, 위패(位牌) 등은 되도록 소유자에게 돌려주도록 되어 있다. 철거 비용은 국가가 거의 부담하는 등의 내용이 논의되고 있다.

가마이시 시 재해대책본부는 4월 1일에 본부 정보로서 '사유지·손괴(損壞) 가옥 철거일정'을 고지하고, 그 내용을 인쇄한 전단을 여러 곳에 게시했다. 그에 따르면 4월 중순까지 세 가지 중요한 스케줄이 예정되어 있다. 하나는 건물 손괴 조사이다. 건물 피해 상황에 따라 국가가 이재민에게 재건 지원금(최고 300만 엔)을 산정하기 위해 시가 손괴 상황을 조사한다. 두 번째는 소유자가 자택에서 귀중품을 꺼낼 수 있는 기간이 정해져 있다. 소유자가 현장에 갈 수 없는 경우에는 현지 소방단이나 주민자치모임에 의뢰할 것을 요청했다. 세 번째는 가옥 철거에 관한 의사 확인이다. 보수를 생각하고 있는 경우 및 잔해 철거를 소유자가 하는 경우에는 신고하도록 되어 있다. 이 경우에 시는 철거 작업을 하지 않는다.

하지만 이러한 정보가 시민에게 충분히 전달되기는 어려울 것이다. 대책본부 전화상담 담당자에 따르면, 잔해 철거에 관한 문의 전화가 매우 많다고 한다. 추억이 담긴 물건 그리고 행방불명인 가족이 어쩌면 그 아래에 있을지도 모른다고 생각하면 철거가 마구 이루어지는 것은 바람직하지 않으며, 철거가 언제 어떻게 이루어지는가를 자세히 알고자 하는 마음은 당연하다고 생각된다. 피해 주민을 안심시키기 위해서는 잔해 철거에 관한 정보의 충분한 유통과 공유를 위한 방안이 필요하다.

그런데 지금은 이러한 것들이 충족되기 어려운 상황이다. 가마이시 시 재해대책본부에 놓인 몇 대의 컴퓨터만으로 이는 충분하지 않다. 프린터와 복사기 등도 부족한 형편이다. 4월 초 시점에는 재해대책본부와 피난소 사이의 통신 네트워크도 불가능했다. 정보의 철저한 공유를 위해서라도 국가와 현은 긴급하게 이 문제를 처리해야 할 것이다.

3. 제3국면

계획되어 있는 철거 일정에 따라 4월 중순부터 5월 초순 사이에 지역마다 순차적인 철거작업이 이루어질 예정이다. 이와 더불어 피난소에서 생활하고 있는 사람들의 가설주택 및 시외로의 이주도 본격화하게 된다.

이번에 과거 진재의 교훈을 살린 것 하나는 이주를 개별 세대의 선택에 맡기는 것이 아니라, 되도록 재해 이전의 취락과 커뮤니티 단위에서 이를 결정하는 것이 바람직하다는 의식이 널리 공유되고 있다는 점이다. 잘 모르는 지역에 개별적으로 이주하여 고립되고, 결과적으로 알코올 중독이나 고독사를 유발하는 사태를 피하지 않으면 안 된다. 집단으로 이주함으로써 곤란한 일이 생길 경우에도 말 상대가 있어 마음이 안심된다. 게다가 받아들이는 지역과 이전하는 지역 단위의 교섭을 통한 취업기회의 일괄적인 제공이나 아이들의 학교 수용 등이 원활하게 이루어질 것이 기대된다. 이 경우 집단 이전에 따른 알력을 피하기 위해 받아들이는 지역의 사전 준비 및 그 지역에 대한 국가에 의한 충분한 지원 등이 필요하다.[1]

1 가마이시 시 가설주택 입거는 연령과 장애 여부 등 개개인의 상황을 감안하여 우선순위가 정해지는 방식으로, 기본적으로 취락과 커뮤니티 단위가 아니었다. 시 직원에 따르면 평야가 협소한 특성상 커뮤니티 단위의 입거를 실현하기 위한 충분한 용지를 확보하는 데 곤란함이 있다고 한다. 리아스식 해안 연안부에 특이한 지형에 유래하는 어쩔 수 없는 사정이라 하겠다. 가마이시 시에서는 고독사 방지 및 주민 교류의 활성화 등

그리하여 철거 완료 후에 시작되는 제3국면에서는 이제부터의 부흥 계획을 어떻게 할 것인가라는 그랜드 디자인이 비로소 문제시되는 것이다. 이 국면에서 강력하게 제언하고 싶은 것이 있다. 지역 재건을 너무나도 서두르는 나머지 행정에 의해 일방적으로 결정하는 사태를 피하고, 주민과 주의 깊고 세심한 대화를 쌓아 나가는 것의 중요성이다.

이번 방문에서 인상적이었던 것은 피해를 입은 주민들이 괴로운 상황에도 불구하고 '지역 일을 우리 스스로 생각하자'라는 의식을 널리 강하게 가지고 있었던 점이었다. 피해가 컸던 시내의 우노스마이(鵜住居) 지구에 있던 초중학생은 보육원생들을 돕는 한편 선생님으로 하여금 정해진 피난장소보다 더 높은 곳으로 피난하게 함으로써 학교에 있던 아동과 학생 전원이 살아남을 수 있었다. 스스로 생각하고 행동하는 것이 얼마나 중요한가를 상징적으로 나타내는 사례이다.

현재 미디어를 통해 듣는 정보에 따르면, 정부는 쓰나미로 완전히 파괴된 지역 이전 안으로 별도의 고지대에 에코 콤팩트 시티를 새로이 건설할 구상을 가지고 있다고 한다. 이러한 최종적인 구상 계획 결정이 지역의 실정을 고려하는 일 없이 일방적으로 정해졌다는 감정을 이재민들이 가지게 되면 합의를 얻기 어려워진다. 그렇게 되면 신속한 부흥 실현이 결과적으로 곤란해질 수 있음을 염두에 두어야 할 것이다.

한신·아와지 대지진 이후 부흥 과정의 문제점으로 고베 시 등에 의한 도시계획 결정이 너무 빨랐던 것은 아닌가라는 지적도 있었다. 한신·아와지 대지진은 1995년 1월 17일인데, 2개월 후인 3월 17일에 이미 도시

에 배려한 '커뮤니티 케어형 가설주택'이 일부에서 실현되었다. 그러나 대부분의 가설주택은 그렇지 못하다. 이제부터 가설주택에서는 특히나 고령자 간호 및 커뮤니티 형성을 위한 활동이 매우 중요해진다. 시 행정과 세심한 대응이 가능한 주민단체의 활동이 필요하다. 현과 중앙정부는 이러한 활동을 적극적으로 지원해 가야 할 것이다.(2011년 6월 9일 현재) — 저자 주.

부흥 봉화 포스터 프로젝트

모리오카 시의 광고회사와 도쿄의 카메라맨 등이 시작한 '부흥의 봉화 포스터 프로젝트'. 3월 22일부터 가마이시 시에서 촬영하고 삽입 문구를 만들었다. 약 30개 기업 및 단체의 협찬으로 5월 25일 현재 18종류가 만들어졌다. 포스터는 이와테 현을 중심으로 붙였으며 웹(http://hukkou-noroshi.jp/)상에서도 공개하고 있다. 또한 판매한 수익금은 의연금으로 쓰이고 있다.

계획이 결정되었던 것이다. 시오자키 요시미쓰(塩崎賢明)는 《주택 부흥과 커뮤니티》(일본경제평론사, 2009년)에서 조속한 생활 복구를 위해서였다는 행정 측 설명에 대해 "당시 생활 재건을 서두르기 위해 도시계획을 하자는 것에 대해 과연 주민의 납득을 얻을 수 있었던가. 도시계획 결정 때문에 자택 재건이 늦어진 것이 사실이다"(p.39)라고 말하고 있다. 실제로 주민에 의한 반대운동이 심하게 전개된 지역도 있었다. 세심한 대화와 논의를 거치지 않고 계획이 정해짐으로써 실행은 되지 않고 생활 재건마저 오히려 늦어지게 되었다. 이러한 과거의 교훈을 이번 부흥 계획을 세우는 데 있어서도 신중하고 중요하게 받아들여야 할 것이다.

우리가 참가해 온 희망학에서도 지역 재생에 관해 비슷한 지적이 있었다.

"희망의 재생을 위해서는 지역 주민이 어느 정도 부담을 질 수밖에 없습니다. …〔중략〕… 하지만 이러한 부담을 진 결과로서 성과를 얻기 위해서는 빼놓을 수 없는 것이 있습니다. 그것은 부담을 받아들이는 과정에서 납득이 갈 때까지 대화를 계속하는 것입니다. 그리고 이를 위한 단계를 충실히 밟아 나가는 것입니다. 그 여부에 따라 비용 대비 효과는 전혀 다르다고 합니다. 대화를 게을리하면 반드시 도중에 '들은 적 없다'거나 '내 의견이 전혀 반영되지 않았다'고 하는 불만이 터져 나오게 됩니다. 더욱이 막상 무언가를 실행하려고 할 때 생각지도 못한 문제가 생기거나 합니다. 이로 인해 중요한 타이밍을 놓치게 되어, 모처럼 부담했음에도 실패로 끝나 버리는 경우도 많습니다"(겐다 유지, 《희망 만들기》, 이와나미신서, 2010년, pp.179-180).

그러나 대화에 참여하고 계속 이어가는 일이 쉽지는 않다. 피해가 워낙 커서 대화에 참여할 여유가 없는 사람도 많다. 대화에 참여하는 사람들에게 안정된 주거와 취업의 기회가 보장되지 않으면 지속적인 참가가 곤란하며, 따라서 이를 위한 지속적인 배려가 필요할 것이다(이 점은 한신·아와지 대지진 후의 부흥 과정을 상세히 아는 도요(東洋) 대학 니시노 요시미(西野淑美)에게 시사받았다).

아직껏 진재 직후라고 할 만한 현 상황에서는 소식이 불분명한 사람들의 수색뿐만 아니라 이재민이 당면한 생활 재건을 우선 서두를 필요가 있다. 이제부터는 어떠한 부흥을 목표로 할 것인가에 대해 대화의 기회를 계속해서 널리 보장해 가는 것이 모든 재난지역에 공통된 주요 과제이다. '지역 일은 스스로 생각한다'는 시민 의사를 존중하고, 시간을 들여 대화를 가능하게 하는 프로세스를 마련하는 것이 이후 국면에서의 신속한 부흥을 위한 필수 요소가 될 것이다.

— 2011년 4월 10일

이시카와 미키코石川幹子
(환경디자인·도시환경계획)

페어링 지원

지금 당장 할 수 있는 일*

동일본대진재로 인해 많은 사람들이 희생되었으며, 이재민들은 원조를 기다리고 있다. 이번 진재의 커다란 특징은 재난지역이 매우 넓은 범위에 걸쳐 있다는 것과 쓰나미로 촌락 전체가 괴멸되었다는 점이다. 또한 원자력발전소 방사능 문제로 인해 이제까지의 재해와는 달리 부흥 지원에 대한 대응, 미디어 보도가 지역적으로 편차가 있어 지원에서 누락된 지역들의 사정을 파악하기 어려운 상황에 있다.

긴급 대응 도로, 항만, 비행장 등의 복구는 신속하게 이루어졌으나, 이재민의 생활 안정과 직결되는 생활시설 관련 복구와 지원은 전혀 전망이 불투명한 지역도 다수 존재한다. 필자의 본가가 있는 미야기 현 남부지역 해안 마을의 경우 쓰나미로 정수장이 파괴되었으며, 3월 21일 현재도 라이프라인이라 할 수도가 아직 복구되지 않은 상태이다. 또한 피난소에서는 환자 및 인플루엔자 감염자가 발생하고 있는데도, 의료품과

* 이 글은 독립행정법인 화학기술진흥기구 SciencePortal 오피니언에 〈긴급기고 — 동북관동(東北關東) 대진재 부흥 페어링 지원으로〉라는 제목으로 게재된 것이다.(http://scienceportal.jp/HotTopics/opinion/181.html)

의사가 부족한 상태로 치료와 격리 등에 곤란을 겪고 있다.

한편 전국 지자체 및 자원봉사자와 수많은 시민들이 이재민에 대한 지원과 도울 방법을 모색하고 있다. 이러한 양쪽을 시급히 연결할 필요가 있다.

'지금 당장 할 수 있는 것'이 '페어링(pairing) 지원' 체제의 도입이다.

'페어링 지원'이란 재난지역 중 특정한 지자체와 피해를 입지 않은 일본 내 다른 지자체를 연결하여 지원하는 방법이다. 이렇게 지원하는 대상지를 명확히 함으로써 지역마다 상이한 피해 사정에 맞춘 세심한 지원이 가능해진다.

물론 국가 책임하에 이루어져야 할 근간이 되는 복구와 부흥은 당연한 전제이다. 방사능 오염에 의한 피난지역은 국가적으로 중대한 문제이며, 국가가 직접 책임지고 대응해야 할 것이다.

'페어링 지원'은 국가의 역량을 넘어선 지역 실정에 맞춘 '사람과 마음의 지원'이며, 일본 전체가 재난지역을 모른 체해서는 안 된다는 뜨거운 메시지를 구체화하는 것이다.

이 방식은 2008년 5월 12일에 발생한 중국 쓰촨(四川)성 원촨(汶川) 대지진(사망자 및 행방불명자 8만5천 명) 때 도입되어 부흥의 커다란 원동력이 되었다. 이를 중국어로 '대구(對口)지원'이라 한다. '구(口)'는 사람을 뜻하며 '대구'는 서로 한 쌍이 된다는 의미로 중국에서는 일반적인 용어가 되었다. 일본어에는 이에 해당하는 적당한 개념이 없어 '페어링 지원'이라 명명했다. 대구 지원 방식을 중국 정부가 대응 방안으로 발표한 것은 지진 발생일로부터 1개월 후인 2008년 6월 18일이었다(중국 국무원 발 2008, 53호, 원촨 진재 후 부흥재건 대구 지원 방안). 목적은 '전국의 힘을 모아 지진 피해지역의 부흥 재건을 촉진하는 틀 만들기'이다.

구체적으로는 지원하는 측은 동부 및 중부의 19개 성시(廣東, 江蘇, 山

東, 北京, 上海 등), 지원을 받는 측은 쓰촨성이 제공하는 피해 상황에 따라 쓰촨성 베이촨(北川) 현, 원촨 현, 미엔주(綿竹) 시, 두장옌(都江堰) 시 등으로, 산둥성과 베이촨 현, 광둥성과 원촨 현, 상하이와 두장옌 시 등이 페어가 되었다. 3년을 기한으로 지원이 이루어져 왔으며, 올해 5월로 종료하게 된다.

필자는 지난 3년간 원촨 지진 부흥을 위해 미력하나마 지원을 계속하면서 그간의 경위를 세세히 경험할 수 있었다. 이는 원촨 지진 발생 직후 쓰촨성이 피해의 심각성을 깨닫고 어떻게 부흥을 이루어야 하는지에 대해 '부흥 그랜드 디자인' 만들기를 전 세계에 의뢰함으로써 이루어졌다. 전 세계에서 49개의 응모가 있었고, 일본에서는 도쿄대학과 게이오대학이 공동으로 참가했다. 다양한 방안을 제안하였고, 지원을 계속하고 있다. 물자나 금전이 아닌 지혜와 마음의 지원이다. 현지 관청은 이번에 일어난 일본의 재난에 대해 진심 어린 위로와 함께 지금까지의 지원에 대한 감사의 마음을 다시금 메일로 전해 왔다. 가끔 중일 관계가 험악해지거나 하지만, 시민 레벨에서는 우호관계가 지속되고 있음을 말해두고 싶다.

진재로부터 3개월이 경과한 지금, 재난지역에서는 부흥계획에 기반한 본격적인 지원이 필요하다. 현행 지역방재계획에 있는 재해 시 지원은 식료품, 식수, 생활필수품, 의료, 방역, 구조 등으로 긴급 대응은 잘 되어 있으나 마을 재건 및 지역 전체의 부흥에 관한 내용은 거의 공백 상태라 할 수 있다. 페어링 지원은 지자체 간의 수평적 연계를 넘어 대학, NPO 등 다양한 주체가 참여함으로써 이러한 공백을 극복할 수 있게 한다. 구체적 사례로 도쿄대가 미야기 현 이와누마 시의 부흥계획에 참여하는 페어링 지원을 시작하여, '재난지역 부흥은 그 지역 주민이 스스로'라는 민주주의의 원점을 측면에서 지원하고 있다.

'페어링 지원'의 요점은 광역에 걸친 재난지역에 대해 국가의 힘만으로는 모자란 지원을 전국의 지자체가 서로 얼굴이 보이는 형태로 지속적인 지원을 해 나가는 데에 있다. '얼굴이 보이는 지원'은 서로 간의 신뢰 관계 구축을 가능하게 하여, 일회성이 아닌 마음과 사람의 재산을 쌓아 가게 한다. 미래가 보이지 않는 미증유의 재해인 만큼 새로운 끈과 유대감을 만들어 가는 도전에 국민 여러분이 공감해 주시기를 재난지역 여러분을 대신해 부탁드리며 기원하는 바이다.

— 2011년 6월 7일

08 재난지역 부흥

니시 다쓰오西達男
(지역개발 · 지방분권)

부흥대책을 지렛대 삼아 도호쿠주 만들기

1. 광역 부흥 플랜 필요성

미증유의 재해를 입은 재난지역의 부흥 재생에는 되도록 광범위하며 장기적인 시점을 도입, 복구 후 해당 지역의 자립적 발전에 이어지는 형태로 이루어질 필요가 있다. 따라서 부흥 대책을 실시하는 데에 있어서는 각 지자체의 개별적 대응을 넘어 재난지역을 중심으로 도호쿠 전역을 시야에 넣은 부흥 플랜, 부흥 작업과 아울러 앞으로의 글로벌화에 대응하는 선진적인 도시 만들기, 마을 재건, 산업 진흥 등에 대한 대처가 요구되어진다. 다시 말해 창조적인 부흥 재생이다.

또한 이번 부흥 대책에는 역사상 가장 큰 규모의 경비가 필요하며, 거액의 국비를 투입하게 된다. 그러한 국비는 직접적으로는 재난지역을 대상으로 한 대책 비용이기는 하나, 간접적 효과로서 더 고차원적으로 나라 전체의 발전 방향 및 국가의 모습을 내다보며 이를 가속화하는 틀 속에서 사용하는 것이 바람직하다.

2. 새로운 국가 만들기

이제부터의 새로운 나라의 모습으로서 지방분권형 사회의 확립은 이미 국민의 동의를 얻었다고 할 수 있다. 지난 정권 교체의 계기가 된 작년 여름 총선거 때에도 지방분권 개혁 추진은 여당 및 야당 모두에게 공통되는 선거공약이었다. 전후 일본의 경제 발전을 뒷받침해 온 중앙집권형 정치행정 시스템이 이제는 심각한 제도적 문제를 노정하고, 또한 도쿄 일극(一極) 집중형 발전의 이면에 지방 재생 전략이 피폐해 버리고 말았다고 하는 것은 중앙과 지방을 떠나 많은 국민들의 공통된 인식이다. 현재는 이를 위한 개혁을 어떻게 추진하고 실현할 것인지가 문제시되는 단계에 와 있다.

그러한 가운데 발생한 이번 대진재는 이제까지의 과학적인 상식을 뛰어넘는 '예상 외'의 규모였다. 이로 인해 많은 지자체가 예상 외의 괴멸적인 피해를 입고 행정 기능이 파괴되었으며, 상정했던 복구 시스템이 작동하지 않는 사태가 발생했다. 이는 가까운 장래에 일어날 것으로 예상되는 도쿄 직하형 지진이 '예상 외' 규모로 발생하여 수도 기능이 파괴될 경우를 대비한 대응도 상정해 두어야 함을 우리에게 시사한다. 그것은 만일을 대비하여 도쿄에 집중되어 있는 수도 기능과 국가 기능을 가능한 한 다른 지역으로 분산시키고 분담하게 하는 것이며, 정책론으로 말하자면 더 근본적인 지방분권화이다.

이러한 상황 인식하에 이번 부흥 대책은 일차적인 재난지역의 부흥과 더불어, 새로운 나라의 형태로서 지방분권형 사회 만들기를 가속화하는 것으로 만들어 갈 필요가 있다. 더 구체적으로는 현재의 부현(府縣)제를 넘어선 도주(道州)제의 도입과 연결되는 도호쿠 주 만들기이다.

3. 국가의 부흥 기관을 센다이로

재해 대책은 재해 발생과 복구 단계에서는 중앙정부가 전면에 나서서 대응할 필요가 있으나, 부흥 재생 단계에서는 각 재해지역이 주체적으로 앞장서야 한다. 마을 재건 및 지역 만들기는 본래 지자체의 일이다. 따라서 부흥 계획을 정하고 실시하는 데는 현지 지자체와 주민이 주체적으로 참여하는 체제가 바람직하다.

현재 국정 레벨에서는 국가의 일원적인 부흥 재생을 추진할 기관 설치가 여야당 사이에서 논의되고 있으나, 최종적으로 어떠한 형태가 될 것인지는 현시점에서 윤곽이 잡히지 않는다. 다만 어떠한 형태가 되었든, 그러한 국가의 대책 조직은 현지의 의견을 늘 참조하며 각 지역과 상시 협력 체제를 갖춘 틀 속에서 운영되는 것이 바람직하다. 따라서 당장에 조직본부가 도쿄의 행정 중심 지역인 가스미가세키(霞が関)에 설치된 것은 어쩔 수 없다고 생각되나, 어느 정도 준비기간이 지난 단계에서는 그 본부(또는 그 실시 부대)는 재난지역의 중심부로 옮겨야 할 것이다. 그 첫 번째 후보지는 도호쿠의 거점 도시이자 이번 대진재의 피해지역이기도 한 센다이(仙台) 시이다.

국가 부흥 기관을 재난지역 현지에 설치함은 현지 지자체 및 주민과의 연계체제를 강화하고 업무의 효율화에 기여하는 동시에 어려운 상황에 있는 현지 주민에게 커다란 신뢰와 격려가 되어 주민의 자립의식이 한층 더 높아질 것이다.

4. 도호쿠 각 현의 연계 체제 구축

한편 도호쿠 현지의 각 현들도 이번 재해 부흥에 대해서는 현의 경계를 넘어선 광역적인 대책 체제의 구축이 요구된다. 당면 과제로 대책본부의 부흥계획 결정 과정에 각 현이 긴밀하게 연계하며 주체적으로 참여할 필요가 있다. 재난지역의 농산어촌을 중심으로 취락의 재편 정리 및 집단 이전, 시설의 거점화 등 어려운 조정 문제에 대한 대응이 요구되어지는 한편, 인구 감소·고령화·방재·환경 문제에 대응한 새로운 마을 재건과 도시 만들기 및 지역 간·도시 간 연계 등 비전의 제시, 글로벌화에 발맞춰 첨단 산업·기업의 진흥과 센다이의 국제적 거점도시로서의 육성 등 더욱 다양하고 광역적인 시점에서 창조적인 부흥 재생 대책이 담겨질 것이 기대된다.

포인트는 이러한 계획의 실시와 추진 단계에서 현지 체제가 어떻게 구축되는가에 있다. 기본적으로는 현지 지자체의 판단에 달려 있으나, 기본적인 방향은 개별적 대응이 아니라 초기에 종합적인 광역 연계의 추진 체제가 정비되어 가는 것이 바람직하다. 구체적으로 예를 들자면 광역연합으로서 도호쿠연합 형성 등이 있겠는데, 처음에는 대규모로 쓰나미 피해를 입은 태평양 연안의 현들을 중심으로 국가의 부흥 기관과 연계한 3현 연합공동복구사무국을 센다이에 설치하고 열어 가는 것을 생각할 수 있겠다. 장래 도래할 도주제하의 도호쿠 주를 시야에 둔 체제 정비의 시작이다.

— 2011년 4월 27일

호소다 유코細田裕子
(사회적 공통자본)

재해지역에 지속적인 지원의 손길을

동일본대지진을 겪은 재해지역에는 거대 지진과 대형 쓰나미가 한순간에 앗아가 버린 자연환경, 사회 인프라, 의료와 교육 등의 시스템 재건을 위한 신속한 복구 지원이 요구되고 있다. 그리고 혹독한 추위의 도호쿠 지방에서 피난생활을 하고 있는 분들에 대한 구호, 거기에 더해 이후의 재난지역 복구를 위한 대처를 동시에 마련하고 시행하여, 이 지역에 살고 있던 사람들이 예전의 활기차고 풍요로운 생활을 되찾아야 할 것이다. 하지만 이와 같은 복구에는 적지 않은 시간이 걸릴 것으로 예상된다.

이재민을 위해 정부는 우선 강력한 리더십을 통해 각 피해지역의 실정을 파악한 뒤 각 지역별로 복구계획을 수립할 필요가 있을 것이다. 이와 동시에 한시가 급한 사회적 인프라의 복구, 잔해 처리 등의 문제가 산적해 있다.

이 같은 복구를 위한 조치에 앞서, 아직까지 생생하게 기억되고 있는 한신·아와지(阪神·淡路) 대지진(1995년), 니이가타(新潟) 현 추에쓰(中越) 지진(2004년)과 니이가타(新潟) 현 추에쓰오키(中越沖) 지진(2007년)의 교훈을 되살릴 수 있을 것이다. 그리고 2008년 중국에서 발생한 스촨·원촨(四川·汶川) 대지진의 복구계획에서도 배울 점이 많다. 스촨·원촨 대지진

의 경우, 일본의 일본도시계획학회의 멤버에 의한 조사·지원이 이루어졌으며, 또한 복구계획에는 이시카와 미키코(石川幹子) 교수를 중심으로 하는 도쿄 대학·게이오(慶応) 대학의 합동 팀이 '복구 그랜드 디자인'을 구상하기도 했다. 이는 두장옌(都江堰) 2300년의 역사적 유산을 유지 및 승계하면서 이를 발판으로 앞으로의 복구 방향을 제시하고, 숲의 보전 및 지진에도 아무 탈이 없었던 수리시설과 풍수림반(風水林盤)[1]을 활용한 지속 가능한 사회적 공통자본으로서의 도시와 농촌을 만드는 것을 목표로 했다〔자세하게는 우자와 히로후미(宇沢弘文)·오쿠마 타카시(大熊孝) 편, 《사회적 공통자본으로서의 강(社会的共通資本としての川)》 제3장, 도쿄대학출판회, 2010년 참조〕.

게다가 스촨(四川)의 복구계획에 있어서 '대구 지원(対口支援)'[2] 시스템(1대1 지원)이 현저한 성과를 올렸던 것이 높게 평가되었기에 이에 관해 소개를 하고자 한다.

2008년 5월 12일, 스촨·원촨 대지진(매그니튜드 7.9, 사망 및 행방불명자 약 9만 명)이 발생했다. 재난 직후에 정부는 우선 피해자의 주택 건설을 실시하였다. 예정지를 확보한 후 피해 상황을 조사했으며, 또한 주민의 의견에 따라 재건계획을 세우기 위해 다양한 계획안을 제시했다. 지진이 발생한 지 약 1개월 후인 6월 8일에는 중국 정부로부터 톱 다운으로 원촨지진재난복구계획 조례가 공표되었고, 6월 11일 원촨지진재난복구대구지원(対口支援) 방안이 통보되었다(6월 18일 공표). 이 대책에 따르면, 재난지역을 20개 구역으로 나누고, 각각의 지역 재정을 감안하여

1 중국의 농촌 마을에는 풍수림반(風水林盤)이라고 하는 복수의 농가가 공유·소유하고 있는 숲이 있다.

2 대구지원(対口支援)은 중국에 있어서 비교적 경제가 발전한 성(省)이나 직할시가 경제 발전이 늦어진 지방을 1대 1로 지원하는 정책. 70년대부터 경제개발 지원의 방법으로 사용되었다고 한다.

19개의 성(省)과 시(市)를 1대 1로 짝을 짓고, 상호 지원을 실시하는 것이 요지였다. 원조 하는 측은 전년도 재정수입의 약 1퍼센트의 자금 원조를 3년간 실시하게 되는데, 매우 큰 피해를 입은 두장옌(都江堰) 시는 재정적으로 윤택한 상하이(上海) 시로부터 지원을 받았으며, 충저우(崇州) 시는 충칭(重慶) 시로부터, 펑저우(彭州) 시는 푸젠(福建) 성으로부터 지원을 받았다. 그리고 필요한 인재, 자재, 설비, 경비 등은 모두 지원 측의 성(省)과 시(市)가 부담하는데, 주로 환경이 열악한 공공시설(학교와 병원)의 재건, 인프라 정비(도로와 다리) 등을 중점적으로 실시했다. 성(省)과 시(市)의 헌신 덕분에, 복구계획 수립으로부터 복구 건설사업에 이르기까지 모든 분야에 걸친 경제적 지원이 이루어졌다. 일본에서는 재정이 열악한 지방자치단체가 많아 실현 가능성이라는 측면에서는 선결되어야 할 과제가 많지만 선행 사례로 참고할 만하다.

한신·아와지 대지진의 경우 가설주택의 입주자 중에서 65세 이상의 고령자가 30%를 차지했으나 가설주택이나 복구 공영주택의 입주자를 선정할 당시 지진이 발생했던 지역 커뮤니티를 그다지 고려하지 않았던 것이 이후 고령자의 고립 혹은 고독사 원인의 하나가 되었다고 한다. 이와 같은 사례를 교훈으로 삼아 현재 각 지방자치단체의 지원 형태도 지역별로 인적 자원, 물자, 피난소 제공 등의 도시복구계획을 추진하려는 노력이 이루어지고 있다. 세심하고 섬세한 지원은 반드시 복구의 큰 원동력이 될 것이다. 그리고 정부의 복구에 대한 비전의 제시나 일대 일 지원과 유사한 구체적인 제도가 법제화 된다면, 이는 더욱 효과적인 지속적이고 섬세한 지원책이 될 것이 틀림없다.

복구계획 준비 시 지금까지 만전의 태세를 기울여 왔던 도호쿠 지방 연안부의 방재 대책을 재검토하고, 이제까지의 지진이나 쓰나미 연구 데이터를 기반으로 지방자치단체, 전문가, 지역 주민이 지진 방재대책을 다시금 검토할 필요가 있다. 피해 또한 너무나도 막대하고 광범위할 뿐만 아니라 후쿠시마(福島) 원전 문제도 있기 때문에 복구에는 긴 시간이 필요할 것으로 보인다. 따라서 지방자치단체 간의 대책 등, 앞서 언급한 예를 참고하여 우리들 한 사람 한 사람이 지속적으로 힘을 기울일 수 있는 지원 형태가 필요하지 않을까 한다.

— 2011년 4월 11일

미야가와 타다오宮川公男
(통계학·정책 과학)

새로운 사회 시스템 디자인과 공공 인프라 정비의 필요성

1. 기네스북도 인증한 가마이시(釜石) 해안가 방파제도 무너지다

동일본대지진은 잊을 수 없는 역사적인 대재난이었다. 매그니튜드 9.0이라는 거대한 지진뿐만 아니라, 높이 10미터가 넘는 거대한 쓰나미가 연안 각 지방을 덮쳤다. 무엇보다 인적 피해가 커 4월 7일 오후 8시 현재 사망 12,690명, 행방불명 14,736명으로 집계되었다(경찰청 집계).

이번 대지진과 대쓰나미 속에서, 인구 39,578명(2010년 10월 1일 현재)의 가마이시(釜石) 시도 사망자 약 700명, 행방불명자 약 650명, 이재민 약 6,100명(4월 7일 현재)이 발생하는 등 심각한 피해를 입었다. 가마이시시 해안에는 1982년에 착공하여 약 30년 가까운 시간을 들여 건설한 최초로 내진 설계가 도입된 방파제(2009년 3월 완공)가 있었다. 이 방파제는 전장 1,660미터, 높이 6미터로, 기초 부분이 최대 수심 63미터의 해저에 설치되는 등, 기네스 기록으로 인정받았다. 그러나 이 방파제도 강대한 쓰나미의 위력에 크게 파손되었으며, 10미터가 넘는 높이의 거대 쓰나미에 잠겨 버리고 말아 큰 피해를 가져왔다. 이번처럼 큰 피해는 방파제를 과신한 방심에서 연유한 것이라는 반성의 목소리도 있지만, 한편으로 만일 그와 같은 방파제가 없었더라면 피해가 얼마나 더 컸을 것인가. 이 방파제가 얼마나 피해를 경감시켰는지에 대해서는 이후에 반드시 검토가 되어야 할 것이다. 산리쿠(三陸) 연안의 거의 모든 취락이 그 원형을 알아볼 수 없을 정도로 파괴되었으며, 가마이시(釜石) 항구 배후의 중심 시가지의 경우, 아케이드 상점가 등의 거리 모습이 겨우 남아 있지만 그나마 이것도 해안 방파제가 쓰나미를 어느 정도 막아 주었기 때문에 가능했으리라 생각된다(《일본경제신문》 3월 31일, 전자판). 그리고 방파제는 쓰나미가 시가지를 덮치기까지 6분 정도 지연시켜 주는 효과가 있었으며, 만일 방파제가 없었다면 저지대의 경우 3층 높이까지 침수되었을 것을 2층까지의 침수로 막을 수 있었다고 하는 항만기술연구소의 분석이 보도되었다(《요미우리신문》 4월 3일). 방파제에는 1,200억 원이 투입되었으나, 이는 지난 정부가 헤이세이(平成) 23년(2011)의 고속도로 무료화 사회실험으로 계상한 금액과 우연히 일치한다. 전자는 장기적인 자본투자이며 후자는 단기 소비 지출이기 때문에 서로 상이하기에 양자를 비교 평가하는 것은 간단하지 않으나 공공정책에 있어서 한정된 예산을 어떻게 쓰는 것이 좋을 것인가를 다시 한 번 생각하게 해 주는 부분이 아닐 수 없다.

2. 후쿠시마(福島) 제1원자력발전소 사고에 있어서의 '상정 외'라고 하는 무책임함

그런데 도쿄 전력 후쿠시마 제1원자력발전소에서 발생한 사고는 이 재난의 성격을 특수하게 만들었다. 이 사고는 도쿄전력이 예상하고 있던 5.4미터 파고를 까마득히 넘는 14미터의 큰 쓰나미를 동반한 까닭에 통상의 전원뿐만 아니라 비상용 디젤 발전기 2대도 고장나 버리게 되었고, 이로 인해 모든 전원이 결손되어 비상용 노심냉각장치(ECCS)가 작동하지 않게 되어 발생한 것이었다. 이 후쿠시마 원전사고는 지진뿐만 아니라 쓰나미에 의해 초래된 인적 피해에 못지않은 큰 충격을 온 국민에게 던져 주었다.

이 사고를 접하고 나서 필자가 떠올린 것이 있다. 미국 스리마일 섬 원자력발전소 사고(1979년)와 구 소련의 체르노빌 원자력발전소 사고(1986년)가 차례차례로 발생했던 무렵 원자력 연구자가 중심이 되는 연구회에 비전문가인 필자가 참가했었는데, 그때 원전의 안전성에 관한 이야기를 들었다. 그중 넓은 지역의 수많은 주민에게 피해를 입히는 중대한 원전사고의 발생 확률이 얼마나 낮은가에 관해서 들었던 이야기를 필자는 아직도 인상 깊고 선명하게 기억하고 있다. 구 소련의 체르노빌 원전사고와 같은 중대한 사고가 일본에서는 일어나지 않는다고 하며, 이것은 마치 "관중으로 가득한 고라쿠엔(後楽園) 구장(당시에는 돔이 아니었음)에 승객으로 가득 찬 점보 여객기가 추락하는 것과 같은 확률의 것"이라고 표현했던 전문가도 있었다. 원자력에 관해 문외한이었던 필자는 이와 같은 기상천외한 비유를 듣고 원전의 안전성을 납득할 수밖에 없었다.

그러나 이번에 실제로 일어난 후쿠시마 원전사고에 관한 다양한 보고를 접하고 나서, 나는 앞서 언급한 비유와 현실 사이의 너무나도 큰 간극에 놀라지 않을 수 없었다. 이 사고에 대해 전문가를 비롯해서 정부, 도쿄전력 관계자들이 '예상 외'라고 하는 말을 연발하여 화제가 되었는데, 이 말은 예비전력까지 포함한 모든 전원의 결손되고, 파고 10미터 이상의 큰 쓰나미가 일어났음에도 불구하고 이와 같은 사고가 실제로 일어날 수도 있다는 것은 예상에서 제외시켰다는 의미로, 문제의 당사자로서 무책임하기 그지없는 발언이라고 생각한다.

3월 16일의 아사히신문(조간)에는, 오사카대학 명예교수(원자로공학)

인 미야자키 케이지(宮崎慶次) 씨의 "원자로의 연료 손상과 같은 심각한 사고에 이르지 않기 위해 어떻게 해야 할 것인가에 관한 검토는 과거에 이미 시행되었으며 …〔중략〕… 이번 사고와 같이 그것이 실제로 일어났을 때 어떻게 대응했는가가 문제로, '원자력 관계자로서 예상 외였다'라고 말하는 것은 결코 변명이 될 수 없는 것이다"라는 따가운 지적이 있었다. 그리고, 도쿄대학 명예교수(금속재료학) 이노 히로미쓰(井野博滿) 씨의 "연일 학자들이 텔레비전에 나와 해명하고 있으나, …〔중략〕… '예상 외'라고 하는 말이, 그 예상이 적절했는가에 대한 비판도 반성도 없이 사용되고 있다. 같은 학자로서 한심하기 짝이 없다. …〔중략〕… 문제가 없다고 하면서도 사고가 난 이제서야 설명을 하는 것은 국민을 우롱하는 것"과 다름없다는 따가운 비판이 이어졌다.

그리고 3월 31일의 아사히신문은, 미국의 연구기관 오클릿지 국립연구소가 1981-82년에 후쿠시마 제1원자력발전소와 같은 모델의 원자로가 모든 전원을 손실했을 때의 시뮬레이션 보고서를 미국 원자력규제위원회(NRC)에 제출한 적이 있다는 것을 확인했다고 보도했다. 그에 따르면 핵연료 노출, 수소 발생, 연료 용융 등의 시나리오는 이번 사고 경과와 너무나도 흡사한데, 이를 접수한 NRC는 이 보고서를 안전규제에 활용한 데 반해, 일본은 송전선 등이 조기에 복구될 것으로 보고 이를 예상에 넣지 않았던 것이다.

같은 기사에는 GE의 관련 회사에서 비등수형(沸騰水型) 원자로의 유지 관리에 오랜 기간 관여했던 컨설턴트 사토 아키라(佐藤暁) 씨의 "이 시뮬레이션은 현 시점에서도 충분히 유효하다. 다만 전력회사에 이러한 과거의 지식이 계승되고 있는지는 알 수 없다"라는 코멘트와 함께, 원자력안전위원장 마쓰우라 쇼지로(松浦祥次郎) 씨의 "이도저도 안 되는 최악의 상황은 생각하지 않아도 좋다는 암묵적인 양해가 있었다. 운석의 충돌

등과 같은 불가항력적인 상황도 있기 때문에, 모든 상황에 대응할 수 있는가라고 묻는다면, 그것은 무리다"라고 하는 담화도 실려 있다.

나의 전공 영역인 의사결정이론 분야에는, 불확실한 상황에 직면한 인간의 의사결정에는 나이트(Frank Knight)에 의한 리스크와 불확실성이라고 하는 고전적인 구별이 유명하다. 리스크란 일어날 가능성이 있는 사건에 관해 확률이 존재하는 경우(예를 들어, 주사위를 던졌을 때 일어날 수 있는 1부터 6까지, 즉 6개의 가능성이 각각 일어날 수 있는 확률은 1/6이다)를 나타내는데, 그에 반해 불확실성이란 일어날 가능성이 있다는 것을 알고 있지만 그 확률을 알 수 없는 경우(예를 들어 50팀이 출전하는 고교야구대회에서 50팀 중 어느 팀이 우승할지 예측할 수 있으나 각각의 팀의 우승 확률은 알 수 없다)를 가리킨다.

이번 후쿠시마 원전사고의 경우, 사고를 불러온 쓰나미의 크기와 모든 전력의 결손이라고 하는 사건을 '상정 외'라고 보는 것은 확률 차원의 문제 즉, 확률이 높으니 낮으니 이러쿵저러쿵 말하는 것이 아니라 원래부터 그것이 일어날 것 자체를 예상하지 못했다는 것을 가리킨다. 따라서 이와 같은 경우를 의사결정론에서는 나이트의 고전적 분류에 더해 '근원적 불확실성'이라고 한다〔미야가와(宮川) 2010〕.

다시 말해 이와 같은 정의를 사용하면, 실제로 일어난 10미터를 넘는 거대한 쓰나미나 모든 전력의 결손이라고 하는 사건이 '상정 외'라고 치부되었던 것은, 그것이 '근원적 불확실성'에 해당한다는 것을 의미한다. 하지만 앞서 언급한 미야자키(宮崎) 씨의 증언이나 오클릿지연구소의 연구 보고서의 존재를 고려해 볼 때 '상정 외'라고 하는 말은 단순한 변명에 지나지 않는다는 것을 알 수 있다.

3. 현대는 '불안'의 시대

이와 같은 3·11 대재난은 많은 것을 상기시켜 주는데, 그중에서도 재난이 많은 국민에게 '걱정'과 '불안'의 무드를 불러일으키고 있다는 점을 들어 나는 하일브로너(Robert Heilbroner)가 20세기의 말부터 '지금' 시대의 사람들을 지배하고 있는 무드를 '걱정'과 '불안'이라고 특징지었던 것을 떠올리게 된다. 이는 그 이전 250년 가까이 '어제'의 시대가 '진보' 혹은 '희망'으로 특징지어진 것과 대조적이라고 볼 수 있다.

그에 따르면 '어제'의 시대를 움직였던 것은 거대한 세 가지 힘으로, 그 첫 번째는 자연의 제어를 약속한 과학기술이며, 두 번째는 생산을 조직화하는 새롭고 역동적인 자본주의라고 하는 시스템, 그리고 세 번째는 자신이 스스로의 운명을 결정짓는 주인공이라고 생각하게 만드는 정치적 의사구현 방식인 민주주의라고 한다.

그에 반해 '오늘'의 시대를 특징 짓는 것은 이제 '진보' 혹은 '희망'이 아닌, '진보'의 필연성이 더 이상 '어제'의 신념을 지탱할 수 없게 된 사회의 불확실성에서 생겨난 '걱정'과 '불안'이다. 오늘의 시대는 여전히 '어제'를 움직였던 세 가지 힘이 작용하고 있지만, '걱정'과 '불안'과 같은 새로운 요소로 인해 그와 같은 강력한 세 가지 힘이 더 이상 명확하게 '진보'를 짊어지고 있다고 볼 수 없게 되었다. 첫 번째로 우리들은 과학기술에 관해 긍정적인 면의 희망뿐만이 아니라 부정적인 측면의 관념도 갖게 되었다. '어제'에 잔뜩 부풀었던 낙관적인 분위기 속에서 사회적으로 유난히 높은 지위에 오른 과학자들 사이에 있어 과학은 인간의 운명을 개선하기 위한 완벽한 선의 수단이라고 하는 신념이 넓게 퍼져 있었다. 그러나 인류의 하인이었던 과학이 이제는 반대로 인류의 주인이 될지도 모른다는 불안이 생겨나게 된 것이다. 두 번째로 글로벌화한 자본주의는 국가 정부의 무능력함을 증대시켜 '물질'과 같은 비인격적인 국제경제의 힘이 권력을 차지하고 인류를 지배하는 세계의 도래를 나타내고 있다. 이는 여간해서 경제침체로부터 빠져나오지 못하고 있는 낮은 성장에 대한 초조함과 함께 '오늘'의 우리들의 불안의 커다란 근원이 되고 있다. 세 번째로 대중의 정치적 의사의 발현은 민주주의 정부의 확대 가능성을 내포할 뿐만 아니라 특히나 두려울 정도의 빈곤으로 고통받는 지역을 중심으로 동란의 악몽을 불러일으키고 있다. 지금까지 경제적 분배의 문제에 있어서 평등화를 가져온 원동력인 민주적, 정치적 의사의 기능이 '오늘'의 시대에는 정지한 것처럼 보이는데, 소위 격차 사회가 도래하고 있는 것이다. 또한 지구상의 진정 비참한 사람들이 그 격정을 억누르지 못하게 되고, 건설적인 초점을 도출해 내지 못하게 되는 것은 아닐까 하는 걱정도 '오늘'의 시대의 불안요소라고 생각할 수 있을 것이다.

하일브로너가 말한 것처럼 근래 일본 국민들 사이에서 다양한 불안이 퍼져 나가고 있다. 고용불안, 생활불안, 연금불안, 건강불안, 의료불안, 재난불안, 범죄불안 등등이 그것이다. 이런 다양한 불안은 경제, 정치, 사회적 요인에만 기인하는 것이 아니라 자연적, 외적 위협과 관련되기도 하는 등 다양하다. 이들 요인들은 각각 서로 독립된 것이 아니라 상호 밀접하게 연결될 뿐만 아니라 복잡한 관련성을 갖고 얽혀 있다. 이번 대지진은 재난이 불안으로 돌출된 것이지만 동시에 다른 다양한 불안도 유발하고 있다.

4. 요구되는 '사회 시스템'의 정비와 공공의 역할

'걱정'과 '불안'의 시대에 무엇이 필요한가를 우리들은 생각하지 않으면 안 된다. 나는 '안심'이나 '안전'을 키워드로 한 새로운 '사회 시스템' 구축이 필요하다고 생각한다. 그리고 이는 국가 차원이 아닌 '지역'을 초점으로 한 것이어야 한다고 생각한다.

동일본대지진에서도 구조, 피난, 급식, 의료, 위생, 교육, 산업, 복구 등 다양한 활동을 함에 있어 지역 자치단체에 의존하지 않으면 안 되는 부분이 매우 컸다. 그리고 이를 위한 시스템이 부재하다는 사실이 다시금 강하게 대두되었다.

이와 같은 시스템에 있어서 하드웨어적인 면은 말할 것도 없고 소프트웨어적인 면에서의 정비도 매우 중요하다. 예를 들어 앞서 언급한 가마이시 해안 방파제의 경우 크게 파손되기는 했지만 어느 정도 성과를 거둔 하드웨어라고 본다면, 초중학교 아동 및 학생에 대한 평소의 방재교육과 같은 소프트웨어가 있었기 때문에 병가로 자택에 있던 몇 명을 제외하고는 희생자를 제로로 억제할 수 있었던 것이다〔같은 시의 방재·위기관리 어드바이저이자 군마(群馬) 대학의 광역수도권방재연구센터장 가타다 토시타카(片田敏孝) 교수(재해사회공학)〕. 그 어떠한 견고한 방재시설도 100%의 방어력을 구비할 수 없기 때문에 아동·학생에게 필요한 빠른 피난을 철저히 교육하고 있었던 것이다. 이와 같은 점을 고려해 볼 때 "사회 안에서 공동체의 동의를 얻을 수 있는 어느 정도 수준까지는 하드웨어(방파제 등)로 재난을 막아내고, 이를 넘어서는 부분은 소프트웨어(재난교육)로 막아낸다고 하는 하드웨어와 소프트웨어의 조합이 필요"하다고 하는 가타다(片田) 교수의 지적은 시사하는 바가 크다〔《아에라(アエラ)》 임시 증보판, 4월 10일호, p.58〕.

이처럼 이번 동일본 대지진을 계기로 다시금 현재의 사회에서 재고를 필요로 하는 부분은 '안전', '안심', '지역'이라고 하는 세 가지 키워드라 하겠다. 그리고 이와 관련된 다양한 '사회적 공공 인프라'의 중요성도 인식할 수 있었다. 그리고 사회의 구성원 한 명 한 명이 '개인'으로서 대처할 때의 무력함을 통감함과 동시에 '공공'의 역할에 대한 기대가 커졌다고 볼 수 있는 것은 아닐까? 다시 말하자면, 지역 행정이나 지역 커뮤니티의 소중함을 재인식하게 되었다는 의견이 많았다.

이와 같은 귀중한 경험을 살려, 새로운 사회 시스템 디자인과 공공 인프라〔사회자본과 같은 하드웨어와, 소셜 캐피탈(사회관계자본)과 같은 소프트웨어의 조합〕의 구축 추진이 강하게 요구된다고 하겠다.

참고문헌

宮川公男(2010),《意思決定論 — 基礎とアプローチ》第3章4節, 中央経済社.

미야가와 다이스케宮川大介
(금융론)

자본 축적을 위한 단호한 결의

1. 이중의 재난

이번 재난으로 도호쿠(東北) 지방을 중심으로 넓은 의미의 '자본'이 상당 부분 손실되었다. 이는 생산설비나 인프라의 파괴에 의한 생산능력에 대한 일차적인 영향을 의미할 뿐만 아니라, (1)담보를 중심으로 한 '유형의 자본'을 기업과 개인이 상실함에 따라 현저한 대출제약을 야기할 것이며,[1] 그리고 (2)장기간에 걸친 금융거래를 통해 축적된 '무형의 관계 특수자본'을 상실함에 따른 금융중개의 기능부전으로 이어진다고 하는 의미에서 2차적인 영향을 주었다고 생각할 수 있다. 이러한 금융의 측면에서 발생한 2차적인 영향은 생산능력의 회복을 목적으로 하는 자본 축적 프로세스에 대해 적절한 설비투자가 '필요한 부분(Intra-temporal)'에 '신속하게(Inter-temporal)' 이행되는 것을 저해한다는 하는 의미에서 자원 배분에 있어서 이중의 '재난'을 초래했다고 볼 수 있다.[2]

---

1 소비에 대한 한신(阪神)대지진의 영향을, 불환비 금융시장의 관점에서 정량적으로 분석한, Sawada and Shimizutani(2008) 참고 — 저자 주.

2 Chari et al.(2005)나 Pratap and Urrutia(2010)가 논리적으로 분석하고 있으며, Fukao et al.(2005), Goto(2010), Amiti and Weinstein(2010), Miyakawa et al.(2011)은 금융 기능의 고저와 기업의 퍼포먼스, R&D 투자, 무역, 설비 투자행동 등에 관해 실증적으로 논증했다 — 저자 주.

2. 정책 개입의 범위

이와 같은 문제에 있어서 개인이 생활을 영위하는 데에 필요한 '유형의 자산·자본'(담보로서 이용 가능한 자산을 포함)을 정부가 어떠한 기준에 기초하여 배분하고, 금융 중개의 기능부전을 긴급히 해소하며, 공공재로서의 자리매김이 강한 인프라의 정비를 공적자금으로 신속하게 진행할 것인가가 기대된다. 그러나 이러한 정책적인 개입은 어디까지나 단기적이며 긴급한 임시방편적인 정책이며 중·장기적으로는 경제원리에 따라 한정적으로 운용될 필요가 있다고 생각된다.

우선 현실적인 문제로서 공공재로서의 색채가 강한 위와 같은 인프라의 정비를 초과하는 범위의 자본 축적에 관한 선택의 문제를 가장 효율적으로 검토할 수 있는 것은 다름 아닌 각 생산 주체이다. 지진의 영향으로 인한 전력부족이나 그 외의 외부 환경 변화를 감안한 생산 거점의 입지나 서플라이 체인(supply-chain)은 재구축하기 위한 검토가 이미 분권적으로 시작되고 있지만, 이와 같은 각 생산 주체의 자율적인 선택을 무시한 형태로 이루어지는 정책적인 개입이 경제 합리성의 관점에서 허용된다고 하는 보증은 없다. 둘째로, 매우 유감스럽게도 그 성격상 금융거래 관계나 기업 간(신용) 거래의 토대가 되는 '무형의 관계 특수자본'의 축적은 오랜 시간을 필요로 한다. 특히 재난의 영향으로 각 경제 주체의 특성이나 외부 환경이 크게 바뀌었기 때문에 단기에 이러한 광의의 자본이 재축적되기를 기대하기란 어려울 것이다.

미증유의 자연재해를 입은 일본 경제가 다시금 적절한 유형·무형의 자본을 축적하여 안정되고 높은 수준의 생활을 폭넓게 회복하기 위해서는, 임시방편적인 정책 개입의 한계를 인정하고, 시간이 걸리더라도 차근차근 경제원리에 기초한 프로세스를 다시금 밟아 나가는 결단이 가장 중요하다고 생각된다.

— 2011년 4월 11일

참고문헌

Amiti, M. and D. E. Weinstein(2009), "Exports and Financial Shocks," *NBER Working Paper*, No.15556.

Chari, V, V., P. J. Kehoe, and E. R. McGrattan(2005), "Sudden Stops and Output Drops," *American Economic Review*, 95. pp.381-387.

Fukao, K., K. Nishimura, Q. Y. Sui, and M. Tomiyama(2005), "Japanese Banks' monitoring activities and the performance of borrower firms: 1981-1996," *International Economics and Economic Policy*, 2, pp.337-362.

Goto, Y.(2010), "Regional Financial Soundness and R&D Activities," *RIETI Discussion Paper Series*, 10-J-052.

Miyakawa, D' T. Inui, and K. Shoji (2011), "Productivity of Banks and its Impact on the Capital Investments of Client Firms," *RIETI Discussion Paper Series*, ll-E-016.

Pratap, S. and C. Urrutia(2010), "Financial Frictions and Total Factor Productivity: Accounting for the Real Effects of Financial Crisis," Working Paper.

Sawada, Y. and S. Shimizutani(2008), "How Do People Cope with Natural Disasters? Evidence from the Great Hanshin- Awaji(Kobe) Earthquake in 1995," *Journal of Money, Credit and Banking*, 40, pp.463-488.

후지모토 다카히로藤本隆宏
(경영학, 기술·생산관리론)

복구에 강한 일본의 '현장의 힘'을 살린 정책을*

1. 재해복구에도 발휘되는 현장의 힘

일본은 미증유의 대재난을 맞아 당분간은 구원·추도·복구·지원·인내의 나날이 계속될 것으로 보인다. 하지만 일본은 재해지역의 생활현장, 복구현장, 산업현장 등에서 질서·상호 협동·대책·실행 등 높은 수준을 보여 주었고, 해외로부터 극한 상황에서 일본의 '현장의 힘'에 대한 경탄하고 칭찬하는 목소리를 많이 접할 수 있었다. 하지만 이와 같은 현장과는 대조적으로 일부 기업과 정부 중추의 실태는 관민 쌍방에 있어서 일본의 '강한 현장과 약한 본부'라고 하는 고질병을 전 세계에 재확인시켜 주고 말았다.

한편 일본에 대한 해외 시민의 온정과 호의는 분명 연민의 수준을 넘어서는 것으로, 필자는 외국인에 대한 국내의 서비스나 해외 지원 현장에 있어서의 오랜 기간에 걸친 '나눔'의 축적이 무형의 자산을 낳았다고

* 이 글은 니혼게이자이신문(日本経済新聞)의 '경제교실'(2011년 3월 29일 간행), 〈일본에 '우수한 현장'을 남기자〉, 《월간 코메이(月刊公明)》(2011.4)를 기본으로 수정 보완한 것이다 —저자 주.

그림 1. 현장의 기본구조

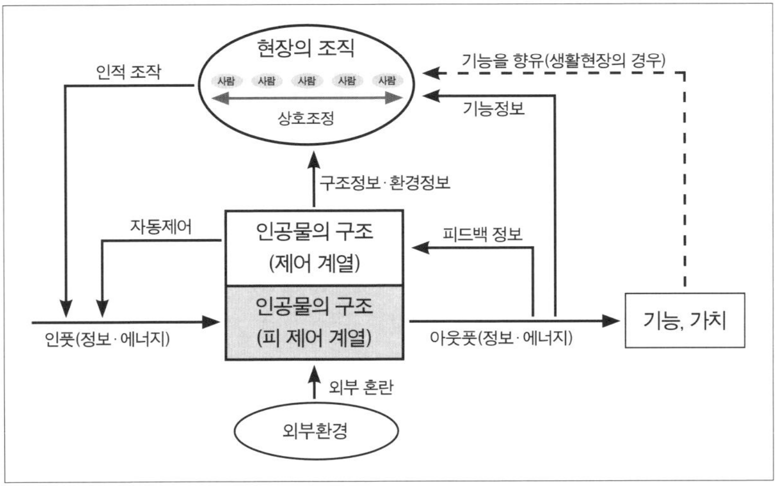

본다. 바로 얼마 전까지 체념처럼 "일본은 세계로부터 잊혀졌다"라는 인식을 급속도로 불식시켰다. 이는 어둠 속의 한 줄기 빛이 아닐 수 없다.

이처럼 지금 일본에는 수많은 '우수한 현장'이 버티고 있다는 인식이 국내외에서 강해지고 있는 것이다. 일반적으로 '현장'이라 함은, 사람들이 인공물(사람이 설계한 개체)을 어떤 환경하에서 조작하여, 기능·경제가치 혹은 인생의 가치를 창출하는 공간 혹은 집단을 가리킨다. 조작하는 인공물이 소비재라면 생활현장이며, 제조설비라면 생산현장, 서비스시설이라면 서비스 현장이 되는 것이다(그림 1).

그중에서도 '생산현장', 예를 들면 공장은 경제학자에게 있어서는 경제의 일부분이지만, 경제학적으로는 하나의 반자립적인 사회적인 의사결정 주체라고 볼 수 있다. 분명히 법적으로 현장은 회사의 방침에 따르는 존재이며, 표준적인 경제학에서도 마찬가지의 개념이다. 또한 실증적인 '제조업 경영학'의 입장에서 보자면 현실에서 사회적 존재인 현장, 특히 우량한 현장은 현장의 존속과 발전을 목표로 조직능력의 구축을 이어 나가야 하기 때문에 반드시 그 기업의 본사와 동일한 목표와 조직능력을 갖는다고는 볼 수 없다.

어느 쪽이든 간에 일본의 우량한 현장은 역사적 경위와 풍토적 영향으로 인해 폭넓고 유연한 역할분담 능력을 갖고 있으며, 상호적인 면을 시야에 넣으면서도 같은 목표를 향하는 협업을 가장 중시한다는 특징을 갖고 있다. 예를 들어 공장은 말하자면 '많은 능력을 겸비한 기술자들 간의 팀워크'인 것이다. 전문성과 분업을 중시하는 이민의 나라인 미국과 대조적인 특성을 갖고 있는 것이다.

이러한 일본의 현장은 보통 '완만히 찾아오는 위기'에는 약하다. 목표가 명확하지 않을 경우 서로에게 미루어 책임소재가 애매하게 된다. 에도시대 말기의 막부(幕府), 2차 세계대전 전의 군부 등〔마루야마 마사오(丸山真男)설〕, 버블 붕괴 후의 정부·금융계 등등을 그 예로 들 수 있을 것이다. 하지만 일본은 '복구'의 국면에는 강하다. 목표가 정해지면 서로를 위한 배려와 폭넓은 분업이 협동효과를 가져오기 때문이다. 지금까지도 전쟁 및 자연재해 후의 재건 속도는 세계를 놀라게 해 왔다. 이번에도 그 '통합형 현장능력'이 발휘된다면, 지금의 일본에 대한 세계의 호의는 곧 세계의 신뢰로 변화할 것이다. 재해지역뿐만 아니라 일본 전체는 바로 지금 그 힘을 발휘해야만 하는 중요한 국면을 맞고 있다.

2. 지방경제·중소기업은 과연 절망적인가?

재해 이전부터 지방경제의 피폐와 쇠퇴를 우려하는 논의가 많이 있었다. 실제 매스컴이나 정치가로부터 "중소기업은 피폐해져 가고 있다", "지방경제는 쇠퇴하고 있다"와 같은 말이 매일 반복해서 흘러나왔다. 그러나 재난은 우선 차치하고 중소기업이나 지방경제의 실태가 그렇게 단순하고도 일방적으로 어둡기만 한 것일까? 필자는 생산관리·기술관리 전문가로서 각 지역의 공장이나 개발현장, 중소기업, 서비스 현장, 농업 현장 등을 평균 주 1회 꼴로 방문하고 있다. 이때의 경험을 바탕으로 말해 보자면 지방경제도 중소기업도 그 명암과 강약을 딱히 일률적인 한 마디로 정의하기 어렵다는 것이다. 아마도 지방의 제조업 현장을 직접 방문해 본 다른 분들도 나와 같은 생각을 갖고 있지 않을까 싶다.

물론 지방이나 중소기업의 평균치를 판단의 기준으로 삼는다면 그다지 큰 동요는 없다고 볼 수 있다. 필자는 도쿄에 살고 있으나 친척의 대부분은 지방에 살고 있다. 그중 하나인 도호쿠(東北)의 어떤 시(市)의 경우 인구가 채 3만 명이 못 되며, 문을 닫은 상점가가 즐비한 수준을 넘어 상점가 자체가 사라지고 있는 실정이다. 친척 중에는 중소 영세기업을 경영하는 사람도 있는데 리먼 쇼크 이후 매우 어려운 국면을 맞고 있다.

그러나, 어찌 보면 당연한 말이겠지만 그렇게 현장을 보면서 느낀 점은 지방도 현장도 각양각색이라는 것이다. 경기가 더 이상 떨어질 곳이 없을 것만 같던 2009년부터 2010년 사이에도 사실 사상 최고 이익과 매출 기록을 경신한 회사가 적잖게 있었다. 또한 회사는 실적 부진이라고는 하지만 생산현장은 기력과 실력을 유지하고 있으며 끊임없이 개선을 통한 생산성 향상을 계속하고 있는 경우도 많았다.

전체적으로 일본의 우수한 제조업 현장은 어려운 경제 상황에 놓여 있기는 하지만 그 기력은 쇠퇴하지 않았다. 예를 들어, 불경기와 엔고로 인해 출하가 절반으로 감소하고, 적자 기반이었던 어떤 작은 자동차 공장은 종업원의 절반을 사외 파견으로 내보내고 남은 사람만으로 지속적인 개선, 설비 자급화, 작업표준 개정 등을 통해 생산라인의 생산성을 연간 10% 정도 향상시킬 수 있었다. "회사는 당분간 적자지만, 정사원 중심 체제로 어디까지 현장의 힘을 길러 나갈 수 있을까라는 것을 시험할 수 있는 좋은 기회이다. 회사는 위기지만, 현장은 기회다"라고 사장과 현장의 리더가 입을 모으고 있었다. 생산라인에서는 작업자도 리더도 운동선수와 같은 움직임, 즉 작업의 불필요함을 절감하고자 노력하고 있다. 일본의 현장은 기력과 실력 모든 부문에 있어서 해이해짐은 없는 것이다.

3. "절대 비밀로 해 주세요"라고 당부하는 중소기업 경영자

지역과 업종에 따라서 실적이 좋은 중소기업도 드물게 존재한다. 예를 들어, 호조를 보이고 있는 대기업이 자리하고 있는 기타간토(北関東)에서 2차 하청업체를 포함한 중소기업 회합 자리에 참석한 적이 있었다. 회합 후 술자리에서 리더 격인 어떤 분은 금융 관계의 실적 부진으로 "더 이상 일본에서는 제조업 따위 할 짓이 아냐"라는 등의 한탄을 늘어놓았고, 함께 있던 다른 사장분들도 "그렇죠, 우리도 힘들어요"라고 입을 모았다. 그렇지만 화장실에서 우연히 마주친 술자리에 있던 어떤 분은 "방금 전에는 그렇게 말했습니다만, 사실은 저희 쪽의 경우 사상 최고 이익을 달성했습니다. 절대 비밀로 해 주세요"라고 귀띔했다.

생각해 보면 이분의 이야기는 당연하다. 높은 실적을 달성한 기업이 "우리는 호황입니다"라고 한다면, 당장에라도 그 고객이 되는 기업이 찾아와 "그렇다면 단가를 낮춰 주세요!"라고 말할 것이 분명하지 않은가. 따라서 호조를 보이는 기업도 대개 입을 꾹 다물고 있는 것이다. 한편 상황이 좋지 않은 기업은 그 어려움을 더욱더 목청껏 호소하고 있는 것이다.

도카이(東海) 지역의 중소기업을 돌아볼 때에도 이와 같은 점을 느낄 수 있었다. 다 죽어 가는 소리를 내는 경영자들의 경우라도, 특히 수출을 통해 리먼 쇼크 직전에 급격하게 실적을 높인 예가 눈에 띈다. 산이 높으면 그 골짜기도 깊은 것처럼 호황의 그늘이 짙게 드리워진 경우라고 할 수 있겠다. 하락폭이 급격할수록 경영자가 소심해지는 것도 무리는 아니지만, 정작 호황기에는 아무런 말도 없지 않는가?

한편, 같은 지역에서 30년 전부터 변함없는 규모로 일을 맡아 자사 설계의 공작기계를 판매하고 있는 수십 명 규모의 회사를 경영하고 있는 한 경영자는 담담하게 불황에 대처하고 있다. 2009년에는 거의 수주가 제로에 가까웠지만 전에 받아 두었던 수주분이 상당히 남아 있었기 때문에 우선 그 일들을 하면서 보냈다. 그리고 이런 일이 있을지도 모른다는 생각에 구 모델 보상 회수 때 모아 두었던 자사의 중고기계를 해체하고 재생하여 저렴한 가격에 판매하여 매출의 구멍을 메웠다. 베테랑 선반공이 가공 라인을 벗어나 기계 해체·재생 작업에 투입되었다. 이는 중소기업이었기에 가능한, 그리고 다양한 능력을 겸비한 기술자가 있었기에 가능한 일이었을 것이다. 고등학생도 고용하여 단괴(団塊, 베이비 부머)세대가 기술을 가르치며 인재를 육성하였다. 이러저러 하는 동안에 2010년에 접어들자 중국으로의 수출이 급증하여 현재 현장에는 작업 중인 제품으로 가득하다. 기술개발자이자 사장인 그는 이번에도 무사히 극복해 냈다고 말했다.

4. 다양한 눈높이에서 보자

나는 언제나 학생과 젊은 연구자에게 다양한 눈높이에서 현상을 보라고 말한다. 예를 들어 지방경제나 중소기업에도 분명히 어려움을 알리는 수치가 많이 있을 것이나 용기를 주는 데이터도 있다. 고도 1.5미터 생활자의 눈높이, 고도 수 미터의 현재를 개선하고자 하는 눈높이, 고도 수십 미터 대기업 사장실의 눈높이, 고도 수백수천 미터의 지역경제를 보는 눈높이, 그리고 고도 수만 미터의 일본 경제를 바라보는 시점의 눈높이 등이 다양하게 존재한다. 같은 현상도 보는 눈높이가 달라지면 다르게 보이는 것이다. 때문에 자신의 눈높이에 함몰되어서는 안 된다. 다양한 눈높이로 균형감 있게 다면적으로 현상을 관찰하지 않으면 과민반응에 빠지기 십상이다. 일본에서 회자되는 많은 말들은 지금까지 과한 자신감과 과한 자신감의 상실에서 비롯하는 반복어들이었다.

이번의 불황도 마찬가지로 기업 실적과 지역경제의 통계 등을 보면 어려움을 나타내는 수치도 많지만, 고도 5미터까지 눈높이를 낮추고 보면 사실 끈질기고 강인하게 진화하고 있는 많은 현장이 존재한다는 사실에 놀라게 될 것이다. 이어 고도 수만 미터의 거시적 통계를 보면, 일본은 지난 40년간 360엔에서 80엔 가깝게까지 파상적인 엔고가 계속되고 있음에도 불구하고 밑바닥을 쳤던 2009년에도 GDP를 차지하는 수출액의 비율은 240엔이었던 1985년과 같은 13.5%를 기록했다. 2010년에는 더더욱 높은 엔고를 기록했음에도 불구하고 무역흑자는 증가하였다. 그 이유는 다양하지만 우선 일본 어딘가의 현장에서는 지금도 수출을 하고 있다는 것이다. 두 말할 것도 없이 경쟁을 통해 사라진 현장도 많으나 끝까지 살아남은 현장도 많다. 필자는 이와 같은 모습이 결코 화려하지는 않으나 정말로 대단한 것이라고 생각한다.

한편 지금의 거대 매스컴은 지방의 어려움만을 강조하려는 경향이 있다. 원래부터 정보를 주무르는 것을 업으로 삼는 것이 매스컴이기 때문에 다소간 사실의 진위를 과장하여 보도하는 경향도 있다. 그것이 그 업계의 속성이기에 어쩔 수 없는 일이지만 말이다.

텔레비전을 보고 있어도, '지방경제 쇠퇴', '중소기업 위기'라고 연호하는 사회자·해설자가 적지 않다. "지방도 중소기업도 건강한 곳은 건강하다"라고 말한다면 분명 "당신이 지방의 곤란함을 알고나 있는가!"라는 항의 전화가 쇄도할 것이다. 지금처럼 "힘들어, 어려워"라고 말하는 한 항의는 없을 테니 무난하다. 정치가들로서도 "여러분은 모두 하나

같이 괴롭기 때문에 제가 여러분 모두를 돕겠습니다!"라고 하는 메시지가 더 전하기 쉬울 것이다.

이러한 복잡한 메커니즘에 의해 "지방경제도 중소기업도 모두 앞날이 막막하다"라고 하는 일방적인 이미지가 조장되기 쉬운 것이다. 그리고 더욱더 곤란한 점은 이러한 보도를 접하고 침울해져 지레 의욕상실에 빠지기 쉬운 쪽은 해당 지방이나 중소기업이 아니라 오히려 대도시권의 대기업 본사 사람들이라는 점이다.

5. 우려되는 대기업 본사의 의욕상실

매스컴이 대기업 간부를 취재하면 또다시 대기업 간부가 신문을 읽는 식의 비관론의 악순환인 것이다. 실제로 일본 기업과 접할 기회가 많은 미국의 지인들도 일본의 일부 대기업 본사가 조직적인 우울상태에 있는 것은 아닌가라고 지적한다. 즉 힘든 상황에 있는 현장은 기력과 실력 면에서 건재한데 반해 오히려 기력이 떨어져 있는 것은 일부 대기업의 경영자나 본사 조직이라고 하는 모순이 나타나고 있는 것이다.

무엇보다 곤란한 것은 엔고·불황·글로벌 경쟁 등 '경고' 메시지가 속출하고 있는 와중에도 묵묵히 개선을 계속하는 일본 국내 현장에 비해, 잔뜩 움츠러든 본사가 주주들에게 단기 손익보고를 두려워한 나머지 장기적이고 전체적인 측면에서의 시점을 잃어버리고 단기의 원가계산 수치만을 참고해서 국내의 현장에 '퇴장(=폐쇄 명령)' 메시지를 내려버리는 사태가 발생한다는 데 있다. 여기서는 상세한 이유는 생략하지만, 해외 거점과 비교해 볼 때 임금은 높지만 생산성은 앞서고 있는 '우수한 국내 현장'이 설령 단기적으로 코스트 대비 손실을 기록하고 있을지라도, 일본에 건실하게 남아 있지 않게 된다면 일본 경제로 보나 기업 자체로 보나 장기적으로는 손실이 될 것이다.

예를 들어 중국에 진출한 A라고 하는 일본 기업의 중국 거점은 근래 몇 년 사이에 임금이 두 배가 인상돼 어려움을 겪고 있지만, 생산성 높은 국내 현장을 온존시켜 둔 경쟁사 B는 국내 거점을 독려해 현지의 생산성을 두 배로 올려 버틸 수 있었다. 그렇지만 국내 공장을 단기적인 상황판단으로 폐쇄한 A사는 중국에서 B사와의 생산성 경쟁에 밀려 또다시 저임금을 찾아 동남아시아로 공장을 이전하고 중국 공장은 거의 비울 수밖에 없게 되었다. 한편, 국내 생산 거점을 잃어버린 A사의 개발 거점도 결국 신제품 개발이 둔화하여 기업 경영 전체에 그늘이 드리우고 말았다. "생산 거점 없이, 실물을 보지 못한 채 설계 및 개발을 지속하는 데에는 역시 한계가 있다"고 기술자들은 말한다. 이런 예가 지금 벌어지고 있는 실제 상황이기도 하다.

이 경우 어디서부터 잘못된 것일까. 단기 코스트에 집착하여 국내의 생산성 높은 공장을 폐쇄한 최초의 판단은 산업적 측면뿐만 아니라 경영적 측면 모두에서 잘못된 것이다. 물론 글로벌 시대에 해외에서 승부할 수 있는 기업은 해외로 진출할 필요가 있다. 그러나 국내의 우수한 현장을 망가뜨리면서까지 저임금에만 의존해 해외 진출을 결정해서는 안 된다. 그렇게 되면 결국 기업 경영 전체에 문제를 야기하고 지역경제에도 큰 손실을 가져오게 된다.

6. 우수한 국내 현장의 보존

다시 말하지만 일본 경제는 이제 '일본 기업의 집합체'라고 말할 수 없으며 오히려 '일본 산업의 집합체'라고 볼 수 있다. 그리고 산업은 곧 '현장의 집합체'이다. 따라서 국가와 지역이라고 하는 단위에 한정된 정책을 입안할 때는 현장을 더욱 중시하는 경제산업 정책이 필요하다고 말하고 싶다. 나는 현장을 직접 눈으로 보고 판단하는 실증경제학자이기 때문에—비록 정책이라는 측면에서는 비전문가이지만—국민경제는 산업의 집합체이며, 산업은 현장의 집합체라고 하는 단순한 경제관을 갖고 있다. 이와 같은 관점에서 국가의 정책에 아직까지도 '현장 중시'라는 생각이 통용되지 않음을 통감한다.

지금(2011년 봄)은 오로지 재난현장의 복구에 관심이 집중되어 있지만 좀 더 장기적인 측면에서 볼 때 일본에 '우수한 제조업 현장'을 남기는 것이 경제사회 부활에 있어서 필수적이다. 넓은 의미에서의 '제조업'은 서비스업인 농업뿐만 아니라 비무역재도 포함한다. 그중에서도 특히 무역재와 관련된 '우수한 현장'을 남기는 것이 '강한 일본의 부활'의 기점이 될 것이다.

무역재에 있어서 우량 현장이라고 하는 것은 대외 코스트 경쟁력(비교우위)을 가진 현장만을 말하는 것이 아니다. 신흥국과 비교해 임금에 있어서 핸디캡을 갖고 있기 때문에 생산비용에서는 열세가 되지만, 생산성에 있어서 해외 거점보다 우위에 있는 국내 거점 역시 '우수한 현장' 중 하나인 것이다. 반대로 일본 기업이 불황이나 엔고에 과민반응하여 국내의 코스트 대비 높은 생산성을 가진 현장을 부주의하게 폐쇄하고 해외 이전을 감행하는 것은 장기적으로 일본 경제에 있어서 손실이며, 기업의 글로벌 경영에 있어서도 큰 실책이 될 것이다. 자연스럽게 우수한 현장이 생산활동으로부터 격리돼 국내 설계 거점도 약화되기 때문이다. 이러 좋지 못한 예가 실제로 나타나고 있는 것이다.

지금 우려스러운 것은 조직적인 우울 상태를 보이고 있는 일부 기업의 본사와 경영자가 자본시장의 압박을 받아 단기적인 손익계산만으로 국내의 '우수한 현장'을 폐쇄하고 있다는 사실이다. 필자가 판단하건대, 지방의 많은 현장은 불황, 엔고, 재난의 역경에도 불구하고 기력과 실력을 잃지 않고 건재하다. 오히려 위기는 경영자의 마음속에 있다고 볼 수 있다.

지금의 세계경제나 국가재정 현황을 볼 때 앞으로 달러 혹은 엔화의 폭락 가능성도 부정할 수 없다. 즉 엔은 1달러 70엔도 150엔도 될 수 있는 것이다. 신흥 개도국의 임금도 해외 현장의 생산성도 수년 단위로 2배, 3배 단위로 움직일 가능성이 있다. 이처럼 불확실성이 만연한 환경 아래서 국내에만 매달린다거나 해외에만 의존하는 것은 좋은 정책이라고 볼 수 없다. 양쪽을 동시에 강화하는 것이 상식이다. 국내의 산업 현장을 해외에 전면 이전하자마자 국가재정 파탄으로 엔화가 폭락할 경우 이를 누가 책임질 것인가.

신흥 개도국의 임금이 높아져 내외 거점의 생산성이 크게 변동하고, 환율이 어디로 튈지 모르는 리스크를 안고 있을 때 국내에만 의존하는 것도 해외에만 의존하는 것도 좋은 경영방침이라고 할 수 없다. 물론 공장을 모두 국내에 남기라는 말은 아니다. 오히려 해외 생산·해외 설계를 강화해야만 하는 기업도 많다. 요점은 장기적이고 전체적인 안목에서 최적의 글로벌 배치가 요구된다는 점이다. 그러나 국내 현장과 해외 현장을 동시에 강화하지 않고서 이러한 목표 달성은 어렵다.

무리해 가면서까지 반드시 거대 공장을 남겨둘 필요는 없다. 일본에 남겨야 할 현장은 가격경쟁력이 떨어지지 않는 강한 공장, 혹은 가격경쟁에서 열세를 보일지라도 생산성·품질·속도 측면에서 뒤떨어지지 않는 공장, 개선의 핵심이 되는 진화하는 공장, 개발 부서를 떠받치는 공장 등을 들 수 있다. 이러한 현장을 무리 없이 남겨 놓게 된다면, 만일 엔화가 폭락했을 때 이들 공장은 일제히 수출 거점으로 변해 일본 국민의 고용과 생활을 지키는 최후의 보루가 될 것이다.

7. 법인세제를 통한 현장 발상

글로벌 시대에 국내에 우수한 현장을 온존시키는 것은 이제 국가의 경제 안전 보장에 있어서 중요한 사항이다. 최근의 국가 정책도 '현장 중시'를 강조하기 시작했다. 그러나 예산이나 구체적인 지원이 미약해서 말뿐인 느낌이 없지 않다. 따라서 실체가 있는 현장을 중시하는 정책이 지금이야말로 필요할 때다.

예를 들자면 법인세율의 인하라는 정책을 들 수 있다. 필자도 일본의 법인세율이 높다고 생각하지만 기력이 떨어진 본사에 감세를 해 주어 봤자 내부 유보나 배당이 늘어날 뿐이 아닐까 걱정스럽다. 오히려 법인세율의 인하로 남는 자금을 가지고 국내 공장을 해외로 이전해 버린다면 이는 국민 세금의 바른 사용방법이라고 볼 수 없다. 필자는 재정에 있어서는 문외한이지만, 일본의 현장과 고용을 유지하는 기업이야말로 국내자본, 국외자본을 막론하고 법인세율을 인하해 주는 것이 도리라고 생각한다. 예를 들어 소득세의 원천징수액을 기준으로, 정규직을 중심으로 종업원이 소득세를 제대로 납부하고 있는 기업·사무소에 법인세율을 집중적으로 인하해 주면 어떨까. 복잡하다고 전문가들은 난색을 표하지만 '우수한 현장을 국내에 남긴다'는 측면에서 이치에 맞아떨어진다. 일본의 세금은 일본의 고용을 위해 사용되는 것이 도리이다. 이어서 이러한 주장을 좀 더 상세하게 설명해 보고자 한다.

거시경제론에서는 기업·산업을 위로부터 조망하지만, 현장론은 산업과 기업을 아래에서 위로 올려본다. 현장론의 시점에서 보면 기업이란 '하나의 자본 혹은 법인의 지배하에 있는 현장의 집합'으로, 지금은 국경도 업종도 자유롭게 넘나든다. 한편, 국내 산업은 '동일 지역(국가)에서 동종의 설계 정보를 낳는 현장의 집합'으로, 이는 말할 것도 없이 국경을 초월할 수 없다.

이처럼 일본 주민의 생활수준과 생활환경에 직접적인 영향을 주는 것은 분명히 산업 혹은 현장이지만, 그것이 반드시 기업이라고 할 수는 없는 것이다. 산업이 고용을 낳고 고용이 소득을 낳는 것이다.

원래부터 법인세는 법인인 기업이 지불한다. 원천 자원은 세액 공제 전의 이익이다. 따라서 법인세율이 낮아질 때 기업의 본사는 일본에 남아 있기 쉬워질지도 모른다. 그러나 이것이 현장을 국내에 남기는 것으로 이어질 것인가? 일부 기업은 법인세율 인하 혜택을 받고는 "남는 돈으로 해외 공장을 세워야지"라는 정책 판단을 하게 되는 것은 아닐까? 이렇게 된다면 일본 산업에 공헌이 적은 기업에 일본 국민의 세금 혜택을 주는 꼴이 되어 버린다.

물론 필자는 국수주의자가 아니며 기업의 글로벌화는 필연적인 것으로 보고 있다. 그리고 그것을 멈추게 하고자 할 의향도 없다. 그러나 해외의 산업·고용에 공헌하는 기업은, 그 외국 정부 및 지방자치단체로부터 세제 혜택을 받아야 한다. 지금까지 그렇게 해 왔던 것이 사실이기도 하지 않은가. 마쓰시타 고노스케(松下幸之助)는 "산업을 통해 공헌하자"라고 말한 바 있다. 국내 산업에 공헌하는 기업에게 법인세 감면을 집중시키는 것이 세제 정책의 바람직한 방향일 것이다. '그런 것들은 시장에 맡겨두라'라는 목소리도 분명히 있다. 필자도 기본적으로는 이와 동일한 입장이며 결코 보호무역주의자가 아니다. 하지만 시장에 맡겨두는 것과 경영자에게 맡겨두는 것은 차원이 다른 문제이다.

8. 국내 산업을 소중히 여기는 기업을 우대해야

이미 서술한 바와 같이, 예를 들어 일본과 중국 양국에 생산 거점을 갖고 있으며, 주주로부터 단기이익의 압박을 받는 다국적기업의 경영자와 같은 경우 성급하게 현장을 이전하고자 하는 유혹이 항상 존재할 것이다. 단기 코스트 데이터가 '너무나도 눈에 띄는' 것이다. 한편 일본 기업이 한국 기업과 경쟁할 때 당장은 일본 기업이 열세일지 모르나, 간단히 포기하지 말고 능력을 구축함으로서 경쟁을 계속해야 한다. 국내 현장을 쉽게 포기하지 않는 것이 지금의 국제 경쟁인 것이다.

제품시장은 대개 원래부터가 기업과 현장에 너그럽고 집행유예기간이 길다. 예를 들어 제너럴 모터스(GM) 사에서는 30년간 능력 재구축을 위한 유예기간이 있었다. 그 사이 쉐어는 계속 축소되었지만 회사는 살아남았다. 시장 도태는 예상 외로 너그럽다고 보는 것이 일종의 진화경제학자적인 관점이다.

현장은 현장 나름대로 능력 구축과 생산성과 품질을 향상시키고자 노력하고 있다. 예를 들어 최근 5년간 생산성을 5배로 향상시키고, 중국에 위치한 같은 회사 거점의 코스트 경쟁력을 따라잡은 회로 기판 표면의 실장(実装) 라인이 있다. 불황으로 인해 가동률이 50%까지 떨어지면서도 조립 라인의 생산성을 더욱더 향상시킨 국내 자동차 공장도 있다. 환율도 임금도 생산성도 몇 년 사이에 크게 요동치고 있다. 중국의 임금은 최근 5년간 2배로 급등하여 이제 단순한 저임금 국가라고 볼 수 없다. 이러한 불확실성이 높은 상황하에 단기 코스트 계산만으로 성급하게 국내 공장을 폐쇄하는 것은 회사 전체를 두고 볼 때 리스크가 높다. 회사 레벨의 단기 이익변동과 현장 레벨에서의 장기적인 능력 구축의 움직임이 반드시 일치하지 않는 것이다.

즉 시장에 의한 외부 도태 요구에는 따르지만, 경영자는 시장이 허용하는 유예기간 안에 현장의 능력 구축을 위해 최대한 노력해야 한다. 또한 기업의 이와 같은 시도를 촉진시킬 수 있는 세제 혜택을 강구해야만 한다. 그렇지 않으면 시장의 외부 도태를 기다리지 않고 단기 지향의 경영자에 의해 국내 시장의 과도한 내부 도태가 생길 수밖에 없다.

이러한 상황에 있어서 부가가치 전체의 기업의 재정 공헌, 즉 현장에서 발생하는 소득세·법인세·소비세의 합계라고 하는 공헌 금액에 대해 중립적으로 법인세율을 감면할 수는 없는 것인가 하는 것이 나의 의견이다. 즉 국내에 우수한 현장을 남기는 기업, 그중에서도 현장에서 안정적인 고용·고임금·고생산성 노선을 채택하여 고가격의 제품을 대량생산·판매하고, 이를 통해 소득세 및 소비세에 공헌하는 큰 현장을 소유한 기업은 더욱 크게 법인세 감면을 받아 마땅하다. 하지만 국내에는 남아 있으나 생산성보다 단기간 비정규직 종업원을 고용해 상대적으로 저임금에 의지하는 현장(기업)은 소득세 공헌이 낮은 만큼 법인세 감면도 한정적으로 적용해야 한다.

해외에 거점을 이전하여 국내의 고용이나 고용소득을 축소하는 다국적 기업은 현장을 둔 해외 정부로부터 세제 혜택을 받는 것이 도리일 것이다. 이들 기업의 국내 법인세율 감면 순위는 낮아지는 것이 정상일 것이다. 어쨌든간에 법인세율의 일괄 인하에 대해 당장 일본 기업이 기뻐할지 모르나, 일본의 현장·산업·경제의 장래를 생각할 때 적합한 복구정책이라고 하기 어렵다.

이처럼 소득세·법인세·소비세의 합계금액에 대한 중립적인 세제 혜택을 강구한다면 일본의 현장에 부가가치를 남긴다는 의미에 있어서도 경제진흥책이 될 것이며, 또한 법인세율 감면과 국가 수입 확보의 양립이라는 측면에 있어서도 모순되지 않는 시스템이 될 것이다.

9. 현장을 포괄하는 지구온난화 정책

일본 정부가 조건부로 약속한 'CO_2 등 25% 삭감안'에 관한 부분도 마찬가지다. 지금처럼 '국내 발생주의'만을 고집한 정책은 기업과 현장의 의욕을 불러일으키지 못한다는 한계를 갖고 있다. 지구온난화는 복잡한 글로벌 현상이다. 무리해서 국내 발생량만을 기준으로 일원화한다면 탄소배출권 거래 등이 번잡해지게 된다. 일본의 현장은 어려운 실정 속에서도 단순 명쾌한 목표에 대해서는 "까짓 것, 해내면 되지 뭐"라고 반응하기 마련이다. 이 시점에서 필자는 현재의 국내 발생기준(25% 삭감)에 더해 국내 생산기준과 국내 설계기준을 추가하여 세 가지를 병기한 지구온난화 목표를 책정하고 실시할 것을 제안한다. 만일 다른 나라에서 "이는 수출 촉진을 위한 것으로, 이처럼 이기적이고 제 멋대로인 목표가 어디 있나?"라고 이의을 제기한다면, "제멋대로인 것은 서로 매한가지가 아닌가?"라고 맞받아치면 그만이다. 지구온난화 방지는 일본 현장이 세계를 위해 공헌하는 바른 길일 것이다. 이와 같은 복수의 기준을 적용한다면 일본의 현장도 이견이 없을 것이다. 예를 들어 중국에 고효율 발전소를 수출한다면, 중국의 CO_2 발생 감소에 대한 공헌과 함께 일본의 설계·생산이라고 하는 공헌을 더블 카운트하면 되는 것이다.

어차피 지금 필요한 것은 '현장'을 아군으로 삼는 지구온난화 대책이라고 생각한다. 필자는 지구온난화 문제에 관해서는 문외한이지만, 굳이 말하자면 지금의 지구온난화 논의에 결여되어 있는 것은 바로 '현장으로부터의 시점'이 아닌가 하고 생각한다. 이때의 '현장'이라고 하는 것은 앞서 언급한 바와 같이 사람이나 집단이 인공물을 제작하여 부가가치를 발생시키는 장소와 집단을 가리킨다. 부가가치를 낳는 것도 CO_2를 발생시키는 것도 그 주역은 '현장'인 것이다.

원래부터 '우수한 설계와 우수한 물류'를 중시하는 전후 일본의 우수한 제조업 현장의 사상은 CO_2 삭감과 궁합이 맞는다. 능력을 겸비한 다수의 기술자들이 팀워크를 이뤄 '우수한 설계'와 '우수한 물류'를 만드는 우수한 현장에서 생산비를 경감하는 개선 활동과 설계 정보별 물질·에너지 소비량을 경감시키려는 개선의 노력은 모순되지 않는다.

도요타 방식을 그 전형적인 모델로 하는 전후 일본의 제조업 사상은 '우수한 설계'를 '우수한 물류'를 통해 고객에게 연결시켜 낭비(설계 정보의 지체)를 줄이고, 순작업시간(설계 정보의 흐름)을 늘리는 지속적인 개선을 통해 경쟁우위를 얻어 왔다. 부가가치는 대체로 설계 정보에 달렸다고 생각하여 낭비를 줄인 순작업시간을 최대화하였다. 이를 통해 속도, 생산성, 품질을 동시에 개선해 왔다. 이와 같은 일본형 현장의 개념을 좀 더 자세히 들여다보면, '시장에 따라 설계 정보의 흐름을 최적화하고, 에너지·물질의 흐름을 최소화하는 생산방식'이야말로 일본형 제조업의 숨겨진 이념이라는 것을 알 수 있다.

본래 이러한 CO_2 삭감과 상생을 실현시키기 위해서는 우수한 현장집단이 "까짓 것, 해내면 되지 뭐"라고 분발할 수 있는 목표와 시스템을 갖추는 것, 일본 안에서 산·관·학이 연계를 통해 체계화하고 이를 발신해 나가는 것이 일본 스타일 환경정책이 될 것이라고 필자는 생각한다.

10. 지구온난화를 둘러싼 현장·기업·생활자의 합의

그러나 '기업' 대 '생활자'라고 하는 이항 대립에 집착하면 문제가 해결되지 않는다. 25% 삭감 공약과 함께 기업에게 생산비의 상승을 강요한다면 국경을 초월하여 전개하고 있는 대기업의 현장은 해외로 도망가 버리고 만다. 그리고 생활자에게 단순히 생활비 상승을 떠넘긴다고 해도 그들이 따를 리 만무하다. 기업과 생활자 사이에서 비난과 부담을 떠넘기기를 강요해 보았자 남는 것은 아무것도 없다.

그러나 여기에 '현장'이라는 제3의 축을 추가함으로써 이 관계는 안정된다. 많은 제조업 현장이 온실가스 삭감, 생산성의 향상, 리드 타임의 단축에 모두 공헌하면서 국내에 머문다면, 이는 동시에 생활자에게 고용기회와 삶의 가치를, 그리고 기업에게는 이윤과 성장을 가져다줄 것이다. 기업은 현장을 존속시키고 생활자는 현장인으로서 현장에 지혜를 남긴다. 그리하여 지구온난화 대책은 안정적인 사회기반을 획득하게 되는 것이다.

그렇지 않아도 불황에 어려움을 겪고 있는 지금의 현장에 CO_2 삭감의 여유가 있을 리 있겠느냐라는 반론도 있을 것이다. 하지만 정부·기업·현장 사이에 '온난화 대책과 경쟁력 향상을 통해 세계를 리드할 수 있는 현장을 일본에 남길 수 있다'라고 하는 합의나 희망을 얻을 수 있다면 현장은 진심으로 문제해결을 위해 달려들 것이다.

일본 기업은 일본을 탈출하는 것이 가능하지만 일본의 현장은 어디로도 도망갈 곳이 없다. 따라서 지구환경에 공헌하는 것이 생존에 필수적인 것이라는 것을 인식하게 된다면 현장은 배수진의 결의로 개선에 힘쓸 것이다. 나머지는 경영 압박에 시달린 경영자가 부주의하게 일본 현장을 없애지 않도록 유도해야 하는데, 다음과 같은 산업정책이 기대된다.

즉 지구환경이라는 측면에서도 경쟁적이라는 측면에서도 강점을 갖고 있는 일본의 현장이 설령 비교열세(해외와 비교해 임금 및 코스트의 열세)에 있을지라도 절대우위(임금 핸디캡 이전의 생산성 우위)를 갖는다고 한다면 어떤 대책을 마련하는가에 따라서 이와 같은 현장을 국내 전용 공장, 개발 공장, 마더 공장 등등의 형태로 존속시킬 수 있을 것이다. 그들은 스스로 일본의 CO_2 삭감에 공헌하면서도 제조업의 지식을 이전하는 것을 통해 해외 공장과 국내 중소기업의 경쟁력 향상에 공헌할 것이다. 이러한 일본의 현장이 초조한 일본의 경영자에 의해 차례차례로 폐쇄된다면, 이는 일본 주민의 생활수준에 있어서도 지구온난화에 있어서도 돌이킬 수 없는 마이너스 효과를 가져올 수밖에 없다. 이러한 악순환은 끊어야 할 필요가 있다. 경영자나 정책 결정자가 생산성과 환경대책을 통해 절대우위를 가진 현장 집단을 장기적으로 유지·진화시킬 수 있는 방향으로 나아가도록 유도하는 산업정책을 산·관·학이 모두 힘을 모아 고안해야 할 것이다.

현재의 일본 경제·산업은 일본 기업의 집합이 아닌 일본 현장의 집합이다. 일본인의 생활수준을 직접 떠받치고 있는 것은 기업보다 오히려 현장이다. 따라서 우수한 현장 기업과 생활자가 서로 협력하여 진력을 다하고, 여기에 우수한 환경을 접목시킨 삼위일체의 지구온난화 대책이 아니라면 오래 지속되지 못할 것이다.

11. 복선적인 CO_2 삭감 목표를 세우자

이와 같은 관점에서 국제연합(UN)을 무대로 하는 국제 합의의 과정을 보면, 무리한 통합 노력이 오히려 구조를 복잡하게 하는 것처럼 보인다. 예를 들어 현재 유력한 '캡 앤드 트레이드(cap-and-trade)'[1] 방식은 국가·산업·기업에 국내배출할당(Cap), 국제 공헌도의 포인트제를 통한 보상과 미달할 경우 페널티를 돈으로 해결하는 배출권 거래(Trade) 등을 조합한 복잡한 구조를 가지고 있다. 각국의 협상에 의해 생겨난 교묘한 경제적 장치라고 볼 수 있지만 국제 합의는 쉽지 않다.

필자가 현장의 시점에서 굳이 말하자면 돈으로 해결하고자 하는 '캡 앤드 트레이드' 방식은 도리에 맞지 않는다고 생각한다. 국내 배출량의 추정은 CO_2 계수에 따른 대략의 계산으로 이루어진다. 나름대로 합리적인 추정 방법이기는 하나 이를 통해 기업별 배출량 목표를 합리적으로 산출해 내기는 어려울 것이다. 배출량의 측정단위와 관리단위가 일치하지 않는 것으로 보인다. 자의적인 국내배출할당(Cap) 위에서 정밀한 트레이드를 한다고 쳐도 어차피 그 근본이 되는 토대가 불안정하기 때문에 국가도 기업도 진정성을 갖고 움직일 리 없다.

---

1 cap-and-trade: 배출권 거래제. 생태계 보호를 위한 일종의 인센티브 프로그램.

현장의 시점에서 보더라도 CO_2의 목표 미달성분을 '돈으로 해결하자'는 것은 애초부터 이치에 맞지 않는다. 실제로 누가 CO_2 배출을 줄였는가를 알기 어렵다. 이래서는 현장도 움직이지 않는다. 국내 CO_2의 과다 발생분은 세계의 CO_2 발생량 삭감에 대한 공헌으로 보상하는 방식이 심플하고 이해하기 쉬우며 현장도 따라가기 쉽다. 현장은 단순한 목표라면 어떠한 어려운 문제라도 도전하고, 그것을 상당한 승률로 돌파하기 마련이다. 현장을 아군으로 삼고 싶다면 더욱 단순한 목표를 세워야만 한다. 그리고 일원화가 어렵다면 여러 개의 단순한 삭감 목표를 나열하면 된다.

예를 들어 (1) '국제 발생 베이스'(25%) 일변도로 나아갈 때 기업이 따라가지 않는다면, 그리고 거기에 더해 (2) '국내 생산 베이스'(CO_2 삭감 기기의 수출을 카운트)와 (3) '국내 설계 베이스'(CO_2 삭감 기기의 수출·해외 생산을 카운트)를 추가하면 어떨까? 가령 이를 모두 달성하는 것이 어렵다고 하더라도 '(1)은 미완성이지만, (2)와 (3)은 클리어 했다'고 한다면 지구환경과 국제정치 측면에서 큰 의의가 있을 것이다.

수출 공헌, 기술 공헌을 측정하는 것이 가능하다면, 기업 입장에 있어서도 이야기가 달라진다. 이를 통해 경영자가 우수한 현장을 일본에 남긴다고 한다면 현장은 분발할 것이다. 이제까지 일본의 우수한 현장은 하고자 마음만 먹으면 어떠한 어려운 문제라도 해결해 왔다.

일반적인 이용에 있어서 환경 제약이 심한 인공물의 설계·생산은 '타협형 아키텍처'가 되기 쉬운데, 이는 전후 일본 사업의 경쟁 우위 사업이었다. CO_2 삭감은 발생 베이스 측면에서는 일본에 불리하나 생산 베이스, 설계 베이스라는 측면에서는 오히려 경쟁우위를 가진다.

결론적으로 일본의 주민, 기업, 현장이 기꺼이 따라올 든든한 지구환경 대책이 필요하다. 여기에는 일본의 현장, 특히 생산·설계 현장을 아군으로 하는 정책이 필요한 것이다.

운 좋게도 지금 다른 나라들은 일본의 'CO_2 25% 삭감'에 박수를 보내고는 있으나 이후의 추이를 주시하고 있는 실정이다. 따라서 일본이 의견을 내고자 한다면 지금이 기회라고 본다. 예를 들어 '국내 배출량의 25% 삭감' 이외의 복선적인 공헌책을 어떻게 실행할 것인가에 대해 지금 일본이라면 리드할 수 있는지도 모른다. 바꿔 말하자면 '먼저 말한 사람이 임자'인 것이다.

즉 지구온난화의 대의명분을 기치로 내걸면서도 목표 자체는 우선 기선을 잡은 일본이 '멋대로 정의'한다는 데에 있다. '제멋대로다'라고 해외에 말한다면, 그 시점에서 교섭을 시작하면 된다. 제멋대로인 것은 서로 매한가지인 것이다. 이러한 복선적인 목표를 둘러싼 교섭의 결과로 각국의 대책을 한 걸음 더 이끌어 낸다고 한다면 단일 목표를 둘러싼 현재의 교착상태보다는 훨씬 바람직하지 않을까라고 필자는 생각한다.

이처럼 온실가스 삭감에 관한 공약이 반드시 하나일 필요는 없다. 현재 의논되고 있는 복잡한 국내발생량기준 이외에도 더 심플한 것을 복수로 제시하여 '어느 하나라도 반드시 달성'한다는 방식도 존재한다.

전 세계를 하나의 정의에 기초한 삭감률로 묶으려고 한다면, 아마도 그 어떤 것도 해결할 수 없을 것이다. 무리하게 기준을 일원화하는 것은 오히려 사태를 복잡하게 만든다. 물론 침묵은 반칙이겠지만 각각의 나라들이 무언가 자신들이 장점을 가진 수치를 목표로 삼아 약속하면 좋을 것이다. 예를 들어 중국·인도 등의 경우 GDP당 배출량을 삭감한다는 목표도 좋을 것이다. 각국은 최소한 하나의 목표를 세우고 이를 약속하는 것만으로도 의의가 있다고 본다.

복수의 기준을 활용한 2개국 간 연계도 있을 수 있다. 예를 들어 중국에 최대 배출국의 책임을 부과하면서도, 이를 기술적으로 원조하는 일본의 공로도 카운트하는 것이다. 앞서 기술한 바와 같이 더블 카운트도 가능하다. 일본도 복수 기준 중에서 각국의 상황에 맞는 기준을 제안하는 것이다. 통일된 기준으로 목표를 강요한다면 그 어떤 것도 결정되지 않는다. 따라서 일원화가 사태를 복잡하게 만드는 것을 막기 위해 복수의 기준을 상호 도입하는 것이 필요하다. 각국이 진지하게 적어도 하나의 목표만이라도 약속하는 것, 그것이 지구와 지구 주민에게 더 나은 선택이 될 것이다.

일본의 현장을 아군으로 삼아 "생산성 향상과 CO_2 삭감이라는 두 마리의 토끼를 잡을 수 있는 현장을 일본에 남기자"라는 기업과 현장의 사회적 협약과 신뢰를 우선 재확인한다. 그리고 이를 통해 상호 안심하고 스스로의 자존감와 능력으로 세계의 CO_2 삭감을 선도한다는 새로운 미션을 부여한다. 이 방법은 일본의 현장을 재생하고 산업을 재생하는 역할로 자연스럽게 이어지지 않을까 한다.

후쿠시마(福島) 원자력발전소 사고 후 원자력발전 의존에 대한 한계를 느낀 정부가 지구온난화 가스 25% 삭감 조건을 재검토한다고 보도를 내보냈다. 필자은 이를 계기로 민간의 현장을 아군 삼아 복선방식의 지구온난화 대책으로 선회해야만 한다고 생각한다.

12. 지역 현장의 능력 향상을 산업계 전반에 횡단적으로 실시

제조업 현장의 인재 육성을 위한 국가의 움직임은 둔하다. 필자는 일본 내 다수의 현장에서 노동시간을 차지하는 부가가치 발생시간(순수 작업시간)의 비율은 10% 이하라고 본다. 따라서 이론적으로도 현실적으로도 현장의 물적 생산성을 2배, 3배로 높이는 것이 아직도 가능하다고 본다. 그리고 이를 위한 개선 지도가 가능한 사람들은 오랜 기간 동안 무역재의 현장에서 분투를 거듭해 온 베테랑층들이다.

예를 들어 산업을 초월한 '제조업의 기술' 공유를 통해 지역의 강한 현장을 만들고 인재 양성의 가교 역할을 수행할 수 있는 층은 '제조업의 교관들'이며, 그 주역은 단카이(団塊世代, 베이비 부머) 세대를 중심으로 하는 베테랑들이다. 전국의 교관 양성을 위한 '사범학교'를 만들고, 일단 현장을 퇴역한 그들을 다시 등판하도록 하여 제조업 및 비제조업 등의 산업을 막론하고 지역 전체 현장의 생산성 향상을 추진하는 것이다. 이 구상은 이미 도쿄대학에서 수년간에 걸친 실증 실험을 실시했으며, 현재 약 70명의 도쿄대학 출신 교관이 전국에서 활약하고 있다. 이에 관한 수요와 공급은 확인을 이미 마친 상태로, 현재 군마(群馬) 현과 시가(滋賀) 현의 야스(野洲) 시가 순조롭게 지역학교를 전개하고 있다. 이는 지역에 우수한 현장을 남기는 것을 전제로 하는 시도이다. 예산 수십억 엔 정도만 있다면 전국에서 실시하는 것이 가능할 것이라고 본다.

현장 개선을 위한 인재육성을 통해 산업 부문을 넘어 비제조업을 포함하는 지역 전체의 현장과 경영의 힘을 향상시키는 것이야말로 지방의 산업정책이나 국가의 중소기업 정책의 근간이 되어야 한다. 물론 열악한 기업과 실업자의 구제도 필요하다. 하지만 이는 사회정책이지 산업정책이라고 할 수 없다.

그런데 제조업의 인재육성을 위한 국가예산은 과거 5년간 거의 전멸하다시피 해 총액이 1억 엔도 못 되는 실정이다. 한편 이 정책의 유효성을 감지한 이웃나라 한국 정부는 일본을 훨씬 상회하는 예산 규모로 지원을 시작하였다. 일본 정부의 의사결정 속도가 뒤처지고 있다. 정부 부처 간 정보 공유의 결여는 제조업 현장강화정책 수행을 지연시키고 있는 것이다.

커다란 안건에 한해 각 부서별 횡단적인 프로젝트 팀을 구성하여 매트릭스 조직 체제로 움직이는 것이 기동적인 정책 입안·실행에 효과적이다. 이 사실은 일본 내 민간과 영국 등 해외 정부의 예, 그리고 일부 지방자치단체의 예에서 실증적인 실험을 통해 이미 검증이 완료된 상태이다. 열의에 찬 우수한 관료가 많이 모여 있는 일본의 중앙 관청에서 이것이 불가능하다는 것을 필자는 오래전부터 의아해 해왔다. 즉 일본 정부의 조직 능력이 문제시되고 있는 것이다.

13. '제조업의 기술' 이전을 통한 농업 현장의 강화

농업 부문도 일정 정도의 시장 개방은 필수불가결한 요소라고 생각되지만, 강한 농업 현장의 구축이 대전제로서 깔려 있을 때의 이야기이며, 농수산청도 그와 같은 방침을 따르고 있다. 따라서 농업 현장에 '제조업의 능력'을 주입할 필요가 있다. 즉 시장에 적합한 '우수한 물류' 시스템을 우선 만들고, 거기서부터 거꾸로 계산하여 '우수한 포장, 우수한 마을 만들기'를 설계하는 것이 기본이 될 것이다. 그 성공 예도 다수 존재한다. 이와 같은 과정의 결과로서 규모를 확대한다면 좋겠지만, 경영 능력이 약한 농협(農協)을 기술자적인 농민이 따르는 패턴을 확대 적용했을 뿐인 대규모 영농은 오히려 위험하지 않을까 한다. 규모 확대는 '우수한 물류'의 결과일 뿐 목표가 아니다. 어찌되었든 정부나 사업계가 '강한 농업 현장 만들기'에 전력을 다해 지원하겠는 명확한 의사표명이 없는 한 개방인가 쇄국인가라는 논쟁은 무의미하다.

14. '3위 추락'은 본질이 아니다

마지막으로 재해에 가려 거의 논의되지 않았으나 2011년 초 화제가 되었던 일본의 GDP가 중국에 추월당했다는 소식에 관해 간단히 언급해 두고자 한다. 필자는 실증경제학자로서 경제정책은 초심자이나 소박한 현장의 시점으로 일본의 산업경제를 생각해 보고자 한다. 앞서 언급한 바와 같이 "국민 경제는 산업의 모임이며 산업은 현장의 모임이다"라는 현장 기점의 경제론이 그 배경에 있다.

일본의 GDP가 제3위로 전락했다고 하지만, 그 국제 정치적인 의미는 차치하고 경제적으로 중국의 1인당 GDP가 일본의 약 10분의 1에 도달했을 뿐이다. 중국 인민이 풍요로워지는 것은 반길 일이다. 일본의 고성능 제품이 중국에서 팔릴 수 있는 기회가 늘어나게 되는 등, 적어도 경제·경영적인 측면에 있어서 비극적인 이야기가 결코 아니다.

원래부터 일본은 패권 국가가 아니기 때문에, 일본 주민의 생활을 풍요롭게 하는 것이 국민경제의 제1목표이다. 이는 (1)높은 수준의 1인당 GDP를 확보하고, (2)그 소득 수준을 최대다수(가능하다면 모두에게)의 풍요로운 인생으로 연결하는 것, 이 두 가지 목표로 집약할 수 있다. 진정한 문제는 (1)과 (2)의 항목이 불충분한 것이다. 국가의 GDP 순위는 결과에 지나지 않는다.

1인당 높은 소득을 유지하기 위해서는 현장의 생산성을 무리가 가지 않는 한도에서 높이고, 노동 참가율을 적정 수준으로 유지시키고, 또한 비자발적 실업자가 나오지 않도록 유효수요를 확보해야 한다. 단기적으로는 유효수요가 중요하지만 장기적으로 가면 현장의 높은 생산성을 달성하지 않고서는 높은 생활수준과 낮은 실업률을 양립하는 것이 불가능해진다. GDP가 세계 3위든 4위든 관계없으나 우리의 목표가 '높은 생활수준과 낮은 실업률의 양립'에 있는 한 일본에 생산성과 생산성 개선 능력이 높은 진화하는 '우수한 현장'을 남겨둘 필요가 있다.

그런데 이때, 외수 의존인가 내수 의존인가는 부차적인 문제이다. 지출 의지가 있는 유효수요가 있는 한 소비자는 내외를 가리지 않기 때문이다. 앞에서도 언급했으나 일본의 2009년도 수출액이 GDP에서 차지하는 비율은 13.5%였으나 사실 엔화가 1달러당 240엔이었던 1985년도에도 역시 13.5%였다. 그 사이 높아진 엔화 가치를 고려해 볼 때, 일본의 무역재 현장이 전체적으로 얼마나 강해졌는가를 알 수 있다. 1달러 80엔 가까운 지금도 일본 어딘가의 현장에서는 무역흑자를 유지하고 있는 것이다.

'무역수지에서 소득수지로의 전환'이라고 하는 논의도 있는 듯 싶으나, 영국과 미국이 그렇다고 해서 일본도 반드시 그렇다고 단정할 수 없다. 영미처럼 강한 금융업이 있을 때 비로소 '무역수지보다 소득수지를 통해 수입을 얻게 되는 성숙한 채권국으로의 전환'이라고 하는 논의가 가능하게 되지만, 영미라고 해서 그 전제조건이 동일하다고는 보이지 않는다. 소득수지도 중요하지만 일본은 당분간 '무역 입국'이라는 간판은 내걸 수 없을 것으로 보인다.

15. 우수한 현장 없이는 복구도 성장도 없다

이상의 내용을 종합해 보면, 국가 정책에 관한 논의에 있어서 '현장론'의 발상이 약한 것이 걱정이다. 요 근래 10년 정도 국가의 정책 논의는 '기업의 자유인가 생활자의 안정인가'라는 2항 대립의 구조로 전개되어 왔다. 하지만 여기에 '현장 중시'라고 하는 제3의 축을 넣지 않으면, 실제의 정책은 '기업인가, 생활인가'라고 하는 대립 축을 중심으로 우왕좌왕할 뿐 안정을 위한 해법을 찾기는 어렵게 된다. 예를 들어 생활자가 기업에 '처우 개선을 해 달라'고 한다면 기업은 '그렇게 요구한다면 국내 현장을 폐쇄하고 해외로 나가버리겠다'고 할 수 있는 것이다. 여기에는 현장의 입장에서 갖는 발상이 결여되어 있는 것이다.

물론 불황으로 궁지에 몰린 기업·생업·생활자의 구제는 두 말할 것도 없이 필수적이지만, 이것만으로는 장기적인 지역복구정책·경제성장 전략으로 이어 나갈 수 없다. 곤란에 처한 사람을 도와주는 사회정책은 필수적이지만 언젠가 지쳐 버리고 말 것이기 때문이다.

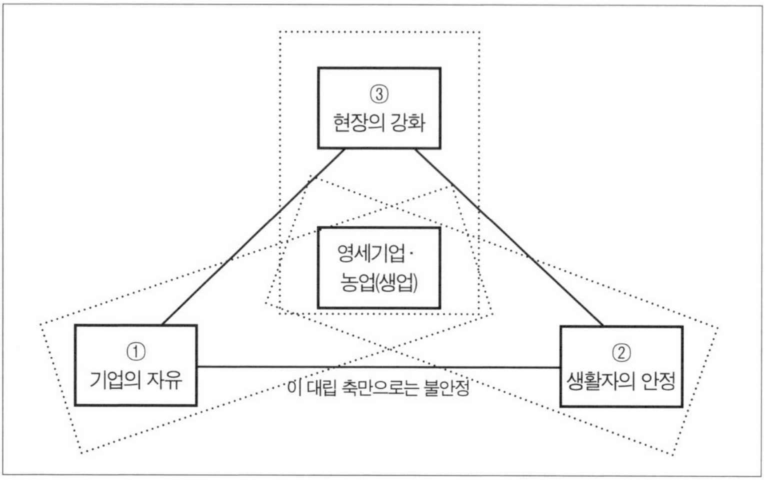

그림 2. 정책 논의에 현장의 시점을 추가할 것

현재의 (1)기업의 자유인가? (2)생활자의 생활 안정인가? 하는 불안정한 대립 축에 (3)현장의 재구축이라고 하는 축을 더해 이들 정책 간 상호 견제를 통해 더욱 안정된 혼합 정책이 실현 가능할 것으로 필자는 생각한다(그림 2). '우수한 현장'이야말로 일본 주민에게 고용, 소득, 안심의 기능으로 이어져 성장감각, 삶의 보람, 인생의 의미 등 다양한 것을 공급해 주는 무대가 되기 때문이다.

'우수한 현장'은 고용, 소득, 성장감각, 삶의 보람, 사회로 이어져 훌륭한 인생을 비롯한 모든 것의 원천이 될 수 있다. 전후 일본은 강한 종합형 현장이 많이 발생하여 존속해 왔다. 이 재산을 살려 다음 세대에게 더욱 높은 생활수준, 그리고 훌륭한 인생의 기회를 줄 수 있을 것이다. 이것이 현장 존속·발전 정책의 목표이다. 이것만 달성 가능하다면 GDP 총액이 3위든 4위든 아무런 상관이 없는 것이다.

13 재난지역 도시조성

이토 시게루伊藤 滋
(도시 방재론, 국토·도시계획)

동일본대진재 부흥계획의 각서

1. 머리말

천 년에 한 번꼴이라고 일컬어지는 거대 쓰나미가 도호쿠 지방을 덮쳤다. 여기서 천 년에 한 번이라고 하는 것은 앞으로 천 년이 지나 다시 거대 쓰나미가 덮칠 거라는 의미가 아니다. 확률론적으로 말하자면 50년 후에 다시 거대 쓰나미가 밀려오고 나머지 1950년간 쓰나미가 발생하지 않을 수도 있다는 것이다. 솔직하게 사실을 말하자면 쓰나미를 일으키는 대지진이 언제 일어날지 모른다는 것이다.

가령 천 년에 한 번 일어나는 거대 재해라고 해도 재해 직후에 거의 모든 사람들은 앞으로 천 년간 아무 일도 일어나지 않을 것이니, 예전처럼 거리를 재건하고 이전과 같은 생활을 보내려고는 하지 않을 것이다. 재해 규모가 커질수록 재해를 입은 직후의 이재민(被災者)과 이재민을 둘러싼 여론은 '언제 어떤 쓰나미나 지진이 와도 괜찮을 정도로 대비하자'는 마음이 틀림없이 들 것이다. 그럼 여기서 '언제'라고 하는 말은 구체적으로 무엇을 의미하는지 살펴보기로 하자.

여러 논의는 제쳐두고 필자의 결론부터 말하자면, 이 거대 쓰나미로부터 사람들을 지키기 위해서는 100년 후나 1000년 후가 아닌, 당장 50년

후에라도 닥칠 수 있다고 대부분의 사람들이 생각하고 있다고 본다.

일본에서는 20년에 한 번 정도는 어딘가에서 대재해가 일어난다는 것이 상식이 되었다. 때문에 일본인은 인생을 80년이라고 놓고 본다면 자신의 주위에서 직접 체험하게 되는 대재해가 일생에 한 번 정도는 있을 것이라 생각하고 있음에 틀림없다. 이런 일본인의 재해 감각을 근거로 한다면 100년에 한 번이든 1000년에 한 번이든 그 주기에 관계없이 대략 50년 후에 일어날 대재해에 대비해야 한다는 결론이 나는 것은 아닐까.

지금까지 30년 혹은 50년에 한 번 일어나는 정도의 지진이나 홍수, 쓰나미에 대해서는 '단 한 사람의 생명도 잃게 할 수 없다'라는 정부의 방침으로 방재대책이 세워져 있다. 이는 출현 빈도가 높은 중규모의 재해에 대해서는 그 대책 비용이 그다지 크지 않기 때문이다. 그 대책은 제방이나 건물 구조 등의 공작물과 건축물을 대상으로 하고 있다. 그러나 1000년에 한 번 일어날 수 있는 거대 재해에 대해서는 인간의 목숨을 완벽하게 지킬 수 있는 강력한 대책을 세울 수 없음은 분명하다.

그런데 이런 거대 재해에 대해 다른 사고방식을 도입해 보자. 단 한 명의 생명이라도 지켜내자가 아니라 가능한 한 많은 사람의 목숨을 살려내자는 시점으로 말이다.

그 방재대책이란 토목자재(土木工作物)나 건축물 등의 하드웨어적인 대응에만 의지하는 것이 아니라 새로운 토지 이용이라든가 경계 시스템의 개선, 혹은 철저한 피난교육, 그리고 사회적 약자의 예방적인 보호라고 할 수 있는 소프트웨어적인 영역을 중시하는 것이다. 희생자가 발생할 수도 있으나 가능한 수를 줄일 수 있도록 하면서 일상적인 일이나 생활에도 불편함을 미치지 않는 방재대책을 생각해 보자는 것이다. 조금 더 명확히 말하자면, 거대 재해 대책에서는 건강한 사람은 무난하게 일을 할 수 있는 장소에 거주하며 일할 수 있도록 한다. 그러나 재해 리스크는 감당하도록 한다. 아이들이나 노인, 병자 등의 사회적 약자에 대해서는 항상 확실하게 안전이 보장된 장소에서 생활을 하게 한다는 원칙을 세워 재해지역(被災地) 장래상을 구축하는 것이 어떨까 하는 것이다.

기술이 진보한 쓰나미 경보 시스템이 확립되고, 쓰나미 교육을 습득한 팔다리 멀쩡하고 건강한 사람이라면 쓰나미나 대지진이 발생했을 때 신속하게 대피할 수 있다.

제방과 같은 토목자재나 건축물에 거액을 투입하여 1000년에 한 번 일어날 가능성이 있는 거대 재해에 대비하자는 생각이나, 위험한 장소에는 어떤 누구라도 접근시키지 않겠다고 하는 생각은 재고하는 것이 좋다. 일의 업무상 필요한 경우, 재해 발생의 위험도가 높고 민감한 장소라도 충분히 재해 대처법을 숙지하여 신변 안전을 지킬 수 있는 사람들이라면 생활하게 하고 일을 하게 한다. 이 견해를 전제하여 앞으로의 도호쿠 연안지역의 활성화 방안을 제안해 보고자 한다.

2. 일괄교부금

부흥의 첫 걸음은 이재민에게 용도를 정하지 않은 교부금을 신속하게 지급하는 것이다. 지급액은 직업과 가옥을 잃은 이재민이 1년 동안은 생활할 수 있는 금액(1세대당 300만 엔 정도)으로 한다. 그 교부금의 지급으로 이재민은 앞으로 최소한의 생활을 보장받을 수 있게 되어 일단 마음을 진정시킬 수 있을 것이다. 그 다음으로 쓰나미와 지진으로 가옥을 잃은 이재민에 대해 주거 회복의 교부금을 지급한다. 이 금액을 정하는 것은 상당히 어려우나, 가령 1세대가 10년간 맨션을 빌린다고 한다면 거의 1,000만 엔 가량의 비용이 든다. 세 번째로, 이재민 중 택지 소유자로부터 토지를 사들인다고 하자. 1가구당 택지규모를 100평으로 하고 평당 약 3만 엔으로 사들인다. 즉 지권자(地権者) 1세대당 300만 엔을 국가는 지급하게 된다.

사이타마 대학의 다니 켄지(谷謙二) 준교수의 조사결과가 제시한 동일본대지진의 쓰나미 피해(被災) 세대는 약 16만 세대이다. 가령 그중에서 건물 전·반괴(全·半壞) 세대를 전체의 3분의 2로 잡으면 약 10만 세대, 지권자 세대는 전체 수의 2분의 1이라고 치면 8만 세대가 된다. 각각의 세대에 지급되는 금액을 합산하면 약 1조 6000억 엔이 된다.

16만 세대의 인구는 약 46만 명이므로 1인당 450만 엔이 지급된다. 물론 이것은 매우 단순한 추산이지만 생활비와 가옥 재건비 모두를 통틀어 2조 엔 정도는 필요하다고 본다. 더욱이 후쿠시마 제1원자력발전소 사고로 인한 피해 인구는 약 14만 명(그중 쓰나미 재해도 함께 입은 인구는 약 1만 명 이상)이나, 그 사람들에 대한 보상액에 대해서는 상기 추측액의 범위 밖으로 설정하였다.

참고로 쓰나미나 원전 어느 쪽인가의 피해를 입은 시정촌 전역의 인구는 약 200만 명이다. 그중 쓰나미로 인한 피재인구는 46만 명이고, 전체에서의 비율은 23%가 된다.

정부에 따르면 동일본 대지진의 피해 총액은 16조 엔에서 25조 엔으로 상정되고 있다. 그중에서 쓰나미 이재민에 대해 정부가 보상하는 금액을 2조 엔으로 하고 피해 총액을 16조 엔으로 할 시에 이재민 보상이 차지하는 비율은 13%로 비교적 적다. 그 밖에는 공공시설의 복구, 기업활동 재생을 위한 지원, 새로운 지역 활성화(마치즈쿠리)를 위한 소요 자금으로 쓰인다는 것인가.

만일 주민에 대한 여러 교부금이나 토지매입 비용이 적다고 판단되면, 이재민 지원 교부금을 1인당 1000만 엔으로 조정하면 약 4조 엔의 비용이 예상된다. 이것은 어디까지나 단순한 기준치이지만, 우선은 생활 재건의 틀을 자금 면에서 분명히 밝힌 뒤 그것을 실행에 옮기는 것이 부흥의 첫 걸음이 될 것이다.

3. 지역 부흥의 모습

이재민에게 신속하게 생활 재건의 구체적인 대책을 제시함과 동시에 앞으로의 지역상을 명확히 하여 내일을 향한 희망을 보여 주는 것이 중요하다. 정부가 확약한 장래상이 있다면, 재해지역이 하나가 되어 그 장래상의 실현을 향해 움직일 수 있다. 하나 된 지역주민의 행동이야말로 부흥을 실현할 가장 큰 원동력이라 생각한다. 여기에 필자 개인적인 견해로 지역상을 제시해 본다.

센다이 평야의 재해지역을 제외하면 산리쿠 지역, 후쿠시마 하마도오리 지역에서의 지역 밀착형 산업은 수산업, 그리고 농업과 낙농 경영일 것이다. 이들 지역은 일본을 대표하는 수산업 지역이기 때문에 다른 것은 제쳐두고라도 수산업의 재생은 급선무이다. 그러기 위해서는 어항(漁港)과 수산 가공시설의 복구가 우선적으로 필요하다. 장래 수산업을 생각하는 것이라면, 산리쿠 연안을 생물자원 원료가 되는 해초를 비롯한 첨단 양식업의 기지로 만든다는 생각은 어떨까? 양식업은 생물자원 외에 의약품 원료를 만들어 낼 가능성도 높다. 이렇게 생각하면 산리쿠 연안지역은 지금까지의 가족형 경영의 수산업에서 전문가에 의한 고도의 기술정비를 갖춘 자본집약형 수산업으로 발전해 갈 가능성이 있다.

또한 어항 뒤로 펼쳐진 농경지는 쓰나미로 인해 큰 피해를 입었다. 이 농지에 충분한 높이까지 흙을 덮고, 거기에 생산성 높은 농작물을 재배하는 것은 어떨까? 예를 들어 토양에 의존하지 않는 수경재배라든지, 모든 농지를 대규모 온실형 농지로 전환하는 등의 고도기술형 농경작을 하는 것이다.

더욱이 산리쿠 해안, 그리고 후쿠시마 하마도오리(福島浜通り)의 후배

지(後背地)에는 광대한 기타카미 고지(北上高地), 아부쿠마 고지(阿武隈高地) 등의 삼림지대가 펼쳐져 있다. 이 삼림지대의 침엽수를 광엽수로 전환하여, 단벌기로 삼림을 경영하는 것을 생각해 보고 싶다. 그렇게 되면 이 광대한 산림은 대량의 목재칩을 생산하는 생산기지로 변신한다. 목재칩은 생물자원의 원료이다. 덧붙여 말하자면 연안을 포함한 산리쿠·아부쿠마 지역 전역에서 풍력발전을 전개할 수 있다면 재해지역과 그 후배지의 산림지역은 재생 에너지 생산의 중요한 거점이 될 것이다.

제2차 세계대전 이전에 이 지역은 광대한 신탄림이었다. 도쿄에 땔감이나 목탄을 공급하는 에너지 기지였다. 그 에너지 생산 잠재력을 21세기의 생물자원 생산지로 재생하는 것을 국가가 주도하는 것이다. 그러기 위해서는 우선 삼림 길을 확충하지 않으면 안 된다. 더욱이 영세한 삼림 소유지를 정리하여 대규모 경영을 가능케 하는 토지소유권의 재편이 필수적으로 뒤따라야 한다. 이렇게 하여 이 재해지역과 그 후배지를 세계적인 관점에서 보더라도 선진적인 제1차 산업과 재생 에너지 생산의 장으로 변모시켜 가는 것을 정부가 확약했으면 좋겠다. 그러한 후원은 피재민에게 큰 자신감을 주게 될 것이다.

여기에 덧붙일 사항이 있다. 이번 지진으로 도호쿠 제조업의 중요성이 재차 확인되었다. 그러나 그 제조업의 내용은 고부가가치의 반도체 제품에서 합판 제품, 식품의 포장지에 이르기까지 지극히 다양하였다. 산리쿠 해안의 작은 공장이 만든 플라스틱 병 뚜껑이 출하를 못하게 되어 전국 음료품의 제조가 멈춘 것은 유명한 일화이다. 이처럼 단순 가공의 소규모 공장에 불과하더라도 도호쿠 지역인들은 그곳에서 인내심을 가지고 신경을 써서 일하고 있었다.

이 '도호쿠형 제조업'은 앞으로도 일본의 제조업을 짊어져 갈 중요한 전력(戰力)으로서 강화·발전시켜 가지 않으면 안 된다. 그리고 향후 도카이(東海)·도난카이(東南海)·난카이(南海) 대지진이 발생하면 주부(中部)·긴키(近畿)의 제조업은 중대한 피해를 입게 된다. 앞으로 그 피해를 경감시키는 역할을 도호쿠 제조업이 짊어지지 않으면 안 된다. 도호쿠 제조업의 강화는 지진국 일본의 제조업을 지탱해 가기 위해 매우 중요한 일이다.

4. 고령자

이번 재해는 초고령자의 재해였다. 고령의 병약자에 대한 간호는 평상시에도 많은 사람들의 도움과 면밀한 치료를 필요로 한다. 그러한 민감한 간호와 의료 시스템이 일제히 파괴되어 버렸다. 재해는 '사회에서 가장 약한 사람에게 가장 심한 타격을 준다'라고 하는 냉혹한 사실을 우리에게 알려주었다. 따라서 고령·병약자는 재해로부터 가장 강한 장소에 가장 안전한 건축물을 세워 생활하게 하는 것이 우선적으로 필요하다. 더욱더 중요한 것은 재해 시에도 병약한 고령자를 충분히 돌볼 수 있는 간병인이 확보되어야 한다.

그런데 인구가 적은 농어촌에서는 평상시에도 도시지역에 비해서 고령자의 비율이 더 높다. 게다가 산 속에 흩어져 있는 소규모 집락의 경우엔 중심 시가지에 비해 간호 서비스의 질이 결코 높다고 할 수 없다. 이렇듯 의료와 간호가 불리한 조건에 놓여 있는 지역에서 생활하고 있는 고령의 병약자가 재해에 직면하게 되면, 그분들의 간호가 상당히 곤란해진다. 건강한 사람과 동일하게 조건이 나쁜 피난소 생활을 하게 되면 그들은 급격히 체력과 기력을 상실하고 생명마저 빼앗길 수 있다.

따라서 작은 농어촌에 거주하는 고령의 병약자는 평소부터 인구 집적이 많고 의료시설이 충실한 중심 시가지의 간호시설로 이주하도록 하여 질 높은 간호의료 서비스를 받을 수 있도록 하는 것은 어떨까. 재해 시에는 고령의 병약자를 돌봐 주는 간호자 수가 적어진다. 한정된 간호자 수만으로는 소수 분산의 시설 배치보다는 일정한 수용력을 갖는 집중형 시설이 간호의 질을 유지할 수 있다. 피난소에 고령의 병약자가 옮겨져 와 인생의 마지막 모습을 전혀 관계도 없는 많은 타인이나 미디어 앞에 내보이는 비참한 상황을 용납해서는 안 된다. 고령의 병약자야말로 최후까지 안심하고 간호를 받을 수 있는 시설에서 평소부터 생활해 갈 수 있도록 해야만 할 것이다. 그러한 서비스의 질이 높은 간호시설을 지역의 중심 시가지에 집중하여 정비하도록 하자.

만일 안전한 중심 시가지가 해안의 집락이나 마을에서 멀다면, 해안에서 20킬로미터 정도 떨어진 내륙부에 간호와 의료를 중점적으로 갖춘 '복지촌'을 건설하는 것은 어떨까. 부모를 그곳에 의탁하면 자녀들이 생활하는 집락으로부터 멀어진다. 그러나 도로망을 충분히 정비해 두면 자동차를 이용해 부모가 있는 시설까지 오가는 시간은 그다지 오래 걸리지 않는다. 20킬로미터 떨어져 있다 해도 30분이면 갈 수 있다.

재해 시 중요한 것은 건강한 자녀들이 병약한 부모의 간호에 신경쓸 필요 없이 재해 부흥에 노력할 수 있게 하는 것이다.

5. 시정촌 계획

재해를 당한 지역은 센다이와 같은 대도시로부터 산리쿠 지역의 다노하타무라(田野畑村)와 같은 소규모의 시정촌(市町村)에 이르기까지 인구 규모, 자연 조건, 산업 구조가 크게 차이가 난다. 당연히 각각의 시정촌 주민의 지역에 대한 귀속의식은 다르며, 토지 이용도 천차만별 달라진다. 따라서 재해 시정촌의 지역 활성화를 위해 현(県)과 국가가 천편일률적인 지시를 하는 것은 피해야 한다. 중요한 것은, 비록 규모는 작을지언정 독립 의식이 강한 시정촌에서는 이재민의 목소리나 요구를 충분히 반영하여 부흥계획을 세워야 한다는 것이다. 센다이 대도시권의 재해지역(被

災地)에서는 주변 자치단체와 정보를 공유하여 시정촌의 벽을 넘어, 이재민의 생각이나 요구를 널리 받아들이는 것이 필요하다. 이처럼 시정촌 부흥계획은 각각의 지역 실정에 따라 천차만별 달라질 것이다.

한편 부흥계획은 단기간에 만들지 않으면 안 된다. 그러기 위해서는 우선 시정촌이 이재민·주민에게 직접 의견을 구해 소수의 지역 대표자를 선정한다. 이때 대표자를 소수로 하자고 한 것은 대표자가 다수일 경우 너무 많은 의견이 나와 언제 결론이 날지 모르는 상황을 피하기 위함이다. 그 대표자는 장년층이 되어서는 안 된다. 앞으로 수십 년 걸리는 부흥을 지탱해 갈 젊은 세대를 적극적으로 참여시키기를 바란다. 물론 방재를 위한 계획작성 시 요구되는 기본원칙에 대해서는 국가가 명확하게 명시를 하고, 그 기본원칙은 시정촌 계획 마련 시 받아들여야 한다.

그런데 작은 시정촌에서는 시정촌 계획을 어떻게 종합적으로 수립해야 할지 숙지하고 있는 전문가가 없다. 따라서 현에서는 도시계획·농촌계획의 민간 전문가를 각각의 시정촌에 파견하여 주민이 계획을 종합하는 것을 지원할 필요가 있다. 이러한 전문가의 지원을 받고 해당 지역 주민이 참여한 부흥계획을 시정촌이 작성하여, 그것을 현이나 국가에 제시한 뒤 현이나 국가로부터 재정적·제도적 지원을 정확하게 요구하는 것, 이것이 이재민이 요구하는 '풀뿌리형 부흥계획'이라고 생각한다.

농어촌 사회에서 중요한 것은 일반적인 시정촌 계획을 마련하는 일보다도 재해를 당한 집락이나 시가지의 구체적인 부흥 프로젝트를 어떻게 구성하는가이다. 이러한 계획과 사업을 총괄하는 능력은 현이나 도시의 행정 담당자보다 다양하게 경험을 쌓은 민간의 기획자(계획가) 쪽이 월등할 수 있다. 지역 활성화, 마을 활성화에 능한 민간 전문가를 지금이야말로 충분히 활용할 시기이다.

6. 전원도시 계획(택지와 농지의 교환)

재해지역에서는 농지 안에 산재하고 있던 많은 건물들이 쓰나미에 의해 파괴되었다. 농지와 택지의 권리 관계를 명확하게 정리하고 부분하여 새로이 지역 활성화를 추진하지 않으면 안 된다. 지금까지 일본의 시가지는 국토교통성에 의해 도시계획 등이 수립되었고, 농지는 농림수산성에 의해 경지정리, 법규제도 및 사업이 각각 별도로 운용되어 왔다. 그러나 농지에 대한 규제가 느슨하여 시가지가 농지로 점차 확대되어 나갔다. 택지가 농지에 산재한 결과 농지의 집약화와 대규모화가 더 이상 진행되지 못했고, 택지와 농지 양쪽 모두 공공적인 투자 효율이 나빠지는 결과를 초래했다. 다시 말해 농지도 택지도 그 소유 형태가 지극히 작고 세분화되어 있기 때문에, 택지에는 영세 목조건물이 줄지어 세워지고 농지는 토지소유가 정리되지 않아 소규모 농지가 무수히 많이 발생하는 결과를 가져왔다.

동일본대지진은 이 현상을 타개할 기회를 제공하였다. 성(省)과 청(庁)을 초월하여, 택지나 농지를 전체적으로 파악할 수 있는 이상적인 토지이용 질서를 피해지역에서 구축해야만 한다.

택지의 스프롤화[1]를 막기 위해 지금까지보다 더 명쾌하게 택지와 농지를 즉지(卽地)적으로 구분하여 집약화하는 도시전원계획을 법으로 규정할 필요가 있다. 우선 비침수지역의 농지를 계획적으로 택지화하고, 침수한 피재 택지를 모두 농지로 하는 교환의 구획정리를 실체화시키길 바라는 것이다. 다시 말하자면 재해지역의 택지는 안전성이 더욱 높은 지대의 농지나 삼림지와 교환하여 그곳을 택지화하고, 그곳에 있던 농지

1 스프롤화(탈도시화: sprawling)란 무계획적인 택지 조성에 의해 우량한 삼림이나 농지 등이 잠식되어 무질서해지는 현상을 말한다. 이 원인은 도로, 철도, 하수도 등의 도시기반시설(SOC)이 충분히 정비되지 않은 상태로 땅값이 싼 토지에 주택이나 공장 등이 무계획적으로 추진(개발)되었기 때문이다.

와 삼림지는 피해를 입은 택지를 농지화하여 교환하는 것이다.

이 택지·농지 교환은 당연히 국가가 특별법을 만들지 않으면 실현될 수 없다. 그 특별법을 근거로 하여, 특히 토지 교환을 필요로 하는 지역에 대해서는 국가가 '방재특구'로 지정하여 그곳의 택지·농지를 국가가 매입하도록 한다. 그리고 특구 내의 구획정리 사업이 완료된 후에는 싼값으로 민간에게 즉시 매각한다. 이처럼 토지교환을 실시하려면 지적조사가 필요해진다. 지금까지의 지적조사는 관계된 토지 소유권자가 동반하는 것을 원칙으로 행해졌기 때문에 오랜 시간을 필요로 하였다. 그러나 이 방재특구 내에서는 단기간에 사업을 완성하기 위해 권리자의 조정은 전제로 하지 않고, 우선 지적 조사를 진행시켜서 공공에 의해 지목(地目)의 형상과 권리 관계를 우선적으로 확정하게 된다. 이 결과에 대한 지권자의 이의신청이 있으면, 그것은 공적(公的)으로 지적 조사가 완료 후에 접수하여 처리하도록 했으면 한다. 이러한 조치는 일련의 사업을 신속하게 진행하기 위한 특별하고 긴급한 조치이다.

산리쿠 연안 도시를 예로 들어 전원도시계획의 대략적인 개요를 그려 보자.

재해를 입은 낮은 지대의 시가지는 지반 침하의 결과로 담수화된 곳이 많다. 이 택지는 장래의 쓰나미 피해를 고려한다면 다시 택지로 재생하는 것은 위험하다. 따라서 지금까지의 목조 가옥은 내진성 있는 집합주택으로 전환하고, 쓰나미의 침수지역을 벗어나 지대가 높은 곳에 새로이 건설한다. 농촌지역의 인구 감소 경향을 고려하면 앞으로 농촌의 택지는 줄어들기는 해도 늘어나지 않을 것이다. 또한 흩어져 있는 목조 주택을 집합주택으로 바꾸어 가면서도 택지는 감소하게 된다.

따라서 현재 피재지의 택지를 과감하게 농지로 전용하는 방안을 제시하고자 한다. 그리고 택지였던 땅은 우선 충분히 뒤엎어서 고도의 생산시설 입지를 도모한다. 온실재배나 수경재배 중점으로 하고, 그 생산물을 고도로 가공하는 지역으로 전환한다. 즉 농업의 공장화이다. 현재의 피재지 택지를 이용하여 수요가 적은 임대 아파트를 건축하거나 불필요한 자재창고 및 주차장으로 활용한다는 방안은 더 이상 그만두도록 하자. 농지로 전환하여 부가가치가 높은 농산물을 생산하여 항상 출하되는 편이 안정된 수익원이 될 것이라 생각한다. 농지 전환을 실현하기 위해서는 몇 가지 사업화 절차를 밟지 않으면 안 된다. 우선 세분화된 택지와 농지의 지적 조사를 실시하여 그 모양과 규모 및 소유관계를 명확히 한다. 농지와 택지의 교환이 토지소유 권리상 가능하다면 새롭게 발생한 농지를 복합화하여 대규모 농지로 만든다. 그리고 그 농지를 경영 의욕이 있는 농업생산 기업에 맡긴다.

7. 방재지역 활성화

1) 지역 활성화 원칙

재해지역의 지형조건을 감안하여 두 가지로 분류하여 장래 지역 활성화를 생각해 보자. 첫 번째는 산리쿠의 농어촌 지역, 두 번째는 센다이 평야의 평탄한 저지대(低地部)이다.

이와테(岩手) 현의 구지(久慈) 시에서 미야기(宮城) 현의 게센누마(気仙沼) 시까지는 리아스식 해안에 접한 시정촌이 이어진다. 그들의 중심 시가지는 바다에 접한 계곡 혹은 평지에 있다.

안쪽으로 들어갈수록 좁아지는 이 지형은 쓰나미의 높이를 비정상적으로 높여서 중심 시가지를 한꺼번에 소실시켰다. 미야코(宮古) 시 다로(田老) 지구에서는 수십 년 걸려 만든 높이 10미터에 이르는 방파제가 완전히 파괴되었다. 낮은 평지의 시가지에 사람을 살게 한다면 재차 이러한 참사를 초래하게 된다. 우선 평지에는 일터를, 고지대에는 거주의 장소라는 대원칙을 이 지역에서는 확립하도록 하자. 그러나 이 지역의 시가지는 어업과 밀접하기 때문에 파도 치는 항구 주변에 수산가공 관련 시설을 만들지 않을 수 없다. 최소한의 상업 시설과 공장도 필요할 것이다. 그러나 이러한 상공업 시설의 입지는 고지대 바로 아래의 평지에 세워 유사시 신속하게 피난도로나 승강기를 이용해 고지대로 피난할 수 있게 한다.

평지의 시가지(일터)는 고지대의 피난지까지 걸리는 시간이 20분 이내인 곳에 건설한다. 평지의 건축물은 4층 이상의 내진 건축으로 한다. 그 건물은 파도에 부서질 정도의 소규모 건축이어서는 안 된다. 일정한 크기 이상으로 충분히 무거울 필요가 있다. 고지대는 주거 장소이기 때문에 주택 외에 관공서나 병원, 지역사회 시설, 쇼핑센터 등의 상업시설이 들어선다. 이렇게 되면 자연스럽게 예전 저지대에 있던 시가지는 유휴지(遊休地)화된다. 그리고 향후 그곳은 생산성이 높은 농지로 바뀌 나가거나, 혹은 평지수림(平地林)이 있어도 좋을 것이다.

평지가 넓은 게센누마와 같은 지방도시는 상공업 지역이 넓게 분포할 수밖에 없어 피난시간 30분 이내에 고지대까지 갈 수 없는 구역이 생길지도 모른다. 이 경우에는 상공업지 내에 내진·내파(耐波)성이 강한 높은 건축물의 인공적 피난거점을 만들어야 할 것이다. 피난 건축물은 평상시 중·고층의 사무실이나 창고, 입체 주차장의 집합체로 쓰일 것이다. 당연히 그 철근콘크리트 건축물은 내파 성능이 보장되는 설계여야 한다.

이 인공적인 피난 거점에서 더욱더 해발 고도가 높은 장소로 대피하는 대책도 세워야 할 것이다. 그 최후의 안전성을 확보하기 위해서는 건축물들의 배치를 원형으로 하고, 그 중심에 주변의 토석과 잔해를 모아서 인공 언덕을 만드는 것도 고려해야 할 것이다. 인공 언덕의 높이는 20m 이상으로 한다. 실제로 삿포로 시 교외에 이사무 노구치(勇野口)가 설계한 모에레누마(モエレ沼) 공원의 언덕이 있다.

사실은 산리쿠 지역보다 이시노마키(石巻)를 포함한 센다이 평야의 피해 면적이 훨씬 크다. 산리쿠 지역은 단층으로 날카롭게 절단된 U자형 지형인데에 비해 센다이 평야는 평탄하고 넓게 펼쳐진 충적평야이다. 바다 근처 그 어디에도 구릉이나 고지가 없다. 완만하게 안쪽을 향해 해발고도가 높아진다. 쓰나미를 막을 수 있는 지형이 아니다. 해안선이 원호를 이루면서 이어지는 이 지형을 덮친 쓰나미의 표고는 산리쿠 지역에 비해 낮았다. 산리쿠에서 15미터였던 쓰나미 높이가 센다이 평야에서는 10미터였고, 20미터였던 쓰나미 높이는 15미터였다. 만일 해안선으로부터 2킬로미터 떨어진 장소의 해발고도가 10미터라면, 드 자리에 10미터 높이의 방파제를 쌓으면 거대 쓰나미를 막을 수 있다.

실제로 센다이 평야를 남북으로 종단하는 센다이히가시(仙台東) 우회도로가 방파제 역할을 했다. 이 사실을 접했을 때, 필자는 대서양 겨울의 거센 파도로부터 네덜란드의 간척지를 지키는 거대한 방파제를 떠올렸다. 이 방파제는 높이 20미터가 족히 넘는다. 돌이나 흙을 쌓아 올려 만든 이 제방의 토대 폭은 200미터 정도다. 사다리꼴로 폭넓은 방파제를 만듦으로써 대서양의 거센 파도가 농지에 닿지 않도록 하여 염분 피해를 막고 있다. 센다이 충적평야에서도 해안선으로부터 2킬로미터 정도 안쪽으로 들어간 곳에 네덜란드형 방파제를 모방한 완만한 경사 위에 남북을 종단하는 고규격(高規格) 도로를 건설하면 좋을 것이다. 그 도로에서 해안 쪽으로는 농지나 목초지, 또는 평지림을 조성하고 시가지는 만들지 않는다. 이 도로의 해발고도는 자연지형의 높이를 포함하여 20미터 이상으로 한다.

도로의 내륙부 지역은 주택을 메인으로 하는 혼재형 시가지로 한다. 해발고도 20미터까지 지대의 건축물은 모두 3층 이상의 내진 건축물로 한다. 그 이상의 높이에는 목조주택을 용인해도 좋을 것이다.

이시노마키 시가지는 항만지구에서 완전히 평탄하게 기타가미가와(北上川)의 충적평야가 펼쳐지고 있다. 그 시가지에는 주택, 상업, 공업, 어업이 혼재하고 있다. 센다이에 근접한 규모가 큰 도시이다. 이시노마키시의 '새로운 도시 재생 이미지'를 그리는 것은 상당히 어렵다.

필자가 제언하는 바는 다음과 같다. 이시노마키 시가지에서도 항구와 가깝지만 옛부터 성이 있었던 섬 모양의 언덕은 쓰나미의 피해를 면했다. 그곳에는 공공시설이 밀집해 있었다. 그곳의 해발고도는 20미터 이상이었을 것이다. 그렇다면 이 평탄한 시가지 안에 잔해와 잔토를 사용하여 조금 높은 인공 언덕을 여럿 만들어 본다. 해발고도는 20미터 이상으로 한다. 이 언덕을 만들기 위해서는 근처에 있는 자연 구릉지를 깎아도 좋다. 그러니까 쓰나미로부터 생명을 지키는 인공의 피난 섬을 만드는 것이다. 섬 정상의 평탄부는 집합주택단지로 한다. 병원시설이 있어도 좋다. 이 피난 섬 기슭의 저지대는 상업·공업지역으로 한다. 그리고 4층 이상의 내진 건축물만 지을 수 있도록 한다. 이 시가지의 외연부에는 제방형 고규격 도로로 에워싸게 한다.

이러한 방재지역 활성화에 대한 대책은 알기 쉬운 그림이나 모형을 만들어 가능한 한 신속하게 '재해(被災)를 입은 시민'들에게 제시해야 할 것이다.

2) 방제지역제도

제2차 세계대전 시 미국의 공중폭격에 의해 일본의 목조 도시는 잿더미로 변했다. 목조 도시의 큰 화재를 저지하기 위해서 정부는 방화지역이라고 하는 '토지이용규제'를 정했다. 전후 반세기 동안 일본 대도시에서는 불연화(不然化)[2] 시책이 보급되어 도시 속 큰 화재는 사라졌다. 내진·

2 불연화(不燃化)란 건축물 등을 불연성 재료에 의하여 잘 타지 않게 하는 구조로 하는

내화(耐火) 건축이 방대하게 만들어졌다. 그럼에도 불구하고 일반 택지나 지방도시의 시가지는 아직도 많은 수의 목조 건축물이 존재하고 있다. 이번 쓰나미는 이들 목조 건축물을 모조리 파괴하였다. 그런데 기적적으로 내화 건축물의 거의 대부분은 이 쓰나미를 견딜 수 있었다. 화재와 지진뿐만이 아니라 쓰나미에도 콘크리트 건축물은 견딜 수 있었다.

1959년에 있었던 이세만(伊勢湾) 태풍에서는 높은 파도가 나고야 시의 저지대를 덮쳤다. 그때 목조 건축물 다수가 휩쓸려가며 많은 인명을 앗아갔다. 높은 파도로부터 시가지를 지켜내기 위해 건축기준법에서는 목조 건축물의 건축을 금지하고, 건물 1층에 거주를 금지하는 '재해위험구역'을 규정하였다. 그러나 이 재해위험구역 규정은 지방으로부터 이해와 공감대를 형성하지 못했다. 나고야(名古屋) 시 역시 그 규정은 구체적으로 실행되지 못했다. 왜냐하면 만일 이 구역이 위험구역으로 지정되면 지가가 하락하여 해당 지역에 거주하고자 하는 사람들이 줄어 들 것이라는 토지 권리자의 걱정과 근심이 있었기 때문이다. 그 결과 이 재해위험구역은 건축기준법이 적용되는 일 없이 40년 이상의 시간이 흘러버렸다. 이번 쓰나미 재해를 통해 국민들은 건물의 내진화를 촉구하는 방화지역과 건물의 저층 거주를 제한하는 재해위험지역을 함께 규정하는 방재지역제도의 필요성을 절감했을 것이다.

방재지역으로 지정되면, 쓰나미·지진·화재·집중호우라고 하는 재해에 견딜 수 있도록 건물의 구조·용도·높이·건축 면적의 규모, 그리고 옥상으로의 피난경로 확보를 규정할 수 있다. 반드시 전국의 모든 시가지를 대상으로 하여 방재지역성이 고려되기를 바란다.

것을 의미한다. 내화 구조, 방화 구조가 있다.

8. 고용 창출

정부는 지진피해를 입은 16만 세대(후쿠시마 제1원자력발전소 재해지역 제외)에 대해 장기(예를 들어 3년간)에 걸친 고용보장을 즉시 선언해야 한다. 이재민이 우선적으로 요구하는 것은 다음날 식량을 자신의 손에 넣는 것이다. 초고령의 간호(介護) 세대는 차치하더라도 이것은 많은 생산연령 세대의 공통된 외침일 것이다.

그런데 문제는 많은 젊은 이재민이 피난처를 구하려고 고향을 떠났다. 고용은 그 피난처의 시정촌에서 적극적으로 창출해 나아가야 할 것이다. 앞으로는 재해지역에서 부흥수요가 발생할 것이다. 부흥에 필요한 수요가 고용의 바탕이 되어 재해지역에서도 고용은 발생하게 된다. 이때 고용 대상자는 재해지역에 덩그러니 남겨진 고령의 이재민일 것이다.

젊은 세대는 부흥사업 직종보다는 폭을 더욱 넓혀 일을 찾으려고 한다. 지금까지 지냈던 닫힌 지역사회를 떠나 버리고 싶어 하는 신체 건강한 이재민도 있을 것이다.

이들 젊은 이재민의 구직에 대해서도 정부는 진지하게 대응해야만 한다. 일반적으로 대재해(大災害) 후 피해지역의 인구는 감소한다. 도시적 재해였던 한신·아와지 대지진에서도 고베의 인구는 회복되지 않았다. 재해는 인구이동을 촉진시키는 계기가 된다. 이재민이 전국적으로 확산되는 것을 전제로 한 고용대책이 필요하다.

산리쿠 지역의 피해세대는 약 6만 세대이다. 그중 확실히 지방에 남을 세대는 간호가 필요한 고령세대가 된다. 부흥한 피해지역은 초고령사회가 될 가능성이 있다. 이 때문에 어업자원이 풍부해 수산업을 주로 하는 산리쿠 지역에는 젊은 일꾼이 부족해질 위험성이 있다. 이 지역의 새로운 수산업 개발을 추진하기 위해서는 외부로부터 투자 여력을 지닌 기업형 농수산(업) 조직을 불러들이는 것을 생각해 볼 필요가 있다. 이렇게 되면 10년 후 산리쿠 지역의 수산업 관련 직종은 지역 외부에서 온, 소수이기는 하나 기술력을 지닌 전문가들에 의해 전문직으로 탈바꿈하게 될지도 모른다.

이시노마키 시에서 와타리(亘理) 초에 이르는 센다이 평야의 충적지는 대도시권의 교외 지역라는 점에서 산리쿠와는 사정이 다르다. 이곳의 피해세대는 12만 세대로 산리쿠 지역의 2배이다. 세대주는 젊다. 무엇보다도 대도시 센다이권에 포함되어 있어 도시 취업자가 대거 포함된 재해지역이다. 정부는 센다이 시의 지력(地力)[3]을 적극적으로 이용하여 제2차, 제3차 산업의 더욱 활발한 전개에 필요한 지원을 해야만 한다. 센다이 도시권이 부가가치 생산성이 높은 제2차 산업 지역임을 확인시켜주는 상징물은 다가조(多賀城) 시에 있는 소니 공장으로 대변할 수 있다. 원전재해를 계기로 세계를 주도하는 원자력발전 안전연구를 핵심으로 하는 자연재해 연구의 중심지로서 센다이 시를 지금 이상의 학술연구도시로 육성해 나가야 할 것이다.

더욱이 센다이 충적평야는 농업 부문에 있어서도 장래성이 높은 지역이다. 재해를 입은 농지에 충분한 자금을 투입한다면 단순히 쌀농사뿐 아니라 높은 부가가치의 농산물을 생산하는 풍요로운 농업지대가 될 것이 틀림없다. 반드시 센다이 도시권이 지금 이상으로 저력 있는 산업과 학술 도시로 육성되기를 바란다.

그 결과 산리쿠 연안지역의 자연재해를 입은 젊고 의욕 넘치는 사람들이 새로운 취업의 장으로 이곳 센다이 도시권에 모여드는 것을 기대한다.

3 지력은 해당 지역의 오랜 세월에 걸친 기상·지형·토양의 기반이나 인간의 관리 등과 관계가 깊은 것으로 알려지고 있다.

9. 자급·자립형 커뮤니티(물과 연료)

이재민의 생활에서 우선적으로 필요한 물자는 물과 석유였다. 식량은 2, 3일은 참아도 버틸 수 있다. 그러나 물 공급의 단절은 심각하다. 단순히 음용수뿐 아니라 화장실, 세탁 등에도 물은 빠질 수 없다. 이에 반해 지진 발생 시 라이프 라인의 복구 중 가장 늦어지는 것이 상수도 복구이다. 이것은 방재 전문가들이 알고 있는 상식이다.

지금까지는 상수도 보급에 따라 우물의 이용은 경시되어 왔으나 재해 시를 대비한 우물의 부활을 고려할 필요가 있다. 우물은 지하수를 고갈시킨다고 하여 취수가 엄격히 제한되어 왔다. 그러나 현재는 상수도의 보급과 공업용수 사용의 감소로 인해 지하 수위가 내려가기는커녕 상승해 오고 있다. 그렇다면 각종 커뮤니티 시설(학교·광장·공공건축물)뿐만 아니라 경찰서, 우체국, 주유소에 이르기까지 소규모로 무수히 우물을 파 보는 것도 하나의 방안이 될 수 있다. 우물만 있다면 우선 최소한의 음용수와 잡용수는 확보할 수 있다. 식사에도 사용할 수 있다. 우물은 정전이 장기화될 때를 대비해 전동과 수동 방식을 병용시켜 두면 좋을 것이다.

석유는 주유소의 비축은 물론, 앞으로는 학교나 편의점과 같은 지역사회 시설에도 자가발전 설비를 갖추고 항상 그곳에는 1주일 정도 사용할 수 있는 분량의 석유를 비축할 수 있도록 한다. 주유소가 기능하지 못하게 됐을 때에는 그 지역사회 비축시설의 석유를 자동차에 공급하면 된다. 전국의 모든 지역 시설이 1주일 정도 석유를 비축하게 되면, 이것은 국가비축량이 1주일 정도 늘어난 것과 유사한 효력을 가질 것이다. 현재 국가는 석유 비축 기지를 기타규슈나 가고시마에 배치하고 있다. 이 같은 견해를 재고하여 전국의 수많은 주유소나 여러 지역 시설에 그 일부분을 분산 배치해 두는 것도 검토해야 한다. 또한 독립된 자가발전

시설도 시가지의 중요한 건축물에는 모두 설치하는 것을 의무화해야 할 것이다.

또 한 가지 덧붙이고 싶은 제안이 있다. 피난소의 생활은 너무나도 난잡하고 사생활이 없다. 체육관 등의 피난소 바닥에 생활용품과 침구에 묻혀 피난민들이 생활하고 있다. 그렇기에 꼭 이재민용으로 병풍 모양의 칸막이를 준비해 두어 최소한의 사생활을 확보할 수 있어야 할 것이다. 이 칸막이가 있으면 초고령의 병약자도 사람의 눈을 피해 칸막이 그늘에 누일 수 있다. 가정의 소소한 독립성도 확보된다. 칸막이로 나눈 것일 뿐이지만 피난소는 한결 혼란스러워 보이지 않는다. 반드시 병풍형의 칸막이를 지역 시설의 필수 비품으로서 상비하길 바란다.

10. 기타 사항

1) 나무 심기(植林)에 대하여

산리쿠 연안지역에서는 앞으로 점점 고령화가 진행되어 지속적으로 인구감소가 진행되게 된다. 생산연령인구가 줄어드는 것이기 때문에 어업이나 농업의 종사자가 감소하게 된다. 지형이 복잡하고 평탄지역(平坦部)이 협소하다는 등의 이유로 농지의 대규모 보장이 추진되지 않을지도 모른다.

요컨대 생산성이 높은 농지로도 만들 수 없고, 택지화도 어려운 과잉 토지가 많이 발생하게 된다. 이들 토지에는 나무를 심는 것 밖에 할 수 없다. 그때의 나무 심기는 재목을 생산해 내는 침엽수가 아닌 생물자원 소재인 광엽수를 선택해야 할 것이다. 즉 예로부터 산리쿠 지역을 신탄림(연료림)으로 여겼던 것처럼 잡목림(雜木林)화하는 것이다.[4] 잡목림은

4 신탄림이란 땔나무와 숯을 생산하기 위하여 가꾸는 삼림을 의미한다. 가장 가치가 큰 수종으로는 상수리나무나 떡갈나무 등의 광엽수의 삼림을 가리킨다. 한편 잡목림이

하천의 영양분을 풍부하게 하여, 어업이 번영하게 된다고 한다.

산리쿠 어민이 바다의 영양을 풍부하게 하기 위해 산속의 손길이 미치지 않았던 임지를 정비하여 나무를 심어 왔다는 일화는 유명하다. 잡목림은 생육이 빨라 벌목 주기도 빨리 돌아온다. 그만큼 회수기간을 짧게 하여 생물자원 원료를 매각할 수 있다. 쓰나미로 떠내려 간 시가지에 나무를 심어 잡목림화하면, 그 인근에 세워질 중고층 철근 콘크리트 건축물과 어울려 새로운 어촌 경관이 생겨날 것이다.

2) 철근 콘크리트 건축

철근 콘크리트로 지은 중고층의 건물은 파도 치는 연안에 있었으나 쓰나미에 무너지지 않고 견뎠다. 대표적인 예로 리쿠젠다카타(陸前高田) 시의 호텔과 미나미산리쿠 초의 항구에 면한 4층 건물의 공공주택이다. 이에 비해 철골조의 건물은 파괴되었다. 이 사실로부터 유추할 수 있는 것은 자체의 무게가 무거운 건물은 내파성이 강하다는 것이다. 철근 콘크리트 건축물이라도 쓰나미에 쓰러진 것도 있었다. 그것들은 동일하게 3층짜리 소규모 건물이었다. 이들은 자체 무게가 가벼웠기 때문에 쓰나미에 의해 쓰러졌다고 판단할 수 있다. 파도 치는 연안에 세워졌음에도 거의 피해를 입지 않은 건물들의 사례를 주목해야 할 것이다. 또한 이시노마키 시에서는 항만부를 걸치는 우회도로의 교량도 피해를 입지 않았다. 이것도 자체 무게가 매우 무거웠기 때문일 것이다. 이들 사례로부터 생각해 낼 수 있는 것은, 표고가 낮은 부두지구의 후배지라 할지라도 규모가 큰 4층 이상의 중고층 건축물은 거대 쓰나미를 견뎌 낼 수 있다는 것이다.

란 다른 나무와 함께 섞여서 자라는 여러 가지 나무(잡목)들이 자라는 숲을 말한다.

따라서 쓰나미에 의해 침수되는 저지대부라고 하더라도 철근 콘크리트 건축물을 수없이 통합하여 건축하면, 시가지는 그 자체가 피난거점이 될 수 있다. 이렇게 생각하면 저지대라고 해서 반드시 그곳에 시가지를 만들면 안 된다고 하는 것은 섣부른 판단에 지나지 않는다. 바다에 인접한 도시의 중심 시가지는 저지대에 펼쳐진다. 그곳이 도시 경제활동의 원천이다. 또한 번화함의 중심이다. 그곳을 완전한 공터로 만들 수는 없다. 크고 무거운 중고층 철근 콘크리트 건축물(예를 들어, 1-2층은 점포사무소, 3층은 기계실이나 창고, 그리고 4-5층은 병약자를 제외한 일반인의 주택)로 시가지를 설립해 나가야 할 것이다.

3) 침수지

부흥의 제안에 침수지 건설을 거론하는 이유 두 가지가 있다. 하나는 산리쿠 지역의 골짜기 집락에 일어난 피해이다. 두 번째는 센다이 평야의 농지 피해이다.

산리쿠 지역의 선상지에서는 주거 가능 지역이 안쪽으로 갈수록 좁고 길게 되어 있다. 그 때문에 강을 거슬러 오른 쓰나미의 수위는 높아지게 되는데, 해발고도 35미터에 달한 곳도 있었다. 쓰나미의 수세가 강해져 통상 쓰나미의 수위를 넘어 치달았던 것이다. 그렇다면 그 수세를 약화시키기 위해 평탄한 농용지를 낮고 넓게 조성하여 거기에 유수지[5]를 만들거나 하천 상류에 농업용수 댐을 만들어 수세를 약화시키는 방안을 모색할 필요가 있다. 이때 말하는 유수지는 연못이 아니기 때문에 나무를 심어도 좋을 것이다. 형성된 숲도 수세를 약화시키게 될 것이다. 넓은 유수지를 만들어 쓰나미가 치닫는 힘을 약화시켜야 할 것이다.

5 유수지(遊水池)란 평지나 넓은 강물에서 일시적으로 홍수량의 일부를 저수하거나 저지대의 침수를 방지하기 위해 설치하는 저류공간 및 배수지를 의미한다.

또 하나의 유수지는 넓은 연못이다. 이 유수지는 센다이 평야에서 침수한 해안 근처의 농용지에 배치된다. 센다이 평야의 광대한 농지는 쓰나미로 인해 소금투성이가 되어 버렸다. 이 농지는 수년에 걸쳐 제염 작업을 하지 않으면 안 된다. 그렇다면 소금물로 오염된 농지 배수를 받아 줄 거대한 연못을 많이 만들어 그곳에 새롭게 양식용의 내륙 수산업을 구축하는 방안을 고려해야 할 것이다. 긴 안목으로 보면 염분이 빠진 후 이 유수지의 물은 담수가 된다. 그리고 유수지가 결합된 새로운 제1차 산업을 창출해 낼 수 있으며, 다른 한편으로는 전원적인 관광지가 된다. 다시 말해 재해를 계기로 21세기 농업을 선도하는 새로운 수향도시(水鄕都市)가 건설될 것이다. 예를 들어 에도 말기 쌀 반출에 사용된 획기적인 운하(데이잔보리 운하/貞山堀運河)를 21세기형으로 고안하여 부활시키면 어떨까.

2부

일본 경제의 과제

오타키 마사유키大瀧雅之
(거시경제학, 경기순환이론)

지진 후 10년의 거시경제정책 방침

1. 정부의 자본·서비스시장으로의 직접개입을 최소한으로

재해지역에 대한 생활 원조물자(물·식료품·의료품·가설주택 등)는 현재 일본에서 최우선적으로 배분되어야 한다. 이에 이견이 있는 사람은 아무도 없을 것이다. 이로 인해 재해(被災)를 면한 사람들이 다소 불편한 생활을 하게 되는 것은 한 나라에 사는 사람으로서 당연한 의무라고 생각한다.

그러나 문제는 비교적 피해가 적었던 수도권에서의 물류이다. 지금까지는 일부 상품을 제외하고는 비교적 가격도 안정적이며, 사재기 등의 혼란스러운 행동은 거의 찾아볼 수 없다. 그러나 수도권 북부 근교 지역(후쿠시마·이바라키·도치기·군마 등)으로부터 농작물의 공급이 한정되기 시작한다면 수급논리에 의한 가격 상승과 함께 상품의 품귀현상이 벌어질 가능성이 있다.

그러나 재해를 당한 사람들을 생각하면 그 정도의 고통은 어쩔 수 없다고 생각한다. 그러나 문제는 지금부터다. 일부 경제학자들은 벌써부터 식료·물 등의 필수품을 각 세대마다 '할당'하는 배급정책의 실시를 주장하고 있다고 한다. 필자는 이런 견해에 정면으로 반대한다. 이와 같은 정책은 사실상 실시하기 곤란할 뿐만 아니라 '암시장' 형성을 통해 돈이 있는 일부 부유층만 이롭게 할 위험이 상당히 높다. 유통업자가 자신의 회사의 신뢰를 내걸고 열심히 노력하고 있기 때문에 재해지역을 제외하고는 물류가 원활히 운반되고 있고, 현재 일본은 놀라울 정도로 안정을 찾고 있다.

이러한 자사(自社)의 신뢰에 의해 규율이 정해진 복잡하고 분권화된 유통 시스템과, 아무것도 모르는 정부·관료·'지식인'(이 사람들이야말로 선거로 뽑히지 않았다고 하는 의미로는 책임이 없고 매우 위험한 존재이지만)이 명령계통으로서 도맡아 관리하는 것과는 그 효율성이 분명히 다르다. 정부나 공적 기관이 물류의 초보이기 때문만이 아니라, 유통업 자체로 생활하고 있는 사람의 책임감과 그와는 달리 '도망칠 장소'가 있는 사람들의 책임감과는 무게가 전혀 다르기 때문이다.

따라서 재해지역에 대한 물류 문제를 별개로 놓고 보면, 정부·관료·'지식인'이 유통 시스템에 쉽사리 개입하는 것은 매우 위험하다고 생각한다.

2. 건설·토목업에 대한 재평가

'콘크리트에서 벗어나 인간을 위한 세상으로', 이는 현 민주당 정권이 내건 공공사업에 관한 슬로건이다. 알기 쉽게 말하자면, 저출산·고령화를 맞이하여 건축·토목업에서 간호·복지업으로 공공사업의 지출처를 바꾼다고 하는 주장일 것이다. 필자는 어느 정당에도 관여하지 않으나 이 정책이 그릇되었다는 것이 이번 지진을 통해서 분명해졌다고 생각한다.

사람은 주거(콘크리트) 없이는 살아 갈 수 없다. '상정 외(想定外)'의 대지진이었다고는 해도 '조금 더 튼튼한 방조제와 견고한 피난시설이 구축되어 있었더라면' 하고 가정해 보는 게 나 혼자만은 아닐 것이다. 이러한

시설은 평상시에 기능하지 않기 때문에 아마추어 눈에는 '불필요한' 공공투자이며 '분류(仕分け)'의 대상이 되는 듯한 인상을 준다.

그러나 하루아침에 무슨 일이 일어났을 때 이 정도로 의지할 수 있는 인프라는 없을 것이다. 역시 '콘크리트'는 중요한 것이다. 즉 천재(天災)를 견딜 수 있을 만큼의 인프라 정비는 이번 재해지역(被災地)뿐만 아니라 일본 전체에 주어진 큰 과제라고 생각한다. 또한 건설·토목업에 종사하는 사람들에게는 그만큼 질 높은 제품을 만들어 낼 수 있도록 기술·기량의 개발과 함양을 제언하고 싶다.

건설·토목업은 지방의 기간산업이기도 하다. 현재 지방에서의 현저한 경기침체는 공공투자의 삭감과 기업의 대외직접투자에 원인이 있다고 생각한다. 원자력발전소의 문제가 안정되면 재해지역에 대한 기업 유치(변화가 유효한 세금 제도상의 우대를 포함)와 인프라·공장의 건설이 일본 경제 부흥의 열쇠가 될 것이다.

어차피 이번 지진으로 분명해진 것처럼 건설·토목업은 국가의 근간을 짊어지는 산업 중 하나이다. 예전처럼 안이하고 일방적인 구조조정은 강력하게 징계되어야 한다고 생각한다.

3. 소득분배의 평등화 촉진

현재 일본의 실업률은 거의 5%이다. 1960년부터 고도 성장기는 1% 내외로, 이후부터 거의 10년에 1%씩 상승하고 있는 추세이다. 고도 성장기 때와 비교해 보면 우리들의 삶의 수준은 전체적으로는 훨씬 더 부유해지고 있기 때문에 적어도 상대적인 의미에서는 실업으로 인한 소득격차는 커지고 있다고 생각하는 것이 타당할 것이다.

그러나 실업문제에서 더욱 심각한 것은 뭐니뭐니 해도 장래에 대한 불안이다. 자신이 가고자 하는 길, 특히 생활 면에서 불안할 때가 인간으로서 가장 불행한 사태에 직면하는 것이라 생각한다. 그중에는 어떻게든 되라고 자포자기하는 사람이 생기는 것도 당연하다. 이러한 의미에서 실업대책을 겸한 소득재분배 정책은 생활이 곤란한 사람뿐만 아니라 사회의 안정에도 크게 기여할 수 있다. 이는 케인즈의 논의이기도 하나, 실업수당을 쓸데없이 지불할 정도라면(실업수당이 불필요하다고 주장하는 것은 아니다) 그만큼 공공사업을 확장하여 고용을 통해 임금을 지불하는 편이 낫다고 생각한다. 실업수당은 아무것도 남지 않지만 공공사업에는 주택 등의 인프라가 남는다.

어차피 재해지역 재건을 위해 펼쳐야 할 공공사업은 수없이 많다. 실업자의 숨겨진 능력을 최대한 활용하여 소득분배의 불평등화를 제지할 뿐만 아니라 평등화를 추진하는 것은 일본의 거시경제 운영에 부여된 가장 커다란 과제라 생각할 수 있다.

4. 누진소득세율 및 상속증여세 완화의 재고, 증권우대 세금제도의 철폐

물론 공공투자는 저절로 이루어지는 것이 아니다. 피해를 입지 않은 사람들에게 조만간 그에 해당하는 과세 부담이 요구될 것이다. 그러나 그것을 논의하기 전에 세금제도에서 고쳐야 할 것을 고칠 필요가 있다. 그런 연후 과세가 필요하다면 국민들 모두가 납득할 것이라 생각한다.

이 논점은 앞 절의 '소득분배의 평등화 촉진'과 엄밀히 관련이 있다. 즉 소득분배의 상식적인 평등화가 한 나라의 경제적 안전성의 열쇠를 쥔다고 한다면, 고액 소득층에는 엄격하게 저소득층에게는 후한 세금제도를 마련하는 것이 바람직하다. 그러나 현행으로는 2007년에 약간의 수정이 있었던 점을 감안하더라도, 일본 경제가 청춘을 구가했던 1980년대와 비교해 보자.

(1) 최고세율이 20% 낮아지고 (2) 누진 정도도 대폭 낮아지고 있다라고 하는, 역으로 소득분배의 평등성을 추구하는 이념이 훼손되는 형태로 세제개혁이 이루어지고 있다. 소득이 낮은 계층에게서 더 많은 세금을 징수할 수 없으므로, 역시 소득세의 누진도를 적어도 80년대 수준까지 끌어올리는 것이 타당하다고 본다. 이는 재정긴박 시 가장 먼저 시행해야 할 일이다.

더욱 강조하고 싶은 것은 일본 경제부흥을 위해서는 모두가 제 역할을 다하지 않으면 안 된다고 하는 점이다. 일하는 것 이외에서 얻은 소득 즉, 재산소득에 대한 우대과세는 서둘러 철폐할 필요가 있다. 부흥을 위해 일하지 않은 경우라면 대신 납세하여 국고를 조금이라도 넉넉하게 하는 것이 시민으로서의 의무라고 생각한다. 이는 비단 나만의 견해가 아닐 것이다. 이런 차원에서 1980년대 말 대폭 확장된 '상속세 증여세의 공제'(일종의 거품경기대책이었을지도 모르지만)를 원래대로 되돌려야 하는 게 필연이다.

또한 주식·채권 등 증권으로부터의 소득은 분리과세라고 하여 노동소득 수준과는 관계없이 세액이 계산된다. 따라서 고액소득자일수록 이 제도의 혜택을 누릴 수 있게 된다. 주식이나 채권의 이자배당이나 가격상승으로 인한 이익으로 생계를 꾸릴 수 있는 가계는 전체 1%도 되지 않을 것이다. 이런 증권우대 세금제도 역시 즉시 철폐될 필요가 있다고 생각한다.

이와 같은 상식적인 소득재분배정책의 '재개'가 제대로 실시될 경우, 그럼에도 세금 부담을 꺼리는 시민이 있다면 그 수는 무시해도 좋을 정도의 매우 미미한 수준일 것이다.

5. 결론

인간은 혼자서는 살아갈 수 없다. 그렇기 때문에 상호 보완해 가면서 사회를 구성한다. 이 사실은 재해지역 사람들뿐만 아니라 일단은 피해를 면한 우리도 강하게 재확인할 수 있었지 않나 싶다. 상호 보완하고 있기 때문에 다른 사람들이 고통을 겪고 있을 때 자신이 있는 곳에서 직·간접적으로 도우려고 하는 것, 이것이 모든 사회인의 건전한 사고방식이라고 생각한다. 이 글은 그러한 건전한 사고방식의 결합의 방법 중 하나를 제시한 것이다. 물론 다른 견해를 가진 사람들로부터의 논의와 비판은 많이 있을 것이며, 또한 마땅히 공개되어야 한다. 이에 따라 필자도 더욱 깊이 연구를 축적해 가고자 한다.

— 2011년 3월 27일

시오지 에쓰로塩路悦朗
(거시경제학)

지진과 장기경제성장

'창조적 파괴'로 이어지기 위하여

1. 현황

3·11동일본대지진은 많은 인적 및 물적 피해를 초래했다. 이 글에서는 경제성장 이론의 관점에서 이 재난이 장기적으로 일본 경제에 초래할 영향에 대해 논하고자 한다. 이 글의 집필하는 지금도 지진에 의한 피해는 계속 진행 중이므로 나중에 이 글을 읽을 분들을 위해 어떠한 상황에서 이 글이 집필되었는지를 분명히 할 필요가 있을 것이다. 2011년 4월 현재 시점에서 정확한 사망자·행방불명자 수는 아직 정확히 파악되지 않았다. 지금까지 보고된 피해자 수는 26,000명을 넘었지만(2011년 4월 11일 19시 현재), 물적 피해에 대해서는 아직 추정계산이 어려운 상태다. 또한 서플라이 체인(supply chain)의 단절과 도쿄전력(東京電力)·도후쿠전력(東北電力)의 '계획정전'으로 피해지역 밖에서도 생산 감소가 발생하고 있다. 보고되기 시작한 몇 가지 지표〔일본은행 단기경제관측조사 3월분을 지진 전후로 나누어서 집계한 결과와 경기 워처(watcher) 조사 3월분〕는 체감 경기의 악화를 시사하고 있다. 후쿠시마 제1원자력발전소 사고는 그야말로 현재진행 중이고 예측 불허의 상황이 계속되고 있다.

필자는 일본이 이 대재해에 대하여 지금까지 가지고 있던 자원을 필요한 부분에 기동성 있게 투입하지 못했다고 생각한다. 물론 교통망의 손괴(損壞)가 원인이기도 하겠지만 이재민들에게 지원 물자가 본격적으로 운반된 시점까지 많은 시간이 걸렸다. 그리고 운반에 필요한 연료 부족 상태도 계속 이어졌다. 또한 원전사고 현장을 수습하는 작업원에게 지원하는 식료품이 부족하다는 지적도 있다. 원전사고 피난지역 내외 주민들 사이에서 생활과 건강 양면의 불안감이 확대되고 있다.

2. 신고전파 경제성장 모델

이 글의 목적은 지진이 일본 경제에 초래할 장기적인 영향에 관해 논의하는 것이다. 지금은 서플라이 체인의 단절이 큰 문제이지만 이것은 중기적으로 해소될 것으로 생각한다. 또한 생산기술은 단기적으로는 퍼티-클레이(putty-clay)적인 성격을 가지기 때문에 물적자본의 훼손은 노동력 수요 부족, 즉 실업률 상승을 초래할 우려가 있다. 그러나 이것도 좀 더 노동집약적인 기업과 산업이 확대됨으로써 중기적으로 해소될 것으로 예측할 수 있다. 이 글에서는 이런 점을 전제로 하여 신고전파적 모델에 입각하여 물적자본과 노동력 손실이 초래할 장기적인 효과에 초점을 맞추어서 논의를 진행해 나가고자 한다.

솔로-스완 모델(Solow-Swan model)을 비롯한 신고전파 경제성장 모델에서는 물적자본 손실이 GDP를 일시적으로 감소시키지만 장기적으로는 GDP를 원래 수준으로 회복시킨다고 결론 내린다. 이는 물적자본의 양이 적어지면 그 희소성이 높아지고, 자본 1단위당 생산성이 커진다고 생각하기 때문이다〔자본의 한계생산성 체감(遞減) 법칙이라고 부른다〕. 그러므로 자본 축적이 활발해지고 GDP는 점차 수준을 회복해 간다. 문제는 회복 속도이다. 만약 물적자본만 파괴되었다고 가정하자. 그리고 생산기술 측면에서 물적자본이 1% 증가하면 GDP가 1/3% 증가한다는 관계가 성립한다고 가정하자(이 수치는 몇 가지 가정하에서는 자본분배율과 동일하게 된다고 알려져 있어 그 값을 참고로 했다). 그러면 이론적으로 약 15년 후에는 물적자본의 파괴로 상실된 GDP의 절반 정도가 회복될 수 있다는 계산이 나온다.

실제는 재해 시에 물적자본뿐만 아니라 노동력도 상실된다. 이번 지진에서도 엄청난 인적 피해가 발생하였다. 이러한 경우 위의 논의는 GDP 총액이 아니고 노동자 1명당 GDP로 다시 해석할 필요가 있다. 물적자본과 노동력 중 어느 쪽이 훼손 비율이 높은지에 대해서는 향후 정확한 추정 계산을 기다리지 않으면 안 된다. 그러나 대부분의 재해는 설치된 기계나 움직일 수 없는 건물들에 피해를 입혔다. 따라서 노동자 1명당 GDP는 일단 감소한 후에 위와 같은 스피드로 원래 수준으로 돌아간다고 예측할 수 있다.

이 이론을 액면 그대로 받아들이면 실지회복(失地回復)을 위한 자본 축적이 어느 정도 속도로 진행될지를 예측해 볼 수 있다. 단 이러한 계산은 다소 낙관적일 가능성도 있다. 경제성장 모델에서 말하는 '자본 스톡(capital stock)'이란 민간의 물적자본만을 가리키는 것이 아니라 '광의의 자본 스톡'으로 파악해야 한다는 주장이 존재한다. 이것은 협의의 자본 스톡에 인적자본이나 공적자본 등을 더한 것을 가리킨다. 이번 재해에서 노동자가 지금까지 쌓아 온 경험과 받아 온 교육으로부터 얻은 지식이 인명과 함께 상실되었는데, 이것은 인적자본의 손실이다. 또한 철도망·도로망·상하수도 등 많은 공적자본이 손해를 입었다. 이러한 광의의 자본 전체로 본 GDP에 대한 공헌은 위의 계산에서 가정된 1/3이라는 수치를 크게 웃돈다고 생각한다. 가령 이 값을 2/3로 해서 이론 계산을 다시 하면, 노동자 1명당 GDP 손실의 절반을 만회하기 위해서는 먼저 계산한 세월의 두 배인 30년이라는 시간이 걸린다는 결과가 나온다.

물론 이론적으로 보면 민간자본과 인적자본, 공적자본을 단순하게 더하는 것은 지나치게 단순한 경향이 있다. 그리고 공적자본 축적은 재정 운영의 노력에 의해 가속화될 수도 있고, 그런 노력을 다한다면 전체적인 회복 속도도 빨라질 것이다. 인적자본에 관해서도 이재지역이나 원전 주변 지역에 사는 어린이들이 안정된 환경 속에서 충실한 교육을 받을 수 있는 정책이 채용된다면 회복의 발판이 될 것이다. 이 점에서 이토 다카토시(伊藤隆敏 2011b)가 제안한 '대피 학교'(疎開学校)에 공감을 느낀다.

이처럼 이론적 추측에는 불확실성이 수반되지만 향후 예측을 위해서는 물적자본 손상에 관한 데이터 수집과 함께 인적자본이 어느 정도 상실되었는지, 공적자본 손해는 얼마 정도인지의 추정계산이 급선무임에는 틀림없다.

그런데 신고전파 성장이론의 최대 결론은, 실은 이러한 자본 축적 자체보다도 생산성〔정확하게 말하자면 전요소생산성(全要素生産性)〕의 수준 혹은 성장률이 중요하다는 것이다. 생산성이 높은 경제는 그 생산성을 이용해서 더 높은 수준까지 자본을 축적할 수 있다. 반대로 생산성이 낮은 경제가 저축 장려로 자본 축적을 진척시키려고 해도 한계가 있다. 1명당 GDP의 장기적 성장률을 결정하는 요인도 생산성 성장률이다. 따라서 다음 절에서 재해와 생산성 관계에 대해 살펴보고자 한다.

3. 재해와 생산성

논의에 들어가기 전에 본 절에 반영된 일부 견해는 2010년도까지 필자가 담당한 수업에 참가했던 원마 워닛타원(Wanichthaworn, W. 현 도쿄대학 대학원생)이 쓴 졸업논문(Wanichthaworn 2011)에 관하여 원마 씨와 수강생들과 주고받은 논의에서 파생되었다는 것을 밝혀 둔다. 재해가 거시경제에 끼치는 영향을 독립된 주제로 취급한 연구가 나오기 시작한 것은 비교적 최근이며, 특히 재해가 장기경제성장에 끼치는 효과에 한정한다면 현재도 관련된 논문 수는 많지 않다. 최근 드디어 Cavallo and Noy(2009, 2010)의 조사가 등장한 정도이다. 이러한 가운데 나고야(名古屋)시립대학 도야 히데키(外谷英樹)가 다른 연구자보다 앞서 상당히 빠른 시기부터 이 분야에 착수한 것은 주목해야 할 것이다(Skidmore and Toya 2002). 도야는 크로스컨트리 데이터(cross-country data)를 사용한 실증 연구를 하면서 자연재해 중에서도 기상재해에 의한 파괴는 생산성 성장에 대하여 정(正)의 영향을 초래한다는 결과를 얻었다. 이 결과는 어디까지나 태풍과 같은 기상재해에 관한 것이며 지진과 같은 지질학적 재해에 대해서는 성립하지 않는다는 점에 유의해야 한다. 그래도 앞으로 일본의 가능성을 시사한 것으로서 이 결과에 주목해 보고자 한다.

위와 같이 언뜻 보기에 불가사의한 결과에 대한 설명으로서 그들이 주목한 것은 '창조적 파괴(Creative Destruction)' 가설이었다. 이 가설은 신기술이 자본에 체화(體化)된다는 것을 전제로 한다. 그리고 이 가설에서는 구식 설비를 사용하였던 공장이 재해를 입었을 때 공장은 설비를 갱신하지 않을 수 없게 되어 새로운 설비와 함께 신기술을 도입하여 생산성이 상승한다고 한다.

이러한 창조적 파괴라는 용어는 원래 조지프 슘페터(Joseph Alois Schumpeter)의 저작에서 유래한다고 생각한다. 하지만 슘페터는 문자 그대로 재해에 의한 파괴를 고찰하였던 것이 아니라 경쟁을 통한 기술 혁신에 대해서 고찰하였으므로 이 두 가지 학설을 구별할 필요가 있다. 이 글에서는 도야가 사용한 의미로 이 용어를 다루고자 한다.

Cuaresma et al.(2008)에서는 무역 데이터를 바탕으로 선진국이 발전도상국에게 이전한 기술도입 지표를 작성하고, 이것을 생산성 성장률을 대신하는 피설명변수로서 실증 분석했다. 그 결과 재해가 기술 이전에 미친 효과의 부호(符號)는 피해 국가의 소득수준에 의존한다는 흥미로운 결론을 얻었다. 대부분의 발전도상국에서는 창조적인 파괴 효과를 발견할 수 없고 오히려 반대의 효과를 보였다는 결과가 나왔다. 이러한 의미에서 이 논문은 Skidmore and Toya(2002)의 주요한 결과를 부정하게 되었다. 그러나 동시에 1명당 소득이 일정 수준 이상인 나라에 한정해 보면 재해가 선진국으로부터의 새로운 지식 도입을 촉진하는 경향이 있다는 보고도 있다. 이 결과는 재해에 의한 파괴가 장기적인 경제성장의 기회로 바뀔 수 있는지의 여부는 일률적이지 않는다는 것을 보여 준다. 피해 국가가 그러한 목적을 달성하기 위한 능력을 구비하고 있는지가 결정적인 요인이 될 것이다.

4. 일본 경제의 장기성장

이상의 검토를 참고로 해서 향후 일본의 생산성 성장에 관하여 생각해 보고자 한다. 이번 지진의 직접적인 피해에 의하여 문자 그대로 생산기술 혁신이 발생할 여지는 그다지 크지 않을 것이다. 예를 들면 엄청난 피해를 입은 산리쿠(三陸) 연안에 소재한 어항(漁港)이 지진을 기회로 설비를 일신하여 생산성을 비약적으로 개선할 가능성도 배제할 수 없다. 또한 많은 사람들이 그렇게 되기를 기원한다. 그러나 일본 경제 전체에 대한 공헌이라는 척도로 보면 그다지 대규모로 수행되지 않을 것이다.

하지만 생산성이라는 용어를 넓은 의미에서 해석하여 이 용어를 가치를 만들어 내기 위해 주어진 양의 생산요소(노동력이나 물적·인적자본스톡)를 얼마나 효과적으로 배분해 갈 수 있을지에 관한 한 나라의 경제능력이라고 파악해 보자. 이러한 의미의 생산성을 높이기 위해서는 기업조직이나 정부 조직의 거버넌스(governance), 제도의 질(예를 들면 지대추구

(Rent seeking, 특수이익추구론)를 쉽게 허용하는 정치경제 구조는 아닌가, 기득권을 가진 계층이 자기 이익에 저해되는 신기술 도입을 저지하는 것을 허용하지는 않는가], 경제 정책(성과를 얻을 때까지 장시간이 필요하지만 사회적 이익이 큰 기술개발이나 인적 투자를 지원하는 정책이 실시되고 있는가 등)이 중요하다. 이번 지진은 그중 몇 가지 측면에서 지금까지 일본적인 방식이 반드시 적절하게 기능한 것은 아님을 보여 주었다. 이 기회를 활용하여 이러한 측면에서 개선을 도모할 수 있으면 일본 경제에는 '파괴'된 후 찾아올 '창조'를 완수할 기회를 맞게 될 것이다. 이를 위한 네 가지 예를 제시해 보고자 한다.

■ 예 1

일본 곳곳에 산재하는 소규모 농업·어업을 운영해 온 사람들이 고령화되고 생산활동을 계승하는 사람들도 적어지면서 더 이상 유지가 어려워졌다. 이러한 마을은 주변 도시로부터 지원을 받을 필요가 있다. 그러나 그들이 지리적으로 널리 확산되어 있는 것에 비하여 지원하는 청년·중년층의 수가 상대적으로 적은 것이 사태를 어렵게 하고 있다. 이번 이재지역에서 오랜 세월 살아 온 주민들이 가능한 한 원래 장소에 지금까지와 가까운 형태로 도시나 마을이 복구되기를 바라는 것은 당연하다. 그렇지만 부흥은 향후 생산활동을 주로 담당할 젊은층의 부담을 경감시켜 주어야 한다는 점을 중시해야 된다. 이토 다카토시(2011a)를 비롯한 많은 논자가 지적하고 있는 듯이 이 기회에 콤팩트 시티(compact city) 만들기를 신중하게 그러나 적극적으로 검토해야 한다.

■ 예 2

이미 많은 논자가 말한 것처럼 도호쿠·기타칸토(東北·北關東)의 부흥은 일본에서 지역 만들기의 모델이 된다는 점에서 기대된다. 부흥사업에서는 고용 확대를 위하여 우선적으로 그 지역 기업에게 발주하자는 목소리도 있는 모양이다. 그렇지만 부흥사업의 중요성(특히 미래에 다시 일어날지도 모르는 재해로부터 주민들의 생명과 건강 지키기가 첫 번째 목적이다)을 고려하면 최적의 기술을 가진 기업을 그 지역과 국내외를 막론하고 기용해야 할 것이다. 게다가 그 지역 노동자를 우선적으로 고용하면 고용 증대도 도모할 수 있다. 앞으로의 부흥 과정은 그러한 새로운 공공사업의 모습을 보여 주는 계기가 될 수 있다.

■ 예 3

일본에서 소비자 주권이나 음식의 안전이란 논의가 널리 받아들여진 지는 오래되었다. 그럼에도 불구하고 현재 후쿠시마 제1원전 사고의 영향을 받은 농산물과 해산물에 대하여 실시하는 출하제한 등의 대책들은 먼저 소비자의 안전을 지킨다는 관점에서 수행되고 있지 않다는 우려가 다시금 생긴 것 같다. 그러므로 그러한 정책 대응에 의하여 흔히 유리한 취급을 받는 것처럼 보이는 생산자 측에도 오히려 손실이 늘어나는 것이 아닐까. 각종 보도에 의하면 이 같은 우려는 외국으로도 확대되어 일본 농산물·해산물 수출이 어려운 상황에 직면하고 있는 것 같다. 소비자 행정이 분명하게 노선을 변경했다는 것을 국내외에 알기 쉽게 보여주지 않으면 이 문제는 해결할 수 없다.

■ 예 4

이번 한 달 동안 실시한 계획정전이 해당 지역에 일률적으로 적용되었기 때문에 오히려 '같은 1W 전기량이라도 쓰는 사람과 용도에 따라 전혀 가치가 다르다'는 단순한 사실이 밝혀졌다. 예를 들면 '정전 지역에서는 신호가 사라져서 교통 위험이 발생한다', '병원이나 가정에서 의료기기에 의지하는 사람들이 위험에 빠진다', '계속 가동해야 할 필요가 있는 생산설비를 가진 공장이 정전시간을 훨씬 상회하는 장시간 휴업을 해야만 한다'는 사태가 보도되고 있다. 이런 가운데 미시경제학자들을 중심으로 좀 더 효율성을 유지하면서 전력사용을 억제하는 방법(시간별 요금제 등)이 제안되고 있다. 이러한 제안이 진지하게 받아들여지면 기존의 상황을 크게 밑도는 전력사용량으로 생산활동 수준을 떨어뜨리지 않아도 되는 사회가 실현될 것이다.

5. 결론

이번 재해는 많은 희생을 가져왔다. 그런 만큼 만약 가능하다면 이 경험을 장래 발전을 위해 활용해 가는 것이 요구된다. 앞으로 그런 방향으로 논의가 진행되기를 바란다.

— 2011년 4월 11일

참고문헌

Cavallo, E. and I. Noy(2009), "The Economics of Natural Disasters: A Survey," *IDB Working Paper* 124.

Cavallo, E. and I. Noy(2010), "The Aftermath of Natural Disasters: Beyond Destruction," *CESifo Forum* 2010, 11(2), pp.25-35.

Cuaresma J. C., J. Hlouskova and M. Obersteiner(2008), "Natural Disasters as Creative Destruction? Evidence from Developing Countries," *Economic Inquiry* 46, pp.214-226.

Skidmore, M. and H. Toya(2002), "Do Natural Disasters Promote Long-run Growth?" *Economic Inquiry* 40, pp.664-687.

Wanichthaworn, W.(2011), "Natural Disasters and Creative Destruction: the Case

of Developing Countries and Small Island States," 一橋大学経済学部学士論文.
伊藤隆敏(2011a), '復興の長期的視点', 〈経済観測〉,《毎日新聞》3月17日.
伊藤隆敏(2011b), '疎開学校を', 〈経済観測〉,《毎日新聞》2月31日.

미야가와 쓰토무宮川努
(거시경제학·일본경제론)

'상정 외(想定外)'를 '상정내(想定内)'로

위기감은 이노베이션(innovation)[1]의 원천

동일본대지진은 일본 사람 모두에게 충격을 안겨주었다. 거품경제(bubble economy) 붕괴 후 일본은 계속해서 경제 정체기를 겪었고, 지금은 선진국이라고 부르는 것조차 힘든 상황이 되어 버렸다. 이번 지진재해에 대하여 전문가 및 매스컴은 많은 국면에서 '상정 외'였다고 연일 보도하였다. 이것은 일본인들이 그간 20년간 일본 경제사회에 대한 위기감이 얼마나 부족했는지를 여실히 보여 준 실례라고도 말할 수 있다. 이번 비극을 교훈 삼아 제2차 세계대전 후 황폐화된 국토를 직접 눈으로 본 것과 같은 위기감으로 부흥복구책을 내놓고 대처해 갈 것인지, 그렇지 않으면 역사가가 예로 제시한 18세기 포르투갈처럼 쇠퇴의 길을 걸을 것인지, 지금 일본은 큰 기로에 서 있다. 필자는 지금부터 우리가 직면한 경제적 과제를 극복하는 방안을 고찰해 가고자 한다.

1 이노베이션(innovation)은 낡은 기술, 설비, 방법 따위를 버리고 새롭고 선진적인 기술과 공정을 도입하여 기술적 측면에서 근본적으로 변화를 꾀하는 것을 말한다.

1. 재정을 배려한 단기간 부흥복구과정

이제까지 보고된 경제학자나 경제분석가의 대지진재해 후 일본 경제에 대한 전망을 보면, 일본 경제의 향방을 둘로 나누어 설명하고 있다. 첫 번째는 피해복구기간이며, 두 번째는 피해복구 후 일본 경제 전체의 동향이다. 편의상 전자를 단기(短期), 후자를 장기(長期)로 칭하고자 한다. 그들의 논조도 크게 둘로 나눌 수 있다. 두 논조의 핵심을 기술해 보면, 단기적으로는 재해복구가 매우 어려울 것이라는 점을 크게 강조하면서도 장기적으로 볼 때는 매우 낙천적인 전망을 내놓는 분석이 한 축을 이룬다. 또 다른 분석은 단기적인 어려움은 극복할 수 있지만, 장기적으로는 지진재해 전의 경제성장 궤도로 복귀하는 것은 어려울 것이라는 견해이다.

단기적인 문제는 두 가지에 중점을 두고 말할 수 있다. 첫 번째는 16-25조 엔 정도로 추산되는 지진재해 복구비용 조달이다. 단, 그 비용은 지진과 쓰나미에 의한 손해금액에서 시산(試算)된 것이고, 현재 진행 중인 후쿠시마(福島) 제1원전사고('원자력발전소사고'의 줄임말로 이하 '원전사고'로 표기)에 관한 손해보상액이 추가되면 더 증가할 가능성이 있다. 이러한 손해보상액과 경기침체에 따른 세수(稅收)의 감소 보충액도 고려하여, 일설에는 30조 엔 정도의 자금조달에 대해서는 일시적인 증세 또는 부흥복구 국채 발행 등이 논의되고 있다고 한다. 만약 이 금액 전액을 전부 증세로 감당한다고 하면 — 방법에 따라 다르겠지만 — 국민 1인당 30만 엔 정도 부담하게 되는 셈이다. 또 만약 이것을 전부 1년 동안 국민이 부담한다고 하면 1인당 국민소득이 390만 엔으로 가정했을 때 약 8% 정도의 국민 부담률이 상승하는 결과를 가져오게 된다. 당연한 이야기이지만 단기간에 그 만큼의 부담을 국민들에게 강요하기는 어렵다. 따라서 증세와 국채 발행을 혼합한 정책을 세우지 않으면 안 될 것이다. 하지만 일본의 재정은 지진재해 전부터 이미 어려운 상황이다. 그리고 나중에 이야기하겠지만, 지진재해로 인하여 공급 면에서 제약이 많기 때문에 과거와 달리 인플레이션과 금리 상승, 엔(円) 가치의 붕괴와 하락이 계속될 확률이 높아졌다. 따라서 부담금 전액을 국채로 발행한다는 것도 그만큼 리스크가 크다고 할 수 있다.

두 번째는 후쿠시마 제1원전사고로 인해 빚어진 관동(關東)지방을 중심으로 한 전력수급 제약이다. 이것은 5월에 간 나오토(菅直人) 수상이 중부전력 하마오카(浜岡)원자력발전소의 전면 중지를 요청에 따른 것으로, 단순히 도쿄전력(東京電力)회사 문제뿐만 아니라 전국적인 문제가 되었다. 정부는 이번 여름 기업과 가계에 15% 절전을 독려하고 있다. 절전한 것만큼 경제활동이 저하되는 것은 아니지만, 초기 계획정전(計劃停電)[2]을 포함하여 1년간을 통틀어 살펴보면, 이러한 에너지 제약은 관동지방만으로도 경제활동을 크게 저하시킬 것이라고 전망되고 있다. 문제는 이것이 단기간으로 끝나는 것이 아니라 장기화될 가능성이 높다는 것이다. 후쿠시마 제1원자력발전소의 손상은 지진재해 직후에 공표되었던 정보보다 훨씬 더 심각한 상황이다. 때문에 사태수습은 당초 예상보다도 상당히 장기화될 것으로 예상된다. 도쿄전력 관내의 전력부족은 1년으로는 해결되지 못할 가능성이 높다. 또한 원전사고로 점검 중인 원전이 재가동될 가능성은 희박해졌다. 점검 중인 원자력발전소의 재개가

2 계획정전(計劃停電)은 발전소에서 발전된 전기를 송전소에서 지역 및 구간별로 일자와 시간을 정해 놓고 계획적으로 정전을 시키는 것이다. 이번 일본에서 실시한 계획정전은 일본 전력사상 처음 실시한 것으로 일본 국민의 에너지에 대한 경각심을 새삼 불러일으켰지만, 반대로 도쿄전력회사가 운영하는 후쿠시마 원전사고에 대한 많은 억측과 불신을 낳았다. 정부는 계획정전을 어디까지 언제까지 어느 지역에 실시할 것이냐는 것에도 많은 고심을 했지만, 계획정전이 빈부 차이를 여실히 보여 주는 차별적 계획정전이었다는 국민의 지적과 불만도 대단했다. 하지만, 계획정전은 오래가지 않았고 일본 국민의 전력비상이라는 경각심에 힘입어 국민들의 우려와 달리 전력수급에 문제가 없었다. 이것이 계기가 되어 지금 일본에서는 탈(脫)원자력발전소, 반(反)원자력발전소의 논의와 함께 새로운 에너지원에 대한 연구가 활발히 진행되고 있다.

늦어지고 가동 중인 원자력발전소가 점검으로 중지되면 전력공급 부족의 장기화는 불가피할 것이다.

2. 장기적인 이력효과(履歷効果)

이상의 단기적인 경제 과제는 원자력발전소 문제를 제외하고는 제어 가능하다고 보여진다. 이에 비하여 장기적인 경제문제는 더욱 심각한 과제를 내포하고 있다. 자주 이야기되는 것이 한신·아와지(阪神·淡路)대지진에서 큰 피해를 입은 고베(神戶) 항의 예이다. 고베 항은 지진재해 후 복구를 통하여 항만 기능이 회복되었는데도 불구하고 취급 화물량에서는 아직 지진재해 전 상태(세계적인 순위권)로는 회복되지 않고 있다. 이것은 수출입 물품의 적하(積荷)가 대만, 한국, 홍콩 등을 경유하게 된 뒤 다시 고베 항으로 돌아오지 않았기 때문이다. 지진재해와 같이 큰 재난 피해를 입었을 경우 인프라 등의 경제환경이 지진재해 전의 상황으로 돌아왔다고 해도 경제활동이 지진재해 전으로 회복된다고는 할 수 없다. 이러한 현상을 경제학에서는 자연과학 용어를 빌려 히스테리시스〔hysteresis, 이력효과(履歷効果)〕라고 부른다.

이번에 이력효과는 세 분야에서 발생할 것이라고 생각된다. 첫 번째는 동북지방을 중심으로 한 자동차부품, 전자부품 생산에 대한 영향이다. 이 분야에 대한 수요는 일본에서 중국, 한국, 대만 등의 경쟁국으로 전환하였고, 그 수요는 동북지방의 생산설비가 회복되어도 복귀할 가능성이 없다.

첫 번째 문제는 두 번째 일본의 기술력에 대한 신뢰성 저하에 따라 증폭될 우려가 있다. 후쿠시마 원전사고는 지금도 여전히 많은 사람들이 위험에 아랑곳 않고 사고 수습작업에 전력을 다하고 있지만, 이제까지 일본의 기반산업을 지탱해 온 기술력에 커다란 타격을 줄 것으로 예상된다.

나 자신은 일본의 개개의 산업기술이 충분히 높은 수준이라고 믿고 있지만, 그것을 일괄적으로 관리하는 시스템이나 조직, 인재에 대해서는 지진재해 전부터 의문시하고 있었다. 작년부터 새로운 성장 주력 산업으로 원자력발전소나 고속철도 등의 인프라 설비를 해외에 판매하는 것을 하나의 전략목표로 삼고 있었다. 이러한 인프라 설비는 개개의 기술수준만이 아니라 그것을 하나로 집약할 수 있는 능력이 관건인데 이번 사고로 이러한 거대 프로젝트를 관리하는 능력에 대한 신뢰성이 실추되었다.

거대 프로젝트에 관해서는 이전에 일본개발은행에게 전수받은 PFI(Private Finance Initiative)[3]가 생각난다. 파이낸스(Finance) 이념 모델에서는 프로젝트를 실행하려고 하는 경우 그 프로젝트가 실패할 경우의 청산가치를 항상 고려한다. 이 사고방식은 프로젝트 파이낸스 실무에도 적용되고 있다. 그러나 일본의 경우 사업자나 출자자는 사업의 존속 가능성에 집착한 나머지 청산가치를 '상정 외'로 놓아 결과적으로 파산신청을 늦춰 큰 손실을 보는 경우가 많다. 이번 후쿠시마 원전사고의 경우는 천재(天災)적인 부분이 크지만 '전원 상실'이나 '폐로(閉爐)'라는 일종의 '청산(淸算)' 상황에 제대로 대응할 수 없었던 것은 이 프로젝트 파이낸스의 경우와 마찬가지로 일본의 안일한 위기관리 대응방식과 사고방식을 전 세계에 재각인시켰고, 또 거대프로젝트를 운영하는 데에 무리가 있는 나라라는 인상과 평가를 내리게 만들었던 것은 아닌가 싶다.

끝으로 '방사능 오염'에 대한 반갑지 않는 외부 평가 영향이다. 이들 평가는 뜬소문에 기인해 또 한번 피해를 입히는 이른바 '풍문피해' 역할을 하고 있다. 그럼에도 방사능 오염에 관한 국제적 기준이 확립되어 있지 않는 상황에서 이러한 평가를 불식시키기란 결코 쉽지 않다. 이로 인

3 PFI(Private Finance Initiative)는 민간의 자금 조달능력, 경영능력 및 기술능력 등 사업운영 노하우를 활용하여 공공정책을 실시하는 수법이다.

해 새로운 성장 주력산업의 하나로 자리매김한 관광산업이 막대한 영향을 받았다. 그 뿐만 아니라 유능한 해외 인재를 적극적으로 유치하려고 했던 일도 무산되어, 당분간은 중국이나 한국 시장에 빼길 것이며 그들 또한 한동안은 일본으로 돌아오지 않을 것이다.

살펴본 것처럼, 단기적인 문제는 국내의 여러 제도를 활용하여 대응할 수 있지만, 장기적인 문제인 해외에 대한 신뢰 회복은 자국의 노력만으로는 도저히 해결할 수 없는 부분도 있다. 때문에 장기적인 문제는 더욱 심각하다고 생각한다.

3. 시모무라 오사무(下村治) 박사의 예언

제2차 세계대전 이래로 국난을 맞이할 때마다 생각나는 사람은 일본개발은행(현 일본정책투자은행) 설비투자연구소를 창설 당시 가장 큰 역할을 한 시모무라 오사무(下村治) 박사이다. 시모무라 오사무 박사는 '소득배증계획(所得倍增計劃)'의 발안자(發案者)이다. 그는 일본인의 역량을 믿고 전후 부흥복구부터 고도성장기에 이르기까지 이 지침을 세워 일본을 이끌었다는 사실은 잘 알려져 있다. 그는 또한 석유파동을 기점으로 '제로성장론'을 전개하였다. 시모무라 오사무 박사가 이처럼 발상을 전환한 진정한 이유는 잘 모르지만 다케우치 히로시(竹内宏) 씨의 회고록 《경제 분석가들의 영광과 좌절(エコノミストたちの栄光と挫折)》〔동양경제신보사(東洋經濟新報社), 2008년〕을 보면, 박사는 고도성장기가 끝날 무렵에 이미 일본 경제는 성숙기에 들어와 있으니 에너지 제약이 오히려 일본의 성장을 멈추게 할 것이라고 생각했던 모양이다.

대지진재해 후의 부흥복구 과정 중에 일본은 시모무라 오사무 박사의 두 가지 예언을 곱씹지 않으면 안 될 것이다. 성장기를 고도성장기와 함께한 나는 석유파동을 극복한 일본의 저력을 믿는다. 하지만 지금과 달리 당시는 일본과 같은 형태의 산업구조를 가진 중국이나 한국 같은 경쟁 상대가 없었다. 또한 에너지 제약도, 그리고 지금 문제가 되고 있는 원자력발전 문제도 없었다. 아니 오히려 원자력발전에 의해 석유파동도 서서히 극복할 수 있었다. 그러나 이번 국난은 석유파동 시 가질 수 있었던 유리한 조건도 기대할 수 없다.

4. 위기감을 원동력으로 삼은 이노베이션을

유감스럽지만 일본은 당분간 가시밭길을 걸을 각오를 해야만 할 것이다. 일률적인 축소균형은 지금 이상으로 고용상실을 초래할 것이고, 사회불안을 현재화(顯在化)할 가능성이 있다. 그 가운데 굳이 희망을 찾으려 한다면, 새로운 세대가 펼칠 이노베이션에 대한 기대일 것이다. 그러나 '상정 외'를 남발하는 현재의 조직구조가 유지되는 한 정말이지 진정한 의미에서의 이노베이션은 일어날 수 없을 것이다. 원래 이노베이션은 '상정 외'의 상황을 '상정 내'로 만드는 행위이기 때문이다. 유감스럽게도 일본은 최근 20년간 거품경제 붕괴나 금융위기를 겪어 왔음에도 불구하고 일반적으로 위기의식이 빈약한 일상을 보내고 있었다. '절대안전'과 같은 표어의 허구성을 비롯해 비참한 사고에 대처하는 방법을 마련해 두지 못했다는 것, 우리는 이번 대지진재해를 겪으며 뼈저리게 체감했다. 일본이 이제부터 한층 더 심각해질 경제 침체의 늪에서 진정으로 벗어나고자 한다면 건전한 위기감을 회복하고 진정한 의미의 이노베이션을 허용하는 기업조직, 고용, 파이낸스 등의 조건을 정비하는 일부터 시작하지 않으면 안 될 것이다.

고마쓰 사쿄(小松左京) 씨는 《일본침몰》 마지막에서 와타루(渡)라는 노인에게 "일본 민족이란… 미래를 향해 진정으로 새로운 의미에서 내일의 세계의 '성숙한 민족(大人民族)'으로 크게 성장해 갈 수 있을까?"라고 말하게 하는 것으로 끝을 맺고 있다. 지금 일본은 말 그대로 픽션의 세계가 아닌 현실의 세계에서 고마쓰 사쿄 씨가 제기한 의문에 답을 하지 않으면 안 될 기로에 서 있다고 본다.

— 2011년 5월 16일

오가와 에이지小川英治
(국제금융론)

절약과 자숙*

미증유의 대지진재해가 발생했다. 그 직후 몇 차례에 걸쳐 밀려들어 온 거대 쓰나미에 의한 피해는 상상을 초월하는 거대한 것이었다. 그것은 주택이나 공장을 삽시간에 휩쓸어 버렸을 뿐만 아니라 원자력발전소까지도 밀려들어 왔고, 후쿠시마 제1원전 사고로 방사능 물질이 노출되는 사고까지 벌어졌다.

지진재해 직후 휘발유와 쌀을 비롯한 식료품, 그리고 화장지 등의 일용품이 부족하게 되었다. 이것은 석유콤비나트나 공장이 지진재해로 인하여 직접적으로 피해를 입거나 지진재해를 입은 그 다음 주부터 시작된 계획정전으로 공장 가동시간이 단축되었기 때문이며, 또 휘발유 부족으로 이들 상품의 유통이 마비되는 등 그 영향이 상당히 컸다. 특히 물건 사재기와 비축으로 통상적인 범위를 넘는 수요의 증가가 물품 품귀현상을 빚었고 더 한층 박차를 가하는 꼴이 되었다.

이러한 상황 속에서 지진재해에 의한 원자력발전소 및 유통설비 등의 피해로 전력공급 능력이 크게 축소되었다. 이는 경제에 크나큰 타

* 본고는 일반 재단법인 일본경제연구소 발행《일경연 월보(日經研月報)》5월호(2011년 4월 30일)에 게재된〈시평(時評)〉으로, 허락받아 그대로 게재한 것이다 — 저자 주.

격을 준다. 특히 계획정전의 영향은 어마어마하다. 계획정전이라고 해도 계획대로 정전이 실시되지 않을 경우도 발생하는데, 이런 불확실성을 수반하는 것이 계획정전이다. 도쿄전력에 의한 계획정전은 시간대가 6시 20분부터 10시 00분까지와 18시 20분부터 22시 00분까지로 1일 24시간 중 3분의 2가 계획정전 대상 시간대로 설정되어 있다. 그대로 계획정전을 실시할지 하지 않을지는 알 수가 없다. 특히 오전 중에 실시하는 계획정전은 그 전날 오후에, 오후의 계획정전은 당일 오전에 발표되는 상황이다. 이처럼 직전까지도 실시 여부를 알 수 없는 계획정전의 불확실성은 경제활동에 크나큰 영향을 초래하고 있다. 계획정전이 실시된 경우를 감안하여 공장의 인원 배치가 이루어지기 때문에, 가령 계획정전이 중지된다고 해도 바로 인원을 재배치하거나 가동시간을 조정하는 등의 조치를 신속하게 할 수 없어 속수무책으로 공장 조업을 중지해야만 했다.

정지된 원자력발전소 복구는 당분간 기대할 수 없다고 해도, 지진으로 현재 정지 중인 화력발전소〔4월 3일 시점에서 히로노(広野), 히타치 나카(常陸那珂), 가시마(鹿島)발전소〕가 복구되면, 단순계산으로 대략 580만 kW의 전력공급 능력이 회복된다. 4월 3일 전력 최대치 공급력이 3650만 kW이기 때문에 대략 15% 증가하게 되는 셈이다. 이 단순계산이 정확하다고 해도 전력수요가 증가하는 여름철 성수기를 대비한 전력공급 능력은 부족할 수밖에 없다.

전력공급이 불충분한 가운데 절전 캠페인을 실시하고 있다. 전력공급 능력을 초과하지 않도록 전력수요를 삭감하려는 의도인데, 그 절전 캠페인만으로는 삭감이 충분하지 않아 도쿄전력에서 계획정전을 발표하고 실시하는 것이다. 전력공급 능력에 맞춘 전력수요의 절약 조치가 취해진 것은 어쩔 수 없는 일이다. 안정적인 전력공급을 유지하기 위해서라도 필요한 일이다.

공급능력에 수요를 맞추기 위해 절약이 장려되는 한편 이와 관계없이 전체적으로도 수요를 자숙하는 쪽으로 움직이고 있는 중이다. 그러다 보면 결과적으로 공급능력보다 수요량이 크게 낮아져 잉여 전력이 발생하고, 이어 전력 공급능력의 격감이 뒤따라 일본 경제에 마이너스 효과를 가져올 수 있다.

말할 필요도 없이, 재난피해를 입은 사람의 기분을 배려하여 전 일본 국민이 다양한 활동을 자숙하는 것도 중요한 일일 것이다. 그러나 이재민에 대한 안타까운 마음을 가지고 의연금(義捐金)과 자원봉사로 피해지역의 복구를 위해 협력하고, 그와 동시에 피해를 입은 동일본의 경제를 부흥시키기 위해 일본 전체의 경제활동을 활성화하는 것도 중요하다. 피해지역 복구에는 정부 예산이 집행되는 경우가 많다. 정부 예산은 긴급성, 필요성이 없는 지출을 줄이는 것은 당연한 일이지만, 피해지역 이외의 지역에 부흥세(復興稅)를 도입하거나 부흥세율만큼 소비세 인상 등도 검토해야만 할 것이다. 이렇게 함으로써 국민경제의 부담을 얼마간이라도 경감하여 경제의 활성화를 꾀하면 자연적으로 감수(減收)의 삭감〔가능하면 자연 증수(增收)〕을 기대할 수 있게 된다.

가네모토 요시쓰구金本良嗣
(도시경제학·공공경제학)

리스크 관리 정책과 전력부족 대책

1. 리스크 관리 정책

동일본대진재로 얻은 교훈은 이제까지의 리스크 관리 시스템이 기능하지 않았다는 점이다. 첫 번째로 후쿠시마 제1원자력발전소는 토목학회가 평가한 쓰나미 평가지수를 근거로 쓰나미 높이를 5.7미터로 상정하여 발전소를 설계했다고 한다. 그런데 지진재해와 연동하여 일어난 쓰나미는 이것의 약 3배인 14-15미터였다. 이에 따라 비상용을 포함한 냉각용 전원 모두를 상실했다. 두 번째로는 쓰나미에 의한 침수로 큰 피해를 입은 동북지방 연안지역에서는 매그니튜드 7.5 정도의 지진을 상정하여 제방 등의 정비를 하였는데, 이 상정치를 훨씬 상회하는 쓰나미가 들이닥쳤다. 이상과 같은 두 가지 예에서 찾아볼 수 있는 공통점은 지진이나 쓰나미의 크기를 단일개념으로 상정하여 그에 대응할 수 있는 기준을 정한다는 점이다.

당연한 이야기지만 어떤 규모의 지진재해가 일어날지 불확실한 상황이고, 상정한 기준치를 크게 상외하는 규모의 재해가 일어날 가능성과 확률은 적을지 모르나 반드시 존재하게 마련이다.

일본에서는 하나의 숫자를 제시하고 그것 이상이라면 하얀색(안전),

그것 이하라면 검은색(위험)이라는 이분법을 사용하는 경우가 많다. 공공사업 채택에 있어서도 비용편익비(費用便益比)가 1을 상회하면 채택하고, 1을 밑돌면 기각한다는 기준을 사용한다. 현실세계에서는 아무리 잘 해도 확실성보다는 불확실성을 피할 수 없는 경우가 많다. 이것에 비추어 생각하면 이러한 방법은 너무나도 불합리하기 때문에 당연히 불합리한 정책결정을 낳을 수밖에 없다.

예를 들어 30년에 한 번 정도 7미터 정도의 쓰나미가 발생할 확률이 있다면 이에 대비해 방파제를 세우고, 또 100년에 한 번 정도 15미터 정도의 쓰나미가 올 확률까지 감안해 신속하게 피난할 수 있는 조치를 강구하는 등 다단계의 준비가 필요하다. 원자력발전소 사례에 있어서도 10미터가 넘는 쓰나미가 와도 전원을 모두 상실하는 일이 없도록 대책을 마련했어야 했다.

리스크 평가에 대해서는 이것 외에도 개선할 점이 많다. 기본적으로 꼼꼼한 리스크 평가가 이루어지지 않았다는 것은 문제이다. 문외한들이 통계나 확률을 이해하기는 쉽지 않다. 정책결정에 관여하는 대다수의 사람들은 법학부 출신이라 이런 소양이 없다. 구미의 공공정책대학원이나 비즈니스 스쿨에서는 통계학이 필수가 되고 있지만, 일본에서는 이것이 철저하지 않다.

리스크 평가의 기술적인 면에 대하여 약간 보충설명을 해 두고 싶다. 먼저 정규분포(正規分布)를 사용하여 리스크 추정을 하는 경우가 많은데, 최근 연구에서는 정규분포로는 분포 토막 쪽의 확률을 과소평가하는 예가 많이 보이고 있다. 거듭제곱 분포와 같은 리스크가 더욱 크게 나오는 분포도 생각하지 않으면 안 된다. 두 번째로 리스크 요인 사이의 상관관계를 고려할 필요가 있다. 진도(震度) 대책과 쓰나미 대책을 분리하여 생각하고 각각에 대한 기준을 세우는 경우가 많다. 그러나 지진과 쓰나미는 동시에 발생하기 때문에 만약 이것을 각기 따로 떨어진 독립체로 계산한 리스크 평가는 과소평가로 진단될 우려가 매우 높다. 이것들이 동시에 일어날 때 어떻게 되는지를 생각하지 않으면 안 된다. 예를 들면 후쿠시마 원자력발전소는 지진으로 기기(機器)가 망가졌으며 동시에 쓰나미에 침수당했다. 이 두 가지 상승효과로 결국 복구가 너무 어렵게 되었다.

2. 복구부흥에 대하여

대부분의 유식자가 지적했듯이, 피해지를 정상적인 생활이 가능하도록 복구하는 것은 너무나도 많은 비용이 든다. 가령 이번과 같은 쓰나미에 대응할 수 있는 방파제를 세우고 이제까지 있었던 모든 어항(漁港)을 안전한 형태로 재정비하는 일은 거의 불가능하다. 얼마만큼 효율적인 복구를 하고 주민의 생활기반을 되돌릴 수 있는가는 금후의 큰 과제이다.

특히, 많은 주택이 물에 휩쓸려 흔적도 없어진 침수지역에는 원래 주택이 있는 주거공간에 다시 집을 짓지 않고 다른 지역에 집을 세울 수 있는 방법이 필요할 것이다. 좀 더 적은 비용으로 생활재건이 가능할 수 있는 계획을 마련하지 않으면 안 된다. 위험지역 주민들이 원래 살던 공간에 다시 주거공간을 세우지 못하게 하면 그 토지 소유권을 양도받는 대신에 다른 장소에 주거공간을 마련할 수 있도록 할 필요가 있다. 이제까지 이용되어 왔던 재개발 방법은 환지(換地)에 너무나도 많은 시간과 노력이 소요되는 문제가 있다. 소유권을 증권(證券)화하여 대규모로 재배치를 쉽게 할 수 있는 제도를 마련해야만 한다.

3. 전력부족 대책

대지진재해 이후의 전력부족 대책으로 윤번정전(輪番停電, Rolling blackout)[1]이 실시되었다. 윤번정전은 크나큰 사회적 비용을 치렀다.

교통신호기가 멈추어 사고도 발생했고, 병원에서는 수술을 할 수 없게 된 사례도 있었다. 또 생산활동에 미친 악영향도 크다. 본래 공급력이 부족할 때에는 가격이 상승하고 그만큼의 가치가 있는 수요만을 만드는 편이 좋다. 윤번정전으로는 불요불급(不要不急)의 수요와 상당히 필요성이 높은 수요를 구별할 수 없다.

일본에서 전력자유화의 진전이 늦어지고 있는 것은 큰 문제이다. 전력시장이 유효하게 기능하고 있었다면 사용량 최대치일 때 가격이 상승함으로써 필요도가 높은 수요만 남는 메커니즘이 작용한다. 또 자가발전(自家發電)을 가지고 있는 기업이 발전량을 증가시켜 외부로 공급을 늘리는 경우도 기대할 수 있다. 전력취급소의 분담량은 지극히 적고 이러한 기능을 다할 수 없었다. 특히나 유감스럽게도 전력시장이 혼란해지는 것을 두려워하여 도쿄 지역의 전력 취급을 정지시켜 버렸다.

정부는 금년도 여름에는 윤번정전을 하지 않는 전력공급부족대책 방침을 발표하였다. 이것은 바람직한 발표지만, 다량으로 전력을 사용하는 사업장에 25% 전력삭감을 의무화하라는 규제조치를 그들에게 부과할 방침이다. 이 조치의 문제점은 온난화 대책에서 보여진 직접규제 시 노출된 문제와 동일하다. 삭감비용이 매우 높은 업종이나 사업자가 존재하기 때문에 일률적인 삭감으로는 큰 사회적 비용이 발생한다. 삭감비용이 적은 사업소가 더욱 많이 삭감하는 메커니즘이 필요하다. 그 방책으로 배출량 거래가 존재한다. 배출량 거래, 또는 그것과 같은 효과를 기대할 수 있는 제도를 도입하는 것이 바람직하다. 일본경제신문(4월 9일 조

---

1 윤번정전(輪番停電)은 전력수요가 전력공급 능력을 상회하여 대규모 정전사태를 초래할 우려가 있는 경우에 이를 피하기 위해 전력회사가 일정 지역에 전력공급을 순차적으로 정지 또는 재개시키는 정전방식이다.

간)에 의하면 "기업 그룹 내나 다른 업종, 지역 등 복수의 기업이 조직적으로 연합하여 삭감 목표를 달성하는 방법"이 검토되고 있다고 한다. 가능한 폭넓은 범위의 기업이 적은 거래비용으로 삭감 정량을 융통성 있게 맞출 수 있는 메커니즘이 요청된다.

또 스마트 그리드(smart grid)[2]의 정비 일환으로 스마트 미터(smart meter)[3]의 도입이 추진되고 있다. 실은 일부 전력회사에서는 스마트 그리드가 화제가 되기 전부터 스마트 미터의 도입이 추진되었다. 전력수요는 시간대나 계절에 따라 크게 변동한다. 여름 전력부족은 하루 중 냉방 수요가 크게 늘어나는 시간대에 발생하고 그 이외의 시간대에는 큰 문제가 되지 않는다. 스마트 미터가 도입되면 수요가 최고치가 되는 시간대만 가격을 올리는 것으로 수요를 억제할 수 있게 된다. 이에 덧붙여 전력시장 자유화가 진전되면 최고치의 가격이 좀 더 투명하게 형성되고 사회적 비용을 최소화해 재해 시 공급부족에 대응할 수 있게 된다.

— 2011년 4월 18일

2 스마트 그리드(smart grid)는 전력계통망을 디지털화해 에너지 효율을 최적화하는 전력생산유통 시스템이다.

3 스마트 미터(smart meter)는 통신기능이나 다른 기계의 관리기능을 가진 고성능 전력미터시스템을 말한다.

가와니시 사토시川西諭
(행동경제학, 게임이론)

전력사용요금단가 인상 제안

국민감정을 배려한 현금 반환*

현재(집필 중인 2011년 4월) 도쿄전력 관할구역 내에 하계 전력부족이 문제가 되고 있다.

지진재해 직후 전력부족에 도쿄전력은 계획정전이라는 긴급대책으로 대응했다. 결과적으로 교통신호기와 의료기관, 건설자재를 비롯해 부흥에 필요한 산업 생산 라인도 전력공급이 정지돼 사회적으로 큰 혼란을 초래했다.

4월 들어 난방전력수요가 낮아지고 전력공급 능력이 증가해 전력부족 문제가 일시적으로 해소되었지만, 여름철이 되면 에어컨 등 냉방기기 사용 증가로 또다시 전력부족 문제가 발생할 것으로 예상되고 있다.

도쿄전력 관할구역 내에서 순간 전력소비량(kW)이 전력공급량을 상회하면 예기치 않은 광역정전이 발생한다. 이 사태만은 절대로 피해야 한다. 이 때문에 지진재해 직후 계획정전은 어쩔 수 없었다고 말할 수 있

* 이 글은 다이아몬드 사(社) 서적 온라인에 게재한 〈긴급제언 '여름 대규모정전'을 피하기 위한 행동경제학적 방법(緊急提言 '夏の大規模停電'を避けるための行動経済学的方法)〉(2011.4.14-15)을 기초로 집필한 것이다.(http://diamond.jp/articles /-/11889) — 저자 주.

을 것이다. 그러나 여름철까지는 약간의 시간적인 여유가 있다. 이 위기를 극복할 최선의 방법을 찾기 위해서는 국민의 예지(叡智)를 집결할 필요가 있다.

현재 정부나 산업계에서는 다양한 대책을 강구하고 있는 중이지만, 그 주요한 내용은 소량 수요자인 일반 가정과 중소기업에는 선의의 절전을 호소하고, 대량 수요자인 대기업에게는 전력소비량을 25% 정도 점감(漸減)시키는 것으로 대응한다는 내용이다. 대량 수요자의 수요 억제에 대해서는 그것을 강제하는 법률 발동이 검토되고 있다.

많은 경제학자는 이 대책에 정부와 다른 생각과 논리를 내세우며 자신들의 의견을 관철시키려고 하고 있다.[1] 왜냐하면 공급부족이 생긴 경우의 대처방법으로서 현재 검토되고 있는 방법은 한정된 자원의 효율적인 이용이라는 관점에서 문제가 많고, 또 부흥해 가지 않으면 안 되는 경제에 족쇄가 되어 버릴 위험성이 도사리고 있기 때문이다.

한정된 전력을 어떻게 배분할 것인지를 사회적으로 검토해 보면, 사회에 가장 필요하다고 판단되는 곳과 절감(節減)이 곤란한 곳에 배분하고 그 대신 불요불급(不要不急)의 이용이나 절감이 용이한 부분을 감소시키면 좋을 것이다. 부흥 산업이나 의료기관, 교통이나 통신 등이 필요한 것은 자명하지만, 그 이외의 대부분의 전력 이용에 관해서는 실제적으로 어느 것이 필요하고 어느 것이 불필요한 것인지를 판단하는 것은 상당히 어렵다. 그 때문에 대량으로 전력을 사용하는 수요자인 대기업에게 일률적으

1 와세다대학 노구치 유키오 교수〔다이아몬드 온라인, 〈미증유의 대재해, 일본은 어떻게 대응해야 하는가(未曾有の大災害 日本はいかに対応すべきか)〉 제1회〕, 오사카대학 오타케 후미오(大竹文雄) 교수〔《시평 2011 지진재해 복구부흥에 필요한 열정과 냉정한 시점(時評 2011震災復興に必要な熱い気持と冷静な視点)》, 《중앙공론》 2011년 5월호〕, 오사카대학 핫타 다쓰오(八田達夫) 교수〔《일본 격진! 나의 제언 송전망은 신규업자에게 개방해야 한다(日本激震! 私の提言 送電網は新規業者に開放すべき)》, 《주간 동양경제》 2011년 4월 9일호〕, 조치대학(上智大学) 야마자키 후쿠주(山崎福寿)(본 제언집에 게재) 교수가 각각 지진재해에 대한 긴급제언 중에서 언급하고 있다 — 저자 주.

로 수요를 절감시킨다는 '외관상의 평등'을 중시하는 배분방법이 채택될 전망이다. 그러나 이러한 방법으로는 관동권(關東圈)의 경제활동이 일률적으로 정체될지도 모른다. 원래 하계전력수요의 상승은 일반 가정이나 중소기업에 의한 에어컨 사용에 따른 것이 큰 데도 불구하고 대량의 전력 이용자인 대기업에게만 절감시키는 것이 공정한 판단인 것이지 크게 의문이 남는 대목이다. 불요불급의 전력이용을 방치한 채 제어하기 쉬운 대기업의 경제활동만을 강제적으로 억압한다면 부흥하기 시작한 경제에 족쇄가 될 우려가 있다.

경제학자의 대부분이 제안하고 있는 대책은 '전력사용요금단가를 인상한다'라는 것이다.[2] 전기요금의 부담이 늘어나는 것은 대부분의 사람들에게는 바람직하지 않는 것으로 들릴지도 모르지만 수요가 공급을 상회했을 때 그 조절기능으로서는 가장 자연스럽고 효율적인 것이 이 방법이다.

야채나 쌀 공급이 부족하면 그 가격이 올라가는 것은 당연한 일이다. 그에 따라 그만큼 필요 없는 사람은 사지 않을 것이고 그래도 필요한 사람은 살 것이다. 한정된 자원을 정말로 필요한 사람에게만 제한적으로 사용할 수 있도록 하는 시스템이다.

물론, 이 방법에도 문제점이 있다. 현재 세계 전체적으로 곡물공급이 부족하여 곡물가격이 상승했기 때문에 개발도상국 사람들이 곡물을 살 수 없어 굶어 죽고 있다. 즉 가격조절의 문제는 가난한 사람이 엄청난 부담을 떠안게 되는 것이다. 이 문제는 해소할 필요가 있는데, 후술하듯이 그것은 가능하다.

---

2 전기요금을 인상하는 대신에 인상분에 상당하는 세금을 부과하는 대체안도 있는데, 세금을 시간에 따라 변경한다는 안은 세법상 문제가 있을 것이라고 노구치 유키오(野口悠紀雄) 교수는 지적한다 — 저자 주.

시장에서 가격이 정해진 야채와 쌀 등의 경우는 가격이 올라가는 것이 당연한데, 전력은 공급부족이 생겨도 가격이 올라가지 않는다. 이것은 도쿄전력이 독점적으로 전력을 공급하여 가격을 결정하기 때문이다.

공급이 부족한데 가격이 계속 낮은 상태라면 모든 수요를 충족시킬 수 없기 때문에 반드시 '사고 싶은데 살 수 없다'는 사람이 나온다. 다행히도 살 수 있는 사람을 차치하고, 살 수 없는 사람은 불공평하다고 느낄 것이다.

지진재해 직후에 주유소와 슈퍼 앞에 물건을 사기 위해 늘어선 행렬을 떠올렸으면 한다. 많은 사람이 '사고 싶은데 살 수 없다'는 경험을 했을 것이다. 만약에 주유소와 빵, 우유의 가격에 공급부족분을 반영하여 바로 가격인상을 단행한다면, 줄지어 선 행렬은 순식간에 흔적도 없이 사라질 것이다. 진정으로 필요한 사람이 구입하고 그렇지 않은 사람은 참는다는 가장 이상적인 행동을 가장 자연스러운 형태로 유도하는 것이 가능할 것이다.

계획정전 때문에 곤란한 사람들도 사실은 '사고 싶은데 살 수 없다'는 사람들이다. 그리고 이 여름에 전력사용의 절감을 강제적으로 실시하지 않으면 안 되는, 대량으로 전력을 사용하는 수요자들도 '사고 싶은데 살 수 없게' 된다.

이와 같은 사태는 어떻게 해서든 피하지 않으면 안 된다. 이것이 경제학자들의 생각이다.

그러나 전력사용요금단가를 올린다는 경제학자의 제안은 지금까지 거의 받아들여지지 않았던 것으로 생각된다. 렌호(蓮舫) 절전계발담당장관은 4월 5일, 여름철 절전대책으로 '전력요금을 올린다는 이야기는 있어서는 안 된다'고 강조했다. 경제학적인 견해에 대하여 가장 이해력이 많은 일본경제신문 조간 사설(3월 23일)에서조차도 사용단가의 인상은 최후의 수단이 되어야 한다고 주장한다.

왜 그렇게 판단한 것일까? 이유는 여러 가지가 있다고 생각되지만, 여기에는 3가지 큰 문제가 있을 것이다.

하나는 부담이 늘어난다는 우려이다. 예를 들어 1kWh의 요금단가가 20엔이었던 것을 40엔으로 2배 증액한다면, 절전을 전혀 하지 않는 경우에는 기본요금을 제외한 전기세가 2배로 증가한다. 절전을 했다고 해도 전기세의 부담은 아마도 늘 것이다. 게다가 독점기업인 도쿄전력이 전기를 공급하고 있기 때문에 소비자의 부담 증가액은 그대로 도쿄전력의 수입증가액이 된다. 이 사실을 용인할 수 없다고 생각하는 일본 국민은 적지 않을 것이다.

또 하나의 문제는 가난한 사람들에게 오히려 나쁜 영향을 끼친다는 것이다. 가격이 오르고 제일 먼저 전력소비를 억제하지 않으면 안 되는 사람은 비용부담을 할 수 없는 가난한 사람들이다. 결국 그들의 몫으로 남겨지게 된다는 지적이다.

이 두 가지 문제는 다음과 같은 방법으로 해소할 수 있다.

전력사용요금의 단가인상으로 야기된 도쿄전력의 수입증가분을 소비자에게 균등하게 현금으로 환원하는 방법이다. 현금으로 환원된 돈은 전력소비량과는 관계없이 소비자 전체에게 균등하게 재분배하는 것이 관건이다. 현금 환원으로 은행수수료 등의 송금 비용이 소요된다고 한다면, 현금 환원된 만큼 다음 달 이후의 기본요금을 할인하는 것으로 쓸데없는 비용이 생기지 않도록 하는 것도 가능할 것이다.[3]

이와 같은 방법을 취하면 요금단가 인상과 함께 소비자의 추가적 부

---

3 송금수수료에 대한 배려에 대해서는 게이오 기주쿠대학(慶應義塾大学) 그레바 다카코(グレーヴァ香子) 교수에게 조언을 받았다. 또 그 해결책으로서 기본요금을 할인하는 안(案)은 히로시마 슈도대학(広島修道大学) 구사카와 다카오(草川孝夫) 준교수가 지적해 주셨다 — 저자 주.

담총액은 0엔이 된다. 즉, 전체적으로는 부담은 증가하지 않고 도쿄전력의 수입도 증가하지 않는다. 그리고 가난한 사람에 대한 나쁜 영향도 없어진다. 이 방법으로는 요금단가 인상의 부담은 전력소비에 비례하지만 재분배는 전력소비하고는 관계가 없다. 이 때문에 전력소비가 많은 사람은 실질적으로 부담이 증가하는 것에 비하여 평균보다도 전력소비가 적은 사람은 반대로 부담이 감소한다. 상대적으로 소득이 낮은 사람은 마찬가지로 전력소비도 적을 것이기 때문에, 이 방법이라면 나쁜 영향은 생기지 않는다.[4]

전력사용요금단가를 올리는 것이 가장 이상적인 것은 이것으로써 자발적으로 절약을 유도할 수 있기 때문이다. 요금단가가 올랐지만 전력사용을 줄이면 줄일수록 소비자의 부담은 크게 감소한다. 요금단가가 2배가 되면 같은 1kWh 전력의 사용절감이라도 2배의 전기세가 절약된다. 즉 전력부족을 생각하여 절약하는 사람일수록 그만큼 혜택을 받을 수 있는 시스템인 것이다.

현행 요금단가대로 사용자에게 선의의 절약만을 요구해도 많은 선의의 시민과 선의의 기업경영자는 협력해 줄 것이다. 그러나 한편으로는 자기중심적으로 전력을 절약하지 않는 사람들도 세상에는 있다. 지진재해 직후에 자숙하자는 캠페인에도 불구하고 계속적으로 불요불급한 물건을 사재기하는 사람들이다. 그러한 사람들을 위해서 선의의 사람들이 바보처럼 보이는 사회는 좋지 않은 사회가 아닐까? 선의의 행동이 제대

4 평균 이하의 사람이 부담이 감소한다는 구조보다도, 작년 사용량보다도 감소한 소비자가 부담이 줄어드는 구조를 만드는 것이 가장 바람직하지 않은가라는 코멘트를 받았다. 작년 사용량을 기준으로 하는 안(案), 이 안의 문제점은 작년까지 이미 절전을 꾸준히 해 온 터라 이제 더 이상 절전할 여지가 없는 가정이 손해를 보고, 반대로 절전을 철저하게 하지 않고 절전할 여지가 너무나 많은 가정이 득을 보는 불공정한 상황이 벌어지는 것이다. 작년 사용실적이 없는 세대의 취급이나 세대마다 이력을 조사하는 수고를 생각하면 실시하기 위한 비용문제도 만만치 않을 것이다 — 저자 주.

로 보답받는 시스템이 좋은 조직임에는 틀림이 없다.

또 절전을 요구받고 그 필요성은 알고 있는데도 불구하고 그냥 지금까지 해 왔던 대로 전기를 사용하는 사람도 적지 않을 것이다. 인간이란 그러한 존재이다. 이렇기 때문에 현재 상황에서도 불요불급한 전력사용이 실제로 상당히 있을 것으로 생각된다. 현재 일반 가정에 요구하고 있는 여름철 최고전력량의 수요억제는 실은 1980년대 후반 거품경제(bubble economy) 시기의 이용수준에까지 전력이용을 억제하는 것이다. 당시와 비교하여 인구는 증가하지 않았는데 전력이용의 필요성이 증가했다고 말할 수는 없다. 당시 전력이용이 생활에 곤란할 정도로 억제되고 있었던 것은 아니다. 20년 정도 사이에 에어컨을 비롯한 편리한 전기제품이 늘었고 정말로 사용하지 않아도 어떻게든 살았는데 전력소비를 늘리는 꼴이 되어 버렸던 것이다.

실제로 일본에너지경제연구소는 도쿄전력 관할구역 내의 모든 일반가정이 전력사용량 최고치일 때 아주 꼼꼼하게 절전을 실시한다면, 정부가 목표로 하는 절전은 충분히 가능하다는 시산(試算)이다.

선의에 의한 절전을 요청하는 것과 함께 절약을 하면 득이 된다는 구조체계를 마련함으로써 '알고 있어도 그만둘 수 없는 사람'을 제도적으로 후원해 주는 일이 중요한 것이다.

자기중심적인 사람이나 행동을 바꿀 수 없는 사람들이 필요 이상으로 시원한 방에서 쾌적한 생활을 계속할 수 있기 위해서 공덕심(公德心)과 의지가 강한 성실한 사람들이 필요 이상으로 절감을 해야만 하는 것은 분명 불공평하며, 그것을 허락하는 구조체계는 올바르게 구조를 바로잡아야 할 것이다.

절전에 대한 협력을 요청하는 것과 동시에 그 협력이 성공적인 절전으로 이어질 수 있는 구조를 만드는 것, 지금이야말로 이것이 절실히 요구되는 시점이라고 생각한다.

세 번째 문제는 가격을 어느 정도 올려야만 하는가의 문제이다.

이 점에 대해서 경제학자 노구치 유키오(野口悠紀男) 교수는 요금단가를 3.5배 인상할 필요가 있을지 모른다고 지적하고 있다. 그러나 요금단가 상승폭을 그 정도로 올릴 수는 없지 않은가 하는 것이 필자의 생각이다. 3.5배라는 숫자는 '전력소비가 요금인상에 그만큼 반응하지 않는다'라는 과거 연구결과에 근거한 것인데, 이번에는 비교적 작은 상승폭으로도 큰 효과를 거둘 수 있는 이유가 적어도 4가지는 있다. 이것도 국민 감정의 이해가 하나의 중요한 열쇠가 될 것이다. 다음 아래의 내용을 순서대로 살펴보고자 한다.

1) 절전 캠페인

이제까지의 추계(推計)는 단순히 전기요금 단가가 상승한 것만으로 사회적으로 절전을 요구했던 상황을 분석했던 것은 아니다. 요금단가가 상승하지 않은 현재도 많은 사람들이 선의의 절전에 협력하고 있다. 전기사용량은 요금단가뿐만 아니라 사람들의 선의에도 의존하고 있는 것이다. 3.5배라는 숫자는 아마도 '전기사용량이 요금단가만으로 결정된다'라는 전제에서 나온 숫자라고 생각된다.

선의의 절전으로 수요억제가 된 만큼 요금단가 상승으로 인한 수요억제는 적게 해도 되는 것이기 때문에 그 만큼 요금단가 상승폭도 소폭으로 조정될 것으로 생각된다.

2) 수요를 감소하는 것은 전력사용량 최고치일 때뿐이다

이번에 전력사용을 억제해야만 하는 것은 전력사용량 최고치일 때뿐이다. 산업활동과 에어컨 사용이 집중하는 '여름철 평일 낮 시간대'에만 수요를 억제한다면 대규모 정전사태는 피할 수 있다. 그 이외의 시간대에 전기사용이 증가하더라도 대규모 정전사태를 피한다는 점에서 문제가 없다. 이 점을 잘 이용하면 큰 희생을 치르는 일 없이 문제를 해결할 수 있다. 왜냐하면 전력사용 총량을 줄이지 않고도 전력사용을 전력사용량 최고치일 때가 아닌 그 이외의 시간대로 변환시키기만 하면 괜찮기 때문이다.

요금단가의 상승을 전력사용량 최고치일 때로 한정한다면 소비자는 요금단가가 비싼 전력사용 최고치일 때를 피하여 싼 시간대로 전력사용을 자발적으로 변환할 것이다. 전력사용 시간을 변환한 만큼 전력사용 최고치의 전력사용은 가격상승에 대하여 크게 반응한다고 생각된다.

실제로 도쿄전력에서는 심야전력을 싸게 하는 계획('경제적인 밤', '효과적인 전기사용' 등)을 제공하고 있는데, 이들 계획을 선택한 대부분의 소비자들은 세탁기나 식기세척기의 가동, 휴대 전기기기의 충전 등을 취침을 하는 야간시간 대로 옮기는 등 현명하게 전기를 사용하고 있다. 시간대와 상관없이 단가를 올리는 경우는 소비시간대를 약간 피하여 사용하는 대응방법은 취할 수 없지만 단가상승 시간대가 한정되어 있으면 시간대를 그 시간대를 피하여 사용한 만큼 단가상승에 대응할 여지가 크게 될 것이다.

수요가 공급능력을 초월할 것 같은 경우에만 전기요금 단가가 상승하는 것이 가장 이상적이다. 예를 들면, 전력사용 최고치일 때라도 기온이 낮은 날 등은 단가상승을 할 필요가 없다. 같은 시간대에서도 날씨나 기온에 따라 요금단가를 바꿀 수 있다면, 공급능력의 80%를 넘는다면 2배, 90%를 넘는다면 3배 등 탄력적이면서도 동시에 단계적으로 요금단가를 올림으로써 부담증가액을 한정하면서도 유연한 수요조절이 가능하게 된다. 소량으로 전력을 사용하는 수요자에 대해서는 전기사용량을 아주 세세하게 계측할 수 없기 때문에 그 방법은 어려울지도 모른다. 그러나 경제학자 핫타 다쓰오(八田達夫) 교수의 제언(提言)에 의하면, 대량으로 전력을 사용하고 있는 공장 등은 30분 단위로 전기사용량을 계측할 수 있어서 전력수급에 따라 단가를 상승시킨다면 꽤 많은 강력한 단가 인센티브를 줄 수 있을 것이라고 한다.

시간대별로 세세한 요금단가를 조정할 수 없다고 해도 요금단가가 올라가는 계절이 한정되어 있다면 소비자는 계절 간 수요변환으로 조정하는 일도 가능하다. 가을과 겨울에 예정하고 있었던 여행을 전력부족이 예상되는 여름철로 변경하고, 도쿄을 일시적으로 떠난다면 전력부족 문제 해소에 큰 공헌을 하게 될 것이다.

여름방학은 학교도 쉰다. 회사원이 유급휴가를 가능한 한 전력이 부족한 기간으로 잡고 가족과 함께 도쿄전력 관할구역 내를 벗어난 장소에서 보내는 것은 그리 어려운 일은 아닐 것이다. 전기를 사용하지 않으면 요금단가 상승 부담은 거의 없고 현금반환을 받을 수 있으니 큰 이점과 함께 혜택도 누릴 수 있을 것이다.

3) 전력가격은 눈에 보이지 않는다

행동경제학 연구에서는 사람들은 눈에 보이는 가격에는 반응하지만 보이지 않은 가격에는 반응하지 않는다는 사실이 알려져 있다. 대부분의 사람들은 지불하는 금액은 같은데 소비세를 포함한 가격을 보여 주면 비싸다고 느끼고, 소비세를 뺀 가격을 보여 주면 싸다고 느낀다. 전력가격도 요금단가가 얼마인지를 알고 사용하는 사람은 도대체 얼마나 될 것인가? 과거 연구에서 전력가격 상승이 큰 수요의 감소를 나타내지 않은 원인으로 이 가격이 눈이 보이지 않았던 것이 가장 큰 원인이라고 나는 생각하고 있다. 휘발유 요금과 같이 1l에 몇 엔이라고 확실히 써 있다면 비싼지 싼지가 명확하게 전달되므로 가격에 반응한 소비자는 수요를 조절할 것이 분명하다.

이 문제는 요금단가 인상을 유효하게 그 효력이 나올 수 있도록 하는 데 있어서 대단히 중요하다. 만약 요금단가 인상을 했는데 소비자가 그 의도를 모른다면 전력소비의 억제효과는 적을 것이고, 결과적으로는 3.5배의 요금단가 상승이 불가피하게 될지도 모른다.

요금단가를 '눈에 보이도록' 하여 뉴스와 휴대폰 등으로 실시간 전기요금을 알려준다고 한다면 사람들은 그 시간대만 전기사용을 자발적으로 자제하려고 할 것이다. 예를 들어, 텔레비전 광고나 뉴스에서 "현재 전력사용이 공급능력의 90%를 넘었습니다. 수요억제를 위해 전기요금 단가가 70% 상승했습니다. 전기사용을 자제해 주십시오"라는 메시지가 나온다. 이것을 보면 불필요한 전등이나 사용하지 않는 컴퓨터의 전원을 끄려는 노력을 자연스럽게 유도할 수 있을 것이다. 공급능력의 95%를 넘는다면 긴급 지진 속보와 같은 형태로 "전력수요가 일시적으로 공급능력을 넘어 대규모정전이 일어날 우려가 있습니다. 컴퓨터 등의 데이터를 저장하여 정전되었을 때 고장이 우려되는 전자기기는 전원 플러그를 뽑아 주세요" 등의 메시지를 보낸다. 그렇게 하면 보다 큰 절전을 유도할 수 있다고 생각한다.

4) 공급도 증가한다

전력사용요금단가가 상승하면 도쿄전력에서 전기를 사는 것보다도 자체적으로 전기를 생산하는 것이 이득이 되는 경우도 나올 것이다. 태양광이나 가스를 이용한 발전기기의 이용은 증가하고 있는데, 요금단가가 상승하면 그것을 사용하는 이점도 높아져 보급 속도도 빨라질 것이다. 특히 태양광발전은 여름철 에어컨을 가장 많이 사용하는 낮 시간에 큰 발전을 하기 때문에 여름철 전력공급 부족을 메우기에는 가장 효과적이다. 물론 자가발전 설비의 설치에는 시간이 걸리기 때문에 이것으로 모든 것을 해결하는 것은 어려울 것이다. 그러나 요금단가 상승은 사회 전체의 발전능력의 증강을 더욱더 후원하는 지지대 역할을 할 수 있다는 것도 잊어서는 안 될 것이다.

이상과 같이 생각하면 3.5배의 요금단가 상승은 너무 높다는 것이 나의 생각이다. 제대로 요금단가 상승을 발표한다고 한다면 요금단가 상승폭을 2배 이하로 억제할 수 있다고 생각한다.

'전력가격의 가시화'와 마찬가지로 중요한 것은 가능한 한 빠른 단계에서 요금단가 인상 방침을 결정하고 발표하는 일이다. 요금단가 상승에 대응하여 전기사용 시간대를 변경하거나 일시적으로 도쿄을 벗어나 여행을 떠나거나 또는 자가발전 설비를 도입하는 데는 시간이 걸린다. 사람의 행동이나 계획은 단기적으로는 변경할 수 없다. 더욱 적극적인 조정을 끌어내기 위해서는 가능한 한 빠른 단계에서 발표할 필요가 있는 것이다.

요금단가 상승은 어느 정도 효과를 가져올 수도 있다고 생각되지만, 현 시점에서 그 효과를 정확하게 예상하는 것은 곤란하다. 조금 이른 6월 정도부터 계절별 시간대 요금을 도입하여 가격상승 효과를 보면서 7월, 8월의 요금을 결정해 가는 방법이 어쩌면 가장 현실적일지도 모른다. 수요동향을 보고 사후(事後)적으로 가격변경을 인정하는 것을 검토해도 좋을 것이다.

유연한 가격변경이 어려운 이상 가격변경만으로 완전히 대규모 정전을 막을 수 없을지도 모른다. 수요억제 효과가 충분하지 않은 경우에는 대량으로 전력을 사용하는 수요자에게 절감(節減)을 강요할 필요가 대두될 것이다. 그러나 가격인상 정도의 수요억제를 미리 실시해 둔다면,

대량 전력사용 수요자에 대한 파장도 적어질 수 있다.

현금반환을 조건으로 하는 단가인상은 하나의 안에 불과하다. 이 제안과 가장 유사한 안은 민주당 내에서도 검토했다고 보도되었지만, 유감스럽게도 현재 상황에서는 정부의 절전대책 안에 포함되지 않았다.

이미 정부 계획안은 움직이기 시작하여, 대기업에게는 이미 구체적인 절감계획을 제출할 것을 요구하였다. 그러한 의미에서 이 제안에는 '때는 이미 늦었다'라는 지적도 있을 것이다. 그러나 전력부족의 문제, 그리고 지구온난화 대책으로서의 화석연료 소비의 절감은 장기적으로 일본 경제가 본격적으로 착수하지 않으면 안 되는 과제이기도 하다.

현행 전기요금은 기본요금이 있고 전기사용이 많으면 많을수록 평균비용이 낮아진다. 사용하면 사용할수록 '이득'이 되는 구조체계이다. 이러한 요금체계는 억제해야만 하는 전기사용을 반대로 촉진시키고 있다. '기본요금을 내고 있는데도 전기를 사용하지 않는 것은 아깝다'라는 심리가 작용했기 때문이다. 기본요금을 없애고 요금단가를 올린다. 특히 사용량이 증가하면 단계적으로 요금단가를 올리게 돼 수요자에게 강한 절감 인센티브를 줄 수 있다.

요금인상에는 국민들의 강한 반발이 있다. 이론적으로는 올바른 정책도 여론의 합의를 얻지 않으면 실현할 수 없을 것이다.

대기업은 물론, 일반 가정과 중소기업의 자발적인 협력을 유도하여 국가적인 난국을 극복해야 한다. 경제학자는 그것을 실현하기 위한 방법을 국민과 대화를 통해서 끈기 있게 모색해가지 않으면 안 된다.

— 2011년 4월 16일

나카자토 도오루中里透
(거시경제학)

공급제약하의 일본 경제

전력부족을 어떻게 극복할 것인가?

동일본대진재(동북지방 태평양연안 지진)가 발생한 지 1개월이 지났다. 이 거대한 지진은 동북지방 태평양연안을 중심으로 하는 넓은 지역에 막대한 피해를 주었을 뿐만 아니라 전력부족과 서플라이 체인(supply chain)의 단절로 인하여 피해지 이외의 지역에도 큰 영향을 주었다.[1] 이와 같은 공급제약은 단기적으로 경제에 교란을 줄 뿐만 아니라 대응방법 여하에 따라서는 중장기적으로도 경제에 마이너스 영향을 끼칠 가능성이 있다. 이하에서는 이번 여름 전력부족에 대한 대응을 중심으로 전력수급 문제와 그에 당면한 정책 대응에 대하여 검토하고자 한다.[2]

1 내각부(2011) 시산(試算)에 의하면, 피해 전 지역에 직접적인 물적 손해(사회자본·주택·민간기업 설비의 훼손액)만으로도 16-25조 엔 정도라고 추산되고 있다 — 저자 주.

2 막대한 피해가 발생한 피해지역을 포함한 동북전력 관할 지역 내에 대해서는 특별한 배려가 필요하기 때문에, 이하에서는 도쿄전력 관할 지역만을 대상으로 검토하기로 한다. 도쿄전력 관할 내에서도 이바라키(茨城) 현과 지바(千葉) 현의 일부 지역에서는 큰 피해가 생겼다. 이 점에도 충분히 유념할 필요가 있다 — 저자 주.

1. 기본적인 생각

1) 대책의 기본적인 생각 — 수요 평준화와 활동 분산화

이번 전력부족의 문제는 결국 전력량 최고치를 전후한 수시간대에 전력수요(최대전력)가 공급(최대출력)을 상회한다는 문제이다. 따라서 석유파동을 겪었을 때 취했던 것과 같이, 24시간 내내 전력수요를 억제하는 대책 중에서 현재 전력부족에 대한 대응책을 찾는 것은 유효하지 않다. 아니 어쩌면 오히려 마이너스 영향을 끼칠 요인이 있으므로 이에 유의하면서 대응책을 생각해 나갈 필요가 있다. 자칫 이번 문제를 총 전력공급량의 부족이라는 문제로 파악하여 소매점 등의 영업시간의 단축(폐점시각을 앞당김)과 심야영업의 자숙 등의 형태로 일제히 조정한다면 전력부족이 오히려 증폭될 우려가 있다. 전력부족을 완화시키기 위한 핵심은 수요를 평준화함으로써 전력량 최고치를 일정하게 유지하는 것이다. 이를 위해서는 다양한 활동을 시간적·공간적으로 분산하는 방향으로 조정할 필요가 있다(따라서 영업시간은 오히려 주간에서 야간·심야로 변환시키는 것이 바람직하다는 말이 된다).

2) '나쁜' 절전대책 — 서머타임[3]의 도입

이번 여름 전력부족에 대한 대응책으로 서머타임의 도입을 검토하자는 움직임이 일부에 있다. 이와 같은 형태로 일제히 활동시간대를 앞당기는 것은 '나쁜' 절전대책의 전형적인 예이다.[4] 여름 전력수요의 최대치는 오후 2시부터 오후 3시까지(날에 따라서는 오전 11시에서 12시까지)이다. 이

---

3 서머타임(summer time)은 여름철에 표준시보다 1시간 시계를 앞당겨 놓는 제도로 일광절약시간(daylight saving time)이라고도 한다. 일을 일찍 시작하고 일찍 잠에 들어 등화를 절약하고 햇볕을 장시간 쬐면서 건강을 증진한다는 근거로 주장되었다.

4 4월 5일자 공동통신에 의하면, 서머타임의 대체 안으로서 기업에게 업무시간을 앞당길 것을 요청하는 안을 정부가 검토 중이라고 한다 — 저자 주.

시간대를 중심으로 오전 10시부터 오후 7시경까지가 전력수요가 가장 많은 시간대이다. 이러한 근거로 기업이 활동시간대를 통상보다 1시간 내지는 2시간 앞당기면, 업무 시작은 아직 전력공급에 여유가 있는 시간대끼리가 변경되는 것이지만, 이에 비하여 업무종료 시각을 앞당기는 것은 전력수요초과(공급부족)가 생긴 시간대 중에서 좀더 전력수요가 많은 시간대로 변경하는 셈이 된다. 업무종료 시각과 동시에 소등과 냉방 정지를 실시하는 것이 아니라면 전력수요는 오히려 증가해 버릴 가능성이 있다(전력부족에 맞추어 철도의 운행 횟수를 삭감하는 경우에는 오히려 저녁 퇴근시간이 아주 혼잡해지는 등 또 다른 형태로 혼란이 생길 가능성이 있다). 전력부족을 완화시키기 위해서 필요한 것은 수요평준화와 활동분산화이다. 이것을 고려하면 가장 필요한 것은 시차를 두고 출근하도록 촉구하는 것으로 활동의 분산화를 꾀하는 것이다. 이것을 추진해야만 한다. 정서적인 대응이나 안이한 발상으로 서머타임의 도입을 제안하거나 업무 개시 시간을 앞당기는 것은 신중히 검토할 필요가 있다.

2. 전력수급 전망

1) 전력공급에서의 두 가지 장애요소 — 최대출력과 표준주파수

이번 여름 전력부족에 대한 대응책을 준비하기 위해 전력수급의 현재 상황과 금후의 전망을 정리해 두고자 한다.

지진재해 후의 전력공급에는 쉽게 넘을 수 없는 두 가지의 장애요소가 있다. 하나는, 발전소의 피해 등으로 전력공급력(최대출력)이 큰 폭으로 떨어졌기 때문에 여름철 전력량 최고치일 때의 전력수요(최대전력)를 감당할 수 없다는 문제이다. 이번 지진재해로 후쿠시마 제1원자력발전소가 정지한 것 이외에 가시마(鹿島) 화력발전소 등도 피해를 입어 정지했다. 이 때문에 가시마 화력발전소의 복구와 계획정지 중인 요코스카

(橫須賀) 화력발전소의 운전 재개, 정기점검 중인 시나가와(品川) 화력발전소 등의 복귀를 전망해도, 도쿄전력의 전망(〈이번 여름의 수급전망과 대책에 대하여〉 2001년 3월 25일 발표)에 의하면, 7월 말 시점에서 최대출력은 4650만kW 정도에서 머무를 전망이다.[5]

또 다른 하나는 동일본〔이토이 가와 시즈오카(糸魚川靜岡) 구조선(構造線)을 기준으로 하여 그 동쪽〕과 서일본〔이토이 가와 시즈오카 구조선을 기준으로 하여 그 서쪽〕에서 전력 주파수가 다르기 때문에 동서 간의 전력 융통에 큰 제약이 있다고 하는 것이다.[6] 예년에 도쿄전력은 여름철 전력량 최고치일 때에 동북전력으로부터 전력을 융통받았는데 올해는 이것도 안 되는 상황이다.

이러한 장애요소는 중장기적으로는 도쿄전력 관할구역 내의 발전능력과 동서 간의 변전(變電)능력의 증강에 따라 해소가 가능하지만, 당면한 문제는 이 공급제약을 주어진 것으로 수요를 억제할 필요가 있을 것이다.

2) 이번 여름 전력수요의 전망 — 최대전력은 5500만kW - 6000만kW

연간 전력수요는 매년매월 기온의 추이에 따라 상한치·하한치가 있는데, 하절기(7월 하순에서 8월 중순까지)와 동절기(1월부터 2월까지)를 두 개의 정점으로 하는 계절성을 가지고 변동한다. 두 개의 정점 중에 전력수요가 최대인 것은 하절기이다. 때문에 전력부족은 동절기보다도 하절기에 더욱 심각한 문제가 발생한다. 하절기 전력수요는 기온에 따라 크게

5 가시마 화력발전소는 일부를 제외하고 4월 상순에 운전이 재개되었다 — 저자 주.
6 전력 표준주파수가 50㎐인 지역과 60㎐인 지역의 경계는 대략 이토이 가와 시즈오카 구조선(糸魚川靜岡構造線, Itoigawa-Shizuoka Tectonic Line, ISTL)이다. 이 경계와 현(縣) 경계는 일치하지 않기 때문에 시즈오카(靜岡) 현은 후지카와(富士川)를 끼고 동쪽은 도쿄전력 관할지역(50㎐), 서쪽은 중부(中部)전력 관할 지역(60㎐)이다 — 저자 주.

변동한다. 최근 몇 년 동안의 추이를 보면, 기온이 평년을 웃도는 날이 많았던 2008년 6월에서 8월까지의 평균기온이 관측 사상 최고를 기록한 2010년과 비교하여 최대전력이 약 6000만kW였다.[7] 이에 비하여 기온이 평년보다 낮았던 2009년에는 최대전력은 약 5500만kW를 조금 밑도는 수준이었다.[8] 기상청의 전망(〈관동 고신(甲信)지방 온난기후시기 예보〉 2011년 2월 24일 발표)에 의하면, 금년 여름은 기온이 평년보다 조금 높을 것으로 예상하고 있어서 전력수요도 평년보다 상한치를 기록할 가능성이 높다고 한다. 따라서 예년을 상회하는 절전이 이루어지지 않는 체제 가운데 전력량 최고치일 때의 전력수요가 6000만kW에 달할 가능성이 있을 것으로 전망하여 대응책을 마련할 필요가 있다.[9] 앞서 보았듯이, 올 여름 전력공급 능력(최대출력)은 4650만kW 정도이므로 전력수요 최고치일 때에도 약간의 여유분이 확보될 필요가 있다는 것을 고려하면, 전력량 최고치일 때에는 1000-1500만kW 정도의 수급 차이가 존재하게 된다.

여름철 전력수요가 평년보다 기온이 높았던 2008년(7월 초에서 8월 말까지)을 보면, 최고기온과 최대전력 사이에 강한 상관관계가 있는 것을 확인할 수 있다(도표 1).

여기에서 주목되는 것은 8월 10일부터 8월 16일까지(추석 기간)의 동향이다. 이 기간은 최고기온이 30도를 웃도는 날에도 최대전력은 거의 5000만kW 수준에 머물고 있다.

여름철 전력수요를 24시간 시간대별로 보면, 냉방 등의 수요가 증가

---

7 2008년에는 8월 8일 6089만kW, 2010년에는 7월 23일 5999만kW가 연간 최대전력이었다 — 저자 주.

8 2009년 최대전력은 7월 30일 5450만kW였다 — 저자 주.

9 도쿄전력은 최근 절전 등의 동향을 분석한 결과, 여름철 전력수요(최대전력)가 5500만kW(7월 말)에 육박할 것이라는 전망을 내놓았다 — 저자 주.

도표 1. 기온과 최대전력의 추이(2008년)

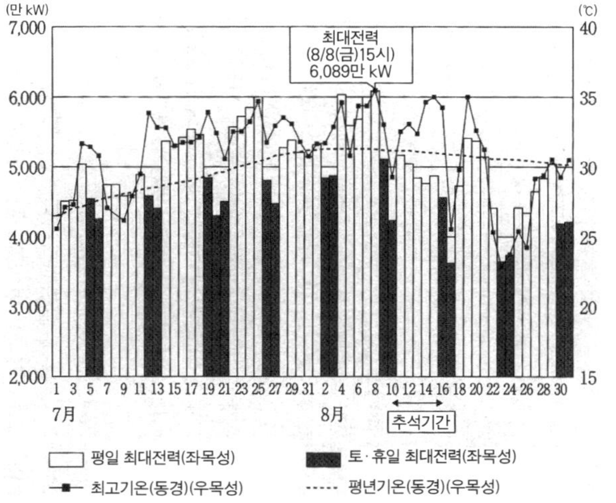

*출전: 도쿄전력 〈올 여름 전력수급에 대하여〉(2008년 9월 16일 공표)

하는 오전 11시부터 12시까지, 또는 14시부터 15시가 최고치가 되는 형태가 일반적이다.

따라서 전력부족 문제를 해소하기 위한 핵심 포인트는 정오 전후에서 저녁에 집중하는 전력수요를 어떻게 분산시킬 것인가에 달려 있다. 이를 위해서는 수요 자체를 전체적으로 감소시키는 것과 함께 낮에서 야간으로 수요를 전환할 필요가 있다.

3. 수급 차이에 대한 대응책

1) 전기세의 부활 — 수요억제와 부흥재원의 확보

전력수급 차이를 축소시키기 위한 방책으로서는 윤번휴업 실시, 영업시간의 재검토, 하절기 휴가의 장기화, 전력요금의 요금체계의 재검토 등의 조치가 전력수급긴급대책본부(2011) 등에서 이미 제안했는데, 이들 조치로 전력수요의 평준화 실시와 전력사용에 대한 과세, 그리고 서일본〔이토이 가와 시즈오카(糸魚川静岡)구조선(構造線)을 기준으로 하여 그 서쪽〕에 대한 기업활동의 이전(移轉)에 따른 도쿄전력 관할구역 내의 전력수요를 전체적으로 감소시키는 것을 생각할 수 있다.[10] 과세로써 전력수요를 억제하는 것에 대하여서는 고쿠로(小黒)·사토(佐藤)(2011)와 노구치(野口)(2011)가 이미 제안했다. 따라서 여기에서는 이전에 실제로 과세가 이루어졌던 세목(稅目)인 전기세에 대하여 언급하고자 한다.

1988년 3월까지 시정촌세(市町村稅)로서 과세가 이루어지고 있었던 전기세는 전등·전력의 이용요금을 과세표준으로 전력이용자에 부과되고 있었던 세목이다. 다단계 과세방식을 취하고 있는 소비세와는 달리, 전기세는 전력사용량에 따라서 면세(免稅)를 할 지점을 설정하는 것과 이용자의 업종별 경감조치를 강구할 수 있는 점에 그 특징이 있다.[11] 전력수급을 조정하기 위하여 이와 같은 과세를 부과하는 것에 대하여 충분한 이해를 얻을 수 없을 가능성이 있는데, 이 점에 대해서는 전기세를 국세로 한 다음에 세수(稅收)를 피해지 부흥을 위한 재원으로 충당함으로써 과세에 대한 이해를 얻기 쉽게 하려는 전략으로 보인다.[12] 최근 시점에서 전력 10개 회사의 연간매출은 약 15조 엔이고, 1988년도에는 전기세 수세(收稅)가 4897억 엔이었던 점을 생각하면, 전력요금을 과세표준으로서 10%의 세율로 과세를 부과하면 1조 엔 규모의 세수(稅收)를

---

10 전력수요 억제책으로는 강제력이 강한 순서대로, 전기사업법 제27조에 근거한 사용제한(총량규제), 도쿄전력과 대량으로 전력을 사용하는 수용가 사이에 체결된 수급조절계약에 근거한 조정, 이용자에 의한 자주적인 절전 대책을 들 수 있다—저자 주.

11 1988년 기점으로 전기세 세율은 5%, 면세는 3,600엔이고, 섬유제품의 제조용 전기에 대하여서는 2%, 종이 제조용 전기에 대하여서는 4%의 경감세율이 적용되고 있었다 — 저자 주.

12 전기세 전신인 전기와사세(電氣瓦斯稅, 1942년 창설)는 원래 국세로서 도입된 것이다—저자 주.

확보할 수 있게 되는 셈이다〔이것은 소득세의 10% 정률증세의 세수에 필적할 만한 규모이다〕.

전력과세에 따른 전력수요를 억제하는 방책의 난관은 전력수요의 가격탄력성이 낮기 때문에 절전을 표방하는 발표효과 등을 고려한다고 해도 이 과세만으로 전력수요를 억제하려고 하면 세율이 상당히 높아질 가능성이 있다.[13] 따라서 현실적인 판단으로서는 이와 같은 가격 메커니즘을 이용한 수급조정과 병행하여 총량규제 등에 따른 수량 조정을 동시에 시행할 필요가 있다고 사료된다.

2) 총괄

하절기 전력수요에 대하여 장기적인 추세를 보면, 시간대별로 하지 말고 전체적인 수요증가가 생긴 것뿐만 아니라 전력량 최고치일 때의 최대전력이 그것을 상회하는 형태로 증가하고 있고, 최고치일 때의 최대전력에 맞추어 발전능력을 증강하는 대응은 효과성이라는 관점에서 보면 문제가 많은 것이다. 따라서 이번 전력부족에 대응하는 형태로 전력수요 억제와 평준화를 도모하는 것은 전력공급에 대한 부하를 저감(低減)하고 안정적이고 효과적인 공급을 확보한다는 점에서 현재와 같은 '유사시'에 대응하는 것뿐만 아니라 전력부족이 해소된 '평상시'에도 의미가 있는 것이라고 말할 수 있다.

전력부족과 서플라이 체인의 단절에 의한 공급제약은 당면 경제에 대한 큰 불안요인이 될 것으로 예상된다. 하지만 전력수급 조정에 있어서는 가계·기업에 자주적인 조직체계와 실천을 착실하게 진행해감과 동시에 정부에서도 냉정한 분석을 실시한 다음에 실수가 없는 판단을 해

13 아키야마(秋山)·호소에(細江)(2007)에 의하면, 도쿄전력 관할지역 내에서 전력수요의 가격탄력성은 0.1 내지 그 이하일 가능성이 높다는 추정결과가 제시되었다 — 저자 주.

가는 것이 중요하다고 생각한다.

— 2011년 4월 15일

참고문헌

秋山修一·細江宣裕(2007), 〈電力需要関数の地域別推定〉, *RIETIP Policy Discussion Paper Series*, 07-J-028, 經濟産業研究所.

小黒一正 · 佐藤主光(2011), 〈復興のため、電力消費特別税を導入せよ! これが電力不足と被災地復興を両立させる道だ〉, 日経ビジネスオンライン, 2011年3月25日.

電力需給緊急対策本部(2011), 〈夏期の電力需給対策の骨格(案)〉, 2011年4月8日.

内閣府(2011), 〈東北地方太平洋沖地震のマクロ経済的影響の分析(月例経済報告等に関する関係閣僚会議震災対応特別会合資料)〉, 2011年3月23日.

野口悠紀雄(2011), 〈緊急提言 電力需要抑制のために価格メカニズムの活用を〉, ダイヤモンドオンライン, 2011年3月16日.

우에스기 이치로植杉威一郎
(기업금융, 일본경제론)

재위기 모드에 들어간 기업금융의 미래

1. 단기자금 융통과 중장기 복구·부흥자금 공급의 필요성

버블경제 붕괴 후 일본 기업은 자금조달 측면에서 커다란 시련을 수차례 겪었다. 1990년대 후반부터 2000년대 전반기에 발생한 불량채권 심각화 문제에 의한 금융위기로 금융기관의 자생자본은 크게 훼손되었다. 기업실적에 상관없이 대출이 곤란해지는 융자 거절과 융자금 회수 현상이 일어났던 것이다.

2008년 가을 리먼(Lehman) 쇼크 이후에 발생한 세계적 경기 후퇴 시기에 일본 기업의 실적은 크게 악화됐다. 또한 자금 융통이 매우 곤란했다. 이번 동일본대지진은 새로운 심각한 시련이다. 피해지역 기업들은 생산이 큰 폭으로 저하된 것뿐만이 아니라 이들 기업으로부터 물건을 조달받는 재무와 서비스의 흐름이 중단되었다. 그리고 기업에 판매하던 재화나 서비스 대금 회수가 정체되는 일들이 있어났다. 그렇기 때문에 피해지로부터 멀리 떨어진 기업이라도 생산량이 저하되고 자금 융통도 악화됐다. 기업의 자금 융통은 다시 위기 모드로 들어갔다고 할 수 있다.

기업이 요구하는 것은 단기적인 운전자금뿐만이 아니다. 재해로 훼손된 생산준비 시설을 복구하는 것은 물론이고 더 나아가 새로운 생산

혁명을 일으키기 위한 자본 축적에 사용되는 장기적 자금도 필요하다. 단기운전자금과 중장기 설비자금, 즉 시간 축과 목적이 서로 다른 두 종류의 자금조달을 어떻게 해결해 갈까라는 것이 문제인 것이다.

단기적인 자금 융통을 원활하게 운용하기 위해 몇 가지 강구책이 정부나 금융기관에서 제공되기도 하였다. 정부는 재해 때문에 지불하지 못한 어음이나 부도 처분(은행에 거래정지 처분 등 포함)을 일정 기간 유예하도록 금융기관에 요청했다. 금융기관 측도 재해 영향을 직간접적으로 받은 기업으로부터 반환유예나 보조자금 공급 신청에 대해서는 가능한 한 대응해 주려고 노력하고 있다. 정상적인 기업이 거래처의 피해나 도산으로 인해 연쇄적으로 파탄하는 사태를 막는다는 점에서 타당한 조치라고 본다.

2. 중장기 자금 공급에 금융기관이 담당해야 하는 역할

더욱 중요한 것은, 기업이 중장기적인 복구나 부흥을 위해 사용하는 자금을 어떻게 공급해 줄 것인가라는 점이다. 부흥계획에 근거하여 도로나 항만 등의 인프라 정비를 공적 부문에서 진행하는 것을 전제로 한다면, 이 이외의 부분은 금융기관을 중심으로 한 민간부문의 힘으로 자금 흐름을 만드는 것이 바람직하다. 지방은행, 제2지방은행, 신용금고, 신용조합 등 지역 금융기관 대부분은 지방 기업과 밀접한 관계를 구축해 왔다고 자부하고 있는데, 금융청도 지역 밀착형 금융의 진행 상황을 정기적으로 보고하고 있다. 또한 지진 발생 이전에는 금융기관의 자기자본 비율이 비교적 높았으며 자본 주입에 관련한 규칙도 정비되어 있었다. 이러한 점들을 고려해 본다면 이미 대출금이 존재하지만 새롭게 대출을 원하는 '이중 대출'에 대한 대처 방안이 필요한데, 지역 금융기관이 지방 기업과 쌓아 온 밀접한 관계에 근거하여 복구나 부흥자금 제공을 주도

하는 것이 자연스러운 흐름일 것이다.

그렇지만 지역 금융기관들 사이에는 신용보증협회가 제공하는 신용보증제도, 특히 대출금 100%를 보증하는 제도를 전제로 하여 자금 제공을 생각하고 있는 경우가 대부분이라고 듣고 있다. 만약에 금융기관이 기업과의 밀접한 관계가 있는 경우에 독자(獨自) 대출을 실시하고, 그렇지 않은 경우에는 신용보증대출을 실시한다고 한다면 신용보증제도는 의미가 있다. 신용보증제도는 기업과의 관계성에 근거를 둔 대출을 보완하고, 릴레이션십이 없어 대출 제약에 직면하게 되는 기업의 자금공급에 도움이 되기 때문이다.

그렇지만 실제로는 금융기관과 기업이 밀접한 관계에 놓여 있으면(금융기관이 메인 뱅크인 경우) 있을수록 신용보증을 필요로 하는 대출이 이용가능하다(ono, Uesugi, and Yasuda, 2011). 그렇지만 금융기관과의 교류가 거의 없기 때문에 대출을 받을 수 없는 기업에 대해서는 지원이 불가능해진다. 가령 신용보증제도를 제공할 때 신규 개업 기업 등 금융기관과 관계가 거의 없는 경우로 한정하여 대상을 좁힐 필요가 있다.

3. 펀드에 의한 자금제공 가능성

은행 등 금융기관이 신용보증제도라는 공적인 조치에 의존하지 않고는 기업에 복구나 부흥자금을 제공하지 못하는 경우 대안책은 있는 것일까. 금융기관이 가계(家計)로부터 모은 예금을 기업들에게 대출해 주는 방법 이외에 자금공급 경로는 있는 것일까.

여러 가계로부터 널리 출자를 권유하여 거래처 기업이나 중소기업 경영자 등 기업을 둘러싼 환경을 잘 알고 있는 사람들이 투자융자 기관을 선정하여, 상장하지 않은 기업에 대해 융자나 투자를 도와주는 펀드를 은행 등의 금융기관을 경유한 자금공급으로 대체할 가능성은 있다.

이번 동일본대지진 이후, 한신·아와지 지진 때보다 훨씬 상회하는 거액의 수재의연금이 모였다. 피해지역 기업의 복구나 부흥을 지원하고 싶다는 기업의 배려가 기부뿐만이 아니라 융자나 투자 부문에도 존재할 가능성은 충분히 있을 수 있다. 투자융자거래처 기업 선정도 중요하다. 거래처 기업이나 타지역 기업경영자가 전문적인 지식이나 견해를 바탕으로 판단하는 것이 바람직하다. 고도성장기 이전에는 공급망 전체를 조망하는 종합상사가 외상판매 대금이나 어음, 대출금을 통해 거래처 기업의 자금조달을 지원했던 것은 잘 알려져 있다. 종합상사 이외의 사업회사들 중에도, 또한 기업경영자들 중에서도 투자처 기업의 유망 정도에 따라 판단을 하려는 이들이 많을 것이라고 생각한다.

일본에서는 가계자산 과반수가 현금 예금인데 예금을 받아 주는 금융기관 대출이 저조했다. 민간기업 부문이 저축 초과가 생기면서 동시에 적자 정부 부문이 발행하는 국채잔고는 계속 팽창해 간다. 그러면 투자를 한 경우에는 출구를 어디에서 찾아야 할까. 외부로부터의 출자를 꺼려하는 오너나 경영자가 납득하기 위해서는 어떠한 방법을 취해야 하는가라는 것이 과제로 남는다. 그렇지만 은행 등 금융기관을 개입시키지 않고 정부 관여도 최소화하는 펀드 조성은 공적 부분에 의존하지 않는 투자자금 분위기를 만든다는 점에서 의의가 있다고 말할 수 있다.

— 2011년 4월 17일

참고문헌

Arito Ono, Iichiro Uesugi, and Yukihiro Yasuda(2001), "Are Lending Relationshps Beneficial or Harmful for Public Credit Guarantees? Evidence from Japan's Emergency Credit Guarantee Program," *RIETI Discussion Paper Series*, 11-E-35.

고이부치 사토시 鯉渕賢
(금융론)

부흥 일환인 기업 재건과 금융 시스템의 역할

1. 재해로부터의 기업 재건

대지진과 쓰나미라는 거대한 재앙을 눈앞에서 목격하면서 무언가 일상과는 다른 특별한 생각이 들었고, 이에 대처하지 않으면 안 된다고 생각하게 된다. 그러나 피해지역 기업을 들여다보면 실제로 대지진이 공장설비 등 물적 자원에 커다란 피해를 입었다. 그렇지만 표준적인 기업 재건 논리는 아직 유효하다고 본다. 그래서 이 글에서는 특별히 금융 면에 초점을 맞추어 지진피해로부터의 기업 재건을 생각해 보고 싶다.

먼저 불특정한 기업 하나를 X라고 설정한다. 이것은 그 해당 기업이 장래에 돈벌이가 가능한 이윤을 현재 시점의 가치에 해당한다. 더 나아가 이 기업의 지진 전 부채를 D라고 하고, 만약 이 기업이 부채를 갚지 못하고 도산하고, 나중에 청산했을 때의 청산가격은 L이라고 한다. 이 때 표준적인 금융이론이 가르쳐 주는, 즉 해당 기업이 사회적으로 사업을 지속할 수 있을지에 대한 판단기준은 기존의 부채총액(D)에 관계없이 '기업가치(X)≧청산가치(L)가 된다. 가령 실질적인 채무초과(X〈 D)라 하더라도 위의 기준이 채워지는 한 기업은 지속되는 것이 바람직하다.

이것은 사업을 중단할 경우 기존 자산 청산가치(L)만 회수가 불가능하지만, 사업을 계속하면 그것보다 큰 가치(X)를 산출할 수 있기 때문에 조금이라도 많은 수익을 낳는 사업 지속이 채권자에게는 회수액이 많아지기 때문이다.

다음으로 지진이 발생하여 해당 기업이 피해를 입었다고 하자. 예를 들어 공장설비가 파괴되어 재건비용(I)을 지불하지 않으면 사업을 재개할 수 없다고 해보자. 만약 공장 설비가 수리되어 일정 기간 이후에는 사업을 재개한다 하더라도 휴업 기간 중에 생긴 고객 이탈이나 종업원의 이직 등 경영환경의 변화에 의해 재건 후의 기업 가치는 X′로 저하될 것이라고 상정하자(X 〉 X′). 한편 지진 피해는 해당 기업의 자산가치 예를 들면 피해지역의 땅값이 크게 하락된 것을 고려하여 이 기업의 청산가치도 L′로 저하된다는 것이 상정된다(L 〉 L′). 이때 피해를 입은 해당기업이 재건하여 사업을 계속하는 것이 사회적으로 바람직한가, 그렇지 않은가의 판단기준은 다음과 같이 기술할 수 있다.

재건 후의 기업가치(X′)−재건비용(I)≧피해 시점의 청산가격(L′)

좌변은 재건비용을 포함한 해당 기업의 재건 후의 기업가치라고 생각할 수 있는데 이것이 피해 시점에서 재건을 단념했을 때의 청산가격을 상회한다면 재건은 사회적으로 필요한 것이다. 이 판단기준은 매우 심플한데 재해로부터의 기업재건에 대해서 여러 가지를 시사해 준다.

먼저, 재해 이전에 비교적 높은 기업가격을 가진 기업은 재해 이후에도 비교적 쉽게 앞서 언급한 기준을 만족시킬 수 있을 것이라고 생각된다. 첫째 재해 피해 대부분은 물적 자산의 훼손으로 장기간에 걸쳐 쌓아온 기업 고유의 비즈니스 모델 등의 유용성은 변하지 않는 것이라고 상정되어 기업가치의 저하는 일시적이며, 또한 경미하다고 보는 가능성이 높기 때문이다.

둘째로 기업은 신속하게 재건을 수행하여 고객 이탈이나 종업원 이산을 막는 것으로 재해 이전과 비교했을 때 재건 이후 기업가격의 저하를 최소한으로 막기 위해서이다. 물론 신속한 재건을 위한 자재조달은 자재가격이 상승하여 재건비용이 증가할 가능성도 있으며, 재건의 신속함도 재건비용의 상반관계(trade-off)[1]가 존재한다. 그러나 재해 이전에 일본 경제 전체적으로는 커다란 국내총생산(GDP) 갭이 존재했었다고 상정하기 때문에, 자재 조달에서 보틀넥(bottleneck)[2]이 될 가능성은 전반적으로 적다고 볼 수 있다.

따라서 공급망 단절 장기화나 동일본의 전력부족이라는 걱정거리가 남기도 하지만, 그것에 기인하는 경제 전체의 공급제약이 강하게 나타나지 않으면, 재해 이전에 기업가치가 비교적 높았던 기업은 대부분의 경우 사회적으로 재건이 이루어지는 것이 바람직하다.

다음으로 역시 재해 이후라 하더라도 기업 재건 판단기준은 기존의 부채액에는 의존하지 않는다는 것이다. 기존 채권자에게 중요한 것은, 재해를 입은 기업이 사업 지속으로 청산가치보다도 더 큰 가치를 낼 수 있는가 어떤가에 있기 때문이다. 따라서 해당 기업이 위에서 언급한 기준을 충족시킨다는 것을 아는 채권자는 가령 기업이 재해 이후에 채무초과에 빠져 있다고 하더라도 자발적으로 채권포기를 감수하고 채무기업을 존속시키거나 재건할 수 있는 인센티브를 갖고 있다. 현재 일본에는 사업재생 대체증권(ADR)의 질서였던 사적(私的) 정리나 재생형 법적정

1 수익성이 증가되면 위험이 증가되고, 위험을 줄이면 수익성의 저하를 가져와 위험과 수익성은 서로 상반관계에 있게 된다. 상반관계는 두 변수가 서로 반대방향으로 움직이는 것을 말하는데, 이러한 상반관계를 고려하여 적절한 조화 지점을 찾는 것이 바로 운전 자본관리의 목표이기도 하다 — 역자 주.

2 생산 확대의 과정에서 생기는 생산요소 부족에 의한 장애를 가리킨다 — 역자 주.

리 스킴(scheme)을 선택하는 것이 가능해진다.

피해를 입은 도호쿠(東北)·기타칸토(北関東) 지방에 거주하는 대부분의 사업자에게 기존 채권자는 은행이나 신용금고, 신용조합이다. 따라서 재해로부터의 기업 재건이 신속하게 그리고 사회적으로 적절하게 진척될 것인가 그렇지 않은가는 대출자 측인 금융기관이 개별적 고객기업의 재건 이후에 생기는 기업가치나 재건비용, 그리고 청산가격을 정확하게 파악하여 적절한 융자판단에 의해 부흥을 위한 융자수요에 대응하는가, 그렇지 않은가에 달려 있다.

2. 건전성을 유지한 기업 시스템과 중소기업 금융의 현안

이번 동일본대지진은 피해규모와 사회적 영향이 매우 컸기 때문에, 간토대지진이나 종전, 그리고 한신·아와지 대지진과의 유사성을 강조하는 논조가 많았다. 이것을 금융적인 측면에 착안한다면 이들 세 재해는 지진피해나 종전이라는 상황 이전에 이미 일본 전체에 불량채권 문제가 있었고, 금융 시스템은 이미 크게 훼손되어 있었다는 공통점이 있다.

간토 대지진 이전에는 제1차 세계대전 종결에 따른 불황이 있었고, 많은 불량 기업과 불량 은행이 존재했다. 종전 때에는 점령 정부의 지령으로 군수회사에 대해 채무면제가 이루어져서 국내총생산의 20%에 달하는 거액의 불량채권 문제가 발생했다. 한신·아와지 대지진 때에는 버블경제 이후의 불량채권 문제가 주택금융 문제로 나타나기 직전에 일어났다. 이러한 대규모의 불량채권 문제가 존재할 경우 재해 충격은 사태를 더욱 악화시킬 가능성이 높고, 경제부흥 이전에 은행 부문의 재건이 필요하게 된다.

이에 비해 이번 동일본대지진 때에는 경제 전체의 금융 시스템 건전성이 유지되었다. 버블경제 붕괴 이후 은행 부문의 불량채권 문제는

2006년까지 거의 종결되었고, 세계 금융위기 영향도 경미했다. 물론 재해로 인해 커다란 피해를 입은 도호쿠 지방 태평양 연안에 영업 기반을 가진 지역 금융기관 중 재무가 크게 악화한 금융기관이 있는 경우에 금융 당국은 예방적인 자본 주입을 해야 한다. 그러나 현재 일본의 금융 부문 건전성은 충분히 유지되고 있다. 따라서 민간기업 부문의 본래 자금 배분기능을 충분히 활용하여 부흥자금 수요에 대응하는 것이 가능하다. 금융 부문에 과도한 정책 개입은 불필요하다. 잘못하다간 오히려 재해부흥 저해요인이 될 가능성이 있다.

정부가 2009년 12월에 시행하고 올해 3월 말에 기한을 맞이할 예정이었던 중소기업금융원활화법은 4월 이후임에도 불구하고 기한이 연장되었다.

또한 리먼 쇼크 영향 완화를 위해 대상 업종을 한정하여 축소할 예정이었던 경기 대응 긴급보증도 이번 재해로 인해 재차 기업 종류를 대상으로 하여 연장하게 되었다. 도호쿠 지방, 기타칸토 지역에 재해의 직접적인 피해를 입은 다수의 중소기업이 존재하는 가운데 재해 피해를 입지 않은 일본 전국의 중소기업을 주재하는 정책이 연장되는 것은, 일본의 금융 시스템에 있어서 커다란 걱정거리이다. 전전(戰前) 간토대지진 직후에 도입된 재해어음할인손실보상령이 실제로 간토대지진으로 피해를 입은 기업뿐만이 아니라 제1차 세계대전 직후의 불황으로 인해 불량채권을 끌어안은 스즈키(鈴木)상사 등의 구제에 악용된 것은 잘 알려진 역사적 사실이다. 머리말에서 언급했지만, 재해어음할인손실보상령은 '기업가치〈청산가치'인 많은 불량기업에 추가 대출에 공헌했던 것이다. 결국 간토대지진으로부터 4년 후인 1927년에 이 '재해어음 지불기한 재연장'이라는 논쟁을 둘러싸고 금융공황이 발생하고 말았다.

3. 신규 사업에 대한 융자 제공

이번 동일본대지진에 즈음해서는 많은 사람들이 지진재해로부터 단순하게 부흥한다는 것이 아니라 재해를 견디는 강하고 새로운 도시계획의 실현을 바라고 있다. 쓰나미의 피해를 입은 해안지역 주택지나 상업지역은 고지대 쪽으로 이전시키고, 새로운 도시가 형성될지도 모른다. 커뮤니티 구조가 바뀌고, 상점이나 직장의 지위가 크게 변화하는 와중에 신규 사업을 일으키는 많은 사람이 출현할 가능성이 있다. 금후 일본의 금융 시스템은 이러한 신규 사업을 개척하는 기업에 대해 자금 면에서 적극적으로 지원해 가는 역할이 요구된다.

— 2012년 4월 18일

23 금융 하나자키 마사하루花崎正晴
(금융론)

소액금융을 활용한 부흥책 마련

1. 피해자가 이용 가능한 금융 채널의 필요성

이번 동일본대지진의 피해를 입은 것은 도호쿠나 간토(關東) 해안부이다. 도로, 항만, 철도 등 물적 인프라나 전력, 가스, 상하수도 등의 라이프라인이 파괴된 것을 비롯해 이 지역에 있었던 제조업의 생산 거점이나 유통업, 상업 등도 커다란 손해를 입었다.

이들의 복구나 부흥 자체가 쉽지 않은 것은 말할 필요도 없지만, 이번 동일본대지진으로 심각한 것은 생활기반을 잃은 지역주민의 문제이다. 특히 산리쿠(三陸) 해안 및 그 근처의 시정촌(市町村)에서는 전통적으로 어업이나 양식업 및 관광업을 주요 산업으로 삼고 있으며, 어장을 생업으로 삼고 있다.

이러한 지역 커뮤니티에서는 커다란 쓰나미로 인해 수입의 근거를 순식간에 잃어버린 것을 비롯해 가옥이나 학교, 병원 등 일상생활의 대부분이 파괴되는 피해를 입었다. 또한 방사능오염 문제로 인해 후쿠시마나 그 주변 지역 대부분의 농작물 생산자나 가축생산 종사자가 입은 피해는 이루 헤아릴 수가 없다.

현재 눈앞에 직면한 복구작업 이후에는 지역주민의 생활을 어떻게 재건해 갈 것인가라는 멀고도 험한 길이 기다리고 있다. 이러한 과정에서 각각의 개인 혹은 가정에서는 그동안 살아온 친숙한 지역에 남아서 부흥을 이룰 것인가 다른 지역을 찾아 이주할 것인가, 또는 어업이나 농업 등을 다시 시작할까 아니면 이것들을 포기하고 다른 직업을 찾을까라는 매우 중대한 선택을 하지 않으면 안 된다.

그리고 어떤 선택을 하든 그것을 실현하기 위해 공적 기관에 의한 재정지원을 찾아보고, 금융적 측면에서의 대응이 필요불가결해진다. 어느 정도 규모가 있는 기업에 대해서는 위기대응 융자 등 제도 확충이나 운용 최적화로 탄력화적인 대응이 이루어졌다. 그렇지만 개인이나 영세사업자에 대한 금융지원 자금은 기존의 금융기관 업무 확충만으로는 불충분하다. 또한 잘 기능하고 있지 않다. 왜냐하면 은행으로 대표되는 금융기관은 기본적으로는 신용능력이 높은 융자자에게는 좋은 조건으로 융자를 제공하고 신용이 거의 없는 채무자에 대한 융자는 조건이 나빠지기 때문이다.

그리고 이번 동일본대지진의 피해자 대부분은 장래 설계에 대해 불확실성이 높고 대부분이 재산을 잃은 상태이며 물적 담보가 충분치 않다는 것이다. 이러한 피해자가 융자를 신청할 경우에 은행에서는 전통적인 금융기관이 적극적으로 좋은 조건의 융자금을 제공할 동기는 결코 높지 않은 것이 현실이다.

2. 소액금융의 도입

바로 여기서 소액금융을 도입하고 활용할 것을 제안한다. 빈곤층을 위해 출발한 소액금융은 일본에 존재하지 않는 전혀 새로운 타입의 금융 메커니즘이다.[1] 소액금융의 선구자라고도 할 수 있는 그라민은행[2] 활동에서 그 특징을 일반적인 은행과 대비시키면 다음과 같다.

(1) 일반적인 은행은 융자금을 제공할 때 채무자의 실적이나 자산을 중시한다. 그렇지만 그라민은행은 채무자의 잠재력에 주목한다. 빈민을 포함해 인간은 무한의 잠재력을 가지고 있다고 보는 신념이 그 배경에 있다.

(2) 일반 은행은 담보금융을 기본으로 하지만, 그라민은행은 담보를 요구하지 않는다.

(3) 일반 은행은 도시 시가지를 중심으로 점포를 갖고 있지만, 그라민은행은 농촌 지역에 개점한다.

(4) 일반 은행은 채무자의 융자 회수가 연체되면 담보권을 행사하는 등 징계적인 처리에 나서지만 그라민은행 경우에는 채무자를 지원하고 환금 스케줄을 조절할 뿐이다.

소액금융 주도자들은 가난한 사람들에게 적은 액수이기는 하지만 사업에 다시 도전할 수 있는 기회를 주는 것으로 그 잠재적인 능력을 개화시킬 수 있다고 믿고 있다. 더 나아가 개별적인 소액금융의 적립이 고객의 장래 기반을 확립시키고 더 크게는 공동체 지속 가능성을 높여 준다고 생각한다.

소액금융은 금융비지니스 분야에서도 혁명적이거나 패러다임 전환을 가져오고 있다. 그것은 선진국의 표준적인 은행 모델에서 파생된 것이 아니라 저소득 국가의 실험적인 시도에서 발전한 것이다. 이번 동일본대지진으로부터 부흥해 가는 과정에서는 피해자나 피난자들이 사업

---

1 일본에서 한신·아와지 대지진 이후에 지역기업 연대를 기초로 하여 '고베 커뮤니티 크레딧'이 전개된 예가 있다. 마에다 마사나오(前田正尚) 〈융자와 사회환경문제(融資と社会環境問題)〉, 《금융기관의 환경전략(金融機関の環境戦略)》 제2장, 금융재정사정연구소(金融財政事情研究所), 2005년 2월 참조 — 저자 주.

2 그라민은행은 소액금융기관이자 지역개발은행이다. 마이크로크레딧(microcredit) 또는 그라민크레딧(grameencredit)으로 알려진 소액을 담보 없이 소외 계층에 대출해 주는 기관이다. 그라민에서 그람(gram)은 방글라데시어로 '마을'을 뜻한다. 이 은행의 시스템은 효율성이 떨어지는 기술을 가진 지역의 빈민층을 지원하는 것이다. 자세한 것은 본문의 회사연혁과 업무개요 참조.

자금이나 주택융자, 교육자금 등의 다양한 자금융자가 필요하다. 이때 중요한 것은 피해자의 잠재적인 능력이나 부흥을 위한 강한 의욕과 정열을 최대한 살린다는 시점이며, 그러한 의미에서 소액금융 이념에 근거한 자금제공 채널이 도입되어야 할 것이다.

3. 참고: 그라민은행의 업무

회사연혁

그라민은행은 방글라데시의 치타공 대학의 지역경제학 프로그램의 책임자를 맡고 있는 무하마드 유누스(Muhammad Yunus) 교수가 1976년에 농촌지역 빈민층을 위해 신용제공시스템 제도를 설계하여 행동연구 프로젝트에 착수한 것이 그 시초이다. 그라민은행 프로젝트라고도 불리는 이 프로젝트는 다음의 5가지를 목적으로 하여 운영되고 있다.

(1) 은행의 기능을 빈곤층에 확장한다.
(2) 채무자에 의한 빈곤층 착취를 방지한다.
(3) 농촌 지역 다수의 실업자에게 자영업에 의한 노동기회를 창출한다.
(4) 빈민 가정 출신 여성 등 혜택을 받지 못한 사람들에게 자립을 위한 조직적인 기회를 부여한다.
(5) '저소득 → 저저축 → 저투자'라는 악순환을 '저소득 → 신용주입 → 투자 → 소득증가 → 저축증가 → 투자 증가 → 소득증가'라는 선순환으로 변환한다.

1976년에 치타공 대학과 이웃하던 마을에서 시작된 그라민은행 프로젝트는 성공적으로 마무리되었고, 1979년에는 중앙은행과 국영 상업은행 조성에 의해 수도 다카(Dacca) 근교에서 실시되었다. 나아가 그 이후 전국으로 퍼져 나갔다. 이렇게 성공하자 1983년 10월에 그라민은행

표 1. 그라민은행 현황

(단위: 백만달러)

년도	1976	1977	1978	1979	1980	1981	1982	1983	1984	1985	1986	1987	1988	1989	1990	1991	1992
융자누계액	0.001	0.006	0.026	0.21	1.31	3.37	9.63	194.95	21.83	38.33	56.51	83.04	124.16	179.35	248.08	322.43	459.37
융자액	0.001	0.005	0.02	0.18	1.1	2.06	4.17	99.34	12.2	16.5	18.18	26.53	41.12	55.19	68.73	74.35	136.94
융자 잔액	0.0003	0.004	0.016	0.12	0.83	1.17	3.03	72.07	7.1	8.69	10.09	14.94	23.17	31.02	38.6	44.43	83.06
주택융자금액	~	~	~	~	~	~	~	~	0.14	0.66	0.19	4.59	5.45	7.35	224.6	8.46	14.72
주택건축수(호)	~	~	~	~	~	~	~	~	317	1581	2042	23408	44556	67841	91157	118717	157334
예금 잔고	~	~	~	0.01	0.1	0.26	0.78	18.51	1.54	3.07	4.1	7.24	10.39	17.63	25.86	38.71	57.05
회원예금잔고	~	~	~	0.01	0.1	0.26	0.78	18.51	1.54	2.76	3.76	7.1	9.14	12.94	16.51	26.68	36.34
회원예금비율(%)	~	~	~	100	100	100	100	100	100	90	92	98	88	73	64	69	64
그룹수	~	4	45	377	2935	4818	6243	11667	24211	34324	46869	67831	98073	132452	173907	213286	284889
회원수	10	70	290	2200	14830	24128	30416	58320	121114	171622	234343	339156	490363	662263	869538	1066426	1424395
여성회원비율	20	14	24	41	31	39	39	46	56	65	74	81	86	89	91	92	94
대상촌부락수	1	2	4	17	363	433	745	1249	2268	3666	5170	7502	10552	15073	19536	25248	30619
지점수	1	1	1	6	24	24	54	86	152	226	295	396	501	641	781	915	1015
기간손익	~	~	~	~	~	~	~	0.0059	0.0068	0.0008	0.0003	0.0003	0.0013	0.0022	0.0027	0.0064	0.15

년도	1993	1994	1995	1996	1997	1998	1999	2000	2001	2002	2003	2004	2005	2006	2007	2008	2009
융자누계액	725.39	1072.77	1405.94	1691.74	2062.96	247.61	2792	3060.44	3347.98	3620.5	3986.46	4416.82	5025.61	5954.02	6685.51	7591.32	8741.86
융자액	266.02	347.38	333.17	285.8	371.22	408.65	320.39	268.44	287.54	272.52	365.96	430.36	608.79	724.96	934.94	905.81	1150.54
융자 잔액	157.56	198.33	206.44	213.54	233.01	253.95	216.38	193.26	194.18	196.81	258.1	312.96	415.82	471.19	529.53	646.05	791.82
주택융자금액	41.9	33.42	17.39	4.06	15.69	20.81	4.54	1.41	1.01	2.09	3.05	4.74	2.95	2.01	1.4	2.21	2.43
주택건축수(호)	258194	295702	331210	329040	402747	506680	511583	533041	545121	558055	578532	607415	627058	641096	650839	665568	679577
예금 잔고	79.49	103.11	117.56	125.14	132.27	115.21	122.52	126.78	137.92	162.77	227.66	343.52	481.22	633.31	756.61	933.89	1200.49
회원예금잔고	68.69	85.17	99.83	90.83	103.98	103.27	112.54	100.54	68.58	126.17	170.61	228.7	306.1	390.48	430.39	508.2	648.68
회원예금비율(%)	86	83	85	73	79	90	92	79	50	78	68	67	64	62	57	54	54
그룹수	372298	412145	424993	433791	465384	486870	494044	503001	504651	513141	577886	685083	877142	1086744	1168840	1210343	1253160
회원수	1814916	2013130	2065661	2059510	2272503	2368347	2357083	2378356	2378601	2483006	3123802	4059632	5579399	6908704	7411229	7670203	7970616
여성회원비율	94	94	94	94	95	95	95	95	95	95	95	96	96	97	97	97	97
대상촌부락수	33667	34913	35533	36420	37937	39045	39706	40225	40447	41636	43681	48472	59912	74462	80678	83566	83458
지점수	1040	1045	1055	1079	1105	1137	1149	1160	1173	1178	1195	1358	1735	2319	2481	2539	2562
기간손익	0.24	0.54	0.37	0.46	0.33	2.15	1.57	0.21	1.05	1.03	6.15	7	15.21	20	1.56	18.99	5.38

출전: 000000000

프로젝트는 정부 입법을 바탕으로 독립은행으로 개조된다. 오늘날 그라민은행의 주식 95%는 은행의 채무자들이 보유하고 있으며 나머지 5%가 정부 소유이다.

업무개요

그라민은행 업무의 특징은 다음과 같다.(2010년 7월 시점)

(1) 그라민은행은 통상적인 소액융자에 관해 전혀 담보를 요구하지 않는다. 또한 대출금반환 불능에 빠진 경우라 하더라도 법적 조치를 취하지 않는다. 채무자는 5명으로 구성되는 그룹에 입회할 필요가 있기는 하지만, 그 그룹은 회원에 대한 융자금 보증을 하는 것은 아니다. 반환책임은 채무자 개인에게 있다. 그룹은 회원이 책임감을 갖고 행동하며 반환이 늦어지지 않도록 감독하는 역할을 하지만, 그룹 회원들은 채무불이행 회원 대신에 채무를 대신 갚는 책임을 지는 것은 아니다.

(2) 채무자 총 숫자는 829만 인에 달했는데 그중 97%는 여성이다.

(3) 2,564 지점을 보유하고 있으며 8만 개 이상의 촌락에서 활동하고 있다. 종업원 숫자는 2만 2,653명이다.

(4) 창업 이래 융자금의 총액은 95.4억 달러이며, 그중에서 85억 달러가 이미 반환되었다. 현재 융자잔액은 8.94억 달러로 과거 1년간 융자한 금액은 12.79억 달러이다.

(5) 융자금 반환율은 97.29%에 달한다.

(6) 융자금 원자본은 모두 예탁금이다. 예금의 과반(54%)은 은행의 채무자로부터 제공되고 있다. 예금 융자 비율은 149%, 예금이 충분하기 때문에 기부금은 받지 않는 것이 방침이다.

(7) 창업 이래 3년차(1983, 1991, 1992)를 제외하고 이익을 올리고 있다. 2009년 수입은 2.1억 달러, 이익은 538만 달러로 이 중에서 30%를 배당하고 있다.

(8) 융자금의 이율은 공정 이율보다 낮으며 4종류로 나누어져 있다. 즉 사업

융자에 대해서는 20%, 주택융자[3]에 대해서는 8%, 교육융자에 대해서는 5%, 그리고 극빈자를 위한 융자[4]는 0%이다.

(9) 예금 금리는 8.5%-12%이다.

— 2011년 3월 29일

3 1984년에 출발했다. 68만 호(누계) 주택이 이 융자를 이용해 건설되었다. 평균융자액은 188달러이다 — 저자 주.

4 그라민은행은 자립해 보려고 노력하는 극빈자를 지원하는 프로그램(Struggling Members Programme)에 2002년부터 착수하여 대략 11만 명의 극빈자가 이 프로그램의 회원이 되었고 그중에서 대략 2만 명이 극빈자에서 탈피하여 자립한 생활을 보내고 있다 — 저자 주.

야나기누마 히사시柳沼寿
(산업조직론, 이노베이션)

제로로부터의 출발

신진대사, 기업가 능력, 문화자본

동일본대지진의 참상을 눈으로 목격하면서 많은 사람들은 할 말을 잃었다. 그렇지만 이 위기가 있었기 때문에 다음 일본의 미래를 진지하게 생각하지 않으면 안 되는 기회를 맞이했다.

1. 일본 산업경제의 장기적 동향

1) 일본 경제의 장기적 저조

일본 경제는 1980년대 산업경쟁력에서 세계 제일이라고 인정받을 정도였다. 스위스 다보스(Davos)에 있는 경영개발국제연구소(IMD) 조사에 의하면 경쟁력 순위에서 일본은 1988년부터 1992년까지 정상을 차지했다.

그렇지만 토지나 주식 등 자산시장 버블이 90년대 초기에 발생하면서 일본 경제는 '잃어버린 10년'이나 '잃어버린 20년'이라고 불리는 장기 정체 국면에 들어서게 되었다.

일본의 국내총생산(GDP)은 미국 다음 가는 규모를 유지하고 있었다. 그러나 작년 중국에 추월당했고, 일본의 1인당 국내총생산은 2010년 랭킹에서 세계 17위를 차지했고 구매력평가에 의한 랭킹은 25위(IMF계산)

로 후퇴했다. 또한 경영개발국제연구소 조사에 의한 랭킹에서는 29위로서 경제대국에서 경제중간국으로 이동했다. 잡지 《포춘(*Fortune*)》의 다국적기업 랭킹(Globle 100)에서 일본 기업 숫자도 1995년 37사에서 2008년에는 불과 8개 회사로 감소했다.(J.S. Black et al. 2010)

일본은 고령화와 인구감소 국면으로 접어들면서 여러 가지 구조적인 문제를 내포하고 있으면서도 국민 생활수준을 유지하기 위해 생산성 상승은 불가피한데 금후의 장기적 전망 부분에서는 불투명하다.

국제통화기금(IMF)에 의하면 2015년에는 미국과 중국의 국내총생산이 각각 일본의 3배와 1.5배가 될 것이라고 예측하고 있다. 옛날 것이긴 하지만 일본경제연구센터의 장기예측(2002년)에서는 2050년까지의 성장률은 일본·미국·유럽연합(EU) 모두가 장기적으로는 정체할 것이지만 일본은 성장률과 1인당 국민소득 모두가 이 두 지역으로부터 점차 더 떨어질 것이라고 보았다. 게다가 일본의 총요소생산성(TFP)도 마이너스 0.3%로 떨어질 전망이어서 장기불황이 현저할 것이라고 논한다.

존 스미스 블랙(J.S. Black)(2010)은 2000년 이후 2005년까지의 일본 경제에 대해, 일본 사회의 이민 거부 체질과 출생율 저하가 인구와 노동력을 축소시켜 종업원 인구의 증대가 국내저축 감소와 투자활동 축소를 일으켜 경제성장에 마이너스 영향을 가져올 것이라고 보았다.

모리자키(森崎)(1999)는 50년 후(2050년) 일본 사회의 산업, 관료, 정치가 등의 중추적 역할을 하게 되는 세대의 직업윤리 붕괴나 건전한 노동관의 결여, 나아가서는 적당히 타협하는 일본 경제조직 등을 지적하여 일본은 금후 대실업 시대를 극복하지 못하고 세계로부터도 고립되어 몰락할 것이라고 설파한다.

2) 산업 고용의 구조적 문제

일본 경제의 장기불황과 정체에 관계되는 공급 측의 원인으로 지적되는 것이 총요소생산성(TFP) 상승률이 90년대 이후 하락하고 있다. 많은 산업 부문에서 기술 진보율과 신진대사가 저하되어(深尾, 宮川, 2008), 제조업에서는 총요소생산성이 높은 기업의 퇴출(해외투자 가능성), 비제조업에서는 높은 총요소생산성 기업의 고용감소와 낮은 총요소생산성 기업의 고용 유지라는 비효율적인 자원분재가 예측된다.

주요 산업 부문의 기술진보 저하와 관련해서는 근래에 정보통신(IT) 기술과 척도 변화 대응 불충분 등의 지적(青木, 安藤, 2002)이 있으며, 신흥국과의 경쟁 속에서 일본의 주요 산업 제품의 일용화 혹은 '요소가격균등화' 쪽으로 매몰되었다(野口, 2007). 게다가 산업구조(architecture)가 종래의 수직형 계열에서 전환을 일으키지 못하고, 산업 활력 정체 요소가 되었다(K.Ibata-Arens, 2005).

또한 높은 생산성을 올리고 있는 외국자본 계열 기업과의 연대 부족(R. Paprizycki and K.Fuka 2008)은 일본의 경우 대내직접투자 대 국내총생산 비율이 다른 선진국에 비해 매우 낮다. 일종의 폐쇄성이라고도 언급되는 구조적 문제를 갖고 있는 것과도 관련이 있다.

산업이나 기업의 신진대사에 관해서는 자주 일본의 신규 사업 개업률의 저하나 신기업의 등장과 기존 기업과의 교체가 적다는 것이 지적되고 있다(《중소기업백서》, GEM 데이터, K.Ibata-Arens, 2005. S.C. Parker 2009). 이 배경에는 노동력시장이나 대출시장의 유동성 저하나 일본 사회의 기업가에 대한 평가 저하가 잠재해 있다.

고용구조 면에서는 젊은층의 실업율이나 비정규직 비율이 높다는 것이 문제가 되고 있다. 그 배경에는 기업의 고용억제 행동 이외에도 젊은층에게 나타나는 강한 대기업 지향과 기업 설립 의욕도 있다. 북유럽에서는 젊은이가 기존 기업에 의존하지 않고 직업을 가질 수 있도록 기업가 능력을 교육의 중요한 항목으로 삼아 스스로의 직장을 창출해 낼 수 있도록 하는 의식을 높여 준다(柳沼, 2011).

2. 대지진으로 나타난 현상들

1) 리스크 인식과 분산

이번 동일본대지진의 처참함은 자동차산업이나 전기산업을 지탱하는 기간부품이나 소재를 공급하는 도호쿠 지역의 기업 집적이 일본 산업의 품질과 집중적인 효율 생산을 지탱하는 한편 재해에 의한 공급망의 붕괴라는 리스크를 보여 준 것은 분명하다.

당면 과제로서는 기업과 네트워크 복구가 과제인데, 당장 타 지역에 의한 대체가 곤란하다고 하더라도 일본 기업, 외국 기업과 함께 동일 품질의 기간 부품이나 소재를 확보해야 하며, 일본 국내나 해외에서의 입지나 조달을 고려한 리스크 분산을 지향해야 한다. 그것과 함께 장기적으로는 세계적인 조달 네트워크를 가장 적절하게 분업체제로 재편할 가능성이 높아진 것은 틀림없다.

2) 기술에 대한 과신과 한계점

이번 재해는 쓰나미 피해에 대비한 방파제나 첨단기술을 구사한 원자력발전소가 기능이 붕괴될 정도로 강력했다. 결과적으로 보면 기술에 대해 우리들 자신의 과신과 한계가 드러난 것이다.

첨단적인 기술의 정수를 모은 원자력발전소 사고는 우리들이 원자력발전을 유지하기 위한 궁극의 기술을 갖지 못하고 있다는 것이 드러났다. 기술에 대한 신뢰가 흔들리는 일이었다. 기술, 정보, 인맥의 세계인 네트워크에서 많은 지혜를 받아들여 자연환경과 좀 더 겸허하게 공존하는 새로운 지역사회를 구축해 가지 않으면 안 된다.

그리고 일본의 에너지 공급을 금후부터는 어떻게 대처해 갈 것인가라는 과제도 동시에 껴안게 되었다. 일본 경제는 상당 기간에 걸쳐 에너지 제약을 부과한 상태에서 진행되지만, 이번 재해가 일본의 에너지 효율 개선이나 탄소 삭감 노력을 후퇴시키는 이유로 사용되는 것이 아니라, 한층 더 높은 목표를 위한 제일보로 자리매김할 필요가 있다.

3) 커뮤니티와 문화자본

대지진 직후 피해지역 사람들이 보여 준 행동은 세계 사람들로부터 칭송을 받았다. 이러한 행동 즉 과격한 행동을 절제하고 동시에 위기에 처했어도 흐트러짐이 없었던 피해지역의 커뮤니티는 일본 사회가 가진 정신이나 규범, 가치관의 표출로서 사회교류자본(Social Capital) 혹은 데이비드 스로스비(D. Throsby)(2001)가 말하는 문화자본(Cultural Capital)이라고 칭한다(柳沼, 2007).

이러한 문화자본은 우자와(Uzawa)(2005)가 규정한 사회적 공통자본(Social common captial: 자연, 사회적 제도, 금융, 교육, 의료, 도시를 포함한다)의 하나로서 지역사회 고유의 경관이나 사람들의 가치관을 통해 매력적인 도시를 만든는 것뿐만 아니라, 경제활동에 혁명을 일으키고 또는 신뢰와 재화를 개입시켜 경제거래의 효율화를 마련하는 중요한 기능을 갖고 있으며, 일본 사회에 축적된 이러한 자본은 금후 새로운 기술이나 산업활동 발전을 위해 활용해야 할 것이다.

3. 제언

이상 기술한 것을 바탕으로 일본의 산업경제가 이 난국을 극복해 가는 길을 생각해 보면, 그것은 이번 사태 이전부터 이미 잘 드러났었던 몇 가지 과제를 한층 더 고도화해 가는 것과 중첩되어 있는 듯하다.

수직형 산업구조나 산업, 관료, 학자라는 트라이앵글 등에 보이는 과거의 성공체험이 오늘날 일본의 산업이나 경제성장 장기정체와 연관되어 있다면(J.S. Black et al 2010), 그것들을 던져버리고 열린 가능성을 위해 제로에서 진지하게 출발할 각오가 일본 산업경제 창생의 조건이 된다.

이하는 주로 산업이나 지역적인 면에 대한 제언으로 정리하면, (1)산업구조의 변화와 산업의 신진대사 촉진, (2)기업가 능력을 가진 인재의 양성과 활용, (3)다양성 혹은 지역문화자본과 국제화의 가능성이다.

1) 산업구조의 변화와 산업의 신진대사 촉진

세계적 네트워크 재편이 진전될 가능성이 높아지고 있는 가운데 산업구조를 변혁시키고 신진대사를 촉진시키지 않으면 안 된다.

- 글로벌한 시점에서 기존 사업의 철저한 재편과 신규 분야 개척에 자원을 투자하여 산업조직을 개혁한다(글로벌한 시점에서의 사업 재편).
- 내외의 의욕 있는 혁신가 등을 초빙하여(R. Florida 2005), 도호쿠 지역이 중심이 된 첨단기술이나 정보, 문화와 관련된 기업을 창출하는 세계적인 혁명 네트워크 거점을 형성한다(지역발 글로벌 혁명지구).
- 외국 기업이나 소규모 기업, 대학 등의 연구기관과 강한 연대를 통해 종래 수직형 구조를 대신하는 최첨단기술이나 다양한 서비스의 노하우 등을 가진 독립소규모 기업의 혁명을 중시한다(교토 모델, K.Ibata-Arens, 2005 추구).
- 대담한 에너지 효율 개선과 탄소 삭감을 지향한 절감 에너지, 고차원 부가가치형 신산업모델을 보여 준다(신산업 모델의 창출).

2) 기업가 능력을 가진 인재의 양성과 활용

일본의 기업가 활동 활성화를 위해 새로운 기업과 스스로의 직무를 산출하는 힘을 가진 개인을 사회 전체가 육성하는 체제를 갖춘다.

- 북유럽이나 스코틀랜드처럼 도호쿠 지역이 리더가 되어 학교교육 기본에 기업가능력양성과목을 배치하여 기업활동 실천에 관계되는 프로그램을 통해 적극적으로 새로운 것에 도전하는 힘을 몸에 익히도록 한다(기업능력양성교육 프로그램 중시)(柳沼, 2011).
- 새로운 아이디어나 기술을 사업화하여 스스로의 직무를 산출하는 사람들을 받아들여 지원하는 풍토와 체제를 지역 커뮤니티 속에 집어넣는다(도전을 지원하는 새로운 문화자본의 축적).
- 노하우나 기술을 가진 사람들 혹은 자본, 자금을 성장 분야에 적확하고 합리적이게 배분할 수 있는 체제의 정비나 세계에 시선을 넓힐 줄 아는 본격적인 인큐베이션 기능을 확립하고, 그것을 위해 필요한 인재를 내외에서 모은다(세계적으로 평가되는 진정한 인큐베이션 기능의 확립).

3) 혁명 기반으로서의 사회적 공통자본

사람들의 행동규범이나 가치관은 그 지역사회의 문화자본으로, 사람들이 계속해서 심화해 가는 과정 속에서 생겨난다(柳沼, 2007). 새롭고 다양한 발상을 낳는 새로운 가치관이나 행동규범이 지역사회나 산업 부문에 혁명을 일으키는 기반이 되기 위해서는 지역 내외의 다양한 사람들을 받아들임과 동시에 스스로 외부에 발신하는 커뮤니케이션 능력과 네트워크를 갖출 필요가 있다.

- 내외부의 다양하고 유능한 인재를 지역사회로 모아들여, 그 발상과 지혜를 수용하여 도호쿠 지역의 새로운 혁명을 촉발하는 풍토

(공공재정으로서의 문화자본)를 조성해 간다(혁명을 함양하는 열린 풍토, 문화자본의 구축, K. Sommerrock, 2010).

- 지역사회 거주자가 끊임없이 외부 세계에 발신하기 위한 커뮤니케이션 능력을 고양시킨다. 그것에 필요한 조직을 학교를 비롯한 지역사회에 짜 넣는다(세계로 열린 교육, 교섭 프로그램 확립).
- 자연을 인공적인 힘으로 봉쇄하는 것이 아니라, 자연환경과 겸허하게 공생하는 매력을 가진 마을 만들기나 산업을 전개하여 생활이나 가치관을 근본적으로 재검토한다(새로운 가치관과 사회공통자본의 창설에 근거한 지역 활성화, 산업화).

좀더 거시적인 관점으로 일본 경제사회의 장기적인 번영을 위해서는 모리시마(森嶋)(1999)가 지적하듯이 국경을 초월한 지역들이 결합하는 공동체를 창설하는 비전까지 가질 필요가 있다. 이와 같은 커다란 사회적 혁명을 실현하기 위해서는 큰 정치적 리더십이 요구된다. 이러한 인재를 어떻게 문화자본 속에서 산출해 낼 것인가를 고민해야 한다. 이상 언급한 것이 지역 내부에서 일어나면 지역과 산업이 이번 대지진 재해로부터 부흥하며, 밝은 미래를 스스로 만들어 낼 수 있는 가능성이 더욱 높아질 것이다. 그 내부에 존재하는 문화자본 축적을 중시하여 장기에 걸친 계속적인 노력을 기울이는 것이 지금 필요한 일이다.

— 2011년 4월 18일

참고문헌

Black, J.S and A.J.Morrison(2010), *Sunset in the Land of Rising Sun*, Palgrave Macmillan.

Florida, R.(2005), *Cities and the Creative Class*, Routledge.

Ibata-Arens, K.(2005), *Innovation and Entrepreneurship in Japan*, Cambridge University Press.
Paprizy, R. and K. Fukao(2008), *Foreign Direct Investment in Japan*, Cambridge University Press.
Parker, S.C.(2009), *The Economics of Entrepreneurship*, Cambridge University Press.
Sommerock, K.(2001), *Economics and Culture*, Cambridge University Press.
Uzawa, H.(2005), *Economic analysis of social Common Capital*, Cambridge University Press.
野口悠紀雄(2007),《資本開国論》, ダイヤモンド社.
深尾京司·宮川努(2008),《生産性と日本の経済成長》, 東京大学出版会.
森嶋通夫(1999),《なぜ日本は没落するか》, 岩波書店(岩波現代文庫, 2010).
柳沼寿(2007),〈地域社会における技能習得と教育の職業的意義〉,《経済志林》第44巻第1号, 法政大学経営学部.
柳沼寿(2011),〈企業家能力と教育〉,《地域イノベーション》第3巻, 法政大学地域研究センター.

야마우치 히로타카山内弘隆
(교통경제학 · 공공사업론)

재해부흥과 전기전력사업의 전망

1. 재해로부터 복귀와 부흥

이번 대지진처럼 사회자본의 중요성을 명확하게 한 사건은 없었던 것 같다. 상상한 것을 초월한 지진과 쓰나미 발생에 의해 시가지와 커뮤니티가 물리적으로 심리적으로 붕괴했다. 그 피해는 설상가상으로 마이너스 효과를 확산시켰는데 그것이 인프라 구조에 괴멸적인 타격을 주었다.

피해지역의 도로, 철도는 끊겨 동맥으로서의 기능이 상실되었다. 항만이나 공항에 이르기까지 쓰나미의 직접적인 피해 대상이 되었다. 전기, 가스, 수도 등 라이프라인 계통의 단절은 피해자의 생활을 직격했을 뿐만 아니라, 대규모 계획정전에서 나타났듯이 넓은 범위에서 국민경제에 커다란 악영향을 미쳤다.

재해 후 비상사태로 대응한 분야는 매우 넓다. 무엇보다도 피해를 입은 사람들의 생활복구가 첫 번째였는데, 국가는 바로 이 점에 경주하지 않으면 안 된다. 재해로 인해 잃어버린 도시나 지역도 한시라도 빨리 복구하고 부흥해야 하는 것 또한 과제이다. 물론 물리적인 거주, 생활공간을 어떻게 복원하고 재부흥시켜야 하는지가 문제일 뿐만 아니라 고용 확보, 지역경제 재구축이 동반되지 않으면 지속적인 생활이 확보되지 않는다. 또한 재생된 도시나 지역, 마을 등은 미래의 새로운 관점에서 설계된 것이 아니면 안 된다.

국가적 위기관리 문제로서 후쿠시마 제1원자력발전소 사고는 가능한 한 빨리 수습해야 하며, 방사능 누출에 의한 인적 피해와 주변 지역의 경제적 피해 최소화가 이루어져야 한다. 4월 중순 단계에서 후쿠시마 제1원자력발전소 사고의 심각성은 레벨7이라는 원자력사고 최악의 사태까지 발전했다. 여기까지 이르는 과정에서 대응 실수에 대한 지적이나 책임 추궁도 중요하지만, 무엇보다도 효과적인 처방에 의해 국민의 불안을 해소하고 실수를 되풀이하지 않는 체제를 구축하는 것이 더 중요하다.

2. 인프라 구조로서의 전기 공급

이상과 같이 지진피해와 직접적인 피해 대응에 대해서는 당연히 조치를 취해야 하며, 국가가 담당해야 할 역할은 경제를 어떻게 부흥시킬까, 경제 추락을 최소한으로 멈추게 하기 위한 대책 등일 것이다. 특히 경제 전체가 네트워크로 크게 연결되어 있는 것을 전제로 한다면 손상을 입은 인프라 구조의 악영향을 조금이라도 적게 하는 것이 중심적인 과제일 것이다.

동일본대지진 이후 도쿄전력 관내에서는 전력부족으로 인해 계획정전이 실시되었다. 수용량과 공급량이 항상 일치하지 않으면 안 된다는 전력공급의 성격상, 지진피해에 의해 공급량이 줄어들면서 단기적 조치로서 수요자 측의 대응을 요구하지 않으면 안 되었던 것이다. 이 점에서 진재 이후에 계획정전을 도입한 것 자체는 어쩔 수 없는 조치였다고 생각한다. 그렇지만 우리들이 계획정전에서 배운 것은 그 영향이 얼마나 큰 것인가라는 문제이다.

계획정전 도입 당초는 철도 운행에도 영향을 미쳤고, 수도권 통근이나 통학이 커다란 타격을 입었다. 이러한 불편함이 일어나지 않도록 크게 배려하여 철도 운행에 지장이 없도록 계획정전 프로그램이 개정되었다. 그러나 그렇다고 하더라도 항간의 소문처럼 생명을 다루는 의료기관 문제나 일반 가정에서도 사용하는 의료기기에 미친 영향이나 도로교통 신호에 관계되는 교통안전상의 문제 등은 변전소를 기본으로 하는 정전 단위로는 대응할 수 없다는 것이 과제로 남았다.

잊어서는 안 되는 것은 정전이 일상 경제에 미치는 영향이다. 생산자 측에서는 작업공정 과정 관계 때문에 실제로는 정전시간보다 더 중단된 시간이 길었다. 3시간 단위의 정전은 대부분의 경우 한나절 혹은 종일 휴업에 필적한다. 일반 소비자에게 있어서도 사태는 마찬가지이다. 점포도 제조공장 현장도 마찬가지로 실제 정전시간 이상의 영향을 가져와 휴업 등도 발생했다. 그리고 이에 맞추어 소비자들의 행동도 변화하지 않을 수 없었다. 다시 말해서 계획정전은 소비자에게는 불편을 초래했을 뿐만 아니라 위기의식에서 특정 제품의 사재기를 조장하였다. 또 다른 한편으로는 전체적인 소비 감퇴로 연결되었다.

필자가 속해 있는 교육기관은 우연히 지진피해 시기가 봄방학과 겹친 덕분에 초기 단계에서는 크게 영향을 받지 않았다(그렇지만 졸업식이나 입학식은 중지된 경우가 많았다). 가령 학기 중에 계획정전이 재개된다면 실제 문제로서 정전한 상태로 수업을 진행하는 것은 불가능하다.

이처럼 전력에 과도하게 의존하고 있는 경제활동의 현상을 본다면 그 공급량의 확보는 거시적 경제로 볼 때 매우 중요한 과제이다. 이 사실이 명확하게 의식화되지 않으면 안 될 것이다. 확실히 전원 복구 속도는 지진 직후에 예상하고 발표한 것보다는 빨랐는데 그것은 관계자들의 노력과 각계각층의 협력 덕택이었다.

도쿄전력에 의하면 산업계와 생활자의 전면적인 절전을 전제로 하여 여름철 수요확대 시에도 계획정전을 피할 수 있는 상태까지 끌고 간 것 같다. 그렇지만 방향성에 대해서는 합의가 이루어졌지만, 실현에 대해서는 걱정하지 않을 수 없는 측면이 있다. 계획적인 절전이라 하더라도 좀 더 확실성이 높은 것은 산업용의 수요억제 제도이다. 재계로부터도 순번제에 의한 생산휴업제도나 휴일 분산화로 인해 피해를 최소화하려는 협력체제가 제안되고 있다. 그렇지만, 현실적으로는 이러한 경우라도 '총론 찬성, 각론 반대'라는 상황에 빠지지 않을 수 없다. 산업용과 비교하여 더욱더 절전이 어려운 사무실 빌딩 등의 업무용 수요, 일반 가정용 수요에서 어떻게 효과적인 절전을 실시할 것인가, 최악의 사태를 피하기위한 정치적인 리더십이 요구된다.

3. 전력사업의 전망

전력량 확보 문제와 함께 서둘러 해결해야 할 과제로 등장한 것이 도쿄전력의 경영문제이다. 본 원고 집필 시점에서 도쿄전력이 감당해야 할 장래의 부담에 대해서는 밝혀지지 않고 있다. 원자력손해보상법에 의한 배상범위에 따르겠지만, 이 배상액과 후쿠시마 제1원전의 원자로 처리 비용을 합친 것만 해도 도쿄전력의 연간 수익액에 필적할 정도의 자금이 필요하다. 이러한 상황에서 정치적인 의미를 포함해 도쿄전력의 고유화론이나 사업 형태의 대폭적인 수정(예를 들면 발송배전 분리) 필요성이 논의되고 있다.

단 도쿄전력의 사업적 측면에서는 냉정한 논의가 필요하다. 이번 사태가 상정 밖의 자연재해가 주된 원인인지 아니면 도쿄전력의 경영상의 과실인지 분명하게 어느 한쪽의 문제로 판단할 수 없는 측면이 있다. 또한 중요한 것은 원전피해를 입은 주민들에 대해 하루빨리 확실한 보상을 실시해야 한다는 것이다. 그리고 도쿄전력의 사업형태나 경영형태(법적 정리도 포함해서)에 대해서는 배상방법을 정해 놓고 냉정하고 객관적으로 논의해야 할 것이다.

국민경제에서 중요한 것은 충분한 전력의 안정적인 공급이지 정치적 퍼포먼스가 아니다. 손해배상 지급을 확실하게 하려면 일정한 공적자금 지원이나 법 개정을 동반한 체제 개편의 필요성이 있는데, 이러한 국민적인 합의로 실현하는 것만이 '정치적 힘'이라는 것을 알아야 할 것이다.

도쿄전력에 대해 고려해야 할 사항을 한 가지만 더 추가하면 도쿄전력이라는 존재가 가진 금융기관에 대한 영향력이다. 도쿄전력의 규모적 측면에서 생각해 보면 예를 들어 통상적인 사업파탄 처리가 진행된다면 그 파급효과는 엄청나게 클 것이다. 주식 투자자가 엄청난 숫자에 이르는 것은 차치하고서라도 안정적인 회사 채무라는 의미에서 기업의 모델이었던 도쿄전력의 지위 붕괴 영향력은 이루 헤아릴 수 없는 파장을 일으킬 것이다. 이러한 점을 포함하여 도쿄전력의 미래에 대해서는 신중하게 고려해야 할 것이다.

4. 에너지의 미래상

올 여름을 맞이하면서 전력공급량의 확보나 도쿄전력의 경영방침이 단기적인 문제라고 한다면 이번 동일본대지진으로 인해 노출된 중장기적 과제도 많다. 가장 중요한 것은 원자력발전에 대한 신뢰가 흔들렸다는 것이다. 이것은 미래 에너지 계획을 어떻게 재고할 것인가라는 문제로 연결된다. 일본의 에너지 계획은 에너지정책기본법에 근거하여 '에너지 기본계획'으로 정리되어 있으며, 2003년 이래 약 3년에 한 번 주기로 개정하고 있다. 가장 최근 것은 2010년 6월에 개정본이 있다.

현행 기본계획을 보면, 요즘에 일어난 환경문제나 탈지구온난화 가스 문제를 강하게 의식하고 있는 듯하다. 특히 정권 교체 이후에 제안

된 90년 대비 25% 탄소삭감 문제를 해결하기 위해 재생 가능 에너지 신장과 원자력발전 추진책이 명확하게 제시되고 있다. 원자력에 대해서는 2030년까지 14기(基) 이상 원자력발전소를 증설하고 설비 이용률을 높임으로써 수력이나 재생 가능 에너지 등을 합쳐 무배출시스템(zero emission) 전원비율을 70%로 끌어올리자는 계획이다.

이상 기술한 것처럼 에너지 기본계획은 3년마다 개정하는 것으로 되어 있는데 이번 사태를 보면 하루빨리 개정을 실시해야 할 것이다. 현행 계획에서 기본이 되는 것은 원자력발전소의 대폭적인 증설 항목인데 그 실현이 곤란해진 것은 분명한 사실이다. 일부에서는 재생 가능 에너지의 대폭적인 보급을 통해 환경문제와 탈원전을 양립시켜야 한다는 지적도 일고 있지만, 현실적인 문제로서 그것이 실현가능하다고 보는 견해는 매우 적다. 그러한 의미에서 적어도 현행의 원자력에 의존하면서도 미래에 에너지를 안정적으로 공급하고 경제성장, 환경문제를 다루지 않을 수 없는데, 이러한 문제에 국민적 이해를 얻기 위한 전제조건을 창출해 내지 않으면 안 된다고 본다.

— 2014년 4월 14일

구로사와 요시타카黒沢義孝
(국제금융론 · 거시경제학)

외환지급 국채 발행과 부흥자금 조달

마거릿 대처(Margaret Hilda Thatcher) 영국 전 수상이 포클랜드(Falkland) 분쟁 발발(1982년 4월) 때에 '예상치도 못한 일이 발생하는 것을 명심하게 되었다'고 《대처 회고록》에 적었다. 동일본대지진은 지진과 쓰나미, 원전 문제로 이어지면서 피해가 확대되었는데, 대처 전 수상의 말대로 이는 아무도 예상하지 못한 일이었다.

이전에 원전에 관한 심의회의에서 지진학 전공 교수가 '약 1200년 전에 도호쿠 지방을 쓰나미가 덮친 적이 있는데 원전 건설을 하려면 이것에 대비하야 한다'고 충고했지만, 건설비용 측면에서 이 제안은 받아들여지지 않았다고 한다. 대재해 발생 확률이 매우 낮다는 것을 생각하면 그것을 고려해야 하는가 말아야 하는가 현실적 대처는 어려울지도 모른다.

후쿠시마 제1원전의 방사능 누출에 대처한 후 도호쿠, 기타칸토(北関東)의 복구나 새로운 도시건설에는 막대한 비용이 필요하다. 이를 어느 선까지 국가가 부담해야 하며 민간자본이 어느 정도까지 끌어모을 수 있는가는 알 수 없지만, 상당 부분을 국가가 조달하지 않을 수 없을 것이다.

당장 20조 엔의 국채 발행을 일본은행이 맡았다는 보도가 흘러나오는데 국가 채무부담은 이미 한계를 넘었다. 복구를 위한 건설공사가 본격화하여 그 영역의 넓이를 상정해 고려해 보면 50조 엔, 100조 엔으로 불어날 가능성을 배제할 수 없다. 민주당의 오카다(岡田) 간사장은 '재무 규율을 잃어버리게 되고, 일본 국채에 대해 불신이 높아진다'라며 동일본대지진의 부흥을 위한 국채를 일본은행이 맡는 것을 반대했다(《아사히 신문(朝日新聞)》(조간) 2011년 4월 3일) 그렇지만 국가가 복구자금을 부담하지 않으면 누가 부담할 수 있을까.

일본 국채에 대한 등급은 등급투자정보센터(R&I)와 일본등급연구소(JCR)에서 트리플A(AAA)를 유지하고 있지만, 스탠더드 앤 푸어스(S&P)[1]는 2011년 1월 더블A(AA)에서 더블A 마이너스(AA⁻)로 인하했다. 무디스도 스탠더드 앤드 푸어스(S&P)의 인하에 이어 1개월 만에 더블A2(Aa2)인 '안정적'에서 '네거티브'로 변경하였고 가까운 시일 안에 등급 인하하겠다고 예고했다.

모두가 동일본대지진 발생 이전의 변경 사항들인데, 재해복구를 위해 국채 발행에 의한 채무 증가가 발생하면 어디까지 등급 하락이 이루어질지 모른다. 외국투자가의 일본 국채 보유율은 5% 정도로 낮지만, 무디스와 스탠더드 앤 푸어스에 의한 등급 하락은 국제금융시장에서 일본 국채에 대한 리스크 프리미엄이 상승하고 더 나아가서는 국채금리 상승 가능성도 배제할 수 없다.

일본은행이 맡으려는 국채 증가 발행에 의해 예상되는 폐해는 인플레이션 현상과 금리상승을 가져온다는 것이다. 한 가지 방법은 외환 지급 방식의 일본 국채(달러나 유로로 지불하는 방식) 발행이다. 무디스에 의한 엔화 지급 국채등급은 더블A2(Aa2: 전망을 보면 '네거티브')인데 외

1 영국의 피치 IBCA, 미국의 무디스와 함께 세계금융시장을 좌지우지하는 3대 신용평가기관이다. 세계 60여 개 국가를 대상으로 정치상황, 경제구조, 경제성장, 전망, 재정운용, 공공부채, 대외부채, 물가, 부채상환능력 등 8개 부문 31개 항목에 걸친 투자환경을 조사해 등급을 발표한다 — 역자 주.

환지급 국채등급은 트리플A(Aaa)이다. 일본 정부는 제2차 세계대전 후 1959년에 뉴욕에서 달러 지불 일본 국채 3,000만 달러를 발행한 후 한 번도 외환지급 국채를 발행하지 않았다. 외환지급에 관해서는 정부 관계 기관에 의한 '채권발행 보증인' 등급을 취득하고 있을 뿐이다. 무디스가 외환지급 보증인으로 일본 정부에 트리플A를 부여하고 있는 최대이유는 '대외 순채권'이 매우 윤택하다는 점에 있다. 무역수지가 감소하는 경향에 있다고는 하지만, 소득수지 흑자가 커졌기 때문에 대외 순채권은 매년 증가하여 2010년 말에는 284조 엔에 달할 전망이다. 국채 등급은 자국 통화지급 국채 쪽이 외환지급 국채보다 높은 것이 통상적인 것인데, 일본의 경우 그것이 반대인 것은 대외 순채권이 풍부하기도 하고 외환 차입에 대해서도 반환능력에 문제가 없다는 것의 증거이다. 대외 순채권은 국가의 특별회계에 의한 미국 국채 등의 보유도 있을 수 있지만, 기본적으로는 무역이나 금융거래 활동을 통해 민간 섹터가 보유하고 있는 것이 맞다. 그러나 대외적으로 그것이 일본의 국력으로 높게 평가를 받아 등급에 반영되고 있는 것이다.

동일본대지진의 부흥자금으로 외환지급 일본 국채(기간 10-15년)를 발행하면 조달 외화를 엔으로 전환할 때 국내의 부흥자금 및 신용 창조에 의해 인플레이션을 억제하고 엔을 흡수할 수 있다. 엔 전환에 의한 엔고(円高)는 부흥을 위한 수입 자재비용으로 지급하면 유리하다. 또한 강한 부흥을 통해 미래에 외환지급 국채의 반환 시기에는 엔고를 보여 주면 외환반환 부담도 가벼워진다. 외환지급 국채 등급에는 담보로 대외 순채권 이외에 지금까지 외환지급 일본 국채 실적도 평가대상이 될 것이다. 외환지급 일본 국채는 전전에 몇 번이나 발행했었는데 1942년부터 1952년 사이 이외에 반환이 늦어진 것은 한 번도 없다. 부흥자금에 관한 신문 보도를 보면 국채 발행(엔 지급)에 의한 일본은행의 문제만 화제로 다루고 있다. 일본의 대외 순채권 284조 엔을 고려한 외환지급 국채 발행에 의한 자금조달 문제에 밝은 전망을 제시하고 힘찬 부흥을 기대하고 싶다. 관계자들에게 외환지급 국채 발행에 대해 긍정적으로 검토하기를 부탁드리고 싶다.

— 2011년 4월 5일

27 부흥자금

다케다 요스케(竹田陽介, 거시경제학)
야지마 야스히데(矢嶋康次, 금융론)
우치다 이치히로(打田委千弘, 응용계량경제학)

부흥자금을 위한 현상유지와 명목GDP연동국채 발행

일반균형이론은 칼 포퍼(K. Popper)가 사회과학의 진정한 목적으로 삼았던 것을 추구하고 있다. 그것은 일반균형이론이 사회음모설로 불리는 것과 정반대이기 때문이다. 사회에 일어나는 일은 어떤 것도 어떤 강력한 개인이나 집단이 기획한 음모의 직접적 결과라고 생각해서는 안 된다. 사회과학의 사명은 어떤 사회현상도 많은 개인의 의도적인 행동의 상호작용에 의한 의도하지 않는 사회적 결과라는 점을 명확하게 하는 것이다.'

— 네기시 다카시(根岸隆), 《미시경제학강의(ミクロ経済学講義)》, 도쿄대학출판회, 1989, p.6.

동일본대지진에 의한 피해가 명확해지는 중에 이 글을 쓰고 있다. 일본 경제의 중장기적인 부흥책에 대해서 정책을 제언하자는 취지에 찬동하여 본인은 두 가지에 신경을 썼다.

첫 번째로, 칼 포퍼가 부정한 사회음모설은 말하자면 단순한 대처요법이 아니라 사회과학인 경제학의 제1의 의적(義的) 원리에서 시사되는 사실만을 서술한다. 무엇보다 네기시 다카시 도쿄대학 명예교수가 실천해 오셨던 것처럼 미시경제와 거시경제의 관계를 의식한다. 두 번째로 일본 경제에 관한 필자의 지금까지의 연구성과에 의거하면서 증거

(Evidence)에 근거한 가능한 한 구체적인 정책 제언을 행한다. 그 위에 정책 실현을 위해 앞으로 무엇이 행해져야 하는가를 명확하게 한다.

이하에서는 일본 경제의 부흥 또는 재구축이라는 사명을 위해 일본 경제가 갑작스럽게 멈추는 일 없이 현상유지의 가치를 최대한으로 살려 나가고 매크로 쇼크에 대한 허약성을 극복하기 위해, 경제구조의 어떠한 변화를 경제정책이 유도해 나가야 할 것인가에 대해 논한다. 결론으로서 일본 정부는 명목GDP연동국채를 지금이야말로 발행하여 세계의 기선을 잡아야 한다고 생각한다.

1. 미시경제적 구조에서 거시경제적 구조를 전파

동일본대지진은 격심한 진동뿐만 아니라 거대한 쓰나미를 불러일으켰다. 일본 경제에 끼친 피해는 5월 19일 현재 사망자·행방불명자를 합하여 24,163명에 이르는 인적 피해, 10만 명 이상에 이르는 피난자, 사회자본·주택·민간기업설비 스톡의 훼손 16-25조 엔, 피해지역에서 민간기업설비 훼손에 의한 생산감소 및 피해지역 외부에 있어 서플라이 체인을 통한 영향 등 연간 1조 2500억 엔-2조 7500억 엔의 물적 피해(내각부 2011년 3월 23일)로 추정되고 있다.

일반적으로 지진 등의 자연재해가 GDP 등 거시경제지표에 끼치는 영향에 대해 일치된 의견은 존재하지 않으며 각각의 재해사례에 따라 다르다고 말할 수 있다. 사실 계산이라고는 하지만 상기의 내각부에 의한 피해의 추정치는 계획정전 등에 의한 전력공급의 제약에 의해 기업이 설비 가동을 조정하고, 고농도의 방사성 물질의 방출에 의해 뜬소문 피해·자숙 무드 등에서 가계의 소비가 억제된 경로에 대해서는 불확실성이 높다고 하여 산출하고 있지 않다. 또 대규모 자연재해의 단기 및 중장기적 경제성장에 대한 영향에 대해서 실증분석한 Cavallo, Galiani, Noy and Pantano(2010)에서는 대규모 자연재해가 장기적으로 1인당 GDP를 평균 10%나 저하시키는 효과를 가진다는 사실이 밝혀졌다. 그럼에도 불구하고 경제체제와 소유권 등의 개혁에 연결되어 있는 재해 이후 정치체제 급변의 영향을 제외하면 대규모 재해는 장기적인 경제성장에 대해 유의미한 효과를 끼치지 않는다. 대재해에 의해 비효율적인 기업의 퇴출이 가속함으로써 경제 전체의 신진대사가 촉진될 가능성도 있다. 자연재해가 거시경제에 미치는 영향의 평가에 대해서는 많은 불확실성을 동반하므로 개별 사례에 직면한 평가가 필요할 것이다.

동일본대지진의 경우 지금까지 일본 경제를 지탱해 온 미시경제적 구조의 허약성이 드러났다. 한 가지는 주요한 부품 서플라이어(제공자)가 입지하는 도호쿠·간토 지방을 습격한 대지진이 자동차 메이커의 장기간에 걸친 생산 정지를 불러일으켰다는 사실에서도 알 수 있듯이 도요타 자동차의 '간판방식'[1]으로 대표되는 메이커와 서플라이어 간의 서플라이 체인이다. '모노즈쿠리(ものづくり)'의 구호와 함께 일본 경제의 생명선이 되어 온 자동차·전기기계 등의 메이커와 서플라이어 간의 관계특수적인 거래관계[2]는 장소를 가리지 않는 시장 메커니즘에 의존하지 않기 때문에 미래의 지진재해라는 지역 고유의 쇼크에 허약했다. 또 하나의 미시적 구조는 종래 신뢰할 수 있는 안전성에 바탕하여 안정적인 전력공급을 지탱해 온 원자력발전에 의존하는 시스템이다. 상정 외라고는

1 간판방식이란 도요타의 생산방식의 일종으로 '저스트인타임방식/적기생산방식'으로 불리기도 한다.

2 기업의 부품조달에 있어 시장에서 구입하는가, 산하에 있는 부품기업에 주문하는가는 기업의 수직적 통합이 어떻게 조직되어 있는가에 크게 의존한다. 일본의 자동차 메이커의 경우, 거래비용을 수반하는 시장거래, 부품 서플라이어와의 관계특수적인 거래, 이들 쌍방을 유연하게 사용하면서 산업 집적을 진행해 왔다고 볼 수 있다. 일본의 자동차 메이커·서플라이어에 있어 수직적 통합을 결정해 온 요인에 대해서는 올리버 윌리엄슨 등의 거래비용경제학(Williamson 1985)이 참고가 된다 — 저자 주.

하지만 장기간에 걸친 전원 두절, 지진에 의한 거대한 쓰나미에 대해 리스크를 회피(hedge)하는 수단을 가지지 못했다. 그 결과 수차례에 걸친 계획정전, 고농도 방사선 물질의 방출이 일어나 자동차 조립산업 등에 있어 생산 정지, 농림수산업 등의 뜬소문에 의한 피해, 자숙 무드에 의한 손실은 크다고 볼 수 있다.

그러나 이들 미시경제적 구조를 통한 지진재해에 의한 손실은 어디까지나 '미크로 쇼크'이다. 미크로 쇼크가 GDP 등 거시경제지표에 끼치는 '매크로 쇼크'로 전화할 때는 산업연관·지역연관, 고용계약·관행, 또는 주택에 관하는 정보·법 제도 등 거시경제적 구조를 통한 전파가 없어서는 안 된다. 일본 경제가 강점으로 삼아 온 상기 미시경제적 구조의 단절에 의한 미크로 쇼크의 매크로 쇼크로의 전파는 부흥 수요가 예상되기는 하지만 정부·일본은행과 싱크탱크 등의 경기 예측을 넘어서, 조만간 GDP를 시작으로 하는 거시경제지표의 장기에 걸친 악화로서 나타날 것이다.

2. 중장기적인 영향을 좌우하는 거시경제적 구조

자동차와 전기기계·제품 등에 있어 서플라이 체인을 통한 생산의 감소 및 원자력 발전에 의존한 전력공급하의 공급제약으로 인한 생산감소·고농도의 방사선 물질의 방출에 의한 뜬소문 피해·자숙 무드, 이들 두 가지의 미시경제적 구조에 기반한 동일본대지진의 영향이 일본 경제라는 거시경제에 중장기적으로 미칠 영향을 좌우한다고 생각되는 요인으로, 크게 나누어 두 가지 거시경제적 구조에 대해 서술한다.

1) 노동시장·주택시장 마찰(friction)

(1) 노동시장

지진피해를 입은 여러 직업에 종사하고 있던 다수의 노동자가 지진 후의 환경에서 일을 찾는 것이 현실적으로 얼마나 곤란한가는 고용계약과 고용관행 등이 좌우하는 노동시장에 있어 마찰에 의존한다.

노동시장에 있어 마찰을 다루는 실업-결원(Unemployment-Vacancy, UV) 분석에 있어 실업-결원곡선(Beveridge Curve)의 형상은 직업을 구하는 노동자와 구인하는 기업 간 매칭의 효율성을 나타낸다. 당연하지만 종신고용·연공서열제도의 잔존은 도중 퇴출하는 노동자에 있어 불이익을 가져오는 한편, 기업에 의한 노동력의 퇴장(退藏)을 불러일으켜 노동시장에 있어 마찰의 정도를 높이게 된다. 파견업법 등 노동시장의 효율성을 높이기 위한 정책을 앞으로 재점검하는 것은 필연적일 것이다.

(2) 주택시장

노동력과 같이 장기계약의 형태를 찾아 불가분한 재화인 주택에 대해서도 자발적 또는 비자발적인 거주·이주의 선택이 가능하다. 이재민의 다수는 앞으로 가설주택에서의 생활을 거쳐 지금까지 거주해 온 지역에 다시 주거를 갖추든가 새롭게 이주하여 새로운 주거를 꾸리든가의 선택에 직면할 것이다. 그때 주택시장의 마찰 정도가 문제가 된다.

다케다(竹田, 1997)는 도도부현(都道府県)별 데이터를 사용하여 주택시장에 있어 무주택자-빈집곡선(Beveridge Curve)을 추정했다. 주택의 초과공급에 대해《주택통계조사》(구 총무청 통계국)의 '임대 또는 매각용' 빈집 수를 사용하는 한편, 주택의 초과수요에 대해서는《주택수요실태조사》(구 건축성 주택국 주택정책과)의 주택에 '다소 불만이 있다'고 느끼면서 '개선계획에 대해 생각하고 있지 않다'는 세대수에 의해 촉진되었다.

추정 결과 주택시장에 있어 미스매치의 정도를 드러내는 파라미터가《임대주택정보》등의 정보제의 존재, 1991년에 개정된 차지차가법(借地借家法)에 도입된 확정기한이 붙은 건축임차권의 설정, 80년대에 들어 우려되기 시작한 인구구성의 고령화에 동반한 고령자용 주택의 정비 지연에 좌우되어 온 사실을 알 수 있다. 앞으로 시작될 이재민의 거주에 즈음하여 주택시장의 미스매치가 문제가 될 가능성이 있으므로, 지진재해 주택을 건설할 때 제3자 기관이 주택에 대한 적절한 정보를 제공하여 고령자에 대응한 배리어프리(barrier-free) 임대주택을 공급하는 등의 시책이 필요하게 된다.

2) 지역 관련·산업 관련을 통한 생산성의 영향

(1) 지역 관련

주요한 부품 서플라이어가 입지하는 도호쿠·간토 지방을 습격한 지진재해로 인해 자동차 메이커의 장기간에 걸친 생산 정지가 일어난 사실에서 알 수 있듯이 세계에 자랑하는 일본의 자동차산업과 전기기계산업 등의 높은 생산성을 지탱해 왔던 것은 도요타자동차의 '간판방식'으로 대표되는 메이커와 서플라이어 간의 서플라이 체인이었다. '모노즈쿠리'의 구호와 함께 린생산방식(Lean Production System)[3]으로서 일본 경제의 생명선이 되어 온 자동차·전기기계 등의 메이커와 서플라이어의 관계특수적인 거래관계는 대량생산(Mass Production)을 전제로 하는 장소를 가리지 않는 시장 메커니즘에 의존하지 않기 때문에 미래의 지진재해라고 하는 지역 고유의 쇼크에 대해서 허약했다.

알프레드 마셜(Alfred Marshall)에 의한 텍스트 《경제학원리》(1920)는 산업·기업의 집적을 결정하는 요인으로서 이하의 세 가지 유형을 제시했다. 첫째로 중간 투입물과 최종 소비재의 운송비용이다. 기업은 운송비용을 절약하기 위해 부품기업 또는 소비자에 가까운 위치에 입지한다. 둘

3 lean은 '매우 얇은' '군살 없는'이란 뜻으로, 낭비 없는 생산을 목표로 하여 작업공정 혁신을 통해 비용은 줄이고 생산성은 높이는 방식을 일컫는다.

째로 노동력과 자본 스톡이라는 생산요소의 투입에 관한 규모의 경제성이다. 많은 기업이 근접하여 입지하면 어떤 기업의 생산요소로서 투입되어 있는 노동자 및 자본은 기업특수적인 쇼크가 발생한 경우에 다른 기업에 이동이 용이하기 때문에 상대적으로 낮은 임금률·수익률을 받아들인다. 셋째, 산업·기업 집적의 결정요인으로서 마샬이 든 것은 지식의 스필오버(spill-over effect)[4]이다. 인접하는 기업이 동일한 시간과 장소에 기반하여 신제품의 개발을 위해 극복해야 할 기술적 과제 등에 대해 공동으로 연구개발 활동을 행하는 것은 빈번하게 볼 수 있는 현상이다.

이들 세 요인 중 어떤 요소가 산업·기업의 집적을 결정하고 있는가? Takeda and Uchida(2009)[5]에서는 일본의 자동차부품 사업소에 관해 경제적 거리의 지표로서 각 사업소가 위치하는 물리적 거리만이 아니라 도요타자동차의 교효카이(協豊会) 등 기술의 공유를 목적으로 하는 기술협력단체 가맹 여부를 고려한 지표를 작성하여 그것들이 생산관수(関数)의 추정에서 얻을 수 있는 전 요소 생산성과 어떠한 관계에 있는가를 추정하였다.

이는 물리적 거리뿐만 아니라 지식의 스필오버를 가미한 경제적 거리가 생산성에 부여하는 긍정적 효과(正의 효과)가 확인되었다. 그럼에도 불구하고 경제적 거리의 집적효과는 극히 일부의 자동차 메이커에만 해당할 뿐만 아니라 마셜(1920)이 생각했던 것처럼 집적을 가져오는 경로 중 반드시 지식의 스필오버뿐만 아니라 운송비용을 절약하기 위해 사업소가 근접한 위치를 선택하고 있는 가능성도 지적할 수 있다.

---

4 한 곳에서 흘러 넘쳐 다른 곳으로 퍼지거나 영향을 미치는 현상으로, 어떤 요소의 생산활동이 그 요소의 생산성 또는 다른 요소의 생산성을 증가시켜 경제 전체의 생산성을 올리는 효과를 말한다.

5 다케다·우치다(竹田·打田, 2011)는 Takeda and Uchida(2009)를 평이하게 해설하고 있다 — 저자 주.

서플라이 체인 단절은 운송비용 절감뿐만 아니라 일부 자동차 메이커에 있어 지식의 스필오버에 의한 생산성의 향상을 저해한다. 90년대 이후 급속하게 진행된 자동차의 전자제어화는 서플라이 체인에 있어 지식 공유의 허약성을 점점 더 높여 왔다고 생각된다. 앞으로는 생산성을 희생으로 하더라도 부차적인 부품조달 수단으로서 시장 메커니즘의 이용 등 비즈니스 연속성 경영시스템(BCM, Business Continuity Management)의 충분한 활용은 불가결하게 될 것이다.

(2) 산업 연관

동일본대지진은 도로, 항만, 공항 등 사회자본 스톡을 크게 훼손했다. 사회자본 스톡의 축적은 민간 경제활동의 생산성을 향상시킨다. 미국에서 이 방면 연구의 효시인 에이시아워(Aschauer, 1989)는 1970년대 미국 경제에서 모든 요소 중 생산성 저하의 약 절반이 공공사업 저하에서 기인한다는 사실을 밝혔다.

다케다·고마키(竹田·小巻, 2007)에서는 1998년 시점에서 산업기반형 사회자본 스톡의 85%를 점하는 도로자본 스톡에 대해 산업 연관을 통한 생산성의 스필오버 효과로서 중간 투입을 통한 동시점 간의 스필오버 효과 및 R&D를 통한 동학적인 효과의 두 가지를 다루었다. 산업 간의 스필오버 효과를 규정하는 산업의 천상(川上)·천하(川下)관계[6]에 있어 중간 투입에 관해서는 농림수산업은 식료품산업과의 사이에 상호적으로 천상·천하관계에 있고 기계산업은 1차 금속산업에 대해서 천하에 위치한다. 한편 R&D에 관해서는 기계산업은 농림수산업을 포함한 많은 산

6 일본의 산업계에서 천상(川上) 천하(川下) 관계란 산업 간의 관계를 가리키는 말로, 천상산업은 천하산업에 대하여 가공서비스나 부품의 공급 등을 하는 산업이고, 천하산업은 최종제품을 제조·판매하는 산업을 의미한다.

업에 대해서 천상에 위치하고 스필오버의 원천이 된다는 사실을 알 수 있다. 추정결과 이들 산업 연관을 통한 스필오버 효과를 통해서 농림수산업, 전기기계·수송기계·정밀기계 등을 포함한 기계산업 등에서는 도로자본 스톡의 생산성 효과가 증폭되어 있는 사실이 명백해졌다.

지진재해에 의한 자동차 조립 등 기계산업의 생산 정지 및 농림수산업의 뜬소문 피해 등에 더하여 도로를 시작으로 하는 사회자본 스톡의 지진피해로 인한 훼손은 양쪽 산업에 있어 대폭적인 생산성 저하로 연결될 가능성이 높다.

3. 매크로 쇼크에 대한 금융 · 재정정책

미시경제구조에서 거시경제구조로 쇼크가 전파된 결과 발생하는 '매크로 쇼크'에 대해 일본 정부는 어떠한 대응책을 찾아야 할 것인가? 동일본대지진은 인적 자원 및 물적 자원의 심각한 손실뿐만 아니라, 피로한 일본 경제에 남겨진 미증유의 재정 적자의 악화, 더 나아가서는 재정파탄을 일으킬 우려가 있다. 앞으로 경제정책에 부과된 사명은 중대하다. 본인은 논의가 모아지는 부흥재원에 대해서 가능한 한 증세에 기대지 말고 이자가 GDP에 연동하는 'GDP연동국채'를 지금이야말로 발행해야 한다고 생각한다.

1) 명목GDP연동국채의 발행

(1) 과세평준화의 원칙

배로(Barro, 1979)의 최적 공적 채무 구성의 논의에서는 시간 및 상태를 통해 세율변동을 안정화하는 것, 즉 과세평준화가 정부에 요구된다. 정부가 발행하는 금융자산의 수익률은 전쟁과 지진 등 갑작스러운 사건, 사고 등 모든 경제 상태를 반영하므로 정부가 발행하는 금융자산의 가격

변동에 의해 세율이 변동하는 것은 과세평준화에 반하는 것이 된다. 따라서 정부는 발행하는 금융자산의 구성을 조정함으로써 매크로 쇼크에 의한 리스크를 회피할 것이 요구된다.

최적 공적채무구성의 결정 요인에는 세 가지가 있다. 첫째는 금융자산의 수익률인 채무비용 간의 상관관계를 나타내는 분산공분산(分散共分散)이다. 그 외 채권비용과 상관이 높은 채권의 발행 또는 보유는 리스크 회피를 위해 작게 하지 않으면 안 된다. 둘째 요인은 항상소득과 채무비용 간의 분산공분산이다. 항상소득을 높이는 매크로 쇼크가 발생하는 경우 정부는 세율을 인하할 것을 요구받지만 세율의 변경에 의한 사중손실[7]을 최소화하기 위해 그 매크로 쇼크와 비용 면에서 높은 상관을 지니고 채무비용이 상대적으로 높아지는 채무의 발행 비율을 높여 이자 지급을 상승시키는 쪽이 바람직하다. 세 번째는 항상적인 정부 지출과 채무비용 간의 분산공분산이다. 항상적인 정부 지출의 증가를 동반하는 예기치 못한 쇼크가 발생하는 경우, 세율 상승에 의한 사중손실을 최소화하기 위해서 비용이 정부 지출과 부(負)의 상관관계를 갖는 채무의 발행 비율을 높이고 이자 지급을 저하시키는 것이 바람직하게 된다.

동일본대지진 같은 마이너스의 매크로 쇼크가 발생하는 경우, 부흥을 위한 재정지출은 불가결하므로 정부에게는 세율 인상이 요구된다. 그러나 최적의 공적채무 구성에 있어 두 번째의 결정 요인에 따르면 세율 변경에 따른 잉여의 사중손실을 최소화하기 위해서는 매크로 쇼크와 비용 면에서 높은 상관관계를 갖고 채무비용이 상대적으로 낮아지는 채

7 데드웨이트 로스(Deadweight Loss)로도 불리운다. 재화나 서비스의 균형이 파레토 최적(하나의 자원배분 상태에서 다른 사람에게 손해가 가도록 하지 않고서는 어떤 한 사람에게 이득이 되는 변화를 만들어 내는 것이 불가능할 때 이 배분상태를 파레토 효율적이라고 한다)이 아닐 때 발생하는 경제적 효용의 순손실을 의미한다(http://ko. wikipedia.org/wiki/%EC%82%AC%EC%A4%91%EC%86%90%EC%8B%A4).

권을 발행하여 이자 상환액을 감소시키는 것이 바람직하다. 그를 위한 수단의 하나가 2005년 이후 아르헨티나가 실시한 GDP연동국채이다.

미증유의 재정적자를 안고 있는 일본 경제가 대지진의 부흥재원으로서 GDP연동국채를 발행하는 것은 과세평준화의 원칙에 걸맞을 뿐만 아니라 부의 매크로 쇼크에 의한 이자상환 비용을 절약하여 국가 재정에 대한 압력을 경감하는 데 공헌한다.

(2) GDP연동국채

GDP연동국채란 국채 이자가 GDP에 연동하는 국채이다. 개별기업의 주가를 수치화한 통상의 주가지수가 기업수익에 대한 청구권인 것처럼, GDP연동국채는 GDP 전체에 대한 청구권을 의미한다. 정부는 호황기에는 이자를 많이 지불하고 불황기에는 적은 이자로 해결할 수 있다. 그렇기 때문에 GDP연동국채의 사전적인 발행은 정부가 호황기에 지출하는 여지가 제한되는 한편 불황기에 세수를 높일 필요성이 적어서 소비자의 시간 및 상태에 관한 소비의 평준화가 자동적으로 도모되어 소비자의 경제후생을 높이는 효과가 있다.

실러(Shiller, 1993)[8]는 GDP연동국채의 발행이 매크로 쇼크에 대한 리스크 헤지의 수단으로서 유효하다고 지적했다. 실러교수가 제창하는 GDP연동국채 "Trills"는 명목GDP의 일정 비율, 예를 들면 1조 분의 1에 해당하는 이자가 자국통화로 사분기에 한 번의 빈도로 지불되는 영구채권이다. GDP연동국채는 무엇보다 금융위기에 빠질 가능성이 높은 허약한 경제에 대해서 리스크 헤지의 수단을 부여한다. 보렌츠테인과 마우로(Borensztein and Mauro, 2004)는 GDP연동국채의 발행에 의해 채무

8 같은 제안을 실러(2004)에서도 행하고 있다. 또 본고 집필후, 실러(2011)는 동일본대지진을 언급하면서 다시 GDP 연동 채권의 유효성을 주장하고 있다 — 저자 주.

GDP 비율이 발산적인 경로를 밟는 것을 저지하는 확률이 높고 또 각국의 GDP 간의 공분산이 그만큼 높지 않은 사실에서 GDP연동국채의 발행에 의한 보험 프리미엄은 그렇게 높아지지는 않는다는 사실을 밝혔다.

(3) 국제협조의 역할

매크로 쇼크에 대한 리스크 헤지 수단으로서 이론적으로 바람직한 성질을 가진 GDP연동국채는 2005년 이후 아르헨티나에 더해 90년대의 코스타리카, 불가리아, 보스니아·헤르체고비나 외에는 발행된 사례가 없다. 무엇보다 현재의 선진국에서 도입한 사례는 없다. 그 이유로서 역사의존성이 생각된다. 지금까지 선진국에서 GDP연동국채가 발행되어 오지 않았으므로 시장 유동성이 결여되어 있다. 따라서 새롭게 발행되는 GDP연동국채의 이율에는 유동성 프리미엄이 포함되게 되어 통상적인 보통 국채의 이율을 웃돌게 되어 시장유동성이 부족한 상황에서 일본 정부가 발행을 피해 왔다고 생각된다.

1997년 동아시아 통화위기의 교훈으로, 경제발전에도 불구하고 적절한 금융·재정 정책뿐만 아니라 공적 채무의 만기 구성과 외화표시 비율 등에 의해 발생하는 리스크의 관리가 필요하다는 국제적인 인식이 높아졌다. 금융위기뿐만 아니라 앞으로의 대지진과 같은 자연재해에 의한 매크로 쇼크의 리스크를 헤지하는 수단으로서 GDP연동국채는 유용하다. 카바예로(Caballero, 2003)는 GDP연동국채시장의 창설이야말로 IMF의 사명이라고 주장하였는데, 공적 채무관리는 일국의 재정 당국에 의한 국채 관리의 차원을 넘어서 국제 협조의 필요성이 점점 더 높아져 왔다.

다케다·야지마(竹田·矢嶋 2003)는 과세평준화의 관점에서 일본 정부의 최적 공적 채무 구성에 대해 가공의 증권인 GDP연동국채 대신 불완전한 지표인 동증주가지수(TOPIX, tokyo stock exchange price index)를 사용하여 정량적으로 분석했다. 그 결과 90년대 이후 GDP연동국채에 정부채무로서의 역할이 발생하고 있는 사실이 드러났다. 대지진이라는 매크로쇼크에 직면하고 있는 지금이야말로 GDP연동국채를 현실적인 정책의 선택지로서 생각해야 한다.

2) 인플레이션 경계

(1) 일본은행 인수의 엄금

부흥 국채로서 GDP연동국채를 발행할 때 주의해야 할 점은 일본은행이 인수할 것인가 아닌가라는 점이다. 대지진에 의한 매크로 쇼크가 심각한 영향을 끼치는 것은 과세평준화를 손상하는 증세도 그러하지만 소비자의 구매력을 손상하는 인플레이션의 가속화에 의해서이기도 하다. 그 의미에서 일본은행에 의한 부흥 국채 인수는 마너티제이션(monetization)에 의해 통화에 대한 신인도를 상실시키고 인플레이션의 맹아가 되기 때문에 피해야 한다. 또, 매크로 쇼크인 인플레이션을 일으키지 않는 유인(誘因)을 정부가 일본은행과 공유하기 위해서는 GDP연동국채의 이자를 연동시키는 GDP로서는 물가의 변동을 포함하는 명목GDP가 바람직하다.

(2) 소자(小子)·고령화로 인한 인플레이션의 리스크

다케다(竹田, 2011)는 앞으로 중대해질 소자·고령화의 거시경제적 귀결로서 사회 후생상 예기치 못한 인플레이션 리스크에 대한 허약성이 높아지고 있다고 지적했다. 새로운 개인이 태어나는 한편 노령의 개인이 죽어가는 세대가 공존하는 중에 퇴직세대는 청년기에 모은 저축을 허물어서 노년기의 소비에 충당하는 '채권자'다. 한편 현역세대는 기업의 생산기회를 위해 인적자본을 제공하고 자본시장을 통해 자본 스톡을 퇴직세대의 저축에서 받는 '채무자'로 구분된다. 자본시장에 있어 자본 공급의 주체인 퇴직세대와 자본수요의 주체인 현역세대가 의사적(擬似的)이긴 하지만 각각 채권자·채무자로서 공존하고 있는 것이다.

예기치 못한 인플레이션의 발생은 자산·부채의 실질가치의 감소를 통해 채권자에서 채무자로 세대 간의 소득 이전을 불러일으킨다. 그 과정에서 소자·고령화에 의해 채권자인 퇴직세대의 인구비율이 상승하여 채무자인 현역세대의 인구비율이 저하하는 것은 예기치 못한 인플레이션 리스크를 높이는 결과를 가져온다.

어빙 피셔(Irving Fischer, 1933)의 부채 디플레이션론에서는 예기치 못한 디플레이션은 채무자에서 채권자로의 소득 이전에 의해 거시경제 전체의 구매력을 저하시켜 일반물가 수준의 누적적 하강을 일으킬 가능성이 시사되었다. 소자·고령화가 진행 중인 현재에 있어서는 역으로 채권자인 퇴직세대에서 채무자인 현역세대에로의 소득 이전이 예기치 못한 인플레이션에 의해 증폭할 리스크가 높아져 있다는 것이기도 하다.

현실적으로 소자·고령화가 진행 중인 일본은 물가연동채의 발행고 및 발행연한(年限)에 있어 영미에 크게 뒤떨어져 있는 것이 실상이다. 2003년도에 처음 1000억 엔의 물가연동 국채가 발행되었지만 2008년 세계 금융위기의 영향으로 인한 수요 저하에 대응하여 현재 발행 중지가 이어지고 있다. 수요 주체가 해외의 증권회사에 집중되어 있고 일본 기관투자자의 소극적인 태도가 현저하다. 소자·고령화로 인한 인플레이션의 리스크가 높아지고 있는 상황을 고려하면 일본 거시경제의 허약성이 노정되어 있고 발행량의 증가, 발생연한의 다양화, 중앙은행의 오퍼레이션 수단으로서의 활용 등 재정·금융 당국의 긴급한 대처가 요구된다.

4. 결론—매크로 쇼크를 미크로 쇼크로 만든다

앞으로의 대지진 이후 일본 경제가 갑작스럽게 정지하는 것이 아니라 현상유지로서 가치를 최대한으로 살려 나가기 위해서는 거시경제적 구조로서 노동시장·주택시장의 마찰을 경감하고 지역연관·산업연관을 통한 생산성을 가능한 한 유지해 나가는 정책이 요구된다.

그와 동시에 앞으로도 지진재해의 리스크를 마주해야 하는 일본 정부는 매크로 쇼크에 대한 허약성을 극복해야 한다. GDP연동국채시장의 정비를 사명으로 해야 할 IMF에 손을 써서 지진과 허리케인 등의 자연재해가 빈발하는 중국과 미국, 혹독한 재정위기에 직면하고 있는 EU가맹국등과 함께 국제적으로 협조하여 GDP연동국채의 발행을 촉진하도록 시장유동성을 높여 나가야 한다. 그러한 국제협조의 결과로 전세계 각국에 있어 매크로 쇼크가 각국에 발행되는 GDP연동국채의 보유에 의해 큰수의 법칙이 작용하는 미크로 쇼크로서 세계 전체에 리스크가 분산되는 것이 기대된다. 그러기 위해서는 일본 정부는 명목GDP연동국채를 지금이야말로 발행하여 세계의 기선을 잡아야 한다고 생각한다.

참고문헌

Aschauer, David A. (1989), "Is Public Expenditure Productive?," *Journal of Monetary Economics*, 23 (2). pp. 177-200.

Barro, Robert J. (1979), "On the Determination of the Public Dept," *Journal of Political Economy*, 87 (5). pp. 940-971.

Borensztein, Eduardo, and Paolo Mauro (2004), "The Case for GDP-indexed Bonds," *Economic Policy*, 19 (38). pp. 166-216.

Cavallo, Eduardo, Sebastian Galiani, Ilan Noy, and Juan Pantano (2010), "Catastrophic Natural Disaster and Economic Growth," IDB Working Paper Series No. IDB-WP_183.

Fisher, Irving (1933), "The Dept-Deflation Theory of Great Depressions," *Econometrica*, 1 (3).

pp. 337-357.
Shiller Robert (1993), *Macro Markets: Creation Institution for Managing Society's Largest Economic Risks*, Oxford University Press.
Shiller, Robert (2011), "Economy, Insure Thyself," Project Syndicate. http://www.project-syndicate.org/commentary/shiller77//English.
Takeda, Yosuke, and ichihiro Unchida (2009), "Technological Externalities and Economic Distance: A Case of the Japanese Williamson, Oliver (1985), *The Economic Institution of Capitalism*, New York :Free Press.
シラー、ロバート・田村勝省訳(2004).《新しい金融秩序一来るべき巨大リスクに備える》. 日本経済新聞社.
竹田陽介(1997).〈住宅市場のBeveridge Curve〉.《住宅土地経済》24巻. pp.27-35.
竹田陽介・矢嶋康次(2003).〈日本における最適な公的債務構成―マクロ・ショックに対するリスク・ヘッジの観点〉.《ニッセイ基礎研究所所報》31巻. pp.1-30.
竹田陽介・小巻泰之(2007).〈R&DおよびD中間投入を通じた産業間のSpillover―道路資本ストックの生産性効果〉.《日本経済の構造変化と景気循環》. 浅子和美・宮川努編. 東京大学出版会.
竹田陽介(2011).〈少子・高齢化社会のマクロ経済的帰結―予期しないインフレのリスクと物価連動債の役割〉.《金融業と人口オーナス経済―高齢化社会における金融・経済のあり方》. 北村行伸・翁邦雄編. 日本評論者.
竹田陽介・打田委千弘(2011).〈《物理的距離》の概念は消滅したか?―日本の自動車部品事業所の生産性のケース〉.《日経研月報》4月号. pp.31一39.
内閣府(2011).〈東北地方太平洋沖地震のマクロ経済的影響の分析〉. 月例経済報告等に関する関係閣僚会議震災対応特別会合資料.
根岸隆(1989).《ミクロ経済学講義》. 東京大学出版会.

안도 고이치安藤浩一
(거시경제 · 기업금융)

지진재해 리스크 대응방식

이번 대지진으로 피해지역에 남겨진 많은 사람들의 생활이 파괴되었다. 이는 다른 지역에서 발생한 생활상의 불편과는 비교가 되지 않을 정도이다. 지진재해의 부흥에 관해서는 이분들의 구조와 생활재건이 가장 우선되어야 한다. 정책으로서는 평상시의 소득재분배에 머무르지 않고 자산의 재배분도 시야에 넣어 장기적으로 유지 가능한 지역사회의 재건이 필요하다.

1. 시장과 경제거래가 해결하지 못하는 것

시장거래를 포함한 통상의 경제거래는 어느 쪽이 일방적으로 주어서는 성립하지 않는다. 경제가치로서는 등가교환이라고 해도 양자의 효용이 상승한다는 것이 거래의 전형이고 비교하면 양자에 이득의 대소가 있다고 해도 호혜관계라는 사실이 경제거래를 지탱하고 있다. 그 외에 시장과 경제거래가 해결할 수 없는 상황도 있다. 그 한 가지가 공정성의 실현을 위해 '일방적으로 주는 것'이 필요한 경우이다. 대재해로 일부 사람들이 큰 피해를 입은 경우는 바로 이 사례라고 말할 수 있다.

이러한 상황에서는 정치적으로 정통한 의사결정의 프로세스를 거

쳐 납득할 수 있는 형태로 적절한 재배분 또는 재분배의 실현이 이루어져야 한다. 많은 자산, 즉 생산력과 생활자본이 상실된 상태에서는 평상시의 교환과 호혜의 발상만으로는 부족하기 때문에 인도적인 배려와 공감에 바탕한, 무사한 사람(助かった人)에서 잃은 사람(失った人)에로의 이전이 필요하게 된다. 전체 파이의 감소를 최저한으로 그치게 하는 것도 한편으로는 필요하지만, 피할 수 없는 감소분에 대해서는 폭넓고 적게 부담함으로써 이재민의 강한 고통을 달래지 않으면(和らげなければ) 안 된다. 자립을 향한 도움이 필요하다.

2. 시장 기구의 재구축

지금까지의 논의에 일견 반하는 것 같지만 앞의 기술한 내용에는 약점도 있다. 하지만 피해지역에 있어 경제가 재생하기 위해서는 시장기구의 조속한 재구축이 필요하다는 사실도 강하게 인식될 필요가 있다. 기반을 정비한 후에는 통상의 경제거래가 경제를 움직여 나가야 한다. 긴 세월 속에서 현재까지 정비되어 온 경제의 기본적인 구조는 시장에 의한 생산·교환의 시스템이다. 시장을 활용하여 효율적으로 자원을 배분하고 경제문제(무엇을 얼마나 만들고 소비하는가)가 해결되어 경제가 운영되고 있다.

평소에는 그다지 인식되지 않는 사실이지만 시장은 당연하게 존재하고 있는 것은 아니다. 일정의 가격에 자유로운 거래가 가능한 것이 시장의 기본이다. 그를 위한 물류와 상류(商流)의 구조가 있는 것, 많은 사람이 시장에서의 가격과 거래량에 대해 신뢰하고 안심감을 갖는 것, 생산자도 그것을 전제로 하여 생산과 재고의 계획을 세울 수 있는 것 등의 제조건이 전부 만족되고야 비로소 시장이 존재할 수 있다.

이번 재해에서는 이것들이 한번에 전부 파괴되어 버렸기 때문에 제로에서 재구축해 나가야 한다. 크게 상실된 생산능력의 회복뿐만 아니라 교통 등의 인프라를 포함한 물류·상류의 구조가 회복되는 것, 생활에 필요한 물자가 안정적으로 공급되어 사놓기·사재기가 불필요해지는 것, 생산을 위한 설비, 다양한 시설, 인적 자원과 그 네트워크의 회복이 이루어진 것, 이것들이 전체로서 유기적으로 회복함으로써 겨우 시장기능이 재구축되는 것이다.

생활의 재건에는 시장기구가 재구축될 뿐만 아니라 비시장적인 거래 및 커뮤니티의 유지·재구축도 필요하다. 경제와 시장이 이들 기반과는 별개로 존재하는 것이 아니라 이것들이 정상적으로 기능하여 안정된 사회에서 비로소 유지되고 있는 사실도 강하게 인식되어야 한다. 사회의 구조에 대한 신뢰감이 상실되면 버블과 금융위기와 같은 격심한 현상이 일어날 수 있다. 불신감과 불안감이 일으키는 비효율성과 경제파괴는 인간의 견식과 바른 정책에 의해 어느 정도 대처할 수 있는 것이다. 이러한 상태에서 자연재해에 뒤따르는 2차 재해를 일으키지 않는 것이 필요하다.

3. 지진보험 — 시장에 의한 해결 사례

시장을 통해 사전에 리스크에 대응하는 것도 생각해 볼 수 있다. 리스크에 대해 상정 내의 리스크와 상정 외의 리스크로 나눈다고 한다면 전자는 사전에 대처할 수 있는 것이다. 시장구조 안에서 이것에 대비하는 기본적인 구조는 보험이다. 넓은 의미에서 보험이라고 썼지만 구체적으로는 소위 보험계약도 그렇고 파생금융상품(derivative)에 의한 리스크 헤지(예를 들면 풋옵션을 사용한 포트폴리오 인슈런스) 등도 보험이다.

간토(関東) 대지진에서는 지진에 동반하여 많은 건물 붕괴가 일어났지만 그 이상으로 큰 문제였던 것은 화재였다. 그 후 지진에 대응하여 건물의 강도·방화 성능이 강화되어 왔기 때문에 오늘날에는 이번 같은 대지진이 일어나도 화재피해는 그때만큼 크지 않다. 그럼에도 불구하고 붕괴와 어느 정도의 화재는 불가피하므로 이를 보강하는 의미에서 보험이 활용된다. 통상의 화재보험에서는 지진 시의 화재가 보장되지 않기 때문에 지진보험이 이용되고 있다. 한신·아와지(阪神·淡路) 대지진 때부터 지진보험의 필요성이 재인식되어 가입자도 늘어났다. 이번 대지진에서는 과거 최고의 지급액에 이를 것이라고 관측되듯이, 이를 통해 지진피해를 어느 정도는 커버할 것이다. 이렇게 상정할 수 있는 리스크에 대해서는 보험이 해결책으로서 어느 정도는 기능할 수 있다. 앞으로도 자연에 기대가 높아질 것이고 정책적으로도 힘을 기울여 정비해 나가야 할 것이다. 더 나아가 인지도를 높이고 확산시켜 나가야 한다.

그럼에도 불구하고 지진보험에도 문제는 있다. 피해지역의 보험료는 올라가는데 이를 방치해도 될 것인가? 평준화하는 정책이 필요하지 않을까? 보험료가 높은 장소에서 사는 선택의 결과이므로 어쩔수 없다라는 시각도 있을 수 있지만, 예를 들면 해안가에 사는 많은 어업 관계자의 경우 거주지를 바꿀 수 없는 사정이 있을 것이다. 또 사회 전체로서는 누군가가 어업을 맡을 필요가 있으므로 그것은 사회 전체의 코스트로 생각해야 하는 면도 있다. 이렇게 시장에 의한 해결을 모색하는 경우에는 제도 설계상에서 상응하는 배려를 요한다.

4. 거주지 재배분

다음으로 특히 거주지의 문제에 대해 논하고 싶다. 피해지역에서 가장 영향이 컸던 것은 쓰나미에 의한 파괴가 직접 일어난 지역이었는데 부흥을 생각할 때 이들 지역에 다시 같은 형태의 마을 만들기(街づくり)를 행할 수 있는가라는 문제가 있다. 앞으로도 이재(罹災)의 가능성이 크다고 한

다면 어느 정도는 고지에 이주해야 할 것이다. 집을 지을 수 없는 지역이 많이 나올 것이다. 그 경우에는 극단적으로 이야기하자면 처음부터 그곳에 살고 있던 사람들의 토지가 경제적으로 무가치하게 되어 그 사람들의 재산은 크게 손상되게 된다. 집을 잃은 것뿐만 아니라 토지도 잃게 되는 상황이다. 이러한 '시장에 의한 결정'을 그대로 방치하는 것은 분명히 공정성에 반한다.

앞으로 권리 관계의 조정을 하면서 새로운 마을을 만드는 프로세스가 부흥의 과정에서 진행되어 가겠지만 그때에는 지역 안에서 살 수 있는 지역의 사람들이 살지 못하게 된 지역의 사람들에게 어느 정도 토지를 나누어 줄 필요성이 대두될 것이고, 그에 의해 지역 전체에 발생하는 경제적인 마이너스에 대해서는 다른 지역의 무사한 사람들이 원조를 하는 것이 타당할 것이다. 한 예로서 다른 지역 사람들에게 세금을 부과하여 그것을 재건자금으로 투입하는 방법을 생각해 볼 수 있다. 무사한 사람들에게는 피해를 입은 사람들을 도울 도의상의 의무가 있다. 이러한 구제 프로젝트는 시장기구뿐만 아니라 정책적으로 의도하여 이루어질 필요가 있다. 이것을 행하는 리더십과 구체적인 조정 프로세스에 대해서 정치와 정부라고 하는 공적인 부분이 유효하게 기능해 나갈 것을 기대하고자 한다.

5. 결론 — 분배의 공정성을 실현

재해를 운의 문제로 바라보지 않고 지역적으로 정도가 다른 고통을 전원의 문제로서 생각하고 어떻게 부담하는가를 생각해야 한다. 이번 같은 대재해는 분배의 공정성을 어떻게 실현하는가라는 문제에 대해 새로이 사람의 양식과 총명함을 시험하고 있는 것이다. 전체로서의 마이너스가 불가피한 상황에서 다수의 무사한 사람들이 도와줄 각오, 줄 각오를 가질 필요가 있을 것이다. 이것은 일시적인 일이 아니라 몇 년이나 길게 지속된다고 생각할 필요도 있을 것이다.

— 2011년 4월 15일

오다 게이치로小田圭一郎
(은행이론)

자본시장을 통한 자연재해 리스크의 이전

카타스트로피(Catastrophe) 본드를 중심으로

이번 지진은 자연재해 리스크를 적절하게 컨트롤하는 것의 중요성을 우리들에게 재인식시켰다. 카타스트로피 본드(이하 CAT본드)로 대표되는 자본시장을 이용한 리스크 셰어링 기법은 자연재해 리스크에 대한 대처수단으로서 중요한 역할을 할 것으로 생각된다.

1. 리스크컨트롤 기법으로서의 보험기능

리스크를 삭감하는 기본적인 사고방식은 '분산화'에 있다. 즉, 부(負)의 상관관계를 가진 복수의 리스크를 상쇄시킴으로써 전체의 리스크를 감소시킬 수 있다. 그리고 보험기능은 이 분산화기능을 보다 광범위하게 행하는 구조라고 해석할 수 있다. 개별 경제주체가 단독으로는 분산화 불가능한 리스크에 대해서도 복수의 경제주체의 리스크를 하나의 보험기관에 이전·집약하여 그것들의 리스크를 상쇄함으로써 전체 리스크가 감소하는 것이 가능하게 된다. 즉 보험에 있어 리스크 컨트롤의 본질은 분산화를 통해 개별적으로 특유한 리스크 삭감에 있다고 생각된다.

보험기관은 이론적으로는 완전한 분산화에 의해 자신의 리스크를 제로로 하는 것이 가능하다. 물론 현실에서는 그러한 분산화는 불가능하지만 자기자본을 쌓거나 또는 다른 경제 주체에 리스크의 일부를 재이전함으로써 리스크를 일정 수준으로 억누를 수 있다. 특히 미국에 있어 전통적인 보험 시스템은, 첫째 보험기관이 보험 서비스를 제공하면서 가능한 범위의 리스크의 분산화를 행하고 둘째, 재보험기관이 잔존하는 리스크를 인수하는 2단계 제도(scheme)로 특징지어진다.

2. 자연재해 리스크와 자본시장의 이용 — CAT본드 도입

그럼에도 불구하고 자연재해 리스크가 존재하는 경우는 상황이 다르다. 일반적으로 자연재해는 어느 경제권 전체에 대해서 마이너스 영향을 미친다. 따라서 보험기관 및 재보험기관이 그 경제권에 속해 있는 한, 자연재해 리스크를 분산화에 의해 제거하는 것은 불가능하다. 즉 어느 경제권 내부에서 가장 효율적인 리스크 컨트롤을 행했다고 해도 자연재해가 발생한 경우에는 보험기관은 다액의 손실을 입을 가능성이 있다.

이러한 문제에 대한 대처로서 자본시장의 이용이 고려된다. 자본시장에는 일반적으로 지리적 제약 없이 액세스가 가능하다. 따라서 지리적으로 떨어진 자연재해의 영향을 받지 않는 경제권의 투자가에게 리스크를 이전함으로써 분산화를 통한 총 리스크의 감소가 가능해진다.

CAT본드는 이러한 사고방식에 바탕한 가장 대표적인 리스크 이전 수단이다. 미국에서는 1990년대 초반에 발생한 대규모 태풍(앤드류)과 지진(노스릿지)을 통해 전통적인 보험·재보험제도에 의한 리스크 셰어링의 한계가 인식되었다. 그 결과 자본시장을 통한 좀더 효율적인 자연재해 리스크 셰어링 기법으로 CAT본드가 본격적으로 도입되기에 이른다. 이 글의 문제의식에서는 CAT본드에 대한 이하의 사실이 중요하다. 첫째, 보험·재보험제도를 전제로 한 자본시장에 의한 재보험 기능의 대체이다. 둘째, 미리 규정된 객관적이고 입증 가능한 재해사상(事象)(예를 들면 어떤 장소를 진원지로 하는 어느 진도 이상의 지진)의 발생을 계기로 지불이 행해진다.

3. CAT본드의 현황과 문제점

CAT본드는 자본시장을 이용한다는 우위성을 가지고 있기 때문에 당초에는 재보험을 완전히 대체할 것으로 기대되었다. 그럼에도 불구하고 본격적으로 도입된 후 10년 이상이 경과한 오늘날, 미국에서는 여전히 재보험이 중요한 역할을 수행하고 있고 CAT본드는 그 시장규모는 확대하고 있지만 재보험의 보완적 위치매김에 머무른다고 하는 일종의 모순이 발생하고 있다.

이러한 CAT시장 발전의 저해요인에 대해서는 최근 다양한 연구가 행해지고 있는데 이 글에서는 CAT본드에 관련한 모럴 해저드(moral hazard) 문제를 지적하고 싶다. CAT본드는 기본적으로는 보험·재보험제도를 전제로 하여 재보험 부분의 직접적 대체수단으로 도입되었다. 그러나 애초부터 보험기능이라고 하는 관점에서는 보험·재보험이라는 특징적인 2단계 제도의 필연성이 자명하지 않았고, 이 제도에는 어떠한 경제적 의의가 있다고 생각되었다. 즉 시장에 의한 재보험기관의 단순 대체는 종래의 보험·재보험제도에서 성립하고 있는 이점이 상실될 가능성이 생각된다.

보험·재보험제도의 의의와 CAT본드의 영향을 생각하는데 있어서는 은행이론이 참고가 된다. 은행이론에서는 기업금융에 있어 일견 효율적으로 생각되는 시장에서의 직접적인 자금조달보다도 은행이라는 중개기관을 통한 모니터링 기능을 동반한 자금조달이 바람직한 경우가 있다는 사실이 드러났다. 또 최근 미국의 주요 은행에 의해 실시된, 증권화를 통한 전 세계 투자가에의 리스크 이전은 모니터링에 있어 인센티브 문제를 일으켜서 결과적으로 금융위기의 주요 원인의 하나가 되었다고 간주되고 있다.

보험·재보험제도에 있어 보험기관의 역할은 바로 중개에 의한 모니터링 기능이라고 생각된다. 비용이 드는 보험·재보험의 2단계 제도가 전통적으로 사용되어 온 것은 모니터링 기능이 소수의 전문적 보험기관에 집중하면서 재보험기관을 포함한 더욱 많은 경제 주체로 리스크 셰어링을 행하기 위한 것이라고 해석된다. 그리고 모니터링의 인센티브를 유지하기 위해 보험회사는 오랜 세월에 걸쳐 제한된 수의 재보험회사 사이에서만 상대에 따른(相対による) 리스크 이전 거래를 행해 왔다고 생각할 수 있다.

한편 시장을 통한 보험리스크 이전은 은행자산의 증권화와 같이 적절한 모니터링을 실시하는 구조를 갖추고 있지 못하다. 일단 불특정다수의 투자가에게 리스크를 이전한 후에는 보험회사는 모니터링을 행하는 인센티브를 잃는다고 생각된다.

이상으로부터 CAT본드 도입에 의한 보험리스크이전의 시장화는 종래의 보험·재보험제도에서 성립하고 있는 모니터링 기능을 훼손하는 가능성이 높고 이 사실이 CAT본드 시장의 발전을 방해하는 한 원인이 되었다고 생각된다.

4. 전망

자연재해 리스크의 컨트롤이라는 관점에서는 자본시장의 활용이라는 방향성은 여전히 올바르다고 생각된다. 따라서 시장을 통한 리스크 이전을 전제로 한 뒤, 어떻게 보험기관의 모니터링 인센티브를 확보하는가가 문제가 된다.

앞에서와 같이 은행이론을 채용하자면 모니터링의 인센티브를 부여하는 유력한 방법 중 하나는 완전한 리스크 분산의 실현이다. 그러나 보험에 있어 중요 논점이고, 이 글에서 살펴본 자연재해 리스크의 존재는 리스크 분산을 더욱 곤란하게 하여 충분한 인센티브를 부여하는 것을 불가능하게 만든다. 한편 자연재해의 발생이라는 사상(事象)은 입증 가능하므로 CAT본드처럼 객관적 인덱스에 의존한 계약=증권을 통한 인센티브 컨트롤을 더 용이하게 한다.

따라서 앞으로의 자연재해 리스크에 대한 대응에 있어서는 앞에서 서술한 보험 특유의 조건을 고려한 후 리스크 분산, 모니터링 인센티브의 관점에서 최적의 증권설계(security design)를 실시해 나가는 것이 중요하다고 생각한다.

— 2011년 4월 19일

30 정보

노무라 코지野村浩二
(응용계량경제학·경제통계)

부흥을 위한 정보 기반

그날 이른 아침에는 라디오에서 지진 소식을 들으면서 잠이 들었다. 당시 대학원생이었던 필자는 언제나 무엇인가 계산을 생각하면서 아침에 잠자리에 드는 것을 일과로 하고 있었다. 일어났을 때 티비에 비치는 무참하게 파괴된 도시의 광경은 아무 생각 없이 들었던 지진 속보에 이어진 것이라고는 생각할 수 없었다. 한신·아와지 대지진 희생자의 8할 이상은 건축물 붕괴로 인한 것이었다고 한다. 고통스러운 희생은 그후 관민일체하여 내진성 향상을 추진해 현재 큰 가치를 확보했음이 확인되었다. 동일본대지진의 초기 보도 시, 세계를 놀라게 했던 매그니튜드 8.8(나중에 9.0으로 수정)이라고 알려진 대지진과는 너무나 대조적인 소규모의 피해였다.

그러나 서서히 명백해진 쓰나미에 의한 파멸적 파괴, 피해지역의 생산 정지에서 지역과 국경은 넘나드는 서플라이 체인의 분단, 그리고 냉각기 기능을 잃은 원자력발전소에서 유출되는 방사능 물질의 확산은 일본에 전후 최대의 충격을 주고 1개월이 경과한 현재도 예측을 불허하는 상황이 이어지고 있다. 그것들은 상정 외였던 것이 아니라 전문가들이 사전에 경종을 울리고 있었다는 사실이 명백하게 확인되어 인재(人災)로 성격이 바뀌고 있다. 일본은 무엇을 잘못했고 무엇을 개선해야 할 것인가?

대지진 이후의 보도는 12일 후쿠시마 제1원자력발전소의 1호기 건물이 폭발했던 때부터 국내외에 커다란 비대칭을 이루기 시작했다. 폭발의 동영상은 국내에서가 아니라 영국방송협회(BBC)를 통해서 가장 빨리 볼 수 있었고 일본 정부가 원자력발전소 사고의 심각성(국제원자력·방사선사상평가척도)을 레벨 4(발전소 외부에의 리스크를 동반하지 않는 사고)로 하고 있던 단계에서 프랑스는 서둘러 레벨 6(대사고)으로 올렸다. 국내의 매스 미디어는 모두 관찰되는 방사선량이 즉시 위험하지 않다는 사실을 반복하면서 가까운 장래에 일어날 수 있는 사태가 갖는 리스크에 대해서는 입을 닫았다. 방사선 물질 확산에 관한 예측은 해외 연구기관에서 이루어졌다. 동요와 패닉을 일으키지 않기 위해 사태의 심각성 평가가 느슨했고 정보공개가 억제되었다고 한다면, 안전에 대한 그 기대가 어긋났을 때 최악의 피해를 불러온다. 국민 대다수는 거기서 진정한 위기감을 안게 되었을 것이다.

국민이 요구하는 정보에 대해서는 신속한 대응도 있었다. 15일 오전 중에는 수도권에서도 방사선량이 급속이 높아졌다고 하는 위기감에 대응하여 도쿄도 등 각 도도부현은 1시간 단위의 방사선량 정보를 제공하기 시작했다. 그것이야말로 많은 국민들에게 가장 신뢰할 수 있는 정보가 되었던 것은 아닐까? 정보단말에서의 어플리케이션도 무료로 제공되어 공기, 물, 비 등에 관한 더욱 광역의 정보를 리얼타임에 가깝게 모니터할 수 있게 되었다. 자율적인 정보의 제공과 그것을 담보하는 제도야말로 시민사회에 불가결한 사회기반이라는 사실이 강하게 인식되었다.

일본은 지진에 의해 유발된 리스크를 평가하고, 그것을 정책에 반영시키는 것에 실패해 왔다. 에너지경제에 대한 대부분의 분석은 원자력발전소의 안전 확보를 전제로 한다는 필수조건을 비용의 효율만으로 논의하여 유보조건으로 변경하는 것에 면죄부를 부여하였다. 거기서 분리되어 숨겨져 있던 리스크는 거의 검토되지 않은 채였다. 경고를 발해야 할 원자력안전위원회는 20년 전에 정한 안전설계심사지침 해설에서 장시간에 걸친 전체 전원 상실에 대해서는 고려할 필요가 없다고 명기하였다고 한다.

정부는 스스로의 정책을 정당화하기 위해 국민에게 제공하는 정보 자체를 왜곡하고 있다는 사실에 대해서조차 마비되어 있었다. 동일본대지진의 한 달 정도 전, 아사히신문에 작은 뉴스가 게재되었다. 환경성에 따르면 2009년에 400만 톤의 CO_2 삭감효과가 있다고 하여 국민에게 제시한 가전 에코포인트 제도[1]는 실제의 판매 데이터에 기반한 삭감량의 추계에서는 겨우 6분의 1(69만 톤)의 삭감효과만이 나타난다고 했다. 바꾸기 전의 가전기기로서 에너지 효과가 실제보다도 상당히 나쁜 95년제 가전기기를 자의적으로 설정하여 과대한 시산치(試算値)의 적산치(積算値, 365만 톤)를, 더욱이 반올림(사사오입)하여 공표한 것 같다. 그리고 상세한 내용은 자료를 이미 파기하였기 때문에 알 수 없다고 했다.

사후 평가로 추정되는 69만 톤도 무조건 받아들일 수는 없다. 제도를 도입한 지 10개월 후 시장에 등장한 액정 TV는 고발광효율의 LED 백라이트를 사용함으로써 에너지 효율이 40%나 개선되었다. 초기의 추진은 쇼에네(省エネ)[2] 대책으로서는 역효과였던 것이다. 협소한 시야를 넓히고, 주어진 방침을 정당화하기 위한 자의적인 끼워맞추기를 배제하여

1 소비자가 친환경 가전제품을 구입할 경우 정부 예산으로 현금처럼 사용 가능한 포인트로 환원해 주는 제도로 에어컨, 냉장고, 지상파 디지털방송 TV의 약 2000여 종 정도가 해당된다. 2009년 5월 15일부터 시행되었다.

2 쇼에너지(省エネルギー)의 줄임말로, 보다 적은 에너지로 동일한 효과를 얻는 것을 목표로 하여 가능한 한 에너지 낭비를 줄이고자 하는 운동이다.

신뢰받는 정보기반을 다시 사회의 무형자산으로서 구축해야 할 시기에 이르렀다. 부흥의 실현을 향한 여정을 모니터링하여 장래의 재해에 대한 내성평가를 가시화하기 위해 재해계정(勘定)의 체계를 구축하는 것은 어떨까? 개별 사안의 평가에 끝나는 것이 아니라 일국의 경제계산과 접합하여 자율적인 정보를 계속적으로 제공하는 것이 필요하다.

대표적인 경제지표인 GDP와 순자본스톡만으로는 재해피해와 부흥을 평가하는 데 실패한다. 재해피해는 직접적으로는 플로우 양에는 영향을 주지 않고(스톡 변동으로서 조정) 보험료 지급은 직접적으로 보험의 생산액에는 영향을 주지 않는다. GDP는 부품과 전력의 공급장애에 의한 생산활동의 정체와 다른 지역의 부흥에 대한 투자수요 등, 두 개의 간접적 영향을 묘사할 뿐인 것이다(따라서 재해에 의한 GDP에의 영향은 경미하다). 순자본 스톡에서는 재해피해에 의한 자산액의 손실을 상쇄하도록 투자적인 재해복구비가 축적되지만 자산 서비스를 제공하는 기간도 연장되므로 부흥의 속도는 과대평가되는 경향이 있다. 평가해야 할 것은 자산가치에 있어 보완(補塡)이 아니라 기능과 능력량의 회복이다.

재해계정은 지리정보와 접합하여 해발, 원자력발전소에서의 거리, 고지대로의 피난시간, 지반, 토사 붕괴의 위험성, 건축물의 구조 등 다양한 재해에 의해 발생하는 상이한 리스크에 응한 속성마다 거주자, 생산활동, 생산자본, 사회자본, 자연 등이 카운트된다. 그 속성별로 파악하면 사고 발생 시의 파괴, 대피 비용, 토양오염 등의 경제적 손실이 평가되어 집계치로서 재해의 종류에 따라 재해피해에 의한 사회적 손실을 수량화할 수 있다. 파멸적인(CATastrophic) 리스크의 평가는 검토해야 한다고 해도 일국의 경제계산과 정합한 체계 안에서 지역의 허약성과 재해 때마다 발생하는 재해피해의 손실을 비교하는 것이 가능해져서 정책의 타깃이 되는 평가지표를 부여할 것이다. 피난장소의 구축, 제방의 건설, 액상화[3] 대책과 급경사지 대책 등은 그 재해 피해 손실을 경감시키는 투자로서 평가된다. 바람직한 부흥은 지진 이전의 기능과 능력을 모두 되찾는 것만이 아니라 장차 예상되는 재해 손실의 경감을 동반하는 대책이어야만 한다.

지진피해 리스크를 가시화하는 집계지표를 제공하는 기능과 함께 일부의 사회자본 등에서는 개체 정보와 정합할 수 있을까? 현재 한 나라의 대차대조표(balance sheet)는 개개의 축적에 의한 것이 아니라 애초부터 집계량에서만 다루어진다. 재해평가를 위해 필요한 정보는 개개의 사회자본이 개별 지역에서 갖는 독특한 역할이다. 사회자본에 대해 말하자면 일본 전체의 고정자산 대장(台帳)의 구축이 필요할 것이다. 거기에 개별 자산은 건설 연차(年次), 정기점검 및 능력평가, 가동률 등의 정보와 함께 데이터가 관리되어 장래에 필요한 갱신투자와 사회자본의 열화(劣化)에 의한 리스크 평가 등, 일국의 자산 매니지먼트(asset management)가 가능하게 된다.

정보의 투명성을 어떻게 확보할 것인가? 불확실성과 오차가 큰 측정으로는 특정한 의도를 가진 주체의 자의적인 개입을 불러일으키기 쉽다. 체계의 표준화를 꾀하는 것이 필요하다. 통일화된 개념에 바탕한 표준화된 체계가 있으면 국제적으로 받아들이는 것도 가능하게 될 것이다. 2004년의 수마트라 해안 지진에 의해 발생한 인도양 대쓰나미에서는 약 23만 명이 희생되었다. 재해 이후 자립적 부흥이 더욱 곤란한 개발도상

3 토양의 액상화(liquefaction)는 지진의 와중에 토양과 모래가 고체라기보다 진한 액체와 같은 양상을 보이는 과정이다. 수분이 포화상태인 토양이나 퇴적물이 갑자기 흔들려서 교란되면 고체상태였던 지반이 액상으로 변한다. 이러한 현상을 액상화현상이라고 한다. 지진은 지반의 액상화가 일어나기도 하고 분수, 분사를 동반한다. 모래 입자 사이에 지하수가 침투해 있는 토양에서는 지반 액상화 현상에 의해 건물이 쉽게 붕괴되는 등 건물 기초를 무너뜨리고 도로 및 교량 파괴 등 지진피해의 대형화를 초래한다.

국이야말로 재해피해 리스크가 가시화될 때의 의의는 더욱 커진다. 자율적으로 정보를 제공한다고 해도 통계 작성 자체를 자기목적화해서는 문제에 대응할 수 없다. 경제와 공학정보를 접합하여 지역과 일국의 안전성을 모니터링하는 것, 정책투자은행의 그러한 역할이야말로 부흥금융금고, 일본개발은행을 계승하는 의미 있는 실천이 되지 않을까?

경제에는 주체의 내부에서 완결하는 내부 문제와 다른 주체와 환경 간의 관계에 관련되는 외부 문제가 있다. 한신·아와지 대지진 이후의 내진성 향상의 경우, 그 대다수는 경제 주체와 정부가 소유하는 건설물에 대한 내부 문제였다. 후자는 훨씬 어려운 과제이다. 현재의 일본이 직면한 문제에 대한 회답은 상호의 경제 주체 간, 사회자본, 그리고 자연과의 관계에 대해서 더욱 광범위하고 체계적인 추론을 조직적으로 적용함으로써 접근할 수 있을 것이다.

— 2011년 4월 14일

31 정보

나카무라 준이치中村純一
(금융론)

'일본 리스크' 극복

1. 경시할 수 없는 해외의 '일본 리스크' 시선

대규모의 재해와 사고의 가능성에 대해 필요한 코스트를 들여 준비하는 일은 정말 어렵다. 우리들은 다시 한 번 이 사실을 통감하였다. 이번 대지진에 대해서도 가장 피해를 적게 하기 위한 방법은 없었는가, 일본에 이를 위한 경제력과 기술력이 없었던 것이 아니기 때문에 견딜 수 없는 심정이 솟아오른다.

방사능 오염을 비롯한 심각한 사태를 과연 일본은 잘 수습할 수 있을 것인가, 전 세계가 숨죽이고 지켜보고 있다. 해외에서 들어온 다수의 지원은 일본에 대한 우정의 증거일 뿐만 아니라 불안의 반증이기도 하다는 점을 놓쳐서는 안 된다. 해외 미디어의 논조에서도 현장의 작업원들의 목숨을 건 작업 태도를 찬양하는 목소리와 함께 신뢰하기에 충분한 정보가 적은 상태에서 진전이 시원찮은 원자력발전소의 제어와 소재·부품 공급의 두절에 대한 초조함, '일본 리스크'로서 경계를 강하게 하고 있는 태도가 전해져 온다.

이 상태를 일시적인 현상으로 간과한다면 일본 경제 부흥에 커다란 장애가 되는 것을 피할 수 없다. 예를 들면 일본의 수출품과 해외 도항

자의 방사능 오염에 대한 과민한 반응은 이미 일본에서 현저해지고 있다. 이것이 서플라이 체인에서의 '일본 제외'로 이어진다면 영향은 불가역적인 것이 될 우려도 있다. 또 일본을 방문하는 해외여행자 수도 격감하고 있다. 더 나아가 해양의 방사능 오염에 대한 우려가 퍼져 나가면 수입이 현저하게 제한되어 국민생활에 커다란 영향을 끼칠 뿐만 아니라 인접국에서의 보상·배상청구로도 발전할 수 있다.

2. 원자력발전소 문제로 고립되지 말고 정보의 비대칭성을 해소

자국민의 건강과 생활환경을 책임지는 외국 정부, 경제적인 손실을 회피해야 하는 외국 기업과 투자자가 일본의 원자력발전소 문제에 중대한 관심을 갖는 것은 당연한 일이다. 그러나 일본 국내에서조차 뜬소문 피해의 문제가 퍼져 나가는 상황에서, 해외와의 정보의 비대칭성이 얼마나 심각한가는 상상하기 어렵지 않다. 외국의 입장에서 보면, 현재 (1)원자력발전소의 상황(후쿠시마 제1원자력발전소 이외의 안전성도 포함) (2)방사능 오염의 정도 (3)일본의 상황 파악 능력 (4)일본의 문제해결 능력 중 어느 것도 너무나 불투명하다.

일본이 (1), (2)에 대해 정보를 공개하지 않는다면 외국으로서는 스스로 정보 생산을 행할 수밖에 없을 것이다. 실제 몇몇 국가의 공적 기관, 대학, 연구소 등이 독자적으로 조사 및 측정하여 상당히 엄격한 시각을 인터넷상에서 유통시키고 있는 듯하다. 이러한 정보는 커다란 소음을 동반하는 것이지만, 그럼에도 불구하고 일본에서 아무 반응이 없으면 외국인은 '일본은 더 나쁜 상황을 파악하고 있지만 그것을 숨기고 있든가, 상황 파악 능력이 없든가의 둘 중 하나이다'라고 생각하지 않을 수 없다. '일본은 선의다'(전자는 아니다)라고 믿고 싶지만 외국의 정보가 맞다고 한다면 그들은, 일본은 상황을 파악하지 못하고 있다, 상황을 파악하지 못하고 있다면 문제를 해결할 능력이 있을 리 없다…'라며 불안을 상승시켜 갈 것이다.

일본은 적어도 파악하고 있는 데이터와 정보 전체를 빠르게 공개해야 한다. 상황 파악이 불완전하다든지 상호적으로 정합적이지 않은 부분이 있다고 해도 능력 제로로 판단되는 것보다는 차라리 낫다. 오히려 이 난관 타개를 어떻게 하면 좋을지 전 세계인의 뛰어난 지혜를 얻을 수 있을지 모른다. 일본이 단독으로 사실을 공개하는 한 주변 외국으로서는 그 정보를 100% 믿기는 어려울 것이다. 외부 감사를 받지 않는 기업의 재무정보를 투자자가 신중하게 보는 것과 같은 원리이다.

후쿠시마 제1원자력발전소 제어 회복을 위해서 외국의 기술적 지원을 받아들이는 움직임이 이제 겨우 나타나고 있지만 더욱더 적극적으로 외국과 국제기관의 힘을 활용하여 데이터와 정보의 공유를 꾀해야 하는 것이 아닐까? 예를 들어 일본이 단독으로 문제를 해결할 능력이 있다고 하더라도 그렇게 함으로써 제3자의 검증을 동반한, 아웃사이더적 태도를 취하고 있는 국가라도 신뢰할 수 없는 정보를 발신할 수 없을 것이다. 그리고 가능하다면 이러한 외국과의 협력체제를 위기상황을 벗어난 시점에 끝낼 것이 아니라 폐로(廢爐)까지의 기간 동안 안전성 확보, 사고 원인의 규명과 다른 원자력발전소의 재해대책 강화, 방사능 오염의 영향 조사와 팔로우 업까지, 원자력발전소를 둘러싼 앞으로의 곤란한 프로세스 전반에 걸쳐 협력체제를 지속시키는 데 전력을 다해야 한다.

일본은 그 과정에서 무엇인가 나쁜 정보가 나올 것을 두려워해서는 안 된다. 한 국민으로서 그렇게 되지 않기를 마음 깊은 곳에서부터 바라고는 있지만 만일 실태가 나쁘다고 한다면 그에 의해 경제에 어떠한 영향이 있다고 해도 받아들이는 수밖에 없을 것이다. 또는 과학적인 견해가 상이하다면 당당하게 논의하면 된다. 역으로 일본의 기술에 뛰어난

점이 있다면 그것을 알리는 기회가 되는 측면도 있다.

이번 사고와 사고 이후의 대응을 둘러싼 혼란의 저류에는 연금·재정문제와 이전의 불량채권 문제와도 공통되는 측면, '옛날부터 문제점이 지적되었고 대처하는 수단도 그에 상응하여 준비돼 있는데도 이를 실행에 옮기지 못한다'는 일본 사회의 의사결정 시스템이 안고 있는 결함이 가로놓여 있는 것처럼 생각된다. 이것을 다른 국가들이 보기에도 합리적이며 투명한 구조로 바꾸어 가는 것은 일본의 진정한 부흥에 있어 불가결한 조건이다. 해외와의 정보의 비대칭성을 해소하는 프로세스가 그 돌파구가 되는 것을 기대하고 싶다.

3. 역경을 도약의 기회로 — 일본 기업의 자율대응력에 대한 기대

이번 지진의 직접적 피해와 계획정전의 영향에 의해 많은 소재·부품 메이커가 조업 정지를 할 수밖에 없었던 것은 글로벌한 서플라이 체인의 중대한 보틀넥(bottle neck)[1]이 되어 세계 각국의 경제에 그림자를 드리우고 있다. 이 사건은 일본 기업이 공급해 온 소재와 부품이 자랑하는, 비교대상이 없는 품질의 증거이기도 하지만 동시에 생산에 불가결한 부품의 공급을 한 개 회사에 의지하는 리스크를 납품처인 외국 기업이 재인식했다고도 볼 수 있다. 최근 생산재와 자본재의 분야에서 신흥국에서는 흉내 낼 수 없는 품질을 달성하여 '대체 불가능한' 존재가 되는 전략으로 성공을 거두어 온 일본의 제조업에 커다란 상처였다.

앞으로 해외의 납품처 기업은 거래를 지속하는 조건으로 최저한도로도 일본 국내의 복수의 공장에서 생산할 것, 표준적으로는 해외 공장

1 원 단어는 보틀넥 인플레이션(Bottle-neck Inflation)으로 생산요소의 일부가 부족되는 상태, 즉 애로(隘路)가 생김으로써 생산능력 증가속도가 수요의 증가속도를 따라가지 못해 병목현상으로 물가가 상승하는 현상을 의미한다.

과의 이원공급 체제를 요구할 것이다. 이미 대기업 레벨에서는 해외를 포함한 생산 거점의 분산·이전에 착수했다고 하는 보도를 다수 접한다. 손을 놓고 있게 된다면 다소 품질은 떨어지더라도 대체품을 안정적으로 공급할 수 있는 기업에 '대체되어' 버릴 우려가 있기 때문이다.

그렇다면 간단하게 생산 거점의 분산·이전을 할 수 없는 중견 이하의 기업에게 생존의 길은 없는 것일까? 이번처럼 극히 대규모인 사회적 하부 구조의 파괴에 대해 가능한 일은 한정되어 있다. 그러나 희망의 빛이 보이지 않는 것은 아니다. 부품·사양·비지니스 프로토콜의 공통화와 과도한 다품종 소량 생산의 재검토를 통한, 안정적 공급을 위한 얼라이언스(allaiance)의 움직임이다. 제품의 가치에 있어 본질적이지 않은 '독창성' '차별화'를 그만둠으로써 잠재적인 보틀넥을 조금이라도 경감시켜 가자는 것이 목적이다.

이것은 대기업에 있어서도 유효성이 높은 대응책의 하나가 될 것이다. 경제학적인 관점에서는 자회사의 부가가치의 원천으로서 본질적인 자원(critical asset)의 소재를 밝혀 내어 그 외의 자원은 극력 '대체 가능한' 상태로 만드는 노력(工夫)으로 해석할 수 있다. 바꿔 말하자면 스스로가 '대체할 수 없는' 존재로 머무르기 위해서는 '대체 가능한' 부분을 늘려 나간다라는 것이다.

일본 기업은 부가가치와 그다지 관계가 없는 곳에서도 자사 방식의 독자성과 세밀한 차별화에 고심하는 경향이 있었다. 이번 지진에서 보틀넥의 사례로서 화제가 된 페트병의 뚜껑과 인쇄용지·잉크 등에 대해서도 그러한 면이 다소 있었던 것은 아닐까? 만약 높은 기술력을 가졌음에 틀림없는 일본의 기업 부문의 수익률이 장기간에 걸쳐 저조하여 생산요소의 이동을 통한 다이나미즘(dynamism)에도 결여하고 있던 이유의 한 부분이 본질적이지 않은 '독자성' '차별화'에 있었다고 한다면….

희망적 관측에 지나지 않지만 안정적인 공급 확보를 위해 그 고집을 버리는 것이 일본 기업의 장기간의 과제를 일거에 해결하고 더 나아가서는 전력 부족 및 전력 코스트의 상승에 따른 산업 구조조정의 고통도 완화시킬 가능성이 있다. 일본의 금융기관은 자금 면만이 아니라 비즈니스 매칭적인 측면에서도 이 가능성을 이끌어 내는 데 공헌할 수 있음에 틀림없다. 그리고 일본 정부는 이러한 민간부문의 자조(自助) 노력이 보답받기 위해서라도 원자력발전소 문제에 관한 해외와의 정보비대칭성 해소에 최선을 다해야 할 것이다.

— 2011년 4월 10일

32 정보 — 이누이 도모히코乾 友彦 (일본경제론)

부흥대책과 통계의 역할

1. 정보의 기초가 되는 통계

3·11동일본대지진은 심대한 인적, 물적 피해를 야기한데 이어 후쿠시마 제1원자력발전소의 방사성 물질 누출과 이에 따라 동일본 지역을 중심으로 전력공급 부족 문제가 발생했다. 일본은 경제를 비롯하여 시급히 풀어야 하는 문제가 산적해 있고 신속하게 대응해야 한다. 이런 때야말로 정확한 정보에 기초해 냉정하게 판단해야 하는데, 정보에 중요한 기초 역할을 하는 것이 바로 '공적 통계'이다. 이 글에서는 대지진을 대상으로 '공적 통계'의 의의와 향후의 방향성을 제언하고자 한다.

2. 재해 상황 파악을 위한 통계

통계의 역할 가운데 하나는 재해가 가져오는 경제적, 사회적 충격을 추계하기 위해 필요한 기초정보의 제공이다. 재해로 잃은 자산규모, 피난주민 수, 성별, 연령과 같은 속성과 재해로 발생한 실업자 수와 생산활동 정체 등 경제적 손실 규모는 재해대책을 마련하는데(예를 들면 부흥에 필요한 재정지출 규모와 종류의 산정) 필수 정보일 것이다. 그러나 재해 시에 이 같은 정보를 직접 수집하기는 곤란하다. 이때 대표적인 수단으로 중요한 역할을 하는 것이 기존의 통계조사 결과이다. 지역별 인구 상황은 '국세(國勢)조사', 사망 상황은 '인구동태조사', 지역별 생산활동에 관해서는 '경제 센서스', '공업통계조사', '상업통계조사', 지역별 주택에 관해서는 '주택·토지통계조사' 등 기존의 통계를 활용하면 기초적인 정보를 파악할 수 있다. 재해 이전의 정보를 활용함으로써 재해로 입은 피해 정도를 가정치로 추계할 수 있을 것이다. 당연한 말이지만 정확한 추계는 불가능하며, 가정과 추계방법에 따라 유동적이긴 해도 정책을 결정하는데 충분히 참고할 수 있다. 이때 정책 담당자는 통계로 축적된 정보를 충분히 활용하고 피해상황을 가능한 한 다양한 각도에서 분석하여 냉정하게 대응책을 마련해야 한다. 미국은 대규모 자연재해의 경험에서 재해의 영향을 통계에 의해 추계하고 있는데 매우 선진적이다. 예를 들면 센서스 뷰로(Census Bureau)에서 허리케인 카트리나로 인한 피해 규모에 대해 정부 통계를 이용한 연구가 진행되고 있다. 일본도 이러한 연구성과를 이용할 수 있을 것이다.

이번 재해에서 비롯된 큰 문제는 끊어진 서플라이 체인(supply chain)과 전력부족에 따른 생산활동의 정체였다. 서플라이 체인과 전력문제를 해소하기까지는 일정 정도 기간이 필요할 것이다. 투입산출 구조를 파악하기 위한 통계로 산업 관련 표가 있는데, 산업평균적인 투입 구조를 파악할 수는 있지만 기업별 투입산출 구조는 파악이 불가능하며, 이번처럼 주요 부품공장의 손괴가 완성품 제조에 미치는 영향을 파악하기도 어렵다. 이는 전력공급 부족에 대해서도 마찬가지이며 완성품 제조에 관해서는 직접적인 영향뿐 아니라 부품의 생산 축소에 따른 간접영향도 고려해야 한다. 안타깝게도 현재 일본의 '공적 통계'는 기업 간 거래정보를 갖추고 있지 않다. 따라서 민간 정보회사의 기업 간 거래에 관한 정보를 활용함으로써 재해로 인한 서플라이 체인 붕괴의 영향을 파악할 수 있음을 고려하면, 정책 담당자, 경제학자는 조속하게 그러한 영향을 분석해야 할 것이다. 한편 효율적인 기업 생산을 위해서 국내외에 아웃소싱의 흐름은 앞으로도 진전될 것으로 예상되는데, 서플라이 체인의 붕괴로 인한 영향 평가는 이후 경제정책 고찰 시 매우 중요하다. 향후에는 기업 차원의 서플라이 체인 정보에 관한 바람직한 공적 통계의 정비를 고찰해야 한다.

3. '안전·안심사회' 구축을 위한 패널 데이터(panel data)[1] 통계

앞으로도 일본은 대지진과 쓰나미 피해에서 벗어날 수 없다. 이번 대지진 피해와 대응을 교훈 삼아 '안전·안심사회' 구축을 지향하는 경제·사회정책 입안이 요구된다. 여기서도 '공적 통계'가 중요한 역할을 한다. 경제·사회정책은 더 나은 효율성과 기존의 정성론(定性論)이 아닌 실증적인 근거가 요구되며(Evidence Based Policy) 평가를 위해서는 통계가 빠질 수 없다. 실증적으로 정책을 평가할 때 정책효과의 인과성 검증이 가능한 패널 데이터 이용이 이상적이다. 일본에서는 기업, 사업장과 관련된 패널 데이터는 축적해 왔으나 개인에 관한 패널 데이터 구축은 여전히 진척되지 않았다. 개인정보의 패널 데이터 사용으로 다양한 충격(천재지변이나 경제적 충격)이 취업과 소득, 건강상태 등에 미치는 영향을, 개인의 이질성(연령, 성별, 가족 및 건강상태, 거주지, 학력, 직업 등)을 고려하여 분석할 수 있다. 근년 게이오(慶應) 대학은 수집한 개인 패널 데이터를 이용한 분석을 급속히 진전시키고 있다. 자연재해나 경제적 충격에 대응한 경제정책의 효과에 관한 평가를 축적함으로써 이후의 대지진 부흥대책을 더욱 유효하게 할 수 있을 것이다. 또 천재지변에 따른 경제적 영향(피해

1 패널 데이터란 통계학과 계량경제학에서 쓰는 용어로 동일한 관찰 대상을 지속적으로 관찰한 데이터를 말한다.

지역의 노동시장에 미치는 영향 등)에 대해서도 지역 특성에 맞게 추계할 수 있을 것이다.

패널 데이터 정비와 활용의 선진국인 미국에서는 센서스 뷰가 Longitudinal Employment-Household Dynamics라고 불리는 프로그램을 실시하고 있는데,[2] 그 가운데 개인의 패널 데이터 축적과 이용에 관한 연구가 진행되고 있다. 이 데이터에 관한 서비스 중 온더맵(OnTheMap)이라는 서비스는 매우 독창적이다. 이는 각종 데이터를 지도상에 전개하여 제시하는 서비스인데, 이런 특성을 살려 허리케인, 홍수, 지진 등 자연재해에 관한 위기관리 대책에 활용되고 있다. 예를 들면 온더맵을 이용하여 특정 지역에서 홍수나 토네이도에 따른 피해를 추계하거나 허리케인 발생 후 피해지역의 노동환경 변화 등에 대해 상세한 분석을 하고 있다. 더욱이 온더맵과 날씨 정보를 조합하여 허리케인, 산불, 토네이도, 지진으로 인한 피해지역의 상황을 실시간으로 파악하여 피난경로 설정에 이용할 수 있는 서비스도 개시되었다.[3] 지진과 같은 자연재해는 지역과 시간대에 따라 경제적 피해가 다르기 때문에 사람들의 근무, 생활 패턴 등의 정보를 활용하여 재해대책을 강구할 수 있는 데이터베이스를 구축할 필요가 있다.

4. 피해지 이외의 영향 파악을 위한 통계

3·11대지진의 영향은 피해지역 외에도 매우 큰 영향을 가져왔다. 앞서 논한 서플라이 체인의 붕괴도 그 예이지만, 그 밖에도 '자숙 모드'에 따

2 본 프로그램의 특징은 기존 센서스 데이터나 행정기록 정보를 활용하는 탓에 통계조사를 새로 할 필요가 없다는 것이다. 이 점은 일본에서 이후 본격적인 패널조사 실시를 위해 참고할 만하다 — 저자 주.

3 OnTheMap for Emergency Management라는 프로그램인데 2010년 7월에 개시되었다 — 저자 주.

른 소비심리 위축이 서비스 산업을 중심으로 기업 경영, 고용시장에 끼칠 영향이 우려된다. 내정 취소, 파견노동자 계약해지 등 청년층 고용시장을 중심으로 영향이 두드러졌고, 그에 더하여 방사성 물질에 의한 뜬소문 피해(風評被害)[4] 문제도 심각하다. 피해지역의 인구 규모, 경제 규모가 일본 전체에서 차지하는 비율은 그다지 높지 않지만 다른 지역에서 더욱 큰 경제문제가 발생한 것이 재난의 경제적 피해를 확대시켰다.

피해지역에 더하여 일본 경제 전체를 부흥시키기 위해서는 소비심리 정체, 뜬소문 피해 확대가 경제 전체와 고용시장에 미치는 영향을 정확하게 파악하는 통계를 신속하게 정비해야 한다.

— 2011년 4월 11일

4 정확한 정보를 제공하지 않음으로써 소문에 의해 발생하는 경제적인 피해를 말한다.

핫타 신지八田 進二
(회계감사론)

명확한 정보발신과 설명 책임 강화를 지향하는 회계전문직 활동

일본에서 관측 사상 최대 규모였던 3·11대지진은 그 후 거대한 쓰나미와 반복되는 여진, 급기야 원전사고에 따른 방사능 누출까지 야기하여 헤아릴 수 없는 범위와 규모에서 우리의 생명과 생활에 미증유의 피해를 가져왔다.

황폐화하는 대자연을 눈앞에 두고 인간의 나약함에 아연할 뿐이었지만 자연과의 공생을 위한 지혜를 갖추는 것 또한 우리에게 부과된 불가결한 과제일 것이다. 동시에 이번 대참사에서 그때그때마다 필요한 사실과 정보가 적시에 적절하게 발신되는 것이 무엇보다 중요함은 누구라도 깨달았을 것이다.

1. 명확한 정보 작성과 발신 프로세스

현대 사회에서 정보의 중요성이란 두말할 필요가 없는데, 여기서 말하는 정보란 스스로 정확한 판단을 하여 자신의 행동을 결정할 때 불가결한 판단 재료가 되는 정보를 말하며, 거리에 넘쳐나는 잡다한 정보와는 명확하게 구별되어야 한다.

우리가 적절한 의사결정을 하는데 귀중한 정보를 작성, 발신하는 데는 회계 전문영역 종사자가 가장 뛰어나다. Accounting의 번역어인 회계(학)는 '보고하는 것', '설명하는 것' 나아가 '책임을 지는 것'으로 번역되는 'account for~'가 어원이며, 단순히 금전계산을 하는 학문이 아님에 유의해야 한다. 권한을 갖는 위치에 있는 사람이 본인에게 부여된 사명(역할)을 적합하게 수행함과 동시에 그 경과 또는 전망을 시의적절하게 이해 관계자(이른바 스테이크 홀더)에게 설명할 책임(accountability)을 지는 일련의 활동이 바로 회계의 원점이며, 이야말로 민주주의 사회의 근간이다. 이런 의미에서 진실(사실)과 공정한 정보가 적시에 발신되어야 하는 이유는 개개인이 건전하고 평화로운 생활을 위협하는 여러 가지 위험에 대해 스스로 적시에, 그리고 적절하게 대응해야 하기 때문이다.

이번에 발생한 원전사고 관련 정보 발신에 대해서는 많은 과제가 부여되었는데, 이는 우리의 생명과 생활에 중대한 영향을 미치는 방사능의 누출과 확산에 관해 신뢰할 만한 정보가 적시에, 그리고 적확하게 발신되지 않았던 데서 기인하는 바가 크다. 바꿔 말하면 권한을 가진 담당자가 자신의 역할 이행 시 설명 책임을 충분히 다하지 않았던 것이 가장 큰 원인이다. 부흥을 위해서는 이번의 교훈을 충분히 활용하여 모든 관계자가 적시에 그리고 적절하게 신뢰할 만한 정보의 작성과 발신을 위한 방법을 명확하게 구축해 두어야 할 것이다.

2. 설명 책임 강화의 필요성

이번 재해에서 단 하나의 수확이라면, 어려운 상황에 처했을 때 서로 돕는다는 상호상부 정신과 올바른 규율을 갖춘 많은 사람들이 일본에 뿌리박고 있음을 알게 된 것이다. 피해지역으로 달려가서 이재민의 생명을 구하고, 생활을 지원하고자 하는 수많은 자원봉사자들이 끊이지 않았을 뿐 아니라, 거액의 의연금과 지원금이 모인 사실을 보더라도 수긍할 수 있다. 국내외 많은 사람들의 성의에 보답하기 위해서라도 적어도 모인 자금에 대해서는 어떤 단체라도 그 수지 내역과 사용명세를 엄격하고 명확하게 기록하고 일정 기간 후에 관계자에게 보고해야 한다. 부흥에는 상당한 시간이 필요하므로 수지에 관한 회계보고는 기업의 결산보고와 마찬가지로 적절하게 기간을 나누어 지속적으로 관련 정보를 공개해야 할 것이다. 공개된 수지 내역 등의 정보는 회계전문가의 '감사'를 받은 것이어야 함은 두말할 필요가 없을 것이다. 이는 '설명 책임 이행'을 지탱하는 회계와 감사의 원점이 되는 것이다.

일본의 경우 종종 자금 제공자 측은 '돈은 내겠지만 간섭은 하지 않는다'거나 자금 수령자 측은 '기부금은 적절하게 사용하겠다'라며 매우 애매한 관계를 용인하는 자세를 보인다. 이런 불투명한 관계는 후일 당사자 쌍방에게 불신감을 증폭시킬 뿐 아니라 진실한 정보 공유를 지향하는 민주주의의 근간을 흔들 수 있는 중요한 문제를 야기하기에 엄중히 경계해야 할 것이다.

3. 회계 전문직 종사자의 유효 활동

이번 재해를 교훈삼아 더욱 나은 인간사회 구축을 위해 올바른 정보가 적시에 또 충분히 발신되는 것, 정보의 신뢰성을 항상 확보하는 것, 정보를 바탕으로 오류 없이 행동을 할 수 있도록 인재를 육성해 가는 것이 더욱더 중요하게 될 것이다. 이를 위해 육성할 인재는 우선 인간으로서의 마음가짐이라 할 수 있는 윤리관과 정의감을 갖추어야 하고, 격동하는 경제와 사회의 환경에 대해 감수성이 풍부해야 하며, 아울러 국제적인 감각을 익혀 넓은 시야를 갖추어야 할 것이다.

이번 재해에 따른 피해의 전모가 밝혀지기까지는 오랜 시간이 걸리겠지만, 자연의 폭주에 굴하지 않고 또 우리의 조상이 쌓아 온 다양한 지혜를 구사하여 전원 참여의 형태로 국난과 같은 중대한 난국을 헤쳐 나가야 할 것이다.

꿋꿋하게, 화(和)를 숭상하는 일본이 자랑하는 국민성을 소중히 여기면서, 동시에 열린 사회, 투명한 사회의 증거가 되는 진실한 회계정보 발신이야말로 건전한 경제질서의 근간이 될 것이다. 따라서 이러한 회계정보의 작성부터 발신, 신뢰성 보증을 위한 감사를 담당하는 회계 전문직 종사자(공인회계사, 세무사, 회계대학원 졸업생 등)에게 거는 기대가 매우 크다.

지금까지는 흑자 산출에만 관심이 있었던 회계 전문직 종사자가 부흥활동의 일환을 담당함으로써 일본 사회의 투명성과 신뢰성이 국제적으로도 비약적으로 높아질 것이다.

덧붙여 이번 재해로 기업뿐 아니라 도호쿠(東北) 지방의 많은 지역에서 지역주민에 관한 기본 정보와 관련 장부 손실 등의 피해를 입었다고 한다. 손실된 정보 복구와 이후의 재정 기반 확립, 정보 완비를 위해서도 정보전문가인 회계 전문직 종사자 활용이 크게 장려된다. 회계 전문직 종사자의 전문성과 독립성은 모든 관계자의 신뢰를 얻는 데 필요할뿐더러 필요한 직무수행에 가장 적합하다고 할 수 있기 때문이다.

전화위복이라 하기엔 시기상조인 감이 있지만 이번 재해를 극복하여 신생 일본을 구축하는 기회로 삼는다면, 수치상의 경제성장만을 추구하는 자세를 지양하고 땅에 발을 딛듯 기초적인 발전과 그 발전을 지켜보고 검증하기 위해 지금이야말로 회계의 힘을 재확인할 필요가 있다.

이번 재해를 앞에 두고 실로 많은 과학자가 전문가란 이름으로 '예상 외…'라는 논평을 되풀이하고 있는데, 예상 외를 '예상대로…'로 치환하는 것이야말로 전문가의 역할이 아닐까.

회계는 지금가지 이러한 '예상 외'를 떨쳐 낼 적절한 위험 관련 정보를 발신해 왔다.

— 2011년 4월 16일

야마자키 후쿠주山崎福寿
(도시경제학 · 법과 경제학)

시장 메커니즘을 통한 재해지역의 어려움과 부흥비용 공유

1. 가설주택보다 바우처[1]에 의한 임대료 보조

이재민이 민간임대주택, 공공주택에 들어갈 수 있도록 이주비용을 보조하거나 주택 바우처를 발행해야 한다. 주택 바우처의 비용은 가족별 정액 부분과 가족수 비례 부분으로 구성하여 공평하게 해야 한다. 일본 전국 어디에서도 사용 가능하고 전국의 임대주택이 대상이 된다. 제1차 산업 종사자는 비교적 피해가 적은 인근 도시로의 이주를 유도할 수 있다.

바우처는 일종의 임대료 보조이다. 임대료가 적은 주택에 들어갈 경우, 차액을 현금으로 지급하면 이를 식비 등으로 충당할 수 있을 것이고 반대의 경우에는 부족분을 자기 부담하게 한다. 물론 바우처는 지자체

1 정부가 특정 재화 또는 서비스 수요자에게 일정액의 구매권을 지급하고, 공급자에게 서비스 제공의 대가를 사후에 지급하는 제도다. 이용권 제도는 현물 지급제도와 현금 지급제도의 중간 형태로 서비스 공급자 사이에 효율적인 경쟁을 유발하고 수요자의 선택권을 보장한다는 장점이 있다. 해외에서는 공공부문에 도입해 보육이나 의료 등 복지 서비스를 제공할 때 이용자의 선택권을 부여하는 사회보장 수단으로 사용하는 사례가 늘고 있다. 우리나라에서는 노동부 교육훈련카드, 여성부 만 5세 무상보육, 문화관광부 여행, 보건복지부 노인돌보미 등 총 20여 개의 바우처 제도가 운영되고 있다(출처: 《한경 경제용어사전》).

를 통해 주택 임차인으로부터 정부가 매입하게 된다.

한 채당 300-400만 엔이나 드는 가설주택은 최소한으로 건축해야 한다. 이후 재차 완전한 주택을 짓는다면 중복투자가 되기 때문이다. 바우처를 이용하면 전국의 빈집을 효율적으로 이용할 수 있다. 가설주택 건축비용은 월정액 15만 엔의 임대료보조를 2년 정도 지급할 수 있는 금액이다.

이 밖에도 바우처의 효용이 있다. 바우처를 얻기 위해서는 이재민이 신청등록을 해야 하므로 전국에 이재민이 산재해 있더라도 동일 촌락의 사람들을 파악하기 쉽다. 이로써 연락처를 확인할 수 있어 피해지역으로 귀향하여 복구작업에도 편리하다.

자신의 집이나 별장을 이재민에게 제공하려는 사람들이 많다. 그런 사람들의 선의를 부흥을 위해 최대한 활용하는데 있어 바우처 제도는 매우 유용하다.

2. 피해지 재개발허가제와 양도가능개발권

난개발을 막기 위해 피해지역 개발에는 규제가 필요하다. 일정한 시간이 지난 후 위험도가 낮은 피해지역을 대상으로 민간 사업자에게 재개발을 허가한다. 재개발 후 토지와 주택은 민간에 매각한다. 중간층 높이의 쓰나미에 강한 건축물이라면 매각할 수 있을 것이다. 단 목조 단독주택은 위험하므로 재건축을 허가하지 않는다.

정부는 모든 지역을 부흥시키는 것이 불가능함을 공표해야 한다. 이번에 괴멸적인 피해를 입은 지역에 같은 형태의 촌락을 만드는 것은 매우 위험하며 거주자에게도 바람직하지 않다.

위험지역으로 개발이 규제된 지역의 토지 소유자와, 구획정리로 토지를 잃은 주인에게는 면적에 비례한 양도가능개발권(TDR: Transferable

Development Right)을 부여한다. 이 제도하에서는 개발 가능 지역의 개발 시 개발업자는 개발권을 구입해야 한다. 이로써 개발규제에 따른 불이익을 개발지역의 토지권자가 부담하게 된다. 이 제도는 공평성을 담보하기 위해 개발규제구역의 토지소유자에게도 개발이익을 분배하는데 유효한 수단이 된다. 개발권 가격은 시장에서 정해지므로 개발권에 대한 수요가 클수록 규제구역 사람들에게 돌아가는 분배액은 커진다. 이를 위해서는 매력적인 개발계획이 필요하다.

기존의 피해지역 거주자 대부분은 자가 소유주였는데 그들이 개발 후 토지와 건물을 우선적으로 구입할 수 있도록 정부는 자금조달 시 이자를 지원한다. 구입 의사가 없는 사람들에게는 개발 후 토지와 주택을 매각한 대금에서 토지대금분을 지불한다. 또 개발규제지역 주민은 TDR 매각자금으로 개발지역으로 이주할 수 있다. 이렇게 하면 기존의 공동체를 부활시킬 가능성이 높아진다. 고위험 지역은 주택지로서의 개발은 허가하지 말고 위험도에 맞춰 자연공원, 녹지, 어시장, 공장, 창고 등으로 활용하게 한다.

3. 건설고정자산세 비과세제도

쓰나미나 지진에 강한 공장, 사무실 공급을 촉진시키기 위해 재개발을 위한 고정자산세는 비과세로 해야 한다. 지진에 취약한 건물이 전국에 산재한 점은 이전부터 여러 번 지적되었다. 그러나 내진도를 높게 하면 과세평가가 올라가기 때문에 고정자산세가 상승한다. 건물에 대한 고정자산세가 지진에 강한 건물로 개축하는 것을 저해하는 원인이 되고 있다. 따라서 안전한 마을 만들기를 위해서는 건축물에 대한 고정자산세, 도시계획세는 일률적으로 비과세해야 한다.

이번에야말로 정부는 전국적으로 지진대책에 본격적으로 착수할 수밖에 없게 되었다. 그를 위해서는 경제학자가 이전부터 제안했듯이 건축물에 대한 고정자산세를 철폐해야 한다. 고정자산세는 지자체의 주요한 재원이지만, 건물고정자산세가 철폐되어 발생하는 수입 감소분은 토지에 대한 고정자산세 증세로 메울 수 있다. 건물과 달리 토지에 대한 고정자산세는 자원분배에 영향을 미치지 않기 때문이다.

4. 경제특구제도와 규제완화

이재민의 고용 확보를 위해 도호쿠 지방을 경제특구로 지정하여 다양한 산업의 입지와 진입에 장벽이 되는 규제를 철폐해야 한다. 제1차 산업에 구애되지 말고 여러 산업이 진입하기 쉽게 해야 한다. 농업은 법인의 참여 자유화를 적극 추진하고 참여 기업에는 이재민을 적극 고용할 의무를 부과한다. 어업은 기존의 올림픽 방식[2]을 폐지하고 어획량은 선박별 총량규제로 바꾼다. 이는 어업 종사자의 소득상승으로 이어진다.

나아가 전국의 이재민 고용 기업을 일정 기간 보조하는 방안도 검토해야 한다.

5. '부흥목적전력세(peak-load pricing[3])' 도입

전력공급 부족이 생산의 병목현상을 초래하고 있기 때문에 정전은 향후 일본 경제를 장기침체에 빠지게 할 가능성이 있다. 수도권의 정전은 도시 기능에 중대한 장해가 된다. 관광객뿐 아니라 노동과 자본이 일본을 빠져나갈 가능성이 높다. 시장 메커니즘은 이런 때에도 중요한 기능을 발휘한다. 지금까지도 시장은 재화와 서비스 부족을 유연하게 해소

2 매년 설정한 총허용어획량(TAC, total allowable CATch)에 도달하면 어획을 제한하는 방식으로 일본 전역에 걸쳐 시행되고 있다. 어업 종사자들의 과도한 경쟁을 불러오는 폐단이 있다.

3 물, 전기 등의 수요량이 정점에 도달할 시 차등 요금을 두는 것을 가리킨다.

해 왔고 앞으로도 그럴 것이다. 이것이 시장의 자원분배 기능인데 전력과 교통 서비스도 예외가 아니다.

심야전력은 충분하므로 야간 전력요금을 대폭 내리고 주간의 피크타임 요금은 올린다. 특히 여름철 전력량은 매우 떨어지므로 요금을 올려 한낮의 전력수요를 야간으로 옮길 필요가 있다. 요금을 올리면 주간의 수요가 감소하므로 계획정전을 방지할 수 있다. 지금과 같은 계획정전은 경제활동에 큰 장해가 된다. 계획정전과 사업별 선별적 자주규제(순번제, 하계휴가 분산 등)와 총량규제는 매우 비효율적이다. 절전이 정말로 필요한지 여부는 요금을 보고 이용자가 결정할 일이다. 당국과 전력회사가 정말로 전력이 필요한 지역과 산업, 그렇지 않은 지역과 산업을 선별할 정도로 정보를 갖고 있을 리가 없다. 신문 보도 등도 총량규제 도입을 주장하지만 요금인상에 따른 시장 메커니즘 도입은 거의 논의되고 있지 않다. 그러나 시장 메커니즘에 의존하지 않고 '계획'과 '규제'에 기대려는 자세야말로 전력업계 보호, 전력부족 사태를 가져온 원인이라는 점을 알아야 한다.

주간요금 상승은 정치적으로 어려우나 피크타임 요금수입 증가로 피해지역 부흥자금에 충당할 수 있기에 '전력부흥협력금' 또는 '부흥목적 전력세'라 한다. 증세는 불가피하겠지만 그 대신 야간전기요금을 내림으로써 정치적 저항은 완화시킬 수 있으며 다른 증세보다는 훨씬 수용되기 쉽다.

더욱이 전력요금 탄력제와 전력시장 자유화가 실시되면 절전(수요감소)과 매전(공급증가)의 인센티브가 촉진되므로 주간전기요금 역시 점점 내려가게 된다. 자유화가 장기적으로 진전되면 재해 이전보다 전력요금은 내릴 수도 있다. 이런 예는 최근 통신사업에서 실제로 볼 수 있다. 일본의 인터넷통신요금이 자유화에 따라 세계에서 최저군에 속할 정도로 내려간 것은 유명하다.

일본 전국의 위험지역에 있는 원전을 즉시 정지하고 점검해야 한다. 위험원전을 정지시키면 전력이 부족할 수 있으나 '전력부흥협력금' 또는 '부흥목적전력세'를 도쿄전력 이외의 타 전력구역에도 적용시켜 정전을 막아야 한다. 이때 요금수입증가분을 부흥자금에 충당해야 함은 말할 필요도 없다.

6. 수도권 철도, 버스 종일 운행

심야전력으로 사무실과 공장이 조업을 할 수 있게 되면 그에 따라 통근 교통 수요가 발생한다. JR이나 지하철 운행차량 수를 주간에는 70-80% 감소시키는 대신 야간에는 주간운행 수의 20-30% 정도로 종일 운행한다. 주간운행 수가 적어도 탄력요금제를 실시하면 혼잡을 피할 수 있다. 마찬가지로 피크타임의 요금을 올리고 그 반대의 경우는 내려 비싼 요금의 혼잡시간대 수요를 감소시키고 싼 요금 시간대의 수요로 이동시킨다. 그러면 플렉스타임(flex-time, 자유시간근무제)이나 서머타임(summer time)의 도입도 쉬워진다. 피크타임의 요금수입 증가분은 당연히 부흥 목적으로 사용함을 공지한다.

비싼 요금을 부담할 수 없는 사람은 낮은 요금대인 새벽에 출근해야 할지도 모르고 개인에 따라 심야나 새벽에 귀가할지도 모른다. 이것은 분명히 고통스러울 것이다. 그러나 이러한 개개인의 작은 노력이 피해지역 주민에게는 크나큰 부담을 경감시키며 일본 경제 부활을 위해서도 필요하다.

7. 전력시장 자유화

소매전기요금 자유화는 당장이라도 실시해야 한다. 대부분의 제조업은 자가발전 기능을 확보하고 있으므로 매전을 재촉하면 전력공급량이 증가하고 여름철 전력수요에 일부 대응할 수 있다. 주부(中部) 지역으로부터의 전력융통을 저해하고 있는 변압설비도 조속히 증강해야 한다. 우기 관리상 주부 지역을 포함하여 다른 발전(發電)사업자에게 간토(關東)의 전력공급 참여 기회를 확보해 두는 일은 이러한 긴급사태에 대비해서도 매우 중요하다. 대규모 변압설비가 있으면 주부전력과 간사이(關西) 전력의 전력공급이 가능해져 정전이 발생하지 않았을 가능성이 높다. 이런 일에 태만했던 정부 당국은 신랄하게 비판받아야 한다.

이런 위기상황에서 이후 전력산업의 근본적인 개혁과 참여규제 자유화를 진지하게 논의해야만 한다. 전력시장의 지역독점을 지탱해 온 논리는 붕괴하였다. 지역독점 중인 다른 사업도 마찬가지로 되돌아봐야 할 것이다.

— 2011년 4월 7일

3부

부흥과 일본 사회

우스이 미쓰히로薄井充裕
(도시계획 · 지역개발)

신국토계획

사회적 공통자본의 시점

1. 동일본대지진에 대하여

이번 동일본대지진은 (1)재해, 쓰나미라는 '자연재해의 맹위', (2)대규모 원자력발전소 사고라는 '과학기술의 틀과 같은 시설의 어이없는 위험', (3)양자에서 발생하는 '다양한 사회시스템의 뒤틀림'이 한꺼번에 드러났다.

특히 사회시스템 기능부전은 피해지역에서 구원·구출 지연, 석유로 대표되는 자재공급과 물자운송의 곤란, 대규모·대도시권에서 지속적으로 발생한 미증유의 정전, 식품 등의 방사능 오염 위협 등, 지금도 연쇄적으로 발생하고 있다. 엎친데 덮친 격의 상황은 당분간 계속될 것이다.

그렇지만 일본은 반드시 부흥의 길을 걸어갈 것이다. (1)-(3)에 대해서도 단지 이전으로 되돌리는 것이 아니라 지속 가능성의 관점에서 21세기형의 부흥 모델 플랜이 될 만한 선진성이 요구된다. 이때 사회적 공통자본이란 사고방식에 주도적인 역할이 기대된다.

2. 사회적 공통자본 재고

1) 자연자본

3·11동일본대지진은 지진과 동시에 일체형 쓰나미라는 근대 일본이 경험한 일이 없는 거대복합형 재해이자, 자연과 인간의 관계성을 근본적으로 생각하게 하는 사건이었다. 분명히 자연환경을 제어할 수 있다는 오만 또는 방심이 있었었다. 좁은 의미에서 환경 '대책', 지구온난화 '대책'이라는 말이 표상하듯 상정되는 '대책'을 뛰어넘는 일(事象)이 주변에서 발생한 공포를 우리는 직접 목격하고 있다.

이후 자연을 어떻게 대해야 하는지 — 일본인은 자연에 대한 경외심을 가장 잘 자각해 온 민족임에 틀림없다. 자연자본과의 오랜 관계성에 대한 시좌 — 야말로 가장 중요한 주제일 것이다.

2) 사회적 인프라스트럭처

많은 과제 인식이 필요한데 단기적으로 아래와 같은 내용이 당면의 논점이다.

(a) 공공 인프라 재생(라이프라인 복구, 네트워크 자본 재건, 쓰나미·방재형 도시, 재해부흥 마을 만들기 모델 등)

(b) 거주지 제한, 사유재산 보상(가구 재건, 농지 등 회복)

(c) 산업부흥(농림수산업, 제조업, 유통·서비스업 등)

(d) 에너지 공급책(LNG화력, 자가발전, 재생 가능 에너지 확대)

선진국인 일본의 촌락 자체가 일순간에 소멸해 버린 사태에 직면하여 앞의 (1) 자연자본과의 관계에서도 인프라 정비의 참모습을 근본적으로 재고해야 한다.

또 부흥에 당면해서는 자연과의 공생을 더욱 자각하고 지속 가능한 사회 구축을 향한 상상력이 필요하다. 그 과정에서는 우선 (b)와 같이 기와와 자갈 철거도 뜻대로 안 되는 곤란한 상황을 어떻게 극복할지 지혜가 필요하다.

제도자본과도 연결되지만 '재해 발생' '복구' '부흥'의 3단계론은 분야에 따라 당연 진척도가 다르다. 예를 들어 원전사고와 관련해서는 아직도 '재해발생' 단계, 이재민 지원, 물류문제(지원물자 조달, 배송)는 늦어지기 쉽지만 '복구' 단계, 더욱 자본적이고 근본적인 종합적 에너지 전략, 도시 재건론, 산업구조론 등은 '부흥' 단계의 과제일 것이다. 그 정리와 로드맵이 필요하다.

3) 제도자본

위기 대응의 요체는 제도자본의 '질' 여부가 아닐까. 〈표 1〉의 제도자본에서는 행정, 교육, 연금, 의료, 사법, 금융 등 인위적 제도를 예시하였는데 시장도 여기에 포함된다. 그 하나하나가 이번 재해에 얼마나 유효하게 기능하고 있는지를 살펴보면 과제는 산적해 있다.

애당초 잃어버린 20년이라고 일컬어지는 일본 경제는 만성환자처럼 고질병을 앓고 있다. 각종 제도자본이 시대 적응성을 잃어버려 발본적

표 1. 사회적 공통자본의 개념

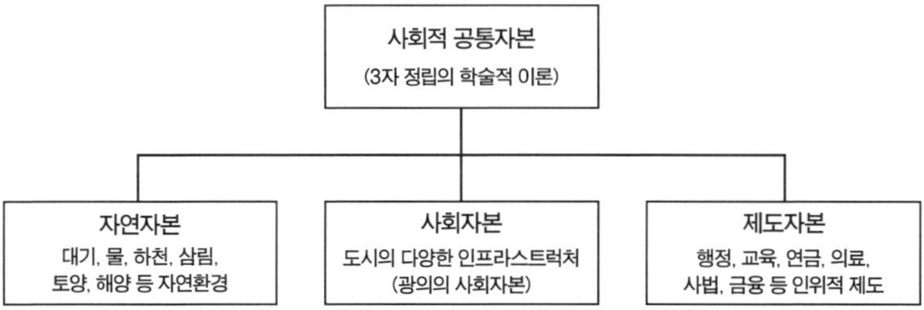

* 출전: 우자와 히로부미(宇澤弘文) 《사회적 공통자본》(이와나미서점, 2000년) 외

인 체질개선이 요구된다. 그 위에 이번 대지진이 발생한 것이다. 크나큰 부상을 입은데다 방사성 물질 오염이라는 강렬하고 새로운 병에 걸린 것이다.

그렇기 때문에 체질개선과 질병에 대한 근본 치료가 동시에 진행되어야 할 것이다. 주도면밀하게 작성된 회복 처방전에 따라 절제(재정규율)를 고려하고 노력할 수밖에 없다.

현재 상황을 부정적으로만 보려는 것은 아니다. 이재민 구조나 방사성 물질 오염과 싸우는 자위대와 소방청 직원의 활약에서도 감동적인 장면을 목격했다. 직업적 전문적인 판단에 따른 헌신적인 노력과 용감한 행동은 여러 영역에서 '부분적'이지만 연일 보도되고 있다.

그런 한편 각종 '제도'에 이어지는 '전체적', '통일적'인 방침과 방향성은 어지간히 보이지 않는 상황이 계속되고 있다. 편견에 대한 비판이나 이해관계를 넘어서 확고한 방침과 방향성이 제시되어 공감을 얻는다면 커다란 에너지가 될 것을 우리들은 경험적으로 알고 있다. 간토(關東) 대지진, 도쿄대공습, 히로시마·나가사키의 원폭, 한신(阪神)·아와지(淡路) 대지진 등을 극복해 온 역사는 어설픈 것이 아니다. 그런 의미에서 지금은 산고의 시기인지도 모르겠다.

3. 국토계획 과제

1) 일본 국토의 취약성

이번 재해로 일본국토의 취약성이 다시금 수면위로 부상했다. 일본의 원전시설은 연안부에 위치해 있는데(그림 1) 이런 시설은 지진과 쓰나미, 양쪽의 재해에 영향을 크게 받음을 우리는 실감했다.

마찬가지로 일본 열도는 하나의 구성단위라는 전제는 전력부족이 발생할 경우 동서의 광역융통이 곤란하다는 점에서 재고되어야 한다.

그림 1. 일본의 원자력 건설의 임해 입지

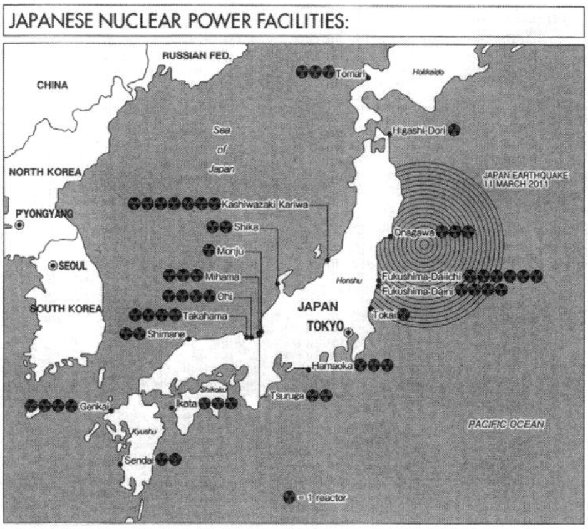

출처: http://mondoselect.up.seesaa.net/image/Nuke-map-e1299855059147
Copyright©Seesaa Inc. All Rights Reserverd

이처럼 기존에 충분한 안전성과 안정성이 검증된 사항이라도 원점에서 재고할 필요가 있다. 본래 이러한 과제의 일익을 바로 장기 국토계획이 담당했어야 할 것이다.

2) 국토계획의 현황과 과제

상징적으로 말하자면 일본의 국토계획은 1990년대 후반부터 급속하게 구심력을 잃고 해체되기 시작했다.

현재 국토계획은 1998년에 만들어진 '21세기 국토 그랜드 디자인'(이하, 현행계획이라 함)이라 불리는 것인데 〈표 2〉와 같이 투자규모와 그 근거가 일절 기술되어 있지 않은 추상적인 계획이다. 방재의 중요성은 거론되고 있지만 어떤 실효성도 담보되지 않는다.

게다가 지적해 둘 것은 국토계획 체계가 올바르지 못하다는 점이다. 〈표 3〉에서는 현행계획 책정 이후 관련 입법 동향을 정리한 것인데, 일본은 수도권, 중부권, 간사이권의 3대도시권 정비법과 홋카이도(北海道), 오

표 2. 국토계획의 변천

계획(책정 연도)	계획기간	투자규모	규모근거
전국종합계발계획 전총(1962년)	~1970년	–	–
신전총(1969년)	1966~1985년	약 130~170조 엔 (1965년 가격)	누적 정부 고정자본 형성
3전총(1977년)	1976~1990년	약 370조 엔 (1975년 가격)	위와 같음
4전총(1987년)	1986~2000년	약 1000조 엔 (1980년 가격)	공, 민에 의한 누적 국토기반투자
21세기 국토 그랜드 디자인 (1998년)	~2010 (2015)년	–	–

*출전: 국토교통성

표 3. 주요 국토·지역정책 관련 법의 변천(1998년 -)

연도	주요 국토계획	주요 지역진흥 관계법 등
1988	21세기 국토 그랜드 디자인 (이른바 5전총)	중심 시가지의 시가지 정비개선 및 상업 등의 활성화의 일체적 추진에 관한 법률(중심 시가지 활성화법), 신산업창출촉진법(테크노 폴리스법 및 두뇌입지법 폐지)
1999		PFI법
2000		과소지역자립촉진특별조치법(신과소법)
2002		공업 등 제한법 및 공장 등 제한법 폐지
2003		구조개혁특별구역법
2004		지역재생법
2005	국토종합개발법 등 개정 → 국토형성계획법	도호쿠(東北)개발촉진법, 호쿠리쿠(北陸)지방개발촉진법, 주고쿠(中國)지방개발촉진법, 시코쿠(四國)지방개발촉진법, 규슈(九州)지방개발촉진법 등 폐지
2006		민활법(民活法) 폐지
2007		
2008	'전국계획'(제4차) 결정	
2009	'광역지방계획' 결정	
2010		종합특구 검토, 선라이즈 리포트(일본 경단련)

*주: 이 밖에 환경, 토지, 주택 관련 기본법과 피재시가부흥법 등 피해 방재관계법, 지역정비 주체론으로서 NPO법 등도 있다.
*출전: 국토교통성

키나와(沖繩)는 특별법이 남아 있는 한편, 도호쿠, 호쿠리쿠, 주고쿠, 시코쿠, 규슈 각 지방개발촉진법은 2005년에 폐지되었다.

이렇게 된 이유는 대도시권의 '정비'는 계속해서 필요하지만, 지방의 '개발' 시대는 끝났다는 인식이었다는 것이다. 또 전반적으로 국토 보전적인 사고가 배경으로 작용하여 불요불급한 공공투자를 없애는 방향이 제시되었다. 그 결과 단일한 일본 열도는 법률적인 지지가 있는 지역(블록)과 없는 지역으로 나뉘었다. 2009년 들어 각 블록 모두 '광역지방계획'이 결정되는데 실행 구심력이 궁핍한 계획이었다.

이번 대지진은 그야말로 이런 국토계획의 해체과정으로 틈새를 파고들듯 법률적인 지지가 없는 도호쿠 지방에서 발생했다.

여기서 말하고자 하는 것은 구태의연한 국토계획의 재생산이 아니다. 그러나 원자력 입지 하나만 놓고 보더라도 광역방재라는 관점에서 유용한 국토계획의 필요성을 다시 한 번 확실하게 인식해야 할 것이다.

3) 새로운 국토계획을 지향하며

현행 계획같이 나눠 먹기 식의 추상적인 국토계획은 필요가 없다. 개인적으로 환경, 방재로 한정시킨 '국토환경창조계획'처럼 강력한 장기계획이 필요하다는 생각이다. 일본열도를 환경과 방재라는 관점에서 총점검하고 도호쿠 외 광범위한 피해지를 이전 수준 이상으로 부흥시키는 방침을 가진 국토계획이 필요하다.

또한 앞으로도 일본을 포함한 세계에서 불가피하게 발생하는 갖가지 재해에 시사를 주는 경험으로서, 이번 대지진을 극복하는 과정에 세계가 주목하고 있다는 점을 강하게 의식해야 할 것이다.

필자는 한신·아와지 대지진 직후에 《변화하는 일본의 국토구조 — 새로운 국가 만들기의 시점》(교세이, 1996년)에서 사회적 공통자본이란 관점에서 국제연대, 광역연대, 신산학관시민연대 등 3연대론하에 내외융합형개발, 새로운 사회자본 정비론이 중요하다고 주장했는데, 이번 대지진에서도 기본적으로 그러한 생각은 변함없다.

그 위에 국제사회에서 통용되는 전체적이고 통일적인 지침과 전국을 망라하는 법률적 근거가 있는 새로운 국토계획이 요구된다.

— 2011년 4월 15일

아사코 카즈미浅子和美
(거시경제학·일본경제론)

'일본 재생'에서 '일본 부흥'으로

교훈을 살린 부흥의 청사진

도호쿠 지방 태평양 해상 지진에서 발생한 동일본대지진은 일본에게, 또 현재를 살아가는 세대에게 커다란 시련이 된 '천 년에 한 번' 수준의 매우 불행한 자연재해였다. 그러나 쓰나미 경보를 무시한 결과 피난이 더뎌진 점과, 후쿠시마 제1원자력발전소 사고가 상징하듯 천재지변에서도 피할 수 있었던 '인재'의 요소가 있으며, 왜 발생했는지, 왜 피하지 못했는지를 해명하여 앞으로 교훈으로 삼아야 할 것이다.

1. 디플레이션 해소에서 인플레이션 경제로

버블경제 붕괴 후 일본 경제는 '이자나기'를 뛰어넘었다[1]고 선전되며 전

1 이자나기 경기란 전후 일본 경제에서 1965년 10월부터 1970년 7월까지의 57개월간에 걸친 장기 호경기 기간을 가리킨다. 이 기간 중에 일본의 경제력은 크게 향상되어 미국에 이은 세계 2위의 경제대국의 위치에 올라서게 되었다. 이자나기는 일본의 국토 탄생 신화에 등장하는 남신의 이름이다. 버블경제 후 2001년의 제로금리정책으로 대표되는 금융완화정책에 힘입어 2002년부터 2008년까지 경기 확대가 일어났는데, 전후 최장이던 이자나기 경기를 웃돌았다. 그러나 실질적인 경제성장률은 2% 안팎으로 체감경기는 낮게 여겨진다. 일본 국토 탄생 신화의 여신인 이자나미의 이름을 따서 이자나미 경기라고도 한다.

후 최장이었던 14순환[2]의 확장기 등 몇몇 경기순환 국면을 지났지만, 기본적으로 장기 디플레이션 불황이 이어졌다. 그 사이 몇 번이나 발동되었던 긴급종합경제대책이나 제로금리·양적완화정책 등 비전통적인 금융정책도 디플레이션 불황에서 벗어나는데 도움이 되지 못했다. 경제활동 변화 방향에서 인정되는 경기 국면에 대해 디플레이션 불황은 경제활동 수준에서 판단되는데, 1990년부터 10년 단위의 명목 GDP가 443조 엔, 503조 엔, 479조 엔이었던 일본 경제는 정부가 디플레이션 탈각선언을 하지 못하게 만들었다.

그렇지만 이런 거시적 관점의 '잃어버린 20년' 동안에도 미시적 차원에서는 '일본 경제 재생'의 움직임이 보이면서, 2008년 리먼 쇼크[3] 후 세계 동시 불황에도 불구하고 거시적으로도 '잃어버린 20년'이 정산되는 날도 임박했었다. 그러한 때 발생한 것이 동일본대지진이었으며 단기적으로 일본 재생은 물거품이 되어버린 감이 있다. 그러나 앞으로 10년, 20년 동안은 '일본 재생'을 넘어선 '일본 부흥'이 시험대에 오르게 될 것이다.

동일본대지진으로 도호쿠 지방을 중심으로 대부분의 제조업 생산라인이 파괴되고 원전사고의 상징인 도쿄전력과 도호쿠전력의 공급제약이 따랐다. 그래서 그냥 내버려 두어도 일본 경제는 공급초과의 디플레이션 갭이 해소될 것이라는 전망도 있다. 더욱이 이런 공급제약은 매우 가혹해서, 부흥수요가 늘 것이라는 점을 감안하면 디플레이션 갭은 결국 인플레이션 갭으로 바뀌어 세계적인 추세인 식량·에너지 가격의

2 경기순환이란 경기동향지수가 저점에서 정점을 지나 다음의 저점에 이르는 주기를 가리키는데, 14순환은 전후 일본의 경기순환에서 내각부가 정의한 기간으로 2002년 2월부터 2009년 3월까지의 기간이다.

3 미국의 투자은행인 리먼 브라더스가 2008년 9월 미국의 서브프라임 모기지 사태로 파산신청을 함으로써 세계 경제에 악영향을 끼친 것을 가리킨다.

비등과 맞물려 일본 경제에 인플레이션이 고착될 것이라는 예측도 나온다. 개인적으로는 이 정도로 단순한 경로를 밟을 것이라고는 생각하지 않지만 이후 10년, 20년 동안은 인플레이션 기조가 되는 것은 괜찮다고 생각한다. 이때 잃어버린 20년을 충분히 보충하고도 남을 경로를 걷기 위해서는 인플레이션 경제로의 전환을 수동적으로 기다리는 것이 아니라 머뭇거리지 말고 적극적으로 추진해야 한다.

주류파 거시경제학이나 정통적 거시경제정책에서 보면 이단시되지만 명목 GDP의 저공비행이 계속되는 긴급사태에서는 평상시와 다른 처방전이 필요하다. 이러한 시대에는 기술진보를 통한 견실한 경제성장을 기다리는 것이 아니라 적절한 물가상승으로 경제활동을 늘리는 것이 바람직하다. 장기 디플레이션 불황기에 급증한 각 경제주체의 채무수준(가계의 주택부채 잔고, 기업, 특히 중소기업의 차입잔고, 정부의 공채잔고)의 실질가격을 내려 주는 것이 인플레이션 경제의 장점이다. 이로써 기득권익과 소득재분배가 이루어지므로 당연히 저항세력의 반발도 있겠지만, 객관적으로 보면 디플레이션 불황기의 보상조치가 되는 것이다.

그러나 이는 이른바 인플레이션 목표정책을 제안하는 것은 아니다. 굳이 말하자면 일거에 물가를 상승시키는 물가수준 목표정책인데, 단순히 1엔을 100엔으로 만드는 호칭 단위 변경, 즉 디노미네이션이 아니다. 과거 디플레이션 불황으로 축적된 왜곡을 해소하고 20년이란 공백 기간에 입각하여 말하자면, 700조 엔 규모의 명목 GDP를 실현시키는데 충분한 규모의 정책을 상정하는 것이다. 물론 글자 그대로 일거에 명목 GDP를 증대시키는 것은 쉬운 일이 아니며 부득불 시간이 필요하다. 구체적으로는 정책의 내용은 정부 지출을 얼마나 부흥에 충당할 것인가, 민간부흥 경제활동을 얼마나 지원할 것인가, 나아가 원전사고 보상문제에 정부가 얼마나 관여할 것인가에 연관될 것이다. 무엇보다 이러한 일이 적절하게 시행된다 할지라도, 크라우딩 아웃[4]이 발생하여 결국 인플레이션 경제가 되지 않을 수도 있다.

그러나 과거 1970년대 두 번의 오일쇼크 경험이 있다. 원유가격 급등이 계기가 되어 물가·임금의 스파이럴이 이어져 단기간에 대폭적인 물가상승이 일어났다. 이 시기 코스트 푸시 인플레이션[5]에 대해 이번에는 공급제약하에서 부흥수요가 증대하는 디맨드 풀 인플레이션[6]형이다. 그렇다면 현실적으로 기대할 수 있는 인플레이션의 역할이 중요하게 되며 이를 지탱하기 위해서는 그 나름의 지속적인 정책 발동이 열쇠가 된다. 거시 차원에서 물가상승을 야기한다는 의미에서는 부흥수요 재원은 공채발행으로 하고 더욱이 공채시장에서는 장기 금리상승을 회피하기 위한 일수에 의한 지속적인 매입(예외적인 일수인수 호소가 기대형성 측면에서 더 유효하다)이 기대된다. 그 다음은 소비·투자의 민간수요가 일어나고 외수가 받쳐 주면 된다.

부흥재원을 증세로 마련하는 것은 반대하지 않지만 국민이 고통을 분담한다는 상징적인 의미에서이며, 어디까지나 일부여야 한다. 대부분은 공채(그것도 가능한 한 건설공채)로 조달함이 기본이다.

2. 부흥의 청사진

일본 부흥의 실제 청사진에 대해서는 각 분야 전문가를 비롯하여 신문지상에서도 많은 제안을 하였고 그중 참신한 제안에 감탄할 때도 있다.

4 crowding out은 정부의 공채증발이 민간의 자금수요와 경쟁하여 금융시장을 어렵게 하고 금리 급등을 불러와 민간기업의 자금조달이 축소되는 것을 가리킨다.

5 cost-push inflation이란 임금이나 원자재 값 등 비용 상승이 생산성 신장을 상회하여 발생하는 인플레이션을 말한다.

6 demand-pull inflation이란 총수요가 총 공급능력을 초과함으로써 물가가 상승하여 발생하는 인플레이션을 말한다.

대부분 공통적인 내용은 복구를 넘어선 부흥을 실현시키자는 것인데, 조달한 부흥자금으로 단지 인프라 정비에 그치지 않고, 제조업뿐 아니라 농업, 어업의 특구적인 거점 만들기와 대담한 마을 만들기를 제안하고 있다. 필자 역시 대규모 쓰나미가 다시 발생하리라는 가정하에, 부흥안으로 저지대 주거 재건축을 피하고, 비닐하우스와 양식시설 등 고부가가치 농업·어업의 진흥을 생각했다. 경관이 뛰어난 해안에는 국제회의장, 대규모 전시장, 철근 콘크리트 호텔로 구성되는 단지 조성도 생각해 볼 수 있겠다. 동물원이나 식물원, 유원지가 펼쳐지고 호텔에는 태평양의 일출을 만끽할 수 있는 노천탕이 있어 가족여행의 목적지로도 좋을 것이다. 고객 확보를 위하여 카지노 특구 지정도 검토할 가치가 있을 것이다.

우연히 동일본대지진 발생 전에《생활경제학연구》제33권에 기고하였는데, 마루오 나오미(丸尾直美)·미쓰하시 히로미(三橋博巳)·히로노 게이코(廣野桂子)·야구치 가즈히로(矢口和宏)가 편한《에코 시티》(중앙경제사, 2010년)에 실린 서평 일부로 "대지진으로 괴멸 상태에 이른 도시의 부흥을 상정한다고 해도 도시개조는 쉽지 않다"고 지적했다. 이렇게 지적한 맥락을 여기서 간단명료하게 제시하기는 어렵지만, 에코 시티란 간 나오토(管直人) 총리가 제시한 에코타운 구상에 가깝다. 대규모 쓰나미에 휩쓸려 떠내려간 주거지는 그야말로 '대지진으로 괴멸상태가 된 도시의 부흥'에 직면해 있으며, 위의 책에 제시된 제안은 경청할 가치가 있다.

동일본대지진으로부터의 부흥에서 잊어서는 안 되는 것이 도쿄전력 후쿠시마 제1원전사고인데, 필자는 원전의 안전성을 신뢰하는 (혹은 안전성에 걸고 있던) 편이었고, 얄팍한 지식을 바탕으로 언제 안정이 될지 지켜보고 있었다(허사가 됐지만). 이 사고의 본질은 예상 외의 '천 년에 한

번' 수준의 대규모 쓰나미가 아니라, 전전원상실(全電源喪失)[7]에 대한 대응실패로 인한 것이며, 대지진이나 대규모 쓰나미가 아니더라도 발생했을 가능성이 있다. 원전 관계자는 이 점에서 과신하고 있었으며 심각한 불행과 거액의 비용을 그 대가로 하여 큰 교훈이 되었길 바란다.

3. 쓰나미 경보의 공죄

필자는 1980년대 버블 경제기에 버블의 발생·지속·붕괴라는 이론적 메커니즘에 흥미를 가졌던 시기가 있다. 그 즈음 버블과 쓰나미에 대처하는 사람들의 행동에 유사점이 있다는 것을 깨닫고, 메이지(明治)와 쇼와(昭和)기 산리쿠(三陸) 대지진을 조사하였다. 글로 남기진 않았지만, 관찰한 바에 따르면 다음과 같다. 버블경제 붕괴 후 세대교체가 되면 버블에 대한 기억이 흐려지고 어렴풋이 버블이라는 것은 알고 있지만 이 과정을 다음 세대도 반복한다. 이와 유사하게 대규모 쓰나미 발생 후에는 고지대에 집을 마련해도 세월이 흐르면서 쓰나미의 기억도 흐려지다가 이윽고 상황을 살피면서 점차 저지대로 내려오게 된다. 그러다가 어느 날 갑자기 대규모 쓰나미가 다시 발생하는 것이다.

쓰나미에 관해서는 쓰나미 경보의 공죄를 지적하고 싶다. 3·11대지진 이틀 전에 진도 7.3의 전진(前震)을 포함하여 과거 발동된 쓰나미 경보는 최대 50-60㎝ 수준으로 텔레비전 화면에 점멸 표시되었다. 이렇게 반복된 경보에 주민은 이솝의 양치기 소년 이야기처럼 시큰둥하게 반응한 것이다. 필자는 당시 텔레비전의 국회중계방송을 보고 있었는데 수 미터의 쓰나미 경보가 흘러나와 심상치 않은 예감이 들었는데, 양치기 소년에게 질린 주민 일부, 혹은 소문으로 쓰나미 경보를 들은 주민 일부

---

7 비상발전기까지 정지되어 모든 전원이 상실된 것을 가리키는 말로, SBO(station block out)라고도 한다.

는 이전과는 다르다는 생각을 하지 못한 사람들도 많을 것이다.

실제 쓰나미 피해를 입지 않은 주민들이 "일상적인 쓰나미 경보라고 생각했다"는 이야기를 많이 하였고, 미처 피하지 못한 희생자 대부분은 경보를 대수롭지 않게 생각했던 것 같다. 50-60cm 수준의 쓰나미에 대한 경보를 해도 좋다. 하지만 적어도 경보에는 2단계가 있음을 주민에게 철저하게 주지시켜야 한다. '일부 관계자에게 가벼운 확인을 위한 경보'와 '유무를 가리지 않고 전원 대피시키는 경보' 두 가지가 구별되는 훈련이 행해지는 것이 전제가 되어야 하며, 2단계 경보는 빈번하게 발령되면 안 될 것이다.

— 2011년 4월 17일

데라니시 주로寺西重郎
(금융론·일본경제론)

관동 대지진과의 비교

불안감 없는 사회를 위한 국가 만들기

이미 지적된 것처럼, 이번 부흥계획은 원상복구가 최종적인 목표가 되어서는 안 된다. 복구는 새로운 일본 건설을 위한 첫걸음이어야만 한다. 장기적으로 일본 경제사회의 재건과 일체된 재건 프로그램을 책정하여 가동시킬 필요가 있다. 이러한 요건이 1923년 관동대지진과 1995년 한신·아와지(阪神·淡路)대지진과 근본적으로 다른 점이다. 우선 이러한 점을 관동대지진과의 비교의 시점에서 논하고자 한다.

다음으로 일본 재건과 지속적인 부흥은 경제적, 물리적인 두 가지 불안감에서 오는 사람들의 폐색감(閉塞感)을 타파함으로써 가능하다고 생각한다. 첫째 부흥예산을 세제(稅制)와의 관련을 통해 책정함으로써 세제개혁·사회보장제도의 개혁과 일체된 부흥예산계획을 마련할 필요가 있다. 이로써 사람들의 생활 앞에 가로놓인 경제적인 불안감을 불식시키고 생애를 설계할 수 있는 조건을 정비할 수 있다. 두 번째로 자연과 공생의 입장에 선 환경·에너지 정책의 일환으로서 철저한 국토 안전대책 방침을 정하는 것이다. 그렇게 함으로써 천 년 전부터 일본 사회를 위협해 온 재해에 관한 물리적인 불안감을 불식시킬 필요가 있다.

1. 관동 대지진과의 비교

1923년에 도쿄(東京)·가나가와(神奈川)를 덮친 이른바 관동대지진은 이재민의 수와 파괴의 정도에 있어서 이번 지진에 지지 않는, 아마 그 이상의 것이었겠지만 당시 거시경제적, 사회적인 영향은 훨씬 작았다. 산업구조와 과학기술이 지금처럼 복잡하지 않았기 때문에 부(負)의 파급효과가 작았다는 이유도 있었겠지만, 또 다른 큰 이유는 경제사회가 그다지 불안정하지 않았기 때문일 것이다. 여기에는 경제가 기본적으로 발전경로에 있었다는 점과 제1차 세계대전 붐에 의해 경제상태가 크게 개선되었다는 점이 효과적으로 작용하였다. GDP에 대한 국채 잔액의 비율도 1910년경에는 68%에 달했지만 1922년에는 28%까지 내려갔고, 또 당시 경제정책의 커다란 제약조건이었던 외화준비도 1910년의 4억 7천만 엔에서 1922년에는 18억 3천만 엔으로 급증했다. 경제규모가 커졌기 때문에 GNP에 대한 비율은 12% 정도로 변하지 않았으나, 거액의 정화(正貨)를 보유하고 있다는 사실은 관민에게 커다란 안심감을 부여하였다. 1919년 봄은 이전 해 가을부터 버블이 붕괴한 상태였고 1922년에는 은행의 대규모 예금인출 소동·파탄이 발생했으나, 평균 주가는 버블이 정점이었던 때의 250엔 정도에서 150엔 정도로 내려간 상태에서 안정되었다(제1차 세계대전 개시 전에는 100엔 정도). 명목상의 GNP는 거의 정상적이었으나, 물가 하락으로 실질적인 GNP는 년 2% 내외의 성장률을 유지했다. 경제 상태로 말하자면 현재와 비교해 보아도 1990년대 전반 상태에 있었다고 생각된다. 사람들은 러일전쟁 후의 재정위기, 외화위기를 극복했다는 점에서 자신감을 얻었고 새로운 도시문화의 개화와 다이쇼 데모크러시의 확대 등 신생 일본에 대한 기대가 넘쳐났다. 제1차 세계대전으로 열강과 대적하여 승리를 쟁취하였고 이어서 일등국으로서의 책무를 이룩하고자 하는 고양감도 있었다. 적어도 간토 대지진 발생 시의 경제는 현재의 경제보다는 훨씬 안정적이었고 사람들은 긍정적인 기분을 잃지 않았다. 아직 '언덕 위의 구름'의 완성 단계라는 인식이 지배적이었고 사람들의 마음에는 장래에 대한 긍정적인 기대감이 지속되고 있었다.

제도부흥원(帝都復興院)의 총재가 된 내무경인 고토 신페이(後藤新平)는 지진을 그의 숙원이었던 도시계획 실행의 기회로 파악하여 장대한 도쿄개조계획(改造計劃)을 입안했다. 그 목적은 "일시적으로 한 도시의 형체를 회복하겠다는 문제가 아니라, 실로 제국의 발전, 국민생활 개선의 근간을 형성하는 것"이었다. 즉 부흥을 일본 경제사회 개혁의 기폭제로 삼고자 했던 것이다. 그러나 수상인 야마모토 곤베(山本權兵衛), 제도부흥심의회의 중진인 다카하시 고레키요(高橋是清)와 시부사와 에이치(渋沢栄一)는 모두 거액의 자금을 필요로 하는 고토의 제안에 냉담했고 계획은 큰 폭으로 축소되었다. 고토의 당초 계획은 일반 회계예산의 3년분에 해당하는 40억 엔이라는 거액을 필요로 하였으나, 정부 안의 단계에서 7억 엔으로, 마지막에는 5억 엔 정도로 삭감되었던 것이다. 단지 고토의 영향하에 있었던 도쿄도의 협력으로 상당한 규모의 구획정리, 다수의 간선도로, 공원 등이 정비되었다는 것은 잘 알려져 있다. 그러나 어쨌든 계획은 고토의 표현에 의한 '부흥'계획이 아니라 '복구'계획에 가까운 것으로 축소되었던 것이다.

이러한 정책이 취해진 배경에는 관과 민이 종래형의 성장정책·캐취업 정책이 계속 유효할 것이라는 공통된 의견을 가지고 있어서 장기적인 의미에서의 현상(現狀)긍정이 있었다. 물론 이러한 현상긍정, 낙관주의의 배후에는 메이지 유신 이후 제도에 대한 피로가 확실히 있었다. 경제적으로는 은행시스템의 결함이고 농업·재래 산업의 정체와 그것을 대신하는 근대공업의 미성숙에 의한 것이었다. 사회적으로도 소작쟁의의 발생, 사회주의 운동의 탄압과 쌀 소동 등에서 이러한 문제의 맹아가 계속해서 드러나고 있었고 개혁이 지연됨에 따라 1920년대는 혼란과 정체의 시대로 이동했던 것이다. 그러나 1923년 시점에서 부흥정책을 경제정책으로 생각한다는 시각은 당초부터 희박하였다는 점이 중요하다. 또한 경제발전에 대한 효과를 시야에 두면서 이상주의적인 도시 개조의 필요성은 인식하지 않았다. 경제사회의 잠재적, 그리고 맹아적인 문제는 적절한 산업정책과 농촌정책으로 충분하게 대처할 수 있다고 생각했던 것이다. 이것이 대장성(大蔵省) 대신인 이노우에 준노스케(井上準之介)를 시작으로 한 일반적인 견해이고 현재 시점에서 보아도 당시로서는 이 이상으로 적절한 정책은 고려할 수 없었다고 생각한다.

이번 재해가 만일 간토 대지진과 마찬가지로 버블 붕괴 3, 4년 후인 1990년대 초에 일어났다면 간토 대지진 때와 같은 종류의 원상회복적인 '복구'정책이 적절했을 것이다. 사실 재해의 규모는 다소 작았지만 1995년에 일어난 한신·아와지 대지진에 대해 취해진 정책은 바로 이러한 것이었고 당시로서는 타당한 정책 선택이었다.

그러나 이번 지진대책은 단순한 원상복구여서는 안 된다. 복구가 아니라 일본의 재건과 세트가 될 필요가 있다. 이유는 이번 지진은 경제정체가 3, 4년이 아니라, 20년 이상 계속될 것이라는 비정상적인 상황에서 발생했기 때문이다. 게다가 사회는 앞이 보이지 않는 폐색감으로 뒤덮여 있고 경제상의 정체가 결국에는 사람들의 심리적인 부분까지 침식하기 시작한 시점에서 발생했기 때문이다. 이러한 상황에서는 임시로 원상복구를 하더라도 예상되는 도카이(東海) 지진과 수도직하형지진의 위험이 없어지는 것은 아니고 고령화, 소자화(少子化) 경향이 해소되지는 않을 것이다. 게다가 부흥예산 파이낸스로 인하여 재정 적자문제는 더욱 악화될 것이다. 회복 후에는 지진 이전보다 더욱 폐색감이 높은 일본이 출현하지 않을 수 없다.

전후 일본은 특유의 제조에 적합한 국민성에다가 세계적인 시장 확대와 기술력 등 운이 좋은 조건도 갖추고 있어서 눈앞의 경제 면, 물질 면에서의 회복·성장이 선행되었다. 고육지책 이후에도 장래의 세대까지도 염두에 둔 장기적인 계획이 아니라, 당면한 고용회복과 소득안정을 위한 타성에 의해 경제정책이 전개되었다. 그 결과 재정위기를 초래하였고 사람들 특히 젊은이들은 사회보장제도의 파탄으로 인하여 인생설계를 할 수 없다는 팽배한 불안감에 빠져 있다. 또한 지나치게 세계시장에서의 경쟁을 의식한 결과, 근대화를 위한 과학기술의 응용이라는 종래의 일본 전통과 다른 과학관이 지배하게 되었다. 일본의 자연관은 근대화론이 말하는 자연의 정복이 아니라 자연과의 공생이라는 시각에 선 순환형 즉 친화적인 자연관이었다. 제방(堤防)으로 쓰나미를 억제하고 제한 없는 에너지 수요확대를 그대로 두면서 원자력발전소로 온난화에 대처하고자 하는 자세는 분명 이에 반한다. 전후 일본은 지금까지 오랫동안 키워 온 독자적인 자연과의 친화 방법을 잊어버렸다. 그 결과 현재 일본에는 자연과의 싸움에 대한 무력감이라는 제2의 불안감이 만연하고 있다. 이번 사태로 이러한 두 가지 불안감에 의한 폐색감이 더욱 높아질 가능성도 있다.

2. 불확실성, 불안감과 일본 경제

지진 전부터 일본을 뒤덮은 폐색감은 무엇보다도 장래에 대한 불안감에 의한 것이었다. 첫 번째 이유는 재정위기를 배경으로 발생한 사회보장시스템의 파탄 가능성이고 이제 그 하나는 언제 일어날지 모르는 지진, 자연재해에 대한 두려움이다. 이번 재해는 재정 적자의 확대와 도쿄 등 다른 지역에서의 지진 가능성이라는 두 가지 이유에서 오는 불안감 그리고 폐색감이 더욱 높아질 위험이 있다.

장래에 관한 불안은 항상 소득(생애 소득) 계획을 어렵게 하고 생애설계를 할 수 없는 사회를 만든다. 그 결과 거시적인 총수요의 요소인 소비활동에서 발생하는 새로운 수요를 억제한다. 특히 젊은층, 장년층에 있어서 장래 불안의 증대는 소비에 대해 측정할 수 없는 마이너스 효과를 가져왔다. 투자에 대해서도 장래의 불안은 확실하게 악영향을 끼쳤다. 불확실성과 리스크의 개념을 준별한 찰스 F. 나이트에 따르면 불안은 일종의 불확실성이고 불확실성 아래서는 기업가의 혁신 의욕과 애니멀 스피릿(animal spirit)[1]은 가능하지 않다고 한다. 만연된 불안감과 불확실성 아래서는 확률분포를 예상할 수 없어 계산된 리스크를 제거할 수 없기 때문이다. 일본 경제에 내외로부터의 충분한 투자가 이루어지기 위해서는 적어도 확률분포를 어느 정도 예상할 수 있고 계산된 리스크를 제거할 수 있어야 한다. 일본 경제 불황의 장기화는 이러한 장래 불안의 고양과 밀접하게 관련되어 있다고 생각한다.

따라서 현재 해야 할 일은, 최소한 장래에 발생할지 모를 재해를 예상하고 사회보장 시스템 개혁이 지체될 것이라는 불안감을 저지해야 한다. 그리고 가능하다면 전후 부흥과 고도성장을 지탱해 온 물질적인 충실이라는 에토스를 대신할 수 있는 것을 이번 기회에 제시해야 한다. 부흥예산, 사회보장, 세제의 일체된 개혁에 의한 사회보장 시스템 개혁 스케줄과 안정된 국토 설계·구축이라는 두 가지 정책에 의해 생애설계가 가능한 사회를 실현시켜야 한다. 여기서 전자에 관해 상세하게 논할 여지는 없으나, 만약 소비세로 부흥을 위한 국채비(國債費)를 조달하고자 한다면, 이를 사회보장 개혁과 동떨어져서 구상해서는 안 된다. 부흥을

1 기업가의 투자행동의 동기가 되는 장래에 대한 주관적인 기대를 의미한다. 영국의 경제학자 케인즈가 《고용, 이자 및 화폐의 일반이론》에서 처음 사용하였다.

위하여 기간을 제한한 소비세의 인상과 사회보장제도 개혁을 위한 장기적인 시야에서의 증세를 하나로 하여 계획할 필요가 있다. 정치적으로는 여러 가지 문제가 있겠지만, 사람들에게 생애계획의 가능성을 열어준다는 점에서 상당히 중요하다. 나중에 말하겠지만 이러한 계획을 양표적(陽表的)으로 보여 주는 것이 결국은 경제성장과 연결되는 것이다.

후자에 대해서는 최소한 다음과 같은 것이 필요하다. 첫째로 피해지역에서 농어업 등의 산업기반 시설은 해안가 평지에 두고 피해자의 생활기반은 구릉지대로 이전하는 정부 안은 꼭 실행되어야 한다. 9세기경의 대지진이라면 불가능했을지 모르지만, 현재에는 중기계 등 과학기술이 발달해 있으므로 결코 불가능한 이야기가 아니다. 또 자동차로 해안으로 통근하는 것 역시 현재라면 가능하다. 두 번째로 도시 특히 도쿄·오사카(大阪) 등의 주요 도시에서 내진화를 철저하게 실시해야 한다. 내진기준이 충족되지 않는 다수의 가옥이나 구획정리가 지체된 지역은 지진이 발생하면 거대한 부(負)의 외부성(外部性)을 가져온다. 이를 개인 책임에만 맡겨 두지 말고 정책적으로 정부 책임 아래 두어 실행해야 한다. 한 나라의 수도에서 직하형지진으로 수만 명의 사상자가 예상된다는 것은 분명 비정상적인 현상이다. 사람들이 품은 불안감과 함께 외국인들이 일본의 장래에 대해 아직 전폭적인 신뢰를 보내지 못하는 것은 이러한 가능성을 '방치'한 것처럼 보이는 무관심 때문이 아닐까. 도쿄와 교토(京都)라는 아름답고 살기 좋은 도시를 안전한 곳으로 만듦으로써 일본의 평가가 높아진다. 세 번째로 기존 원자력발전소에 대한 최고도의 안전성을 확보함과 동시에 자연과의 공생사상을 실현하는 풍력, 바이오가스, 태양열, 해양에너지를 이용한 에너지 정책으로 철저한 방향전환을 도모할 필요가 있다. 이들 문제에 대해 일본이 고도의 기술을 이용하여 공헌하는 것이 세계가 일본에게 요구하는 것이고 일본이 세계 공헌에 대한 의지를 세계에 보여 줄 기회인 것이다. 환경과 발전의 균형에 대한 공헌이야말로 지금부터 일본이 실행해야 할 중심산업 분야인 것이다.

3. 결론

현재 경제학에서는 제도를 경제성장의 기본 요인으로 파악하는 경우가 많다. 예를 들어 미국 경제학자인 더글라스 노스(Douglass Cecil North)는 경제성장의 근본 원인은 소유권제도 등의 경제제도라고 하고 있다. 그러나 효율적인 소유권제도는 반드시 일의적이지는 않다. 예를 들어 개인주의적인 세계에서는 소유권의 설정이 없으면 '커먼즈의 비극'[2]이 발생하지만, 예를 들어 과거 일본 농촌의 입회지(入會地)[3]와 같이 집단적인 에토스가 있는 곳에서는 발생하지 않는다. 아마 제도보다도 현재 일본의 맥락에서 중요한 것은 알렉산드 가센크론(Alexander Gerschenkron, 1904-1978) 등이 강조하는 에토스가 아닐까 생각한다. 바꾸어 말하면 현재 일본에서 중요한 것은 후세에 좋은 나라를 남기겠다는 에토스 내지 사회적인 의사 형성이 아닐까. 폐색감이 팽배한 일본에서 경제성장을 가능하게 하기 위해서는 이 방법밖에 생각할 수 없다. 더불어 20세기를 대표하는 경제 사상가였던 케인즈(John Maynard Keynes, 1883-1946)나 하이에크(Friedrich August von Hayek, 1899-1992)는 사상과 사람의 심리를 경제활동의 근본적인 결정요인으로 파악하여 사람들의 사상을 작동시킴으로써 바람직한 경제사회를 실현시키고자 하였다. 두 사람이 바람직하게

2 가렛하딘(Garrett Hardin)이 1968년《사이언스》지에 〈The tragedy of commons〉를 발표함으로써 널리 알려진 개념이다. 다수가 사용할 수 있는 공공자원을 과소비할 경우 자원이 고갈되어 공공재의 공급이 중단될 것이라는 경제학 논리를 말한다.

3 마을의 촌락공동체에서 공유하고 있는 토지를 말하는 것으로, 땔감이나 비료를 만들기 위해 필요한 낙엽을 채취할 수 있는 산림이나 여물을 채집할 수 있는 들판 등을 가리킨다.

생각하는 경제사회는 정반대의 성격을 가졌지만, 이를 실현하는데 있어 사람들의 사상과 심리를 가장 중요시했다는 점에서는 묘하게도 일치하고 있다.

장기적인 시점에서 부흥은 이러한 심리에 작용하는 형태여야만 한다. 사람들 특히 젊은이의 심리에 부응하는 그랜드 디자인은 생애를 계획하는 데 걸림돌이 되는 불안이나 불확실성을 제거할 수 있는 것이어야 하고 장래의 희망과 의지를 고양시키는 것이어야 한다. 바꾸어 말하면 이제 필요한 것은 희망과 의지를 견인력으로 하는 부흥이다. 이를 위해서 국민들이 장래 희망을 가질 수 있는 조건을 제시할 수 있어야 한다. 즉 자연재해와 사회보장제도의 파탄으로 인한 두 가지 불안요인을 불식시키고 생애 생활계획이 가능한 사회의 구축을 본격적으로 추진해야 한다. 그리고 세계에 대해서는 환경 조화적인 자연과의 공생사상이라는 일본의 전통에 입각하여 세계에 공헌하겠다는 의지가 있다는 것을 보여 주는 것이다. 이를 통하여 부흥은 더욱더 좋은 사회를 건설한다는 사회적인 의사 형성을 가능하게 할 것이고, 사람들에게 생애계획에 맞는 소비·투자 행동을 기동시켜 경제성장의 재개를 가져오게 할 것이다.

— 2011년 4월 17일

호리우치 아키요시堀内昭義
(금융론)

대지진에 대한 시급한 대응

1. 미증유의 피해

동일본대지진은 일본의 도호쿠(東北) 지역, 특히 혼슈(本州) 북부의 태평양 연안에 광범위하게 걸쳐 심각한 인적, 물적 피해를 가져왔다. 현 시점에서는 피해규모를 추정하기도 어려울 정도이다. 현지에서 피해를 입은 사람들이 너무도 큰 손실에 괴로울 것이라는 것은 말할 필요도 없다. 또한 일본 전체적으로 보아도 앞으로 수년에 걸쳐 진행될 부흥지원을 위해 거액의 비용이 지출되어야 한다는 것은 각오해야 한다. 어쨌든 과거에 예가 없을 정도로 정치 정세가 혼미한 상황에서 발생한 재해이기에 그 대응에 정치적인 지체가 발생하지 않을까 염려된다. 그러나 대응이 지체된다는 것은 용서받을 수 있는 일이 아니다. 정치적인 대립관계의 유무를 뛰어넘어 총체적인 대응책이 추진되어야만 한다.

그러면 어떠한 대응책이 필요할까. 또 정부는 이러한 대응을 위해 어떻게 대처해야 할까.

2. 부흥대책의 기초

광범위에 걸친 인적, 물적 피해에 대한 시급한 대응이 요구된다. 이 점은 말할 필요도 없다. 이를 위해서 정부는 주저하지 말고 대담한 대응책을 취해야 한다. 우선 정부는 긴급한 복구를 위해 수조 엔에 달하는(혹은 그것을 상회하는) 자금을 각오하지 않으면 안 된다. 이러한 정부의 대응은 당연한 것이고 이를 주저해서는 안 된다. 그렇다면 이러한 부흥사업을 어떠한 형태로 또 어떠한 자원을 사용해서 진행시켜야 할 것인가.

나는 이 복구사업을 위해서 적어도 시한을 정하여 증세를 실현시켜야 한다고 생각한다. 물론 먼 장래의 세대에 대해서도 어느 정도의 원조비 부담을 요구하는 것이 불가피할지도 모른다. 그러나 지금까지 일본의 역대 정부가 취해 온 국채(國債)의 대량 발행을 앞으로도 계속해야 한다고 생각하지 않는다. 될 수 있는 한 단기적으로 피해지역 이외 사람들이 피해 입은 사람들에 대해 직접적으로 지원하는 것은 당연하다. 도호쿠와 간토 지역에 대한 재해지원을 조속하게 진행시키기 위해서 긴급하게 증세를 실시하고 정부는 그 세수를 재해지원비로 돌려야 한다.

증세 방법을 소득세로 할지 소비세로 할지에 대해서도 정부는 일정한 판단을 내릴 필요가 있다. 현행 소득세제에 있어서 누진소득세에 대한 방식이 철저하지 않아 부자가 오히려 부담을 경감받고 있다는 지적도 있다. 이러한 방식에 입각해서는 당장 임시 증세를 소득세 증세에만 의지하는 것은 충분하지 않다. 일정한 정도의 소득세 증세는 당연하겠지만 자세한 사항은 별도로 하더라도 동시에 소비세도 증세하지 않으면 안 된다. 이론적으로 생각해 보면 이러한 증세는 민간부문의 지출활동에 마이너스 영향을 끼칠 것이다. 그러나 민간부문에서 거두어들인 세금은 피해지의 부흥을 위해 직접 지출되기 때문에 마이너스 효과를 보완할 수 있다. 진재복구를 위한 소비세 증세는 5년 내지 그 이상이 될 것이라 생각한다. 이런 시점에서 현재 정부가 구상해 온 여러 가지 재정지출에 대한 재검토를 주저하지 말아야 할 것이다.

3. 장기적인 부흥계획의 입안(立案)과 실행

피해자에 대한 긴급한 지원도 물론 중요하지만 그보다 장기적인 시점에서 피해자, 피해지역에 대한 지원이 필요하다. 이를 위해서는 장기적인 지원체제와 이 체제의 근간이 되는 지역재흥(再興)계획이 신속하게 책정, 진행되어야 한다. 예를 들어 이미 재해가 발생한 현지의 수장들이 마을이나 지역의 부흥계획을 위해 구 시가지를 높은 지대로 이전시키자는 안을 제시하였다. 또 정부·여당이 검토 중인 부흥계획에도 이와 비슷한 제안이 있다고 보도되었다. 물론 이러한 제안과 함께 피해지의 국유화 문제 등이 표면화되겠지만, 이러한 문제를 신중하게 그러나 시급하게 검토한 상태에서 부흥계획을 입안·추진해야 한다고 정부에 요구하고 싶다. 토지 보유의 수정과 일부 토지의 국유화 등, 상당히 치밀한 제도의 재검토가 필요하다. 길게 논의만 하고 있을 여지가 없는 것이다.

4. 공적 지원의 형태

구체적으로 공적자금을 투입할 경우 문제가 되는 것은 정부나 공적 기관의 관여 방법이다. 많은 전문가가 지적해 온 대로 공적자금을 투입하더라도 정부나 공적 기관에 소속되어 있는 사람만이 이를 사용하는데 있어 주도적인 역할을 담당할 필요는 없다. 오히려 일본의 공적 기관이 수행한 과거 수년간의 사업내용을 돌아보면 많은 사업이 실패로 끝났다는 사실을 우리들은 엄숙하게 받아들일 필요가 있다. 자금은 공적 기관이 부담하더라도 자금의 이용방법은 민간의 지혜에 맡기는 시스템이 구축되어야 한다.

예를 들어 이미 도쿄 대학 야나가와 노리유키(柳川範之) 준교수가 보고한 '민간자본을 이용한 사회자본 정리'라는 아이디어를 이용하는 것도 고려해 볼 수 있다(일본경제신문 2011년 4월 13일). 야나기 씨의 생각은 사용된 자금의 대부분은 공적자금이 아니라 민간자금인데, 이 사업의 운영을 주로 민간부문에 맡긴다는 점이 중요한 포인트이다. 한편 정부는 사업활동에 수반되는 리스크를 보완하는 등 한 걸음 뒤로 물러난 형태를 취하는 것이다. 어쨌든 다소 장기적인 관점에 입각해서 부흥사업을 생각해 볼 때 정부나 공적 기관이 민간사업자들의 지혜를 이용하는 시스템을 더욱 확대시킬 필요가 있다. 특히 장기간에 걸쳐 지역복구활동을 추진하기 위해서는 이러한 시스템의 구축은 불가결할 것이다. 또한 이러한 사업이 원활하게 추진된다면 자금에 있어서는 반드시 공적자금에 한정되지 않고 사적 자금의 도입도 가능하게 될 것이다. 복구사업의 인적 측면에 관해서는 종래 일본에서 보았던 정부 중심의 부흥에서 민간 중심의 부흥으로 명확하게 키를 바꿀 필요가 있다. 또한 부흥사업을 담당할 인적 재원으로서 피해지역에서 당분간 직업을 잃어버린 사람들을 참여시키는 것도 생각해 볼 필요가 있다.

5. 원자력발전소 문제

또 하나의 큰 문제는 바로 지진에 의해 크게 파괴된 후쿠시마 제1원자력발전소의 처치 문제이다. 어떻게든 서둘러 방사선의 누출을 막지 않으면 안 된다. 이를 위해 적어도 수년에 걸친 지원활동이 필요할 것이다. 이러한 활동을 실행하는 한편으로 또 다른 원자력발전소의 건설을 진전시켜야 할지 어떨지를 생각해야 한다. 도쿄전력은 후쿠시마에 7호기, 8호기의 원자력발전소 건설을 예정하고 있다고 하나, 장기적으로 보아 또 다른 원자력 에너지의 개발을 진전시켜야 할지 어떨지 정부도 진지하게 검토할 필요가 있다. 나는 전문가가 아니기 때문에 앞으로의 문제점 등을 상세하게 논의할 수 없고 또 그러한 능력도 없지만, 원자력을 대신할 에너지의 본격적인 개발에 정력을 쏟아야 할 필요가 있지 않을까 생각한다. 장기적으로 보아 일본 에너지를 원자력에 맡기는 것이 바른 선택이었는지 의문의 여지가 있는 것이다.

6. 피해자의 고통을 이해할 필요성

나 역시 대재해 속에서 막막한 상태이고 이러한 재해의 사후 처리에 대해 뭔가 유효한 방책을 생각해서 실시하는데 충분한 지원이 불가능한 상태이다. 앞서 말한 상황은 신문 보도 등을 접한 나의 생각에 불과하다. 또한 이미 많은 사람들이 다양한 방법으로 복구계획에 대한 아이디어를 발표하고 있다. 정부는 이러한 아이디어를 잘 집약하여 실제의 복구활동에 재빠르게 사용해야 한다. 이때 중요한 것은 이미 말한 대로 민간부문에 있는 다양한 지혜와 능력을 잘 활용하는 것이다. 이러한 구조의 구축을 정부는 신속하게 진전시켜야 한다고 생각한다.

어쨌든 피해지에 있는 사람들의 곤궁함은 이해한다. 직접적인 피해를 입지 않은 우리들은 피해자의 괴로움을 서로 나누어 갖고 조금이라도 빨리 피해자들이 피해 전의 생활로 돌아갈 수 있도록 힘을 합쳐 지원해야 한다. 일본 경제는 이미 오래전부터 다양한 의미에서 전환점에 도달했다고 부르짖었다. 이 지진이 일어나지 않았더라도 정부가 당면한 다액의 채무와 정체 기미의 산업활동에 어떻게든 손을 써야 할 시기가 도래하였다. 재해는 일본에 커다란 불행을 가져왔다. 그러나 이제 이러한 재해를 극복하고 일어나서 재정(財政)이나 산업 형태를 조속하게 재검토해야 할 것이다.

— 2011년 4월 16일

야나가와 노리유키柳川範之
(금융계약·법과 경제학)

부흥에의 민간자금과 지혜의 활용*

동일본대지진은 일본 전체에 커다란 상흔을 남겼다. 내각은 피해액을 16조 엔에서 25조 엔으로 예상했으나 복구부흥을 위해 필요한 최종적인 정부 지출 규모는 이보다도 훨씬 커질 가능성도 지적되고 있다. 이 때문에 어떻게 재원을 확보해야 할지가 커다란 과제이다.

그러나 일본의 재정상황은 지진 전부터 아주 어려워서 어떻게 재정을 건전화시킬지는 지금도 커다란 과제이다. 이러한 가운데 정부 지출의 확대는 상당한 곤란함을 수반한다. 증세로 조달한다면 소비가 억제되어 경기에 마이너스로 작용하겠고, 국채를 더 많이 발행한다면 국채 가격의 하락, 금리의 상승을 초래하지 않을 수 없다. 부흥자금을 줄이는 것은 될 수 있는 한 피하고 싶은 것이다.

이러한 일본의 거시경제 환경을 생각할 때 가능한 정부의 재정 부담을 줄이는 형태의 부흥을 고려해야 한다. 현재 정치정세는 부흥을 위한 재정 지출에 제동을 거는 메커니즘이 부족하다. 같은 부흥을 이룩하더라도 될 수 있는 한 효율적으로 또한 재정 부담이 적은 형태로 하는 메

* 이 글은《일본경제신문》'경제교실'(2011년 4월 13일 조간)에 게재된 것을 수정·보완한 것이다 — 저자 주.

커니즘을 도입해야 한다. 이를 위해 민간자본을 더욱 활용하는 것이 중요하다.

일본에는 민간부문에 잉여자금이 있고 은행뿐 아니라 연금기금 등도 유효한 투자처를 찾고 있다. 이들 민간자금 중 일부라도 부흥에 투입할 수 있다면 재정부담은 상당히 경감될 것이다. 또한 재정 부담이 가벼워질 뿐 아니라, 민간 잉여자금을 국내에 유효하게 투자할 수 있다는 점에서도 큰 장점이 된다. 더욱이 민간자금을 활용함으로써 좀더 효율적인 부흥사업 운영도 기대할 수 있다.

부흥을 위해 필요한 투자와 지출 가운데에는 부분적이긴 하지만 투자수익을 회수할 수 있는 것도 있다. 따라서 여기에 맞는 민간자금을 모으는 것도 가능하다. 예를 들어 부흥을 위한 투자를 민간금융 부문에서 차입하여 조달하고 일부 필요 부분에 대해서는 정부가 지출하거나 혹은 정부가 보증하는 형태로 한다면 재정 부담은 전체 지출액의 일부에 머물 것이다. 나중에 기술하겠지만 PFI(Private Finance Initiative)[1]를 이용하여 민간자금을 끌어들인다면 더욱 유효한 형태로 자금을 부담할 수 있을 것이다.

만일 그 자체가 수익을 발생하지 못하여 국가가 전액 부담한 공공사업이라도 민간자금과 지혜가 실제로 도입되는 것을 최근 이론적으로 또 실증적으로 보아 왔다. 예를 들어, 공항 운영과 같이 공공재로서의 성격이 강하더라도 공항 빌딩의 운영 등 항공 이외의 수입과 일체된 경영이 가능하다면 민간자금이 도입될 수 있다는 것을 알게 되었다. 이를 통해 민간 의욕이 경영에 투입되기 때문에 보다 효율적인 운영도 가능해질 것

1 Private Finance Initiative의 약자로 공공서비스를 제공할 때 공공시설이 필요한 경우 종래와 같이 공공이 직접시설을 정비하지 않고 민간자금을 이용하여 민간에 시설정비와 공공 서비스 제공을 맡기는 방법을 의미한다.

이라는 점도 지적되고 있다.

여기서 중요한 것은 국영이냐 민영이냐라는 양자 택일의 문제가 아니라, 국가 혹은 지방자치체와 민간 사이에서 책임과 자금을 어떻게 적절하게 분담할 것인가라는 문제이다. 물론 여기에는 민간 모럴 해저드(도덕적 해이)[2]를 어떻게 막을 것인가 등의 궁리가 필요하겠지만 그렇다고 해서 국가가 전액을 감당한다면 재정이 파탄나 버릴 것이다.

또한 이번 재해는 상당히 광범위하게 영향을 끼쳤기 때문에 인프라에 있어서는 국가가 책임을 지고 수행해야 한다는 의견도 있다. 그러나 국가가 책임지고 수행하는 것과 국가가 전액 지출하는 것은 다른 문제다. 앞서 서술한 대로, 정부가 보증함으로써 국가가 책임을 지고 인프라 형성의 부담을 지는 것은 가능하다. 또한 안전과 안심은 국가나 공무원이 경영한다고 하여 자동적으로 확보되는 것은 아니다. 누가 경영하든 적절한 사업법과 행위규제 등에 의해 안전과 안심이 확보되도록 해야 한다. 자금을 누가 제공할 것인가라는 문제와는 별도로 생각할 필요가 있는 것이다.

그러나 단순한 민간 금융기관에 의한 융자와 정부 보증만으로는 정부와 민간과의 유연한 분담이 어려운 것도 사실이다. 여기서 PFI라는 구조를 더욱 활용할 필요가 있다. 지금 국회에서 제정한 개정 PFI법은 민간 쪽에서 쉽게 사업을 제안할 수 있고 사업권을 설정하여 담보로 할 수 있는 등, 지금보다 민간 자유도를 높인 법률이다. 앞으로 개정 PFI를 활용하여 민간자금을 도입해 갈 필요가 있다.

또한 더 많은 민간자금이 유입되도록 하기 위해서는 인프라 펀드를

2 원래 보험시장에서 사용되던 용어로 리스크 관리(risk management) 분야에서도 사용되었다. 정부가 뒤를 받쳐 줄 것이라는 믿음, 혹은 절대 망하지 않을 것이라는 믿음 아래에 정당한 리스크를 감추는 것을 의미한다.

조성, 촉진시킬 필요가 있다. 인프라 펀드라는 것은 민간에서 모은 자금을 인프라 관련 PFI사업에 투자하고 거기에서 얻은 수익을 배당으로서 투자가에게 배분하는 것으로 2000년 이후 세계적으로 증가하는 추세이다. 특히 연금기금과 같이 긴 기간 동안 안정적으로 운용하려는 금융기관에게 있어 유효한 투자처이다.

이제까지 일본은 주로 아시아 등 신흥국의 인프라 정비를 위한 투자목적으로 인프라펀드에 높은 관심을 보였다. 신흥국에서 수행될 것이라고 상정한 인프라 펀드나 PFI를 통한 인프라 수출이라는 틀을 금후 부흥이 필요한 피해지에서 적극적으로 실행해야 한다.

민간자금을 도입하는 또 하나의 중요한 포인트는, 민간의 지혜를 부흥에 적극적으로 활용할 수 있다는 점이다. 앞으로의 부흥에는 장래 일본의 기초가 되는 재생계획이 필요하다. 피해 입은 지역이 발전하고 또 그것이 일본 전체의 성장에 기여하게 되는 도시 만들기가 수행되어야 한다. 그러나 안타깝게도 지방자치체, 특히 크게 재해를 당한 지방자치체에는 이를 수행할 충분한 여유가 없다. 또한 국가가 전부 떠안는다고 해결될 수 있는 문제도 아니다. 국유지에서, 국유기업이 활동하는 도시에서는 활력이 생기지 않는다.

따라서 이러한 위기 가운데서 부흥을 앞으로의 활력과 성장으로 연결시키기 위해서는 민간의 지혜를 살린 지역 활성화가 필요하다. 이는 지금까지의 행정구획이나 도시 발상에 상관없이 더욱 유연하고 더욱 대담한 구상을 가지고 몰두할 수 있는 발판이 될 것이다.

단지 일본의 현 상황에서는 아직 주식 보유형의 본격적인 인프라 펀드는 만들어지지 않았고 또 전체를 계획하는 인재 역시 부족한 상태이다. 따라서 정부는 단기적인 계획으로서 인프라펀드 형성에 관여하고 거기에 집중적으로 민간 인재를 투입해야 한다.

구체적인 예를 들자면, 산업재생 기구와 기한부 조직을 만들고 거기에 정부가 자금을 투입함과 동시에 부흥에 공헌할 인재를 모은다. 그러나 조직의 존속은 기한부로 하고 그 안에서 일하는 사람도 임시 고용으로 한다. 그렇게 함으로써 능력 있고 피해지역에 공헌하고 싶은 의욕이 있는 민간 인재를 모을 수 있다. 경우에 따라서는 지방재생과 사업재생 등과 관련된 인재를 활용하는 것도 가능하다. 사람들과 지방자치체가 상호 협력하면서 혹은 개발자가 된 민간기업과 제휴하면서 새로운 지역 활성화를 시도하는 것이 효과적일 것이다.

이러한 부흥정책을 위하여 정부는 스스로 플레이어가 되어 움직이는 것이 아니라, 민간의 자금과 지혜를 잘 활용할 수 있는 틀을 만들어야 한다. 좁은 시야에서가 아닌 민간 활력을 이용한 넓은 시야에서의 부흥계획이 조기에 책정될 필요가 있는 것이다.

— 2011년 4월 21일

40 부흥의 청사진

진도 히로아키神藤浩明
(거시경제)

새로운 국가 목표로서의 '국가적 지속 가능성'

1. 확대된 거대광역복합재해

동일본대지진은 규모뿐 아니라, 쓰나미, 토사 붕괴, 주택·공장 등 자본재의 손괴, 정전, 물류 기능의 마비에 원전사고까지 더해져 광범위에 걸친 심각한 피해(뜬소문 피해 포함)를 가져와 거대광역복합재해라고 부를 만한 사태가 되었다. 피해지의 전모는 시간의 경과와 더불어 더 분명해지겠지만, 진재 후 전국적인 경기 실감을 반영한 가장 빠른 경제통계로서 4월 8일 공표된 내각부 경기조사 3월분의 결과를 보면, 이번 진재는 피해지 이외 지역까지 영향을 끼쳤다는 것이 판명되었다. 복구·부흥수요는 앞으로 확실하게 예측되겠지만, 어떤 타이밍에서 어느 정도 현재화하는가에 따라 영향이 미치는 기간과 심각성은 바뀐다. 아직 사태수습에 대한 자세는 보이지 않으나 현 시점에서 이번 진재의 경험에 대한 교훈과 제언을 이하 3개의 시점에서 살펴보고자 한다.

2. 지진 예지·예측의 한계와 대응책

우선 첫 번째로 이번과 같은 '거대광역복합재해'에 대한 지견과 준비가 국민은 물론 전문가 사이에서도 충분하지 않았다는 것은 분명하다. '상정 외(想定外)' '믿을 수 없다'라는 말이 몇 번이나 나오는 것 자체가 이것을 상징하고 있다. 최근에도 세계적인 금융위기가 '상정 외'의 사태라고 떠들썩했지만, 이번은 인명(人命)과 관련된 문제이다. 과연 '상정 외'라는 한마디로 끝날 수 있는 것일까.

대개 지진 발생의 시기·위치·규모의 예측 가능성에 대해 전문가의 의견이 분분한 상태이다. 지각구조운동(地殼構造運動)이 카오스 현상인 이상, 지진의 단기적인 예지도 곤란하다는 입장을 취하고 있는 전문가들은 이렇게 시도된 예지가 모두 경험적인 사실에 기반한 것이고 통계적 예측으로 말할 수 있는 것은 '이들 지역은 수백 년에 한 번 대지진이 일어난다'라고 단언하는 의견 정도이다. 오히려 지구상에는 플레이트 운동이 일어나는 확률이 제로인 지역은 존재하지 않는다고 가정한다면 결정론적인 지진 예지가 불가능하다는 것이 앞으로는 명기될 것이라고도 한다〔프로린 디아크, 《과학은 대재해를 예측할 수 있을까(科学は大災害を予測できるか)》 무라이 쇼코(村井章子) 옮김, 문예춘추, 2010〕.

여기에서 일본이 취해야 할 교훈은 지진의 예지·예측은 곤란하다는 것이다. 그렇다고 해서 포기하는 것이 아니라, 예를 들어 발생 확률은 낮아도 과거 한 번이라도 거대 지진의 영향을 받은 지역에서는 피해를 극력 최소화하기 위해 행정과 일체가 되어 인지를 최대한 활용한 대응책을 기획, 입안하고 이를 실행으로 옮기도록 해야 한다.

이번 동일본대지진의 규모인 매그니튜드 9.0은 지진 관측 사상 최대이고 1900년 이후 세계에서 발생한 지진 중 4번째 규모였다. 그러나 유사 이래로 범위를 넓히면 헤이안(平安)시대 도호쿠 지방을 덮친 '조간 지진(貞觀地震)'(869년)이 이번과 마찬가지로 복수의 진원지가 연동하여 발생한 매그니튜드 9.0급의 거대 지진이었다고 한다. 즉 이번의 '상정 외'라는 것은 과거 도호쿠 지방에서는 전혀 경험이 없었다는 의미가 아니라, 이번과 유사한 타입의 지진이 발생되었지만 그렇게 과거로 거슬러 올라가서까지 충분히 상정되지 않았다는 의미인 것이다. 예를 들어 이와테(岩手) 현 가마이시(釜石) 시의 가마이시 항만의 방파제는 약 30년의 세월을 거쳐 2008년 완성된 것으로 '세계에서 가장 깊어서' 기네스 기록으로 인정될 정도였다. 참고가 된 것은 1896년의 메이지(明治) 산리쿠오키(三陸沖) 지진쓰나미(매그니튜드 8.2)인데, 그것만으로는 무력했다는 것이 증명되었다. 과거로 거슬러 올라가면 올라갈수록 기록 문헌이 없기 때문에 검증이 어렵다는 제약은 있지만, 전문가들은 시간 축과 다양한 발생 양상으로 시야를 넓혀 다면적인 각도에서 앞으로의 거대 지진에 대한 대비를 검토해야 할 것이다.

3. 행복도 지표의 설정과 검토

두 번째로 이번 대지진을 계기로 국민이 공유할 수 있는 명확한 국가 목표를 새롭게 설정할 수 있는 가능성이 제시되었다는 것을 들 수 있다. 버블경제 붕괴 후 규제완화와 구조개혁에 의한 경제성장을 목표로 경제가 운영되었으나 1990-2009년도의 실질 GDP의 연평균성장률은 1%에도 미치지 못하였다. 요즘 생활이 향상되었다고 느끼는 국민의 비율은 평균 5% 정도에 불과하다(내각부 국민생활에 관한 여론조사). 격차의 해소도 그저 그런 상태이다. 현 정권에서는 2% 성장의 실현을 목표로 하였으나, 이 결과를 보는 한 단지 1% 정도 성장해서는 국민생활이 향상되었다는 느낌을 기대할 수 없다. 이러한 폐색감(閉塞感)이 팽배한 가운데 우리는 이번 대지진을 경험하였고 일본 땅에 계속 살고 있는 한 지진재해와 맞서야만 하는 숙명이라는 것을 다시금 인식하였다.

현재 정부는 GDP에 대신하여 행복도 지표 만들기를 검토하고 있다. 인간이 행복을 느끼는 것은 국토의 안전과 안심이 전제된 것이다. 이제까지 국토의 안전·안심은 당연한 것이었고 하물며 거대 지진 발생을 전제로 한 안전·안심의 시점은 검토의 범주에는 들어오지 않았다. 그러나 일본 국민들이 지진의 위협에 직면하게 될 것이라고 매일 불안감을 느끼면서 생활한다면 아무리 행복도 지표 만들기를 하더라도 허무감만이 남는다. 앞으로 피해지에서는 복구·부흥계획 만들기가 본격화될 것이다. 또 피해지 이외에서는 적어도 연동형 지진이 상정되는 도카이(東海)·도난카이(東南海)·난카이(南海) 세 지진과 수도권 직하형지진이 언젠가 도래한다는 것을 전제로 해당 지역 주민에 대한 철저한 주지를 포함한 재해대책의 재검토가 급선무이다. 이른바 일본 열도 총점검이 필요한 것이다. 가능하다면 행복도 지표 만들기 과정에서 지진학, 지질학, 국토계획, 지역 활성화에 관한 전문가를 총동원하여 '내셔널 서스티너빌리티(=국가적인 견지에서의 지속 가능성)'의 시점에서 유용한 지표를 부가하고 새로운 국가 목표로 설정하는 것이 국민과의 일체감을 높이는 길이라고 생각한다. 예를 들어 쓰나미 위험 지도의 정비, 피난장소에서의 고층 건물 정비 등을 지표로서 보여 주는 것은 유의미할 것이다. 이때 전국이 일률적으로 정비를 의무화할 필요는 없다. 각 지역의 특성을 기반으로 한 하드와 소프트 양면에서의 지표 설정이 유연하게 이루어지는 것이 중요하다.

4. 재해 학습을 도입한 교육 시스템

마지막으로 대지진과 이에 동반하는 재해에 대한 지식을 국민 전체가 공유하는 것이 중요하다. 나 자신도 대지진의 공포와 더불어 지진에 대한 지견이 얼마나 없었는지 통감했다. 거대 지진이 발생할 확률은 아주 낮기 때문에 인간은 자신이 사는 지역은 자신이 살고 있는 동안 괜찮을 것이라는 편의적인 해석을 하기 쉽다. 이로서는 방재의식을 높이기 어렵다. 게다가 재해에 대한 위기의식은 아무래도 시간이 경과함에 따라 희미해지고 풍화되기 쉽다. 그렇게 되지 않도록 하기 위해서는 의무교육단계에서 대지진의 역사와 지진 발생의 구조 등 재해학습의 기회를 체계적으로 시도할 필요가 있다. 예를 들어 종합학습 테마로 재해학습을 설정하고 부모와 자식이 함께 배우는 기회를 만드는 것도 좋을 것이다. 혹은 월 1회 주말이나 휴일에 각 지역의 학교시설을 주민에게 개방하여 지자체의 직원이나 전문가가 강연하는 재해학습 공개강좌를 개설하거나 행정 주도로 지역단위에서의 대지진 발생을 상정하여 본격적이고 철저한 피난훈련을 하는 것도 유익할 것이다.

이번 대지진의 경험을 자연의 위협으로부터 현대사회로의 경종과 엄숙으로 설정하고 새로운 국가 만들기를 위한 '재해가 변하여 복으로 되는' 호기가 되기를 바란다.

— 2011년 4월 10일

후쿠다 신이치福田慎一
(금융론·거시경제학)

복구를 너머선 창조적 부흥

매그니튜드 9.0의 동일본대지진이 발생했다. 후쿠시마 제1원자력발전소의 폭발 사고도 겹쳐 미증유의 대재해가 되었다. 일본 경제·사회에 끼친 영향은 헤아릴 수 없다. 기업 업적에 대한 우려를 배경으로 닛케이(日經) 평균주가는 지진 당일 이후 불과 이틀 영업일 동안 1600엔 이상이나 급락하는 등 주식시장은 일시적으로 대혼란을 겪었다. 엔고(円高)도 급격하게 진행되어 3월 17일 외국환율시장에서는 1달러 = 76엔 25전을 기록하였고 1995년의 최고가 1달러 = 79엔 75전을 완전히 경신했다. 주가, 환율 모두 어느 정도 안정세를 보이고 있으나 여전히 예단할 수 없는 상황이다.

원전 문제가 장기화되는 등 사태는 크게 개선되지 않고 있고, 피해지에서의 본격적인 복구도 당분간 시간이 걸리는 상태가 계속되고 있다. 복구·부흥에 대한 논의는 조금씩 시작되고 있다. 신속한 복구와 부흥이 기대되나 해결해야 할 과제는 산더미처럼 쌓였다. 다음은 몇 가지 논점을 통하여 이에 대한 시론을 제시하고자 한다.

1. 재정 면에서의 과제

이번 대지진에 의한 피해의 전모는 지진과 쓰나미의 직접적인 피해뿐 아니라 원전사고에 의한 2차적인 영향도 더해져 평가하기 어려웠다. 심각한 인적 피해는 금액으로 환산할 수 없겠으나 물적 재고의 피해 총액을 예측하는 것도 좀처럼 쉽지 않다. 이러한 가운데 내각에서는 3월 23일에 '도호쿠 지방 태평양 오키 지진의 거시경제적 영향의 분석'으로서 피해지〔홋카이도(北海道), 아오모리(青森) 현, 이와테(岩手) 현, 미야기(宮城) 현, 후쿠시마(福島) 현, 이바라기(茨城) 현, 치바(千葉) 현〕의 재고 훼손액을 약 16조 엔에서 25조 엔으로 시산(試算)하였다. 한신·아와지 대지진에서의 피해지 손해액인 약 10조 엔에 비하여 1.6배에서 2.5배의 재고가 훼손되었다는 것이다. 이 추계에는 후쿠시마 제1원전사고의 영향은 포함되어 있지 않아 피해액은 그 이상이라는 지적도 있다. 단지 이번 부흥자금 규모를 한신·아와지 대지진의 1.5배라고 가정하더라도 단기적으로는 5조 엔 정도, 소비세로 환산하여 약 2.5%분의 부흥재정예산이 필요하고 또 중장기적으로는 민간자금의 6조 엔이 더해져 공적자금이 13조에서 14조 엔 필요하게 될 것이다.

피해지의 참상을 생각하면 부흥을 위한 대형 재정 출동은 국민의 이해를 얻기 쉬울 것이다. 그러나 현재 일본의 재정사정은 한신·아와지 대지진 당시보다 훨씬 심각하다. 전년도 당초 예산의 세출에 한정해서 보아도 이를 거액의 적자 국채 발행으로 조달해야 할지 어떨지 정치적인 결정은 이루어지지 않았다. 곧 부흥사업을 위하여 보정예산의 심의가 본격화되겠지만 보정예산이 논의될 때 국회심의가 정체되고 있는 통상 예산 관련 법안을 어떻게 해야 할지는 피할 수 없는 과제이다. 정부는 2차 보정과 병행하여 6월에 중기적인 재정계획을 공표하겠다고 하지만, 그 방향은 아직 불투명한 상태이다.

당면한 큰 문제는 복구와 부흥에 필요한 거액의 재정지출을 어떻게 꾸리느냐는 것이다. '부흥채(復興債)'의 발행은 하나의 선택지이겠으나, 국채잔고가 GDP의 2배로 이미 '재정수당'이 거의 없는 일본에서 부채의 축적은 최대한 피했으면 한다. 간토 대지진 때에도 모든 부흥재원을 국채에 의지한 결과, 이후 긴축재정을 감내하고 금융공황을 초래했던 쓰라린 경험이 있다. 부흥채는 '도깨비 방망이'가 아니라는 것은 충분히 이해할 필요가 있을 것이다. 그러한 가운데 우대세제조치(優遇稅制措置)의 폐지와 아동수당의 삭감 등 대규모 예산의 재편은 필수적이라는 견해가 많으나 이에 덧붙여 한시적인 조치로서 '부흥세'의 창설도 제창되고 있다.

부흥세로서는 소비세가 과세기본이 넓다는 점에서 안정된 세금 징수법으로 제시되고 있다. 그러나 비상시라도 증세에는 납세자의 이해가 필요하다. 소비증세는 본래 사회보장비를 꾸리기 위한 복지목적세로서 검토된 것이다. 부흥채를 별도의 계산으로서 소비세분을 상환에 충당하는 안도 검토되고 있으나, 소비증세에 신중론이 있는 것도 무리가 아니다. 확대일로에 있는 사회보장관계비의 재원을 어떻게 할지가 긴급한 과제라는 것은 부정할 수 없는 사실이나 부흥재원과는 나누어 논의해야 할 문제이다.

납세자의 이해를 돕기 위하여 부흥재원은 사용용도를 더욱 명확하게 하여 제안할 필요가 있다. 예를 들어 화석연료와 전력 사용에 부흥세를 부과하고 그 재원을 새로운 에너지 개발과 원자력발전소의 안전성 향상을 위하여 충당하는 목적세적인 시각이 필요하다. 이제까지의 원자력발전 정책에 대한 대규모의 재검토가 요구되는 불가피한 상황 속에서 일본의 에너지 문제를 어떻게 해결해야 하는가는 중장기적으로도 중요한 과제이므로 이와 관련된 예산배분은 받아들이기 쉬울 것이다.

2조 엔 넘는 아동수당을 삭감하고 피해지의 아동을 위해서 활용하는 것도 하나의 제안이 될 것이다. 지진으로 인해 남겨진 고아에 대한 지원은 긴급하게 시행되어야겠지만, 그러한 아동에 한정되지 않고 피해지 아이들의 생활을 폭넓게 지원해도 좋지 않을까.

학교나 관련된 인프라가 커다란 손상을 입은 피해지도 적지 않으므로 이들 재건에 충당하는 것도 생각할 수 있다. 피해지의 대부분은 일본 국내에서도 고령화가 가장 심각한 지역이다. 이때 도호쿠 지방을 소자화 대책 중점지역으로 하고 충실한 학교 교육과 아이들이 편안하게 살 수 있는 지역 활성화 방안 등 지역 한정으로 소자화 대책을 추진해도 좋을 것이다.

농가의 소득보상제도를 동결하고 도호쿠 지방의 농업 재건을 위하여 이용하는 것도 생각할 수 있다. 부흥 과정에서 농지의 집약화를 도모하고 대규모 농업, 기업 형태의 농업을 촉진한다. 방법은 여러 가지 있지 않을까. 지금까지 도호쿠 지방에서 쌓아 온 농업 노하우를 대규모로 활용할 수 있다면 국제경쟁력이 있는 농업의 육성도 꿈은 아니다. 물론 후쿠시마 제1원자력발전소 주변 지역에서는 지금까지와 마찬가지의 농업은 불가능할지도 모른다. 그러나 이들 지역에서도 바이오 에탄올 등 식용 이외의 작물재배에 특화한다면 일정한 생산성은 기대할 수 있을 것이다. 특히 바이오 에탄올에 의한 신에너지의 공급은 일본 에너지 문제 해결에도 유용하다.

2. 지진의 2차 피해에 대한 대비

일본 경제부흥에는 지진의 2차 피해를 가능한 최소화하는 것이 중요하다. 현재 심각한 전력공급 능력의 부족은 일부 제조업에서 설비의 정지라는 심각한 문제를 일으키고 부품과 자재의 공급부족은 피해지뿐 아니라 생산 정지로 이어지고 있다. 지진이 피해지 이외의 생산을 스톱시키는 현상은 한신·아와지 대지진과 니가타 현 추에쓰 지진에서도 볼 수 있는데, 그때와 비교해서 기업의 생산 네트워크는 한층 복잡하게 되었다. 일부 플랜트의 조업 정지가 가져올 부(負)의 네트워크 연쇄는 지금보다 훨씬 심각하다. 정부는 석유위기 때인 1974년 이후 처음으로 전력사용제한령을 발동할 방침을 보이고 있다. 도교전력 관내의 대기업 등 대규모 계약자를 중심으로 올여름의 전력사용량을 제한하는 움직임도 볼 수 있다. 산업계로부터는 강제적인 사용제한은 폭넓은 손상을 부여한다고 걱정하는 목소리가 높다.

이러한 2차 재해를 최소화하기 위해서는 대체 에너지원의 확보 등 전력공급을 신속하게 복구시킬 궁리를 하고 이와 더불어 계획정전을 공장이 입지하고 있는 도시 근교에서 우선적으로 실시하고 전력 사용자의 거주지를 이전하는 것이 유용할 것이다. 전력수요를 시간적으로뿐 아니라 공간적으로 분산함에 따라 공급부족을 해소하자는 아이디어이다. 지진이 일어난 후 외국자본의 금융기관 중에는 도쿄에서 해외로 사무소를 이미 이전한 곳도 있다. 사업장의 해외 이전에 의한 산업의 공동화(空洞化)는 일본 경제에 커다란 마이너스이지만, 이전이 비교적 용이한 관리간접 부분을 지방으로 옮기는 것은 이를 막는 하나의 수단이 될 수 있다. 일본에서는 버블 붕괴 후 지방경제가 피폐하고 본점 업무가 도쿄로 집중되었다. 도쿄로의 집중은 집적이라는 장점을 살린다는 면에서는 효율성이 높겠지만, 반면 재해 등 예상할 수 없는 상황으로 인하여 본점이 손해를 입으면 일본 전체가 손해를 입는 마이너스적인 측면이 있다. 이번 대지진과 상관없이 지역경제의 활성화는 밸런스 있는 일본 경제의 지속적인 발전을 위해 필요하다. 이번 대지진은 일본이 자연재해와 공존공영해야 한다는 사실을 재인식시켰다. 지역분산형의 경제구조는 앞으로 다시 일어날지 모를 대지진의 리스크를 분산시킨다는 점에서도 유익하다. 지금보다 더욱 지역경제의 활성화를 추진할 필요가 있을 것이다.

가격 메커니즘을 사용한 공급부족의 해소도 또 하나의 유력한 수단이다. 여름 전력사용이 절정일 때에는 전기요금을 인상하는 피크로드 가격설정[1]은 그 하나의 예이다. 또한 전날에 민간 발전 회사나 대규모 전력 수요자가 다음 날의 전력매매 예정량을 보고하고 거기서 발생하는 차이를 옥션 등 시장 메커니즘으로 조정하는 것도 생각할 수 있다. 수급이 긴박한 상황에서 절약 인센티브를 높이고 정말로 필요한 주체에게 전력공급이 가능하게 되는 것이다. 안정된 전력공급을 유지하기 위해서 현재 지역독점적인 체제를 새롭게 하고 긴급 시에도 가격기능을 유지하는 것도 필요하다.

피해지의 참상에 직면하여 가격 인상 등 가격 메커니즘에 의한 조정에 비판적인 견해도 적지 않게 있다. 지원금이나 볼런티어 활동은 바로 가격 메커니즘에 의하지 않는 복구와 부흥에 있어 중요한 수단이다. 그러나 사상 최대급의 지원금이 모이더라도 복구와 부흥에 필요한 자금의 극히 일부분을 조달할 수 있을 뿐이다. 심각한 공급부족에 당면해 있는 일본 경제를 본격적으로 부흥시키기 위해서는 가격 메커니즘을 어느 정도 이용함으로써 한정된 재원을 유효하게 이용할 필요가 있다. 한정된 자금을 가지고 얼마나 많은 사람의 생활을 재건시킬 수 있는지에 대한 효율성의 관점은 중요하므로 시장 메커니즘을 사용하여 효율성을 높이려는 자세도 부흥에는 필요하다.

3. 정책 면에서의 대응

금융시장에서는 재해 직후 일본은행이 대량으로 단기자금을 공급함으

1 피크로드 가격설정(peak-load pricing)은 시간적, 계절적으로 수요량이 절정일 때 특별한 차별요금을 받는 것을 의미한다.

로써 일단 안정을 확보하였다. 재해 직후에 진행된 급속한 엔고도 협조 개입이 실시되어 일단 진정되었다. 피해지의 금융기관에 대한 일본은행의 특별융자와 금융청에 의한 공적자금의 투입도 실시되었다. 도쿄전력과 관련하여 사채(社債)시장의 리스크 프리미엄이 급등하는 문제는 발생하였지만, 당분간은 안정된 움직임을 보일 것이다. 단지 긴급시라고는 하지만 통상 심사기준을 큰 폭으로 일탈한 대출은 모럴 해저드를 조장하고, 결국에는 금융 시스템의 불안정화로 연결될 것이다. 간토 대지진 때에도 재해어음이 남발하고 그 후 금융공황으로 이어진 힘든 경험도 있었다. 대지진이라는 특수한 사정은 계속 고려하더라도 장래성이 높은 섹터로 제한된 자금이 적절하게 흐를 수 있도록 고려할 필요가 있다.

덧붙여 버블 붕괴 후 더디게 진행되고 있는 장기 디플레이션은 근래와서 바람직하지 않은 결말을 맞을 가능성도 제기되었다. 세계적으로 원유와 상품가격의 급등과 더불어 대지진을 계기로 한 일본 국내 시장 환경의 변화로 인하여 이제까지의 디플레이션 기조가 크게 바뀔 가능성도 나왔다. 대지진 이후 한정된 상품을 구입하기 위해 소비자가 쇄도하는 풍경은 1973년 제1차 오일쇼크 때 발생한 광란물가를 방불케 하였다. 가솔린과 쌀 등의 부족은 해소되고 있으나 식료품의 부족감에 덧붙여 인플레이션·생산설비의 파괴와 전력부족에서 오는 공급부족은 물가상승을 압박하고 있다. 공급능력의 저하와 수입물가의 상승으로 인한 인플레이션은 물가상승과 불황이 공존하는 스태그플레이션을 낳는다. 디플레이션으로부터의 탈각은 일본 경제가 오랫동안 바라는 바이지만 만일 디플레이션으로부터의 탈각이 실현되더라도 스태그플레이션은 거시경제에 있어 새로운 족쇄가 된다. 스태그플레이션이 진행되면 계속적으로 초금융 완화를 진행시키기 어려워지고 금융정책의 방향은 새로운 시련에 직면하게 될 것이다.

역설적이지만 재해특수로 국내 수요가 일시적으로 활발해질 가능성은 있다. 그러나 특수로 윤택해지는 것은 일부의 업종에 불과하고 재정지출을 증가시켜도 전체적으로 보면 당분간 일본의 GDP는 낮은 수준일 것이다. 왜냐하면 앞으로 일본 경제는 공급 면에서의 제약이 심각하여 공급능력이 충분할 때에만 성립하는 유효수요의 원리는 맞지 않기 때문이다. 거액의 재정적자 누적도 케인즈적인 재정정책의 효과를 한정시킬 것이다. 지금의 일본 경제에서 금융정책과 재정정책의 양면에서 케인즈 정책에 의한 경기부양책은 한계가 있다.

이러한 가운데 일본 경제의 활성화를 위해 구조개혁은 불가피할 것이다. 일본 경제 시스템은 급속하게 진전되는 소자고령화와 경제 글로벌화에 대응할 수 없다. 이번 대지진이 없었더라도 구조개혁의 지체는 한계에 와 있다. 피해자에 대한 당분간의 지원을 별도로 한다면 중장기적인 비전을 기반으로 획기적인 재정개혁을 할 필요가 있다. 사회보장관계비 역시 재검토가 필요한 대상이다. 지금까지의 '세금과 사회보장의 일체개혁'에서 정부 채무는 증가 일변도에 있으므로 부흥자금 이외의 재정지출을 극력 억제해야만 한다. 자금잉여 시대는 종언에 가까워졌다. 부흥에 거액의 자원을 투입해야만 하는 일본에서는 이러한 경향이 더욱 현저해질 것이다. 앞으로 일본 정부가 초저금리로 국채를 계속 발행하는 것은 어렵다. 아무리 국가의 위기라지만 남발하는 것으로 문제를 해결할 수는 없다.

일본의 재건·부흥에는 수년의 시간이 걸리겠지만, 이때 '재건을 뛰어넘는 대처'가 필요하다. 이번 위기에 직면해서 정부는 한시라도 빨리 부흥을 일으키고 피해지를 과거의 상태로 돌려놓아야 한다. 그러나 단순히 종래 시스템에서의 재건을 목표로 하는 것이 아니라, 이번 위기를 경제를 재설계하는 계기로서 구조개혁을 피해지에 한정하지 말고 대담하게 진행시킬 필요가 있다. 이번 위기를 경제 재설계를 위한 호기로 한다면 일본은 더욱 큰 변혁을 이룩할 수 있을 것이다. 지속적인 경제성장을 실현할 수 있을까라고 의구심이 드는 시점에 지혜를 발휘하여 위기를 극복해야만 한다.

'일본의 기적은 끝나지 않았다'라는 제목으로 일본의 부흥에 기대를 거는 기사가 3월 17일자 영국 파이낸셜 타임지에 게재되었다. 일본은 천연자원이 거의 없는 국가이지만 뛰어난 인적 자원을 가지고 있고 그것이 전후 일본의 기적을 만들어 냈다. 전후 부흥과 그 후의 고도성장은 아마 수년 단위의 시간이 걸릴 것이다. 단지 부흥은 단순한 복구를 뛰어넘는 창조여야만 한다. 모든 자원을 총동원하여 일본 경제가 새로운 기적을 만들 것을 기대한다.

— 2011년 4월 17일

가이즈카 게이메이 貝塚啓明
(재정학)

리스크 관리 실패와 수도 기능 분산

1. 지진학의 현상에 관해

많은 지진학자들이 지진의 예측 가능성에 관해 부정적인 견해인 듯하다. 지진이 발생하는 원인의 다양성에 대해서는 어느 정도 합의를 이루고 있으나, 자신 있게 지진을 예측하는 학자는 없는 것 같다. 어느 지진학자는 전자파 이상을 지진의 전조라고 주장하며, 예로부터 전해지는 이 말을 무시할 수 없다고 하였다. 예를 들면 무지개가 발생한다든지, 지진 전에 동물이 도망치기 시작하는 현상을 무조건 부정할 수만은 없다는 것이다.

이번 동일본대지진은 200년에 1번 혹은 100년에 1번이라는 과거의 경험에 따른 확률을 근거로 삼는 경우가 많다. 따라서 향후 10년에 어느 정도의 규모로 어느 지역에서 지진이 발생할지를 예측하는 것은 곤란하다고 볼 수 있다.

2. 확률론에 따른 논의의 한계

인간의 합리적인 행동에 따라 지진에 대응하는 사고방식이 반드시 적절하지는 않다. 예를 들면 이번 동일본대지진과 같은 규모의 지진이 발생할 가능성이 낮다면 방재대책을 중시하지 않아도 된다는 견해가 있을 수 있다. 그러나 가능성이 낮다고 하더라도 실제로 그 손실이 거액에 달하는 대지진이 발생하는 상황을 무시할 수는 없다. 빈도가 낮더라도 실제로 거대 지진이 발생한다면 그 손실은 동일본대지진과 같이 막대해진다. 이렇게 볼 때 확률론적인 발상은 한계를 지니고 있는 것이다.

3. 일극집중 리스크에 관해서

이번 재해는 일극집중에 기인하는 리스크가 얼마나 큰지를 보여 준 구체적인 예가 될 것이다.

지금으로부터 약 20년 전에 거대 지진이 발생할 것을 대비하여 수도 기능을 분산해야 한다는 논의가 활발하게 일어났다. 당시의 국토청은 이러한 논의를 중시하여 전 국토차관인 시모고우베 아쓰시(下河辺淳) 씨를 좌장으로 연구소를 설립하였고 필자도 이 연구소의 활동에 참가한 경험이 있다. 그 당시의 논의의 결과는 인구 30만 정도의 지반이 튼튼한 지역으로 수도 기능을 옮겨야 한다는 것이었다. 그러나 이러한 생각은 그 이후에 완전히 무시되어 왔다.

그동안에 도쿄에 대한 일극집중이 진전되고, 오사카의 지위는 저하되었다. 원래 간사이(関西)계의 기업도 본사와 본점을 도쿄로 옮겨 왔다. 구체적으로는 스미토모(住友)은행, 니혼(日本)생명 등은 도쿄로 본사 기능을 옮겨 왔다. 시마즈(島津)제작소,[1] 오므론,[2] 교세라[3] 등의 벤처형 기업

1 시마즈제작소(島津製作所, Shimadzu Corporation)는 교토 시에 본사를 두는 정밀기기, 계측기, 의료기기, 항공기기 제조를 하는 기업이다.

2 오므론(オムロン株式会社, OMRON Corporation)은 PLC 등의 FA(시스템)기기, 제어(시스템)기기, 전자부품을 중심으로 하는 제조회사이다.

3 교세라(京セラ株式会社)는 교토 시에 본사를 두는 전자기기, 정보기기, 통신기기, 태양전지, 세라믹 관련의 제조회사이다.

은 예외적으로 교토에 본사를 두고 있기도 하다. 또 고마쓰[4] 등과 같이 호쿠리쿠(北陸)[5]에 본사를 두고 있는 경우는 조금 드문 예라고 할 수 있다. 역사적으로 방적업은 오사카 중심의 산업이었고 상사의 일부도 오사카에 본사가 있었으나, 현재는 방적업 자체가 쇠퇴하였으며 상사도 대부분 도쿄로 본사를 옮겨왔다.

이러한 일극집중형의 수도 형성은 유럽의 경우 영국의 런던이나 프랑스의 파리에서 볼 수 있다.

그러나 영국의 경우에는 잉글랜드와 대항하는 스코틀랜드의 에딘버러나 아일랜드의 더블린이 있다. 런던과는 분명히 언어나 관습에 차이가 있으며, 런던은 잉글랜드의 중심이지만 연합왕국(United Kingdom)의 중심이라고는 말하기 어렵다. 파리는 명백하게 프랑스의 중심이지만, 역사적으로는 서유럽의 중심이었다고도 할 수 있다.

이에 비해 독일과 미국은 연방형 국가이며, 일극집중이 일어나지 않았다. 독일의 경우, 베를린에 필적하는 프랑크푸르트, 뮌헨, 함부르크와 같은 도시가 존재감이 크며, 미국의 경우는 원래 연방국가이고 수도 워싱턴은 인공적으로 만들어진 곳이기 때문에 뉴욕이나 로스엔젤레스, 시카고 등과는 분명 다른 존재감을 가지고 있다.

도쿄는 극단적인 일극집중형의 수도이며 행정활동이나 경제활동은 거의 모두 제3차 산업에 집중되어 있다. 여기에 비해서 제1차 산업이나 제2차 산업은 도호쿠(東北), 주부(中部), 긴키(近畿), 주코쿠(中国), 규슈(九州) 지방의 지역으로 분산되었다.

4 고마쓰(株式会社小松製作所)는 일본의 건설기계, 중기계 제조회사이다.

5 일본 혼슈(本州) 중부지방 중에서 동해에 면하고 있는 지역이다.

4. 정보 집중의 리스크

이번 재해로 현저하게 드러난 것은 전력이 원활하게 공급된다면 정보가 집중되어 있더라도 정확한 판단을 내릴 수 있다는 점이었다. 이번 대지진의 경우, 정보 채널을 지탱하고 있는 전력공급이 끊어져 버리자 중앙정부는 정확한 정보를 파악할 수 없게 되었다. 민주당 정권 아래에서 혼란스러웠던 정치적 의사결정이 정보의 집중을 방해하였고, 정치적 결정의 중추가 봉인된 상황 아래에서 관료적인 체질을 가진 전력회사와 민주당 정권은 정확하게 위기를 관리할 수 없었다.

이러한 상황은 행정을 담당하는 시정촌이 기능을 상실하였을 때에 이재민들이 이를 불합리하다고 여기게 되고 정치주도의 원칙 아래에서 적극적인 개입을 피한 관료기구는 소극적인 태도를 취하게 되었다. 이러한 협조적인 행동의 결여는 이재민에게 그 부담을 덮어씌우게 되었다. 미군이나 자위대는 각자의 규율 아래에서 정확한 행동을 취하고 유연하게 대처하였으나, 이것을 활용할 의사결정의 주체가 부재였던 것이다.

5. 지방분권에 관해서

이번 동일본대지진의 경험을 통해 일극집중의 리스크가 명백해졌다. 그러나 지방 분산을 추진하는 것은 간단하지 않다. 왜냐하면 지금까지 정책적으로 지방분권을 거의 시도하지 않았기 때문에 갑자기 정권을 바꾼다고 하더라도 그 효과를 좀처럼 실현시킬 수 없다.

필자는 이번 대지진으로 일본 기업의 본점이나 본사의 기능을 오사카 등으로 이전해야 할 필요가 있다고 생각한다. 그러나 모든 수도 기능을 도쿄 이외로 옮기는 것은 곤란하다. 특히 정부의 행정기능을 옮기는 것은 어려우므로 민간기업의 본사 기능을 옮기는 것부터 시작해야 한다. 대학 등도 과도하게 도쿄에 집중하기를 멈출 것이며 이는 환영할 만한 일이다.

수도 기능의 이전에 관한 청사진을 그리는 것도 필요하지만, 적극적인 구상을 내는 것이 시급하다.

이상으로 이번 재해로 인한 영향에 관해 살펴보았다. 개별적인 제안을 나열하는 것만으로는 바람직한 결과를 도출할 수는 없다. 뛰어난 구상력을 필요로 하는 시기이다.

— 2011년 4월 13일

참고문헌

동일본대지진으로 발생한 수도 도쿄의 피해상황과 재해대책을 위한 과제에 관해서는 다음을 참고하길 권한다.

이치카와 히로오, 〈시험대에 오른 재해 대응력과 국제경쟁력에 미친 영향〉, 《일본 대재해의 교훈》, 김영근 옮김, 도서출판 문, 2012년.

마에다 마사나오前田正尚
(코몬즈, 환경과 금융)

재난지역과 지속적인 관계 맺기

1. 무너지지 않은 것 — 신뢰·커뮤니티

이번 대지진과 쓰나미로 인해 동일본 지역의 수많은 이들이 목숨을 잃거나 행방불명되었고, 여러 지역의 자연, 사회 인프라 등의 많은 부분이 손상되었다. 현장에 가 보지 않고 무언가를 발신하는 것에 대해 마음이 편하지만은 않다. 그러나 신문, 텔레비전, 라디오, 인터넷 등의 정보로 판단하건대 상상을 초월한 인적·물적 피해가 발생하고, 마을 전체가 없어졌는데도 불구하고, 지금 이 순간에 무너지지 않고 남아 있는 것이 있다면 피해지역 사람들 사이의 '신뢰'와 이재민에 대한 타 지역 사람들의 '지원 관계'라고 생각한다. 재난지역의 피난소 등에서 커뮤니티가 유지되고, 어쩔 수 없이 다른 지역의 피난소로 피난 간 사람들 사이에서도 종래의 커뮤니티가 유지되고 있는 점에서 볼 때, 재난을 입은 사람들은 절망에서 어떻게든 빠져나오고 있다는 생각이 든다.

2. 진혼(鎭魂)

철학자 우치야마 다카시(內山節) 씨는 "복구와 부흥을 말하기 전에 우선 '진혼'을"이라는 말을 했다. 4월 24일 정오에는 종교와 종파를 넘어 기도가 이루어졌다. 그러고 나서야 복구와 부흥을 말할 수 있는 것이다.

3. 코몬즈[1]

동일본 연안부의 풍부한 자연은 어업, 농업, 축산에 적합한 환경을 갖추고 있으며, 특히 어업은 오야시오(親潮)[2]와 구로시오(黒潮)[3]가 접하는 곳에 있어 여러 종류의 어류를 획득할 수 있고 숲에서 연안지역으로 영양소가 흘러들어와 양식을 하기에 적합한 바다가 형성되었다. 사람들과 생태계가 잘 맞물리면서 사회적 공통자본의 중요한 구성요소인 자연자본으로서의 생명체인 코몬즈가 형성된 것이다. 게센누마(気仙沼)의 하타케야마 시게아쓰(畑山重篤) 씨는 거대 쓰나미로 어머니를 잃고 양식장은 크나큰 타격을 입었지만, '여태까지의 경험으로 볼 때, 쓰나미 후의 바다는 굴과 가리비의 성장이 배로 빨라지게 된다. 사람들이 활력을 찾는다면 바다는 원래대로 돌아올 것이다'(《河北新報》 3월 21일)라고 하였다. 자연의 복원력은 그만큼 강인한 것이다.

한편 우선은 방사성 물질로부터 토양, 대기, 바다의 자연자본인 코몬즈가 오염되는 것을 조기에 막는 것이 중요하다. 후쿠시마 제1원전 사고 현장의 최전선에서 필사적으로 사투를 벌이는 이들에게 고개가 숙여질 정도로 숙연한 기분이 든다.

---

1 코몬즈(Commons)는 일본어의 이리아이(入会, 지역공유)를 영어로 번역한 것이다. 그런데, 일본의 이리아이지는 거의 대부분이 이리아이단체 등의 특정 집단이 소유·관리하고 있기 때문에 아무도 소유하고 있지 않은 방목지 등을 의미하는 코몬즈와는 뉘앙스가 틀리다. 이리아이(入会, いりあい)란 특정 지역의 주민이 관습에 기인하여 일정의 산림 초원이나 어장을 공동으로 이용하며 풀, 땔감, 어패류 등을 채취하는 것이다.

2 베링 해로부터 남쪽으로 캄차카 연안을 따라 흘러 쿠릴 열도와 일본의 북해도 동쪽으로 남하하는 한류(寒流, cold current)이다.

3 북태평양 중위도 아열대순환의 서안경계류로서 북적도 해류의 일부가 필리핀 동쪽 해역과 동중국해를 지나 일본 남쪽으로 북상한 후 북위 36° 부근에서 동쪽으로 흘러가 북태평양 해류와 연결되는 해류이다.

4. 지역주의

고(故) 다마노이 요시로(玉野井芳郎) 도쿄대학 명예교수 등은 1970년대 중반 이후에 '지역주의'를 제창하였다. 다마노이 교수는 다음과 같이 주장하였다.

지역주의란, "지역에 살고 있는 생활자들이 그곳의 자연과 역사, 풍토를 배경으로 그 지역사회 또는 지역의 공동체에 대해서 일체감을 가지고 경제적인 자립성을 바탕으로 스스로가 정치적·행정적 자율성과 문화적 독자성을 추구하는 것"을 말한다.

"지역에 살고 있는 사람들이 그 지역 ― 자연·역사·풍토를 바탕으로 하는 전체적인 인간활동의 장 ― 과 '일체감'을 지닌다고 하는 중요한 사상을 주목하였으면 한다. 아이덴티티(identity)의 발견, 또는 아이덴티피케이션(identifiCATion)의 확립이란 말할 것도 없이 사회인식의 근원적 계기와 관련되는 문제이다. 인간이 스스로의 삶에 대해 현재의 관심을 지역, 즉 인간활동을 영위하는 장에 건다는 것은 그 정의가 내포하고 있는 사상을 나타낸다고 할 수 있다. 인간과 생태학의 기초가 지역주의 사상의 근저에 있는 것이다."(玉野井 1979, 青成2010)

앞으로의 부흥에서 이를 명심할 필요가 있다.

5. 페어링(pairing) 지원 ― 간사이광역연합

3월 11일 이후 자위대, 소방, 중앙정부, 지방자치체, 민간기업, 자원봉사자 등 다양한 주체들이 지원활동을 위해서 재난지역으로 들어갔는데, 그중 특징적인 것은 간사이(関西)광역연합의 활동이다. 2010년 12월에 발족한 간사이광역연합은 방재, 관광, 문화진흥, 산업진흥, 의료, 환경보전 등의 7분야를 담당하며 효고(兵庫), 와카야마(和歌山), 시가(滋賀) 현, 교토(京都), 오사카(大阪) 부, 돗토리(鳥取), 도쿠시마(徳島) 현의 2부 5현의 광역행정이 참가하고 있다.

간사이 지역은 한신·아와지(阪神·淡路) 대지진의 피해를 입은 과거의 경험을 살려 일찍이 3월 14일부터 재난지역 지원, 지원물자 등의 제공, 지원요원의 파견, 피난생활자의 수용 등 종합적인 지원을 개시하였다. 이러한 지원을 신속하고 정확하게 하기 위해서 특히 피해가 큰 후쿠시마(福島), 이와테(岩手), 미야기(宮城) 현을 분담하여 지원하였다. 주로 교토 부와 시가 현은 후쿠시마 현, 오사카 부와 와카야마 현은 이와테 현, 효고 현과 돗토리 현, 도쿠시마 현은 미야기 현이 담당하였다. 또 고베 시 등의 정령지정도시도 센다 시 등을 지원하기 위해 현지에 들어갔다.

이는 중국 쓰촨성의 원촨(汶川) 대지진 때에 성과를 올린 일대일방식의 지원, 혹은 부흥에 관한 연구를 하고 있는 도쿄대학의 이시카와 미키코(石川幹子) 교수의 표현으로는 '페어링(pairing)지원'의 한 형태라고 할 수 있다. 이 방식은 지방자치체 간의 협력관계를 명확하게 함으로서 상호간의 신뢰를 더욱 견고하게 하고, 지원을 강화할 수 있는 측면이 있다고 생각된다.

6. 지역제휴주민표

지역주민의 단위에서 사람들이 거주하고 있는 지역과 또 하나의 지역(장소)에 주민표를 두는 '지역제휴주민표' 제도를 고려할 수 있다(宇沢 외, 2003). 자신이 관계를 맺고 싶은 지역에 지적·문화적 공헌과 노동력을 제공하거나 그 지역에 기부를 행하여 지역산 상품을 송부하는 등의 방식이다.

구체적으로는 가상주민의 형태로 연회비 만 엔을 지불하는 형태와 후루사토납세(ふるさと納税)[4]와 같은 형태가 있다. 볼런티어 형태로는 구마

4 후루사토납세는 임의의 지방자치체에 기부를 하고, 기부한 금액의 거의 전액을 세액

모토(熊本) 현 아소(阿蘇)의 초원 유지를 위해 풀이 잘 자라도록 마른 풀을 태우는 도시 주민의 작업 협력, 니이가타(新潟) 현 도오카마치(十日町) 시 마쓰노야마(松之山)의 경작 방기 지역의 계단식 논을 유지하기 위한 도시 주민의 협동, 에치고 쓰마리 아트트리엔날레 대지의 예술제(大地の芸術祭 越後妻有アートトリエンナーレ)[5]의 아티스트와 지역주민, 도시 주민과의 협동 등 많은 사례가 있다. 이러한 관계성의 기본은 신뢰라 할 수 있다.

7. 중층적인 지원—미나미소마 시·다카자키 시·스기나미 구의 예

이번 대지진으로 재난을 입은 지역을 부흥시키기 위해서 더 강력한 관계성을 지닌 장치를 고려할 수 없는 것인가? 후쿠시마 현 미나미소마(南相馬) 시의 일부 주민들은 군마 현 히가시아가쓰마마치(東吾妻町)로 피난해 왔다. 4월 11일에는 다카자키(高崎) 시 지역 활성화를 위한 활동에 참가하고 있는 멤버들〔다카자키유예사(高崎遊芸社)의 모토키 요이치 씨〕이 히가시아가쓰마마치로 피난해 있는 미나미소마 지역의 사람들을 다카자키로 불러 서로의 지역 먹거리를 소개하며 다카자키를 안내하고 음악을 함께 즐기는 모임을 개최하였다.

여기에는 장소문화포럼도 참가하였다. 장소문화포럼이란, '장소문화를 창조함으로써 사람들의 새로운 교류(지방과 도시의 새로운 관계성의 확립 등)를 촉구하고 장소로의 자금유입과 역내에서의 자금순환을 위한 새로운 장치를 구축하여 장소의 자립(경제의 활성화와 채무·약속·의무·책

공제받을 수 있는 제도이다.

5 니이가타(新潟) 현 에치고 쓰마리 지역에서 개최되는 세계 최대 규모의 국제예술제. '인간은 자연에 내포된다'라는 이념으로 쓰마리 지역의 약 762평의 광대한 토지를 미술관으로 삼아서 아티스트와 지역 주민이 협동하여 지역에 뿌리를 내린 작품을 제작하고 지속적으로 지역을 개척해 가기 위한 활동을 목적으로 하는 예술제이다.

무 등의 인구증가, 지속 가능성의 확보)을 지향하는 것'을 목적으로 하는 활동체이다. 여기에서 말하는 '장소문화'는 '행정구획에 관계없이 자연에 포섭된 일정한 지역 공간(장소)에서 영위되는 인간의 역사적인 생활과 거기에서 자연과 맞서며 형성된 언어, 경관, 가치관, 생활양식 등(이른바 풍토)'을 뜻한다.

이 교류에는 미나미소마의 사람들이 약 50명, 다카자키의 사람들이 100명 이상 참가하였다. 미나미소마의 향토 음식을 만드는 법을 다카자키 외의 사람들이 배우는 형태로 다카사키가 일방적으로 지원하는 형태를 지양하는 방법론을 채용하였다.

도쿄 스기나미(杉並) 구는 미나미소마 시와 재해상호원조에 관한 협정을 맺고 있으며 군마 현 히가시아가쓰마마치와는 구의 우호 도시로서 이전부터 관계를 가져 왔으며, 이번에 미나미소마 시를 지원하고 있다. 이 모임에는 다카사키 출신의 스기나미 구 주민도 적극적으로 참여하였다.

군마 현 나카노죠마치(中之条町)에서는 5월의 연휴기간 중에 일류 요리사들이 재난지역으로부터 피난 온 사람들에게 먹거리를 제공하여 즐거움과 활기를 되찾게 하고, 미나미소마의 먹거리를 나카노 초에 온 사람들에게 제공하는 '식(食)'을 통한 상호 간의 교류를 꾀하고 지역부흥에 대한 의미를 확인하는 장으로 만들어 가기 위한 모임을 기획하였다. 이렇게 중층적으로 지역 간의 관계를 강화해 가는 것은 재난지역을 지원하기 위한 장치의 하나로서 중요할 것이다.

8. 마이크로 파이낸스·지역통화

다카사키에서는 미나미소마 주부들의 노고에 대한 보답으로 무엇이든 사용 가능한 엔과 다카사키의 지역통화인 '다루마(ダルマー)'를 기부하였다.

향후에 미나미소마의 사람들이 자신들의 지역(장소)으로 돌아갈 수 있게 되면, 더욱 그 관계는 끈끈해질 것이다. 다카사키와 나카노 초에서 인연을 맺은 사람들은 미나미소마의 복구와 부흥을 지적 공헌과 노동 면에서 도우며, 커뮤니티 비즈니스와 일적인 면에서도 여러 가지 새로운 관계를 구축할 것이다. 이러한 사업 전개에는 한신·아와지 대지진 후에 생겨난 고베 커뮤니티 크레딧과 마이크로 파이낸스, 지역통화 등을 활용할 수 있을 것이다. 또한 장소문화포럼의 요시자와 야스유키(吉澤保幸) 씨가 주장하듯이 기부금도 일부 활용하고 종합적으로 재난지역의 사람들의 생계를 위한 커뮤니티 비즈니스를 전개하는 데에 자금을 잘 굴릴 수 있는 방법을 모색할 필요가 있을 것이다. 한편 피난이 장기화될 경우에 어떻게 커뮤니티를 유지, 재생할 것인가도 과제이다.

9. 지속적인 관계성을 구축하는 지역으로

재난지역의 주민들이 그들 각자의 의사에 따라 지역(장소)으로 돌아가서 일을 할 수 있는 상황을 서둘러 만드는 것이 중요하다. 가마이시에서 '희망학(希望学)'[6]에 대한 현지조사를 해 온 도쿄 대학의 겐다 유지(玄田有史) 교수는 지역민들이 '지역에 대해 스스로 생각하지 않으면 안 된다'라는 의미 있는 문구를 소개하였다. 국가와 지방자치체의 지원도 물론 필요하지만, 먼저 그 지역, 현장의 사람들이 어떻게 하고자 하는가를 존중하고, 관계를 맺고 있거나 맺기를 원하는 사람들이 그 지역의 사람들과 협동해 나가는 것이 무엇보다도 중요하다는 것이다. 이러한 열린 관계성의

6 희망학(希望学, 정식 명칭: 希望の社会科学, Social Sciences of Hope)이란 개인의 내면의 문제로 간주해 온 '희망'을 사회와 관련된 문제로서 연구하는 것을 목적으로 하는 학술적인 연구 영역이다. 즉 희망과 사회와의 관계를 개척하는 새로운 도전으로서 희망의 의미, 사회에서 희망을 배양하는 조건 등을 고찰하는 학문이라 할 수 있다. 2005년도부터 도쿄 대학 사회과학연구소를 연구 기반으로 하여 이와테 현 가마이시 시, 후쿠이를 대상으로 지역조사를 전개해 왔다.

근원에 있는 것은 신뢰, 즉 사회관계자본(Social Capital)이다.

또 구체적으로 사람들과의 관계를 서로 지속할 수 있는 장치를 만드는 것, 예를 들면 관계를 가지는 지역에 대한 세금 납부와 다른 세제 면의 경감, 그 지역에서 협동하기 위한 휴가제도의 충실과 운임보조 등의 제도 면에서의 검토도 필요할 것이다.

재난을 입은 다양한 지역이 다른 지역의 사람들과의 수평적인 관계를 통해서 새롭게 재생하고 지속 가능한 지역(장소)이 되는 것, 그러기 위해서는 그 지역 사람들의 의사를 존중하면서 다른 지역의 사람이 관여하는 것이 중요하다고 생각된다.

참고문헌

宇沢弘文·薄井充裕·前田正尚編(2003),《都市のルネッサンスを求めて》第9章, 東京大学出版会.

青成忠男(2010),《地域創生への挑戦》, 有斐閣.

玉野井芳郎(1979),《地域主義の思想》, 農山漁村文化協会.

역자 참고문헌

동일본대지진과 재해볼런티어의 활동과 향후 과제에 관해서는 다음을 참고하기를 권한다.

스가 마시호, 〈재해볼런티어를 둘러싼 과제〉,《검증 3.11 동일본대지진》, 고려대학교 일본연구센터 옮김, 도서출판 문, 2012년.

세키 요시키 関良基
(삼림정책학·임업경제학)

대규모 집중에서 소규모 분산, 중앙에서 지방, 하드에서 소프트 그리고 외수에서 내수로

거대 지진과 쓰나미의 천재, 그리고 후쿠시마 제1원전 사고라는 '인재(人災)'를 계기로 일본 사회는 이러한 대재해가 두 번 다시 발생하지 않도록 커다란 전환을 필요로 하고 있다.

부흥구상회의(復興構想会議)[1]의 특별고문으로 취임한 철학자 우메하라 다케시(梅原猛) 씨는 이번 원전사고를 '문명재해(文明災)'라고 잘라 말했다. 필자도 이에 동감하고 있다. 이 막대한 희생을 헛되게 하지 않기 위해서라도 문명의 방향성을 재고하지 않으면 안 된다. 이미 많은 이들도 같은 취지의 발언을 하고 있다. 추상적인 발언에 지나지 않을 수 있으나, 부흥에는 다음과 같은 방향성을 지향해야 할 것이다.

(1) 원자력·화력 주체의 대규모 집중형의 에너지 공급 시스템에서 소규모로 다양한 재생 가능 에너지를 조합한 지역 분산형 공급

1 동일본대지진 부흥구상회의는 동일본대지진의 재난지역의 부흥을 향한 지침을 책정하기 위한 부흥구상에 관해서 내각총리대신의 자문에 근거하고 심의를 하기 위해 설치된 정책회의이다. 2011년 4월 14일에 제1회 회의가 개최되었다.

시스템으로.

(2) 관(官)·업(業)·학(学)의 폐쇄적인 형태의 중앙집권적인 의사결정 시스템에서 각 지방의 독자성이 풍부한 다양성 있는 분산형 시스템으로.

(3) 재정적·기술적으로도 한계에 직면한 하드 인프라 중시의 방재대책에서 피난을 전제로 한 경보 시스템의 정비와 일상적인 피난훈련 등 소프트 인프라 중시의 방재대책으로.

(4) 원전 수출과 TPP 추진 등 제동 없는 대외 확장을 추구하는 외수 지향형 경제에서 에너지와 식료의 자급률 상승을 지향하고 내부로 향해 안심과 안전을 추구하는 내수 지향형 경제로.

1. 다양성을 유지하고 리스크를 분산시키는 사회로

(1)은 지속 가능한 저탄소·저방사능 사회를 만들기 위해 필요한 조치임과 동시에 재해대책이기도 하다. 재생 가능한 에너지의 분산형 공급 시스템이라면 거대한 재해가 발생하더라도 파국을 면할 수 있다. 에너지 공급의 복구도 경제적인 회복도 빠르고, 위기에 강한 사회를 만들 것이다.

규모의 경제성과 효율성을 추구한 대규모 집중형 시스템은 위기상황에서 취약하다. 대조적으로 자연 생태계는 다양성을 유지함으로써 리스크를 분산시키고 대규모 교란상태가 발생해도 강인한 복원력을 발휘한다. 지속 가능한 문명을 지향한다면 생태계가 지니는 복원력을 배워야 할 것이다. 즉 '집중과 효율'보다 '분산과 다양성'이다.

비용 면에서 보더라도 원자력과 화력의 집중형 발전은 계속적인 비용상승을 피할 수 없는 것에 비해 소규모의 재생 가능한 에너지의 분산형 발전 시스템은 기술개발에 의해서 비용을 경감시킬 수 있다. 장기적으로는 저렴한 것이다. 경제산업성과 전력회사는 재생 가능 에너지로 원자력을 대체하는 것은 비현실적이라고 주장해 왔으나, 독일에서도 가능한 일이 왜 일본에서는 비현실적인지 납득할 만한 설명을 들어본 적이 없다.

예를 들면 현 시점에서 비용이 약간 높다고 하더라도 재해 시의 사회적 복원력과 이산화탄소 배출량 삭감이나 방사성 폐기물의 삭감 등 플러스적인 외부 경제효과를 고려한다면 장기적인 시야에서 분산형으로의 이행을 선택해야 할 것이다.

또 분산형의 실현을 통해서 지역의 다양성과 자립성을 배양하는 풀뿌리 민주주의적인 의사결정도 가능해진다. 즉 (1)을 실현하는 것이다. 대규모 집중형을 선택하면 지방의 목소리와 다양한 가치관을 반영하지 못하고 민주주의도 쇠퇴하게 된다. 이것이 '문명재(文明災)'를 초래한 간접적 원인이 되었다고 할 수 있다.

후쿠시마 현의 사토 에이사쿠(佐藤栄佐久) 전 지사는 도쿄전력과 원자력안전·보안원이 유착하여 정보를 은폐하고 리스크를 과소평가하고 있는 것을 우려하며 정부의 '프루사마르(plu+thermal) 계획'[2]에 반대하였다. 그 후 그는 뇌물 수수 사건으로 지사 직에서 물러났다. 사토우 에이사쿠 전 지사는 '원자력 정책은 관료와 전력회사가 조종하는 전체주의이고, 이번 사고는 인재이다' '원자력개발에 지역의 목소리는 반영되지 않고, 국회의원조차도 언급하지 않는다. 사고는 일어날 만했기 때문에 일어났다'라고 단언하였다(《도쿄신문》 2011년 3월 30일).

일본의 원자력 발전은 같은 학과의 민족의식에 기반이 되어 온 원자력공학과의 졸업생들이 경제산업성, 원자력안전·보안원, 전력회사, 특수법인, 중전(重電) 제조회사, 대학 등에 배치되어 폐쇄 사회를 형성하면서

2 플루토늄(plutonium)과 서멀리액터(thermal reactor, 경수로)에서 생겨난 말이다. 경수로에서 사용이 끝난 핵연료를 재처리하여 꺼낸 플루토늄을 다시 경수로에서 연소시키는 것이다.

유지되어 왔다. 원자핵공학과의 졸업생인 이이다 데쓰나리(飯田哲也) 씨는 이 구조를 '원자력마을(原子力むら)'이라 부른다. 안전을 위해서 규제력을 행사해야 하는 정부 기관과 학자들이 업계와 유착하여 본래의 감시 기능을 수행해 오지 않았을뿐더러 업계와 일체가 되어 이의 제기나 경종을 봉쇄해 왔다. 표면은 관·업·산과 같이 상이한 사회적 행위체로 나누어져 있는 듯이 보이지만, 배후에는 유착된 원자력마을 사회를 형성하고 있는 상황에서 감시 기능을 작동하는 것이 불가능해진다.

본래 정치와 매스컴은 여론을 반영하여 감시하지 않으면 안 되지만, 불행히도 일본은 양자가 원자력마을의 구조를 보완해 버린 것이다. 다나카 야스오(田中康夫) 씨가 말하는 것과 같이 '정관업학보(政官業学報)의 펜타곤'이 형성되어 외부로부터의 이의 제기나 경종은 듣지 않는 우익 체제가 형성되었다.

근대가 형성한 거대한 테크놀러지가 동조 압력과 이의 배제의 전근대적인 원자력마을 사회의 체질로 이어졌을 때, 민주주의를 쇠퇴시키고, 거대한 실패를 낳는 연쇄반응이 시작된다. 전전(戰前)의 군부가 패할 것을 인지하면서도 전쟁을 멈출 수 없었던 것과 같은 구조이다. 일본은 먼저 '무책임 공동체'의 폐쇄적인 의사결정 시스템으로부터 벗어나지 않으면 안 된다.

2. 소프트 중시의 방재대책으로

다음으로 (3)에 관한 것이다. 이번 쓰나미가 발생하였을 당시 산리쿠(三陸) 해안의 거대한 방파제와 방조제는 쓸모가 없었다. 이것을 교훈으로 삼아 더욱더 거대한 방조제를 구축하는 것이 정답일 것인가? 거대한 인프라로 재해를 방지하고자 할 때, 그 인프라의 힘을 과신해 버리면 상정을 초월하는 재해가 발생했을 때는 오히려 피해를 확대시킬지도 모른다.

실제로 일발의 차이로 도망쳐 온 이재민의 증언에 따르면 방조제를 믿고 안심하고 있어서 빠져나오는 것이 늦어질 뻔했다는 사례가 많았다는 점도 드러났다(《마이니치신문》 2011년 4월 16일).

필자는 예전부터 댐 문제에 관여해 왔는데, 수해대책을 위한 댐 역시도 같은 문제점을 안고 있다. 댐은 상정을 초월하는 홍수에 대해서는 무력하고, 그 경우에는 긴급 방류로 대처하게 되어 오히려 재해를 확대시킬지도 모른다. 또 댐은 내용연수(耐用年数)[3]에도 한계가 있다. 이번 재해로 노공화한 후쿠시마 현의 후지누마(藤沼)댐이 무너져 수해가 발생, 7명이 사망, 1명이 행방불명되는 가슴 아픈 참사도 발생하였다.

하드웨어 중심의 방재대책은 재정적으로도 기술적으로도 한계가 있으며 상정을 웃도는 재해에 대해서는 피해를 극대화시킬 수 있다.

재해 부흥 시에 인프라는 적당한 규모를 유지하는 정도에서 그치고, 부흥의 과정에서 높은 지대 등 리스크가 낮은 장소에 마을을 짓거나 경보 시스템을 정비하고 높은 지대에 곧바로 피난갈 수 있는 도로를 만들어 평소부터 피난훈련을 철저히 하는 등, 소프트적인 방재대책을 강화해야 할 것이다.

3. 내수 주도의 부흥으로

마지막으로 (4)에 관해서이다. 이번 원전사고로 지금까지 이의를 봉쇄하면서 원자력 안전신화를 만들어 '원전14기 증설'과 '도상국에 대한 원전 수출'을 추진해 온 경제산업성과 일본 게이단렌은 신용을 잃게 되었다.

이 경제산업성과 일본 게이단렌은 작년부터 매스컴을 동원하여 TPP 추진 캠페인을 활발하게 전개해 왔다. 이 TPP가 실시되면, 일본의 모든

3 설비 등을 유효하게 경제적으로 사용할 수 있다고 추정되는 연수(年數).

지역사회에 재난과는 성질은 다르지만, 동등한 수준의 심각한 피해를 미치게 할 것이다.

'원전 수출'과 'TPP 추진'은 외수 지향이라는 점에서 근원은 같다. 외수 지향은 집중과 다양성의 상실을 초래하고 한층 더 위기에 약한 경제 구조를 만들게 된다. 일본에서는 리먼 쇼크 이후 한때 내수 지향으로의 전환을 요구하는 목소리도 미약하게나마 터져 나왔으나, 여론은 곧장 수그러들어 다시 외수 지향 노선을 소리 높여 주장하게 되었다. 그러나 식료를 공급하는 농촌이나 에너지 공급의 회사 인프라 등의 '사회적 공통자본'을 지역에서 육성해 나가는 것은 건전한 내수의 유지로 이어지고, 경제산업성과 게이단렌으로서도 환영할 만한 것이다. 농지나 에너지 인프라와 같은 사회적 공통자본 부문까지 시장의 논리 일색으로 칠해서는 안 될 것이다.

지금으로부터 400년 전의 일본은 도요토미 히데요시(豊臣秀吉)의 대외 확장주의와 조선 침략 전쟁의 패배에서 얻은 교훈으로부터 내수 주도의 자급형 경제로 극적인 전환을 이루어 내어 장기에 걸쳐 평화와 안정을 이룩하게 되었다. 지금이야말로 그 경험을 살릴 때이다. 인구 감소 시대에 돌입한 일본은 서서히 분권형 사회를 구축하고 에너지와 식료의 자급률을 상승시켜 성장보다도 안심과 안전을 중시하는 사회로 전환을 꾀해야 할 것이다.

위기 시에 하나로 결속할 수 있는 일본인의 미덕은 해외로부터 긍정적인 평가를 받아 왔다. 그러나 동시에 정·관·업·학이 유착하여 반대 의견을 배제하고 원전 리스크를 과소평가하면서 사업을 추진해 온 사실도 해외에 알려지게 되어 비판을 받고 있다. 대본영이 건전한 논의를 원자력마을의 논리로 봉쇄하고 있는 상황에서 대본영 발표를 신뢰한다고 하면, 그것은 악덕일 것이다. 일본인의 미덕은 악덕과 표리관계에 있는 것이다. 태평양전쟁의 참사를 통해 그만큼 배웠는데도 불구하고 다시 똑같은 실패를 반복하는 것인가? 이 교훈을 기회로 전환할 수 있을지 어떨지, 일본인은 지금 새로운 시도를 하고 있다.

— 2011년 4월 27일

참고문헌

동일본대지진이 일본 경제에 끼친 영향과 재해부흥 및 고용에 관한 내용은 다음을 참고하기를 권한다:

나가마쓰 신고, 〈일본경제에 끼친 영향과 지역경제부흥〉, 《검증 3·11 동일본대지진》, 고려대학교 일본연구센터 옮김, 도서출판 문, 2012년

오노 나오시大野直志
(기업금융)

일본 재생을 향한 가치관의 전환

진정한 행복을 추구하는 생활을 지향하며

1. 부흥에서 재생으로

동일본대지진은 수많은 숭고한 생명을 앗아갔을 뿐만 아니라, 도호쿠 지방 연안부의 사회자본 스톡(Stock)에 파멸적인 피해를 가져왔다. 또 후쿠시마 제1원전 사고로 인한 방사능 오염 피해는 여전히 사태를 수습하기 위한 목표를 세우지 못하고 있으며 심각한 전력공급 제약으로 인한 향후의 경제손실은 헤아릴 수 없다.

일본은 하루라도 빨리 복구와 부흥을 향해 총력을 기울여야 하며, 그와 동시에 단순한 복구에서 멈추지 않고 재해에 견딜 수 있는 강한 마을을 만들고 현대적인 산업 재배치를 통해서 지역의 부흥을 진전시켜 나가야 할 것이다. 이 글에서는 이러한 지역의 부흥에 병행하여 국가 전체의 재생을 꾀해야 할 필요성에 대해 논하고자 한다. 최근 수년간의 정권이 어지러울 정도로 교체되어 온 점에서도 알 수 있듯이 기존의 경제사회 시스템 전체가 재해 이전부터 지속 가능성을 대부분 잃었다고 생각한다. 재해부흥은 재난지역뿐만이 아니라 메이지 유신과 종전 후의 상황과 같이 국가 전체가 새로이 태어날 각오로 행해야 할 것이다.

전후 일본은 제조업 중심의 수출 진흥을 통해 경제성장을 추구해 왔다. 기업 이익의 증대는 국민의 고용과 소득 증가를 가져왔고 잉여저축은 재정을 통해 각종 사회 인프라 정비에 충당되었으며 그와 동시에 사회적 격차를 시정하기 위한 세심한 소득재분배가 이루어졌다.

그러나 모든 것의 기반이 되는 산업 경쟁력은 고령화의 진전, 뒤따라오는 신흥국의 출현 등으로 약화되고 있다. 이러한 점을 보완할 만한 경제대책을 과거에 몇 번이나 세우면서 재정은 커다란 부담을 안게 되었다. 그 결과 국책 의존도로 볼 때 이미 파탄 직전이라고 하지 않을 수 없는 상황에 이르렀다. 국책은 현재, 과거에 축적된 국내 저축에 기반을 이루어 왔으나, 막대한 부흥비용은 별개로 하더라도 고령화가 한층 더 진전됨에 따라 바탕이 되는 자금은 급속히 고갈될 것이라 우려하고 있다.

이러한 기존 시스템이 한계에 달한 상황에서 향후 막대한 비용을 들여서 동일본대지진으로부터의 부흥을 달성하기 위해서는 장기적으로 지속 가능한 경제사회의 방향성을 확실히 세우고 새로운 시스템으로 근본적인 개혁을 꾀하는 국가 차원의 '재생'이 요구되고 있다. 그러면 일본이 장기적으로 지향해야 할 국가상은 어떠한 것인가?

급속한 고령화와 인구감소 경향, 전력을 시작으로 하는 심각한 에너지 제약 등을 고려하면, 지금까지의 경제적 효율성을 최우선으로 여겨온 사고방식을 근본부터 바꿀 필요가 있는 것은 아닐까? 이미 일본 경제는 세계적인 기준에서 보면 현격하게 윤택해진 지 오래이다. 향후 다소 경제적인 윤택함이 저하된다고 하더라고 정신적인 윤택함을 바탕으로 안심하며 생활할 수 있는 행복이 훨씬 더 크다고 생각한다.

물론 경제성장을 통틀어 부정하는 것은 아니다. 향후에도 아시아 신흥국을 중심으로 한층 더 경제성장을 실현해야 할 지역은 많고 성장 지향적인 기업과 인재는 적극적으로 해외에 활약의 장을 찾을 수 있을 것이다. 이것은 결코 쇄국과 같이 사회경제의 패쇄성을 굳이 지향하는 것은 아니다. 다른 나라의 인재와 기업 등을 적극적으로 받아들이고 다양한 사고를 도입하는 것은 오히려 국가가 쇠퇴하지 않기 위해서 중요하다. 또 이때, 지금까지의 중앙집권적인 사회를 지역분권의 방향으로 새로이 해야 할 것이다. 도호쿠 지방을 모델 지역으로 선행 도입하고 최종적으로는 전국적인 도주제(道州制)[1]로 이행하는 것이 바람직하다.

이상의 가치관의 전환에 맞추어 산업구조 면에서는 가공무역형 제조업으로의 의존도를 낮추고 대신에 내수형 서비스 산업, 구체적으로는 의료·복지, 교육, 관광·레저 등에 비중을 높인다. 이러한 산업구조의 전환은 공급 면에서 국민의 새로운 행복 추구에 응답하고 동시에 에너지 보존, 대외 불균형 시정, 국내의 고용기회 확대 등 매크로 경제의 과제 해결로 이어진다. 이렇게 재난 부흥은 국가 재생 과정의 일환으로서 국민의 전체 의사를 반영하여 착실하게 진행해 나갈 필요가 있다. 이를 위해서는 새로운 국가 건설을 위해 고매(高邁)한 이념을 내건 정치 리더가 각 방면의 지식인의 뛰어난 지혜를 결집시킨 후에 재빠르게 전체적인 구상을 마련하고 국민이 알기 쉽도록 설명을 해야 할 것이다.

2. 구체적인 방안

이번 위기상황에서 일본인이 보여 준 평정심, 인내력, 자기 희생정신 등에 대해 세계 각지에서는 놀라움과 감탄의 목소리를 금하지 못하였다. 강한 인내심은 장기적인 난항이 예상되는 향후의 부흥 과정에서 잃지 않아야 할 국민의 미덕이다. 한편 종전 시의 군국주의 사고방식을 즉시

1 도주제(道州制)는 행정구획으로서 도(道)와 주(州)를 놓는 지방행정제도이다. 일본에서는 홋카이도 이외의 지역에 주를 설치하여 도와 주에 현재의 도도부 현보다 높은 지방자치권을 부여하는 장래 구상 중인 제도를 가리킨다.

전환했던 것처럼 일본인은 시대의 전환점에서 유리한 방향으로 재빨리 처신하는 면도 가지고 있다. 경제적 번영과 물질적인 풍부함을 추구하는 것에서 건강과 안전, 가족과 지역과의 연대 등으로 행복의 척도를 크게 전환하기까지 많은 시간을 요하지 않을 것이다.

어찌되었든 국민의 의식과 가치관의 전환과 더불어 이를 공유하는 것이 가장 중요하다. 이하에서는 그것을 위한 시험적인 안으로서 교육과 취업 등 생활 면의 기본적인 틀에 대한 의견을 서술할 것이다. 이것이 반드시 재해부흥으로 이어지는 것은 아니지만, 국가 전체의 재생을 위해서 피할 수 없는 과제이다. 제도 전체의 변혁 없이는 실현 곤란한 면도 많으나, 국민의 의식과 사회제도는 표리일체이기 때문에 지향하는 점이 바뀐다면 제도는 따라올 것이다.

1) 실천을 중시하는 교육

사회에서 장기적으로 쓸모 있는 인재로 활약하기 위해서는 지식과 실천력 모두 다 중요하다는 점은 말할 것도 없다. 일본에서는 전통적으로 직인제도(職人制度) 아래에서 전문지식과 높은 기술력을 배양해 왔으나, 전후의 대학교육이 일반화되자 지식은 학교에서만 습득하고, 실천은 회사에 입사하고 나서야 하게 되는 형태로 분화하였다. 최근에는 고용 형태도 변화하여 현장 OJT[2]를 통한 기능 계승이 어려워졌다. 향후에는 각종 전문학교를 포함한 고등교육에서 실제로 사용 가능한 외국어 교육을 포함하여 졸업 후의 생활력·업무능력으로 직결되는 교육에 중점을 두어야 할 것이다. 또 대학 등도 실무교육을 강화하고 다른 나라의 뛰어난 연

2 OJT(On-the-Job Training)는 기업 내의 사원 교육의 하나로서 직장의 상사나 선배가 부하나 후배에게 구체적인 업무를 통해서 업무에 필요한 지식, 기술, 기능, 태도 등을 의도적, 계획적, 지속적으로 지도하고 습득하게 하여 전체적인 업무처리 능력과 역량을 육성하는 모든 활동이다.

구자와 학생을 적극적으로 받아들임으로서 국제적으로 활약할 수 있는 인재를 육성할 수 있을 것이다.

2) 다양하고 탄력적인 고용

종신고용과 연공서열로 상징되는 일본의 고용제도는 신흥국 등과의 경합이 격화되면서 오히려 기업의 경쟁력을 저해하는 측면이 고조되었다. 피고용자 측에서는 고용이 장기적으로 보장되는 층과 그렇지 못한 층 사이의 불평등이 확대되고 있다. 그러나 파견노동자[3]의 사회보장을 구축하는 등의 조치는 오히려 파견노동자의 구인 수요를 내리고 피고용자 측에 불이익을 가져오는 우려스러운 일이 발생할 수도 있다.

향후에는 규제를 한층 완화하여 다양하고 탄력적인 고용을 촉진해야 할 것이다. 한편 소자고령화의 진전과 더불어 중고령자의 자립이 한층 더 중요시 되는 시점에서 획일적인 정년제도를 재고하고 그와 동시에 연공에 따르지 않고 직무에 따르는 적절한 급여의 설정과 재고용의 활용을 진척시켜야 할 것이다.

3) 휴가의 분산, 다양화

가치관의 다양화와 에너지 보존의 측면에서 일정 시기(연말연시, 골든위크, 7월 하순-8월 중순 등)에 집중되는 휴가를 더 분산시켜 잡을 수 있도록 하고 휴가를 보내는 방법도 나름대로의 가치관에 따라 다양화를 촉진한다.

또 유동적 근무시간(flextime), 재택근무, 서머타임 등 근무시간을 분산시킬 수 있는 제도를 이번 기회에 일제히 도입한다.

3 파견회사 등에서 파견되어 파견처에서 일하는 노동자. 일본의 비정규직 노동자의 일종.

이상의 제안은 여태까지 많은 일본인에게 익숙해 있는 생활의 틀을 크게 재고시키는 것으로, 적지 않은 파장이 당연히 뒤따를 것이다. 그러나 이런 지적을 하기 이전에 국민의 대다수는 이미 한계를 인식하고 있을 것이다. 인식하고 있더라도 일본인은 분위기를 읽는 국민이고 자기 멋대로의 방향전환이 반드시 좋다고 여기지는 않는다. 지금이야말로 진정한 리더십 아래에서 새로운 가치관과 국가 재생을 위한 비전을 제시해야 할 때이다.

— 2011년 4월 7일

오카베 아키코岡部明子
(건축·도시디자인·도시정책)

더 나은 사회로 향하는 길

절반으로 줄여 평온한 충족감을 추구하다

1. 4가지 중시해야 할 방향성

거대한 자연재해는 사회가 안고 있는 본질적인 문제를 낱낱이 드러낸다. 겉으로 드러난 문제를 고민하여 나아갈 길을 정하는 것은 재해로 희생된 이들의 목숨을 헛되게 하지 않는 길이다. 우선 다음의 4가지 사항에 관해서 명확한 공통인식을 가지는 것이 중요할 것이다.

(1) 재해에 굴하지 않는 지역·마을이란 어떤 것인가?

같은 규모의 재해라도 피해를 내지 않는 힘들여 구축한 견고한 마을인가, 건물을 비롯한 물적 요소는 재해에 굴하더라도 인명의 희생을 최소화하여 재건하기 수월한 유연성 있는 마을인가.

(2) 지속 가능한 에너지 전략으로서 원전 추진(전력 5할 목표)을 유지할 것인가, 재생 가능한 에너지로 대체 가능한 범위에서 에너지 수요를 억제하여 원자력을 차츰 줄여 갈 것인가.

(3) 고령화와 인구감소가 진전되고 있는 일본에서 산업을 강화하고 한층 경쟁력을 높여 극복할 것인가, 지역에 뿌리내린 산업(사회를 케어하

는 비즈니스)을 육성하여 순환형 지역경제로 전환할 것인가.

(4) 눈앞의 재해를 극복하고 미래의 재해에 대비하기 위해 국가를 정점으로 하는 피라미드를 진전시킬 것인가, 국가를 넘어 수평 네트워크를 강화할 것인가.

2. 물적 요소는 파괴되어도 사람은 재기 가능한 마을

이번 원전사고는 파괴되지 않을 것이라는 인공물을 만들어 인간 생활을 지키는 것이 지니는 한계를 드러내었다. 원전은 파괴되고 그 지역에 생활하는 사람들은 앞을 내다볼 수 없게 되었다.

'중요한 것은 건물은 언젠가 반드시 무너진다는 것이다. 그렇다면 얼마만큼 피해를 적게 하여 무너질 것인가라는 것이 건물을 설계할 때 근원적인 사고방식이다. 건물도 도시도 얼마만큼 경미하게 무너질 수 있는 것인가'(《やわらかく、倒れる》 2003년)라고 시인인 사사키 미키로(佐々木幹郎) 씨가 한신·아와지 대지진 후의 지역을 체험한 후에 쓴 글에서 언급한 내용이다.

이전에 에도는 화재가 많은 도시였다. 큰 손해는 있었으나 거기에 사는 사람들의 대부분은 화재가 발생하면 재기를 위한 필요물품을 가지고 빠져나왔다. 고령자와 어린이가 희생되기 쉬웠던 점은 간과할 수 없으나, 소방수와 소실 가옥의 재건은 마을에 일을 창출하고, 사회를 순환시켰다.

〈아기돼지 삼형제〉의 이야기에서 삼형제는 각각 견고함이 다른 재료로 집을 지었다. 일반적으로는 시간과 노력을 들여서 더욱 견고한 벽돌집을 짓는 것이 소중하다는 것을 일깨우는 우화로 알려져 있다. 그렇지만, 재해 리스크가 높은 곳에서는 볏짚으로 만든 집이 더 좋을 수도 있다. 시간도 비용도 들지 않는 건물은 자연재해로 파괴되어도 피난 가는 것만이라도 확보된다면 재건하기 쉽기 때문이다.

산리쿠 연안은 리아스식 해안으로 어패류가 풍부하여 해안 쪽에 많은 사람들이 생활하고 있지만, 자연의 마이너스 측면이 증폭되어 때때로 재해에 휩싸여 재기를 거듭하면서 풍부한 해안을 육성하며 생활해 왔다.

이번과 같은 규모의 쓰나미가 덮쳐도 쓰러지지 않는 마을을 만들겠다는 생각은 이해할 수 있다. 그렇지만 유형의 것이 어차피 없어지는 것은 숙명이다. '산을 조성하여 높은 지대에 사는' 쪽을 선택하는 것이 더 적합할 수 있을 것이다. 단지 안전신화의 원전을 만들어 온 발상과 비슷하다는 우려를 떨칠 수 없다.

난공불락의 요새를 만들 것인가, 아니면 산리쿠 연안의 아름다운 풍경의 형태를 바꾸고 새로운 지형에 따라 지속적으로 소생시킬 것인가. 산리쿠 연안은 조몬시대(縄文時代)를 거슬러 올라 유적의 보고이기도 하다. 오래된 역사 동안 몇 번이나 자연에 굴하면서도 다시 일어서며 천 년 이상 계속된 토지의 풍경을 이번에도 다시 되살려 불굴의 인간 생활의 면모를 보여 주기를 바라고 있다.

태어나서 바닷물에서 목욕을 하고 파도 소리를 자장가로 삼아 잠들며 살아온 고령자를 바다로부터 떼어 놓는 것은 그들에게 막막한 삶을 의미한다. 재해 시에 리스크 회피를 우선시하면 고령자는 생활이 크게 변하여 손해가 커지게 되는데, 이를 유의해야 한다. 단 고령자 시설은 용지 취득이 용이하기 때문에 주택지로서 이용하는 경우가 적다. 따라서 재해 리스크가 높은 곳에 짓지만, 충분히 시정할 수 있는 부분이다. 자동차 사회 이전부터 계속 살고 있던 장소라면 재해 시와 평상시를 하나로 포착하여 같은 지역에서 계속적으로 살 수 있게 하는 것이 가장 좋은 선택이다.

3. 에너지가 절반이라도 돌아가는 사회로의 도전

지속 가능한 에너지 공급은 '차세대의 수요 충족을 저해하지 않도록 지금 세대의 수요를 충족하는' 길이다. 지금 세대의 수요를 충족할 요량으로 화석연료를 사용하면 자원이 당연히 고갈되고 급격한 기후 변동을 초래하여 장래 세대의 수요 충족을 빼앗아 버린다. 또 재생 가능한 에너지를 선택하면 다음 세대에 대한 염려는 사라지겠지만, 그 이전에 지금 세대의 대량의 수요를 충족할 수 없다. 이렇게 해서 지속 가능한 에너지 공급은 원자력 없이는 생각할 수 없게 되었다. 풍요로움을 희구하며 계속 확대되는 수요를 전제로 충족 수단만을 변수로 하기 때문에 그 외의 길은 없어진다.

그러나 풍요로움이 반드시 수요에 비례하는 것은 아니다. 지속 가능성의 열쇠를 쥐고 있는 '수요'와 '충족 수단'의 쌍방을 변수로 하면 지속 가능한 사회를 실현하는 선택지는 크게 확대된다. 노자의 가르침에 '지족자부(知足者富)'라 하여 만족할 줄 아는 사람이 부자라는 말이 있다(33장). 구체적으로는 '자신들의 음식을 맛있게 여기고, 입은 옷을 아름답다고 여기고, 그들이 사는 곳을 편안하게 여기고, 그 풍속을 즐거워한다(甘其食, 美其服, 安其居, 樂其俗)'라는 말로 각자의 생활에 만족하면서 산다는 말이다(80장). 여기에는 수요를 팽창시키지 않고 행복하고 풍요롭게 사는 길을 희구하는 사상이 있다. 이것은 불교에도 통하며 동양사상과도 공통되는 사고방식이다.

지금까지 우리들은 수요의 확대는 그대로 두면서 오히려 그것을 좋게 여기며, 그 충족 수단을 궁리함으로서 지속 가능한 사회를 실현하려고 했다. 에너지로 말하자면 원자력을 수용해 왔지만, 수요를 창의적으로 궁리하여 억제하면 원자력에 의존하지 않는 선택지도 보일 것이다.

현재 일본의 전력수요를 100이라 한다면 원자력은 30을 차지하고,

재생 가능한 에너지는 3-4에 지나지 않는다. 수요상으로 볼 때 원자력은 불가결하지만, 이번 원전사고로 국제사회에 대한 책임의 측면에서도 원전의 신설은 불가능하며 가동 중인 원전도 향후에 문제를 일으키지 않고 사용하는 것에 온 힘을 쏟아야 할 것이다.

그러나 전력수요를 그대로 두면서 원자력을 재생 가능 에너지로 대체하는 것에만 매달리는 것은 바람직하지 못하다. 더구나 기술적으로도 대책을 세우기 어렵다. 지구에 사는 우리 인간들만이 과도한 에너지를 사용하여 상정 외의 새로운 재난을 초래할지도 모른다. 결국 오늘날의 전력수요를 충족하려 하는 한 원전으로부터 빠져나올 수 없다.

그렇지만 가령 수요 억제를 선택지에 넣고 전력수요를 반으로 줄여 50으로 하고 화석연료를 30-35로 억제하고 재생 가능 에너지를 15-20 정도로 늘린다면 가능할지도 모른다. 충족 수단으로서 원자력을 사용하지 않아도 충족 가능한 '알맞은 수요'의 범위 내에서 지혜를 짜내는 길이다.

당연히 에너지 100 시대에 비교하면 제약은 증가한다. 거꾸로 소수력(小水力), 태양열 등, 낮은 공업기술(low-tech)과 간단한 재생 가능 에너지를 번거롭더라도 일상에서 소중히 사용함으로서 만일 재해가 일어나더라도 생활에너지의 일부는 사전에 어떻게든 된다는 안심감을 높일 수 있다. 도시부에서는 어려우나 농촌부라면 생활 용수의 일부인 용수(湧水)나 우물을 평소에 소중히 다룬다면 근대적인 인프라의 작동이 멈추더라도 당황하지 않고 사태를 해결할 수 있다. 근처 실개천에서 실내 빛의 일부를 비추는 정도의 소수력발전은 가능하다. 주말에는 조금 시간을 들여서 장작을 지펴서 아궁이에서 조리하는 습관을 들이면 막상 필요할 때에 힘들지 않다.

계획정전은 실험적으로 이루어지게 되었다. 생각지 않은 여파로 궁지에 몰린 사람들은 힘든 상황에 직면해 있을 테지만, 적당한 수요로 실감한 행복한 이야기를 여기저기서 듣기도 한다. '도쿄의 역과 마을이 어두워져서 조용하고 차분해졌다'라든지 '집 안은 어둡지만, 저녁식사 후 모두 거실에 남아 이야기를 나누며 가족 간의 분위기가 밝아졌다' 등의 이야기다.

에너지 소비를 억제하여 인간으로서의 만족도를 높이는 창의적인 도전이 이미 한 사람 한 사람의 단계에서 시작되고 있다.

4. 탈성장 시대 일 창출을 위한 실천으로서의 부흥사업

간토(関東) 대지진 이후의 부흥에서도 전재(戦災)의 부흥에서도 물리적인 마을, 그리고 물적 부흥이 고용을 창출하고 인적 부흥으로 연결된다. 근대화와 확대 성장을 어느 누구도 의심하지 않았던 시대와는 달리 지금의 상황은 바뀌었다.

바닥에서부터의 확대 성장만이 존재했던 전후는 국민이 하나가 되어 산업을 강화하고 경쟁력을 높여 고도 경제성장을 이루어 냈다. 그러나 현재의 일본은 인구감소의 일로를 걸을 것이 분명하고 고령화 사회가 지속될 것이다. 종래의 농림업·어업·제조업은 고령화사회의 진전과 규모의 축소로 인하여 대지진 이전부터 혹독한 상황 아래에 있었다.

성장이 없어도 하루하루 살아갈 수 있는 적절한 사회를 추구하는 부흥 비전을 제시하지 않으면 안 된다. 탈성장 시대의 사회에 대한 실험을 이번 부흥 과정에서 하지 못한다면 선진국의 대부분이 추구하고 있는 성장 없는 풍요로운 사회의 실험은 결코 실현할 수 없을 것이다.

성장 산업이 사회의 원동력이 되는 시대에서 사회를 보호하는 시대로의 커다란 도전이다. '인간은 일을 전혀 못 구하면 절망에 빠지나, 그것은 단순히 수입이 없어지기 때문이 아니라 규칙적인 생활이 지닌, 인간을 풍요롭게 하고 활력을 불어 넣는 요소를 잃어버리는 것이 원인이다'(《작은 것이 아름답다(*Small is beautiful*)》 원저 1973년)라고 경제학자 에른스트 슈마허가 말했는데, 여기에서는 수입을 얻는 것을 목적으로 하는 일과 구별하여 '인간을 풍요롭게 하고 활력을 주는 규칙적인 생활을 영위하는 것'을 '일'로 정의하고자 한다.

돈이 안 되더라도 가사는 일 중의 일이며 피난소에서 생활하며 피해를 입은 자택의 정리와 수리를 하러 매일 들르는 일도, 자원봉사자와 그를 돕는 일도 훌륭한 일인 것이다. 만성적인 고실업률을 안고 있는 유럽에서의 취업지원은 고용시장에서 필요한 경쟁력 있는 기술을 습득시키는 것이라기보다는 '알코올과 약물 의존에서 벗어나 매일 아침 특정 시간에 나가는 규칙 바른 생활을 되찾게 하기 위한 지도이다'라는 이야기를 들은 적이 있다. 또 신흥국과 도상국의 대도시 슬럼의 경우, 수입이 없는 점에서는 같지만, 비공식적인 부문에서 일을 하고 있는지 그렇지 않은가에 따라서 생활의 질이 크게 다르다는 점을 주목하고 있다.

부흥사업은 성장산업이 아니라 보호를 하기 위한 일이다. 삼림과 바다도 사람의 손으로 보호함으로서 사람에게 지속적인 혜택을 가져다줄 것이다.

고령자를 비롯해 각자가 방대한 부흥사업에서 자신에게 맞는 일을 하고 있으면 경제활동에 공헌하지 않더라도 안심하고 생활할 수 있는 일을 통해 지역이 생활할 수 있는 사회로의 교량 역할을 할 수 있을 것이다. 이렇듯 창의적으로 발전시킬 수 있다면 재난지역은 탈성장 시대의 선두주자가 될 것이다.

고령화·인구감소가 진전되는 현대사회에서 성장 없는 사회로 위한 '일'을 창조하는 방향 이외에는 사람의 생활이 지속되는 지역의 부흥은 있을 수 없다고 생각한다.

5. 정부에 의존하지 않는 수평 네트워크의 구축

지진이 잦은 일본에서 동시다발적으로 대지진이 찾아오지 않을 것이라는 보증은 없다. 그렇게 되면 국가의 중추기능이 마비되는 사태로 이어질 수도 있다. 그때를 대비하는 것뿐만이 아니라 많은 문제가 글로벌화되고 있는 지금 국가가 총력을 기울여도 해결되지 않는 문제를 껴안게 되었다. 지구 온난화 문제 등은 국가를 초월하여 생각하지 않고는 출구가 보이지 않는다.

이번 대재해에 대한 대응에서 '국가 주도'가 비장한 수단인 듯이 말해 왔지만, 원전사고 대응에서 이미 그 한계가 노출되었다. 국가의 위신을 걸고 해결하지 못하더라도 더더욱 해결해야 할 전 세계적인 과제가 되었다.

이미 동일본대지진의 부흥 지원에서는 간사이광역연합의 움직임 등, 자치체 간의 수평 연대가 정부에서는 하지 못하는 부분에서 신속하게 힘을 발휘하고 있는 것이다. 세계로 눈을 돌리면 일국에서는 해결할 수 없는 글로벌화에 기인하는 기후변동이나 슬럼 문제에 대해서 국가를 초월한 자치체의 수평 협력이 진전되고 있다.

6. 수요를 절반으로 줄이더라도 누구나 일을 할 수 있는 사회를 향해서

부흥 비전의 첫머리에 '탈원전을 지향하는 것 외에는 선택지가 없어졌다'는 것을 명기해야 한다면 에너지 수요를 일시적이 아니라 향후에도 지속적으로 억제해 나갈 각오를 해야 한다. 즉 지속 가능한 사회를 지향하기 위해서는 수요충족 수단을 궁리하는 것뿐만이 아니라 수요 자체를 전환하는 방향으로 한 걸음 나아가야 한다.

그것은 때로는 자연으로부터의 위협을 피할 수 없는 길이기 때문에 부흥 후의 지역의 모습은 두 번 다시 자연의 위협에 무너지지 않는 강한 마을이라기보다는 사람이 구축한 물적 요소들이 무너지더라도 사람이 재기 가능한 마을의 모습을 떠올려야 할 것이다.

수요가 반으로 줄어들면 인간이 만든 것은 유형무형을 불문하고 반으로 감소하기 때문에 종래의 고용도 반으로 줄어들 것이다. 그렇더라도 누구나가 일을 할 수 있는 풍요로운 사회로 만드는 데는 재해 전부터의 과제였던 탈성장 시대의 일 창출을 실현하는 수밖에 없다. 그것은 사람은 물론 지역의 자연, 마을, 그리고 인간이 만든 모든 물적 요소를 소중히 다루는 일로, 지역의 풍토와 계승된 지혜로부터 나오는 것이다. 따라서 중앙에서는 불가능하지만 지역에서 가능한 일은 있지만, 지역이 못하더라도 중앙이 할 수 있는 일은 별로 없다. 같은 것을 도전하고 있는 지역이 나라 안팎을 불문하고 네트워크를 만드는 것이 커다란 힘이 된다. 만일의 경우에는 중앙과의 수직적인 관계 이상으로 수평 네트워크가 생명끈이 되는 일이 분명히 생길 것이다.

— 2011년 4월 5일

오쿠노 마사히로奧野正寬
(미크로 경제학)

국제적으로 열린 희망찬 사회로

미증유의 대지진이 일본을 덮쳤다. 재난지역의 참상과 더불어 이재민들이 겪고 있을 생활고와 경제적인 어려움을 생각하면 가슴이 조여 오는 안타까운 마음을 떨칠 수 없다. 3만 명 가까이 희생된 소중한 생명과 수십만 명의 이재민이 겪고 있을 고난을 생각하면 견디기 어려운 심정이다. 20조 엔에 이르는 경제적 피해액은 최소 피해액을 추정한 금액일 가능성이 높기 때문에 적어도 10조 엔 규모의 재정지출을 필요로 할 것이다.

후쿠시마 제1원자력발전소의 처리와 인근 지역 어업·수산업의 방사능 피해가 장기화될 조짐이어서 일본 국민의 마음은 한층 더 어두워지고 있다. 그렇지만 지진재해 후 1개월간의 긴급 대응과 일본 전국과 세계 각지로부터 지원을 받아 재난지역의 생활재건과 인프라의 부흥은 늦은 속도이기는 하지만 착실히 진전되고 있는 듯하다. 그 배경에는 잦은 지진에 대한 충분한 준비와 서로 양보하고 배려하는 정신을 지닌 재난지역 주민들의 지혜와 노력이 있다. 지진의 결과 일본이라는 국토와 사회, 지역과 전통에 대한 사람들의 생각은 오히려 더 깊어지고 강해진 것이 사실이며 복구와 부흥에 도움을 주고 있다.

그러나 대지진으로 인한 막대한 피해는 단기적으로도 장기적으로도 그 규모가 크기 때문에 근본적인 대책을 필요로 하게 되었다. 따라서 정부재정인지 민간기업인지를 불문하고 방대한 자금이 필요하며, 지금 위기에 처한 일본 경제와 재정 상황을 고려하여 쓸데없이 자금을 낭비하지 않고 필요한 곳에 가능한 한 빨리 지원하는 것이 중요하다. 이를 위해 적절하게 재원을 준비하는 어려운 작업이 필요하다. 이미 GDP의 2배를 넘는 것이 확실시 되고 있는 기존의 정부 채무 잔고에 더해서 다액의 재정 부담이 발생하기 때문에 상당히 주의 깊은 재정운영과 금융정책을 행하지 않는 한, 이후 일본 경제에 커다란 화근을 남기게 될 것이다. 이를 위해 필요한 사항을 열거하면 다음과 같다.

첫 번째로 선거목적으로 경제 합리성을 결여한 매니페스토를 내건 민주당을 비롯하여 현행의 경제정책·제도를 철저하게 재고해야 할 것이다. 구체적으로는 어린이수당,[1] 농가호별보상(農家戸別補償), 고속도로요금 인하·무료화, 고교 수업료 무료화, 지방고속도로의 건설 등 여기저기 낭비되는 대중 영합적인 정책을 완전히 철회하고 최저한의 필요불가결한 정책에 한해서 엄격한 소득 제한을 부과하고 재도입하는 것이다.

두 번째로 진재특별국채(震災特別国債)를 재원으로 하는 부흥기금을 만들고 이를 상각하기 위한 부흥세를 창설하는 것이다. 진재국채는 지급의무의 부담을 민간에 한정해야 하며, 일본은행(日本銀行)에 의존해서는 안 된다. 다액의 누적 채무가 쌓인 이상, 어느 정도의 강경한 경제대책 없이 누적 채무를 해소할 수 없다. 그렇다고는 하지만 강경한 경제대책과 그것으로 인한 사회적 혼란만은 피해야 할 것이다. 그러면 왜 다액의 누적 채무가 있는데도 불구하고 국채 가격은 하락하지 않는 것인가?

1 어린이수당(子ども手当)은 15세 이하의 어린이를 부양하는 보호자들에 대해 수당을 지급하는 제도로 2010년 4월 1일부터 실시되었다. 2012년에 자유민주당과 공명당의 요망에 따라 연소부양공제를 부활시키고 법률의 명칭도 아동수당법에 근거하는 아동수당으로 바뀌고, 어린이수당은 2012년 3월31일로 폐지되었다.

국채 소유자의 대부분이 일본인이기 때문이라는 이도 있다. 사실 국채의 과반을 직접적으로 보유하고 있는 곳은 일본 국내의 민간 금융기관이다. 그러나 그들도 영리 기업인 이상 가격하락의 가능성을 시야에 넣고 있다면 신용 리스크를 중시하지 않으면 안 된다. 오히려 국채 가격이 폭락하지 않고 높은 상태에 머물러 있는 최대의 이유는 디플레이션 불황대책을 이유로 일본은행이 다액의 국채 구입을 하고 있기 때문이다. 이른바 일본은행이 인수하기 일보 직전인 상황이며 진재부흥채를 직접 인수하는 형태로 문제가 현저하게 드러나는 것은 피해야 할 것이다.

어찌되었든지 이번 진재로부터의 부흥과 그것으로 초래된 재정금융 문제를 어떻게 해결할 것인가에 대해서는 국가적 논의와 협력이 필요하다. 구체적 정책 제안에 관해서는 전문성이 더 높다고 생각되는 이 책의 다른 기고자에게 맡기고 이 글에서는 조금 더 장기적이고 구조적이며 글로벌한 시점에서 현대 일본 사회가 직면하고 있는 문제를 검토하고, 진재를 기회로 삼아 무엇을 해야 할지를 검토하고자 한다.

재해로 인한 피해와 후쿠시마 원전문제로 망연자실해 있는 일본인이지만, 사실 이번 재해가 발생하기 전부터 일본 사회는 끝이 보이지 않는 폐쇄감에 빠져 있었다. '잃어버린 20년'이라는 말이 상징하듯이 반복되는 불황과 장기적인 디플레이션, 연금제도의 세대 간 격차가 상징하듯, 젊은 세대에 대한 고령세대의 착취, 리먼 쇼크 이래의 극한의 취업 빙하기와 젊은이들 사이에 만연하는 절망감, 국제적으로도 역사적으로도 위기적인 숫자에 이르렀으나 해결의 길조차 보이지 않는 누적 재정적자 등, 사회불안을 일으킬 문제들이 산적해 있는 것이 지금의 일본이다.

이런 시기에 발생한 미증유의 대재난이다. 이 재난의 극복은 국가나 국민 개개인이나 재난지역이나 일본의 경제로서나 모두 다 두말할 나위 없이 중요하다. 그러나 대처해야 할 문제는 재난지역과 이재민을 지원하고 그 생활을 재건하는 것뿐만이 아니고 재난을 입은 인프라를 복구하고 경제를 부흥시키는 것뿐만도 아니다. 그것만을 목표로 정책을 총동원하는 것으로는 재난 전에 산적해 있던 사회문제를 단순히 뒤로 미루어 버리는 것이 된다. 사실 '잃어버린 20년'이라는 것은 버블의 붕괴, 한신·아와지 대지진, 불량채권의 누적, 동아시아 금융위기, IT버블의 붕괴, 리먼 쇼크 등의 여러 가지 긴급사태를 이유로 일본 사회의 근원적인 구조개혁을 미뤄 온 당연한 결과이다. 필요한 것은 대지진을 기회로 경제구조와 정치구조를 근원적으로 개혁하고 일본 사회의 폐쇄감을 불식시키고 일본의 사회경제를 새로운 발전 궤도에 오르게 하는 것이다.

긴급사태를 이유로 근원적인 구조개혁을 미루어 온 전형적인 예가 리먼 쇼크를 계기로 책정되어 1년간 연장된 '중소기업금융원활화법'(통칭 모라토리움법)[2]이다. 경영이 악화된 중소기업에 대해 변제 유예와 금리 인하를 하도록 금융기관이 조치를 취할 것을 촉구하는 이 법률은 다액의 부채를 안고 이미 도산해 있을 많은 기업을 연명시켰다. 그러나 경제의 신진대사를 지연시키고 일본 경제의 활력을 빼앗아 왔다.

원래 일본에는 중소기업청과 중소기업 우대 세제를 비롯하여 중소기업을 지원하고 보조하는 장치가 다수 있다. 그러나 중소기업에 한하지 않고 영리 기업에는 장래 유망한 새로운 성장기업에서부터 비즈니스 전망도 없이 도산을 기다리는 불량 기업까지 다양한 기업군이 존재한다. 신규 참입 기업이 사양(斜陽) 기업을 도태시킴으로써 자금, 고용, 거래처 등의 경제자원이 쇠퇴 기업에서 성장 기업으로 이동하고, 경제는 활성화

2 가메이 시즈카(亀井静香) 전 금융대신이 제정을 강력하게 주장하여 2009년 4월에 시행되었다. 중소기업과 주택대출금을 빌리는 이가 대출금 변제의 부담 경감을 신청한 경우, 금융기관은 가능한 한 변제기간을 연장하고 금리를 면제하는 등의 조건 변경의 조치를 취하도록 힘쓸 것을 규정하고 있다. 금융기관에는 정기적으로 실시 상황에 대한 보고도 의무화되었다.

되는 것이다. 따라서 성장력을 가진 유망한 중소기업은 금융·세제·보조금 등 여러 가지 지원을 제공하는 것이 바람직하다. 거꾸로 중소기업이라고 하더라도 공적 지원 없이는 유지할 수 없는 기업은 가능한 한 빨리 사업에서 철수시키는 것이 바람직하다.

재난피해로 많은 이재민이 사업을 계속할지를 두고 고심하고 있는 지금이야말로 중요한 시기이다. 고려해야 할 점은 몇 가지 있다. 첫 번째로 재난피해의 생활지원과 사업지원을 명확히 구별해야 할 것이다. 피해를 입은 이들에게는 윤택한 생활지원의 손을 내미는 것이 필요하다. 그러나 그렇다고 해서 사업을 계속하기 위한 지원을 일률적으로 행해야 하는 것은 아니다. 수입과 지출 내역을 통해 흑자를 내는 사업과 적자라고 해도 장래를 전망할 수 있는 사업에 한해서 지원을 해야 할 것이다. 그렇지 않은 기업은 사업에서 철수시키고 생활지원을 대신하는 것으로 은퇴를 촉진시키고 신규 사업으로의 도전을 도와야 할 것이다.

두 번째로 중소기업에 대한 무차별적인 사업융자와 신용보증을 행해서는 안 된다. 사업 내용에 관해서 엄격한 심사를 하고 그와 동시에 장래성 있는 기술과 새로운 비즈니스 모델을 가진 젊은 경영자를 우대해야 할 것이다. 또 부흥지원을 위한 사업융자와 신용보증을 공여하더라도 그것은 수년 정도의 시한을 두어야 할 것이다.

현대 일본 사회가 직면하고 있는 또 한 가지의 문제는 글로벌화이다. 세계는 글로벌화의 속도를 가속화하고 있다. 역사적으로 보면 일본은 본래, 외국과의 무역·교역으로 발전해 왔다. 여기서 교역이라는 것은 단순히 물적 무역뿐만이 아니다. 일본 사회가 발전한 것은 외국의 기술·문화·예술·사회적 장치, 그리고 사람을 널리 받아들이고 융통성 있게 일본 사회에 받아들여 왔기 때문이다. 화한혼교(和漢混交)와 화양절충(和洋折衷)과 같이 대륙과 서양의 기술이나 전통은 몇 번이고 일본 사회에 들어와 개량되어 사회발전의 원동력이 되어 왔다. 또 고대에는 한반도로부터 고귀한 문화·기술을 가진 많은 사람들은 받아들이고 전국시대에는 선교사를 통해 서양문명을 흡수함으로써 지금의 강한 일본을 만들어 내었다.

그러나 전후의 일본은 경제 면에서 외국을 통해 이익을 창출하면서도 얻은 이익을 외국과 나누는 것을 제한하였다. 일본 기업은 일본 제품을 세계로 대량으로 수출하여 활동무대를 넓혀 나갔고, 일본인은 그 덕을 받아 온 것이다. 국내에서 활동하는 외국 기업의 수는 한정되어 있다. 최근 적어졌다고는 해도 전후, 많은 일본인이 외국으로 유학을 가서 최첨단의 교육을 받아 왔다. 한편 외국인 유학생에 대해서는 일본 사회가 냉정하다는 평가를 자주 듣는다. 일본계 외국인(日系人)과 일부 전문직밖에 받아들이지 않는 등, 외국인 노동자의 수용에 대해서 일본 사회는 폐쇄적이다. 이에 비해 중국과 인도 등, 아시아와 남미의 신흥국은 사람도 기업도 널리 외국으로 진출하는 동시에 대량의 외국인이나 외국 기업을 국내로 받아들이고 있다.

그렇다면 이번 재난을 지원하기 위한 외국으로부터의 따뜻한 협력의 손길을 계기로 일본을 조금이라도 세계로 향해 열린 나라로 바꾸어 갈 필요가 있지 않을까? 메이지 유신기에는 많은 외국인을 고용하여 최첨단의 지식과 기술을 도입할 수 있었다. 최근의 아시아 신흥국의 급격한 경제발전은 외국인과 외국 자본, 외국 기업의 활동을 적극적으로 수용할 것을 장려해 온 것이 하나의 배경이다. 새로운 경제 활력은 이질적인 문화와 전통이 만남으로써 생겨나는 것이다. 더구나 일본은 인구감소의 위기에 직면해 있다. 외국인 노동자뿐만이 아니라 외국으로부터 모든 가족이 다 함께 올 수 있도록 하여 다수의 외국인을 받아들임으로써 일본 사회는 새로운 활력소를 얻을 수 있을 것이다.

일본 사회의 또 한 가지의 문제는 기득권익을 과도하게 옹호하는 것이다. 이번 재난과 관련하여 메이지 유신, 패전이라는 두 번의 위기를 극복한 일본인이기 때문에 재난 피해를 반드시 극복할 수 있을 것이라는 주장이 반복되고 있다. 분명 일본 사회에 대한 신뢰감을 높이고 사람들의 사기를 고무하는 데에 적절한 슬로건인지도 모른다. 그러나 과거의 위기를 극복한 배경에 무엇이 있었는지에 대해서도 잘 정리해 둘 필요가 있다. 위기를 극복할 수 있었던 것은 많은 사람들의 희생이 있었기 때문에 가능했던 것이다.

한 나라의 경제성장과 경제발전은 사회적으로도 바람직하다. 그러나 유감스럽게도 성장과 발전은 모든 사람들을 행복하게 만드는 것은 아니다. 메이지 유신 후의 경제발전도 전후 부흥기의 고도성장도 모든 사람에게 골고루 경제발전의 혜택을 가져다준 것은 아니다. 유감스러운 일이지만, 경제발전의 그늘에는 생활이 파괴되고 희망을 잃은 사람들도 있다. 메이지 유신 후에 몰락한 무사계급, 고도성장과 함께 쇠퇴 산업화한 석탄산업 노동자 등은 경제발전으로 뒤처진 희생자이다. 그러나 동시에 경제발전은 국민의 대다수의 생활을 향상시키고 동시에 사회 전체의 안전망 정비를 가능하게 한다. 결과적으로 발전 과정에서 뒤처진 많은 사람들도 경제발전이 발생하지 않았을 경우에 비해서 훨씬 더 행복한 생활을 영위할 수 있다. 따라서 국가를 발전시키고 경제성장을 도모하기 위해서는 그 과정에서 뒤처지고 일시적으로 희생이 되는 사람이 존재한다는 사실을 겸허하게 받아들이면서 사회 전체가 최대한 그들을 지원하여 국민 전체의 생활 향상을 꾀해야 한다.

이에 대해 현대 일본 사회에서는 성장 과정에서 뒤처진 사람과 경제발전의 희생이 되는 사람이 존재하는 것 자체를 허용하지 않는 사고방식이 생겨났다. 국토의 구석구석까지 고속도로와 고속철도망을 정비할 것을 주장하고 영세한 겸업농가를 사회적 약자로 취급하여 다액의 감반(減反)보조금[3]과 호별농업보상을 제공해야 할 필요성이 제기되었다. 그러나 같은 거액의 비용을 투자한다면 도회지나 공업지대의 도로와 철도를 정비하는 쪽이 훨씬 사회발전에 공헌하는 바가 크다. 결과적으로 경제가 활성화되고 국가의 재정이 윤택해지고 지방에도 그 이익이 미치기 때문에 국민 전체의 생활이 개선된다. 영세한 겸업 농가를 가진 농지를 집약시키고, 대규모의 농업법인이 근대적인 농업 경영을 한다면 국제적인 경쟁력을 가진 농업으로 발전할 수 있다. 오렌지나 체리 등에 대한 수입자유화에 반대가 강했는데도 불구하고 막상 수입이 시작되면 국내의 귤과 버찌의 품질이 급격하게 향상되어 지금은 외국산 오렌지나 체리는 시장에서 내쫓기기 직전에 있다. 기득권익에 매달려서 경쟁에서 도망치는 것보다 국제적인 경쟁에 도전하는 것이 강한 경제, 강한 사회를 만드는 길인 것이다.

TPP(환태평양전략적경제연계협정)와 FTA(자유무역지역)의 참가는 경제활동의 글로벌화를 반영한 국제적 추세이며 이것에 참가하지 않고는 국제사회에서의 일본의 장래 전망은 어둡다. 그로 인해 피해를 입을 농가에 대해 응당의 보상을 하는 것도 계획하고 있다. 그런데도 불구하고 농협을 비롯한 농업 관계자는 TPP와 FTA에의 참가 자체를 끝까지 거부하고 있다. 자신의 생활을 지키기 위해서 일본과 일본 사회가 망해도 좋다고 생각하는 것으로 밖에 생각할 수 없다. 결과적으로는 자신의 생활도 붕괴될 것이 분명하다.

사회가 위축되고 개인이 자신의 기득권익 옹호만을 생각할 때, 사회

3 감반정책(減反政策)은 전후 일본에서 쌀의 생산 조정을 위해서 행한 농업정책이다. 기본적으로 쌀 생산을 얻게 하기 위한 정책으로, 구체적인 방법으로는 쌀 작농가에게 쌀 농작지의 면적 삭감을 요구하였기 때문에 감반(減反)이라는 이름이 붙었다. 감반보조금은 감반을 행한 농가에 지급되는 보조금.

는 활성화될 수 없고 경제의 성장도 발전도 불가능해진다. 지난 20년 정도의 일본의 경험은 국민 각자는 자신의 이익만을 추구했고, 일본 사회가 기득권의 옹호만을 너무나 추구했기 때문에 경제도 활성화되지 않았고 사회구조를 시대에 맞추어 변혁하는 일도 불가능했던 역사이지 않았던가?

이번 대지진은 사람들에게 타인의 생활을 배려하는 마음, 자신을 희생해서라도 지역과 사회를 소중히 여기는 마음, 사람과 사람의 유대감, 지역과 지역의 유대감이 얼마나 소중한지를 인식시켜 주었다. 국제사회로부터의 원조가 얼마나 귀중한 것인지도 확인할 수 있었다. '잃어버린 20년'이라고 불리는 시대의 종지부를 찍는 시점에서 이번 대지진이 발생하였다. 재난과 함께 일본 사회가 크게 변하고 국제적으로 열린, 젊은층에게 희망 있는 사회로 거듭났으면 한다.

— 2011년 4월 7일

찾아보기

편자·집필자 소개(2011년 6월 30일 현재)

편자

이토 시게루(伊藤滋) _ 와세다 대학 특명교수 | 도시방재론, 국토·도시계획

오쿠노 마사히로(奧野正寬) _ 유통경제(流通経済) 대학 경제학부 | 미시경제학

오니시 다카시(大西隆) _ 도쿄 대학대학원 공학계연구과 도시공학전공 | 도시·지역계획론

하나자키 마사하루(花崎正晴) _ 일본정책투자은행 설비투자연구소 | 금융론

집필자(오십음 順)

아사코 카즈미(浅子和美) _ 히토츠바시(一橋) 대학 경제연구소 | 거시경제학, 일본경제론

안도 고이치(安藤浩一) _ 일본정책투자은행 설비투자연구소 | 거시경제, 기업금융

이시카와 미키코(石川幹子) _ 도쿄 대학대학원 공학계연구과 도시공학 전공 | 환경디자인, 도시환경계획

이누이 도모히코(乾友彦) _ 일본 내각부(内閣府) 경제사회총합연구소 | 일본경제론

우에스기 이치로(植杉威一郎) _ 히토츠바시대학 경제연구소 | 기업금융, 일본경제론

우스이 미쓰히로(薄井充裕) _ 일본정책투자은행 설비투자연구소 | 도시 정책, 지역개발

우치다 이치히로(打田委千弘) _ 아이치(愛知) 대학 경제학부 | 계량경제학

우치야마 카쓰히사(内山勝久) _ 일본정책투자은행 설비투자연구소 | 환경경제·경영

오타키 마사유키(大瀧雅之) _ 도쿄대학 사회과학연구소 | 거시경제학, 경기순환이론

오노 나오시(大野直志) _ 일본정책투자은행 설비투자연구소 | 기업금융

오호리 겐(大堀研) _ 도쿄대학 사회과학연구소 | 지역사회학

오카베 아키코(岡部明子) _ 치바(千葉) 대학대학원 공학연구과 건축·도시과학 전공 | 건축·도시디자인, 도시 정책

오가와 에이지(小川英治) _ 히토츠바시 대학대학원 상학연구과 | 국제금융론

오다 게이치로(小田圭一郎) _ 일본정책투자은행 설비투자연구소 | 은행이론

가이즈카 게이메이(貝塚啓明) _ 도쿄 대학 명예교수 | 재정학

가자미 쇼조(風見正三) _ 미야기대학 사업구상학부 | 지역계획, 커뮤니티 비지니스

가네모토 요시쓰쿠(金本良嗣) _ 정책연구대학원대학 | 도시경제학, 공공경제학

가와니시 사토시(川西諭) _ 조치(上智) 대학 경제학부 | 행동경제학, 게임이론

구로사와 요시타카(黒沢義孝) _ 일본(日本) 대학 경제학부 | 국제금융론, 거시경제학

겐다 유지(玄田有史) _ 도쿄 대학 사회과학연구소 | 노동경제학

고이부치 사토시(鯉渕賢) _ 주오(中央) 대학 상학부 | 금융론

시오지 에쓰로(塩路悦朗) _ 히토츠바시 대학대학원 경제학연구과 | 거시경제학

진도 히로아키(神藤浩明) _ 일본정책투자은행 설비투자연구소 | 미시경제

세키 요시키(関良基) _ 타쿠쇼쿠 대학 정경학부 | 삼림정책학, 임업경제학

다케다 요스케(竹田陽介) _ 조치 대학 경제학부 | 거시경제학

데라니시 주로(寺西重郎) _ 일본 대학 상학부 | 금융론, 일본경제론

나카자토 도오루(中里透) _ 조치 대학 경제학부 | 거시경제학

나카무라 준이치(中村純一) _ 일본정책투자은행 설비투자연구소 | 금융론

니시 다쓰오(西達男) _ 일본정책투자은행 설비투자연구소 | 지역개발, 지방분권

노무라 코지(野村浩二) _ 게이오기주쿠(慶應義塾) 대학 산업연구소 | 응용계량경제학, 경제통계

핫타 신지(八田進二) _ 아오야마가쿠인(青山学院) 대학대학원 회계전문직업연구과 | 회계감사론

후쿠다 신이치(福田慎一) _ 도쿄 대학대학원 경제학연구과 | 금융론, 거시경제학

후지모토 다카히로(藤本隆宏) _ 도쿄 대학대학원 경제학연구과 | 경영학, 기술·생산관리론

호소다 유코(細田裕子) _ 일본정책투자은행 설비투자연구소 | 사회적 공통자본

호리우치 아키요시(堀内昭義) _ 주오 대학 종합정책학부 | 금융론

마에다 마사나오(前田正尚) _ 일본정책투자은행 설비투자연구소 | 코몬즈, 환경과 금융

마미야 요스케(間宮陽介) _ 교토 대학대학원 인간·환경학연구과 | 경제사상

미야가와 다이스케(宮川大介) _ 일본정책투자은행 설비투자연구소 | 금융론

미야가와 타다오(宮川公男) _ 재단법인 통계연구회 | 통계학, 정책과학

미야가와 쓰토무(宮川努) _ 가쿠슈인(学習院) 대학 경제학부 | 거시경제학, 일본경제론

모타니 코스케(藻谷浩介) _ 일본정책투자은행 지역진흥그룹 | 지역진흥

야기누마 히사시(柳沼寿) _ 호세이(法政) 대학 경영학부 | 산업조직론, 이노베이션(innovation)

야지마 야스히데(矢嶋康次) _ 닛세이기초연구소(ニッセイ基礎研究所) | 금융론

야나가와 노리유키(柳川範之) _ 도쿄 대학대학원 경제학연구과 | 금융계약, 법과 경제학

야마우치 히로타카(山内弘隆) _ 히토츠바시 대학대학원 상학연구과 | 교통경제학, 공공사업론

야마자키 후쿠주(山崎福寿) _ 조치 대학 경제학부 | 도시경제학, 법과 경제학

옮긴이 소개

고려대학교 일본연구센터: '포스트 3·11과 인간: 재난과 안전 그리고 동아시아' 연구팀

김영근(金暎根) _ 고려대학교 일본연구센터 HK교수 | 일본정치·경제 전공

송완범(宋浣範) _ 고려대학교 일본연구센터 HK교수 | 일본역사·사상 전공

김효진(金孝眞) _ 고려대학교 일본연구센터 HK교수 | 문화인류학 전공

가나즈히데미(金津日出美) _ 고려대학교 일어일문학과 조교수 | 동아시아사상 전공

전성곤(全成坤) _ 고려대학교 일본연구센터 HK연구교수 | 일본사회민속학 전공

김태경(金泰暻) _ 가천대 글로벌교양학부 조교수 | 근현대일본어문학 전공

김유영(金曘泳) _ 동덕여대 일본어과 조교수 | 일본어학 전공

김선희(金仙熙) _ 시마네 현립대학교 객원연구원 | 일본사상사 전공

김태현(金泰賢) _ 고려대학교 일본연구센터 HK연구교수 | 한일문학·문화비교 전공

송혜경(宋惠敬) _ 가천대학교 아시아문화연구소 책임연구원 | 일본근대문학·문화 전공

정유경(鄭有景) _ 가고시마 대학 객원연구원 | 정치사회학 전공

동일본대지진과 핵재난14—도쿄대학 리포트

제언—동일본대지진
지속 가능한 부흥을 위하여

초판발행 1쇄 2013년 5월 31일
엮은이 이토 시게루 외
옮긴이 김영근·송완범·김효진·가나즈 히데미·전성곤
김태경·김유영·김선희·김태현·송혜경·정유경
펴낸곳 고려대학교출판부
www.kupress.com
kupress@korea.ac.kr
136-701 서울특별시 성북구 안암로 145
02-3290-4230, 4232
Fax 923-6311
찍은곳 (주)동화인쇄공사

ISBN 978-89-7641-820-3 04330
ISBN 978-89-7641-800-5 (세트)

값 18,000원
* 잘못 만들어진 책은 바꿔드립니다.